古典文獻研究輯刊

三九編

潘美月・杜潔祥 主編

第 10 冊

續經義考・春秋之部
（第七冊）

周懷文 著

國家圖書館出版品預行編目資料

續經義考‧春秋之部（第七冊）／周懷文 著 -- 初版 -- 新北市：
花木蘭文化事業有限公司，2024〔民113〕
目 8+264 面；19×26 公分
（古典文獻研究輯刊 三九編；第 10 冊）
ISBN 978-626-344-930-5（精裝）
1.CST：春秋（經書）2.CST：研究考訂
011.08   113009705

ISBN-978-626-344-930-5

9 786263 449305

古典文獻研究輯刊
三九編 第 十 冊   ISBN：978-626-344-930-5

續經義考‧春秋之部
（第七冊）

作　　者　周懷文
主　　編　潘美月、杜潔祥
總 編 輯　杜潔祥
副總編輯　楊嘉樂
編輯主任　許郁翎
編　　輯　潘玟靜、蔡正宣　美術編輯　陳逸婷
出　　版　花木蘭文化事業有限公司
發 行 人　高小娟
聯絡地址　235 新北市中和區中安街七二號十三樓
　　　　　電話：02-2923-1455／傳真：02-2923-1400
網　　址　http://www.huamulan.tw 信箱 service@huamulans.com
印　　刷　普羅文化出版廣告事業
初　　版　2024 年 9 月
定　　價　三九編 65 冊（精裝）新台幣 175,000 元
版權所有‧請勿翻印

續經義考・春秋之部
（第七冊）

周懷文　著

W

萬芾 春秋地理今釋 十二卷 佚

◎甘鵬雲《潛江書徵》著錄。

◎萬芾，一名時睿，字聖思，號九華。湖北潛江人。萬際軒父。著有《禹貢圖》四卷、《春秋地理今釋》十二卷、《經字摘異》四卷、《存誠齋見聞》二卷、《九華隨筆》一卷、《芸香閣駢體文》二卷、《芸香閣散體文》二卷、《茗香館詩鈔》十卷，與纂光緒《潛江縣志》。

萬斛泉 春秋四傳詁經 十五卷 存

國圖、清華、北師大、中科院藏光緒三十四年（1908）疊山書院刻萬清軒全書本

◎孫殿起《販書偶記》卷二：《春秋四傳詁經》十五卷，興縣萬斛泉撰。光緒間刊。

◎張鼎元《尉山堂稿序》〔註1〕：《尉山堂稿》，吾師清軒先生生平著述答問與一時賢士大夫往復辨論之作也。其學則洙泗洛閩，其文則布帛菽粟，初何嘗有意於文，又何嘗有意於文之傳。今諸同志汲汲焉取斯編而梓之，嗚呼，先生豈僅欲以文章自鳴者哉！然先生雖不鳴以文，而其文之有裨於經術、有關於名教、有補於風俗人心，足以繼前賢而啟後學，析義利而植綱常，有不可得而沒者，又烏忍等諸泯泯已也。先生自束髮受書，靡所師承，汩溺於記誦詞章者

〔註 1〕錄自《湖北文徵》卷十三。

幾十餘年。一旦得程畏齊先生《分年日程》讀之，始悟讀書不在浮文，講學貴有真修也，遂力排群囂，毅然以道為己責，信之篤，行之果，守之固。極遭際之困厄而百折不回，任世俗之譏評而卓然不惑。不以徵辟之殷而苟於去就，不以耄期之衰而懈於進修。然則欲觀先生之行誼操節、道德文章，舍是書何以哉？則信乎先生雖不以文鳴，而仍不能不藉文以傳也。蓋先生之文本乎行，先生之行卓犖乎困險之場，從容乎仁義之府。碩德耆齡，強固不衰者，則本於平日充養之粹。李勇毅公嘗稱平湖而後，先生蓋當代偉人，洵不誣也。先生之處家也，敦孝友，崇節儉，其律身也敬而和，其接物也恭而恕，其誨人以《朱子小學》、《近思錄》為根本，以程氏《分年日程》為準繩，務在抑浮華而敦實行，扶綱常而植名教，崇正學，闢異端，辨別於疑似之際，剖析於幾微之間。所著《通鑑綱目前編辨誤》《正編正誤補》《童蒙須知韻語》均已行世，惟茲編及《春秋四傳詁經》，鼎元嘗請付梓未果而先生卒。梁壞山頹，嗚呼慟哉！今距先生歿倏已二年，每一檢閱，手澤猶新。同志之士，念謦欬，思羹牆，先以茲編付諸剞劂，嘉惠來學。世兄尋甫屢以序文相屬，嗚呼，鼎元烏足序先生文哉！鼎元少孤，髫歲即受業於先生之門，繼隨先生於漢陽，於函丈命提未能步趨萬一。兵燹流離，益以蕪廢。寡過未能，而已屆崦嵫之日矣。桑榆莫補，老大徒慚，惴惴焉惟玷河汾之門是懼。鼎元敢序先生文哉？然飫聞教澤，受思最深，猶幸以衰殘之軀，獲睹是書之成。鼎元雖不文，義不可以辭。不揣愚陋，附名簡末。而濡筆屢輟，不禁慨然而流涕也，悲夫！光緒丙午初夏，受業門人張鼎元謹識（《尉山堂稿》）。

◎萬斛泉（1808～1904），本名永誠，字齊玉，號清軒。湖廣興國州（今湖北陽新縣）人。道光十三年（1833）設尉山草堂於太尉山，課徒自給。道光三十年（1850）任漢陽崇正書院主講，又主黃州、武昌講席。咸豐三年（1853）返州，設帳疊山祠，未久赴運城主河東書院。同治元年（1862）春赴武昌主講勺庭書院。同治五年（1866）任上海龍門書院主講。同治九年（1870）任蘇州紫陽書院校理，編成《張楊園先生全集》五十四卷。光緒六年（1880）任疊山書院山長兼主講。著有《春秋四傳詁經》十四卷、《資治通鑑綱目前編辨誤》二卷、《資治通鑑正編正誤補》三卷、《尉山堂稿》十三卷、《童蒙須知韻語》，編訂有《朱子全集》、《張楊園先生全集》、《掘修集》、《小學集解》《新三字經》。張鼎元編有《萬清軒先生年譜》。

萬青銓 春秋三傳 十六卷 附錄經傳一卷 首一卷 存

山西、首都圖書館藏清中後期江右潯陽萬氏蓮〔註2〕峰書屋刻本

山西藏光緒六年（1880）山西濬文書局刻本

◎萬青銓，號蓬山。江西潯陽（今九江）人。著有《春秋三傳》十六卷附錄經傳一卷首一卷、《字體辨譌》一卷補遺一卷附錄一卷、《音韻辨譌》。道光間為豫章書院刊刻《正蒙四書集注》，校正《十三經集字摹本》。

萬時乂 三傳平議 佚

◎甘鵬雲等《湖北文徵》卷十二：著有《三傳平議》。

◎萬時乂，字穉雲。湖北潛江人。光緒元年（1875）歲貢。候選訓導。著有《三傳平議》。

萬斯大 春秋明辨 佚

◎錢林《文獻徵存錄》卷一萬泰附斯大：有《學春秋隨筆》十卷、《學禮質疑》二卷、《儀禮商》三卷、《禮記偶箋》三卷、《周官辨非》二卷，世竝行之。其《禮記集解》《春秋明辨》藁未刻，燬於火，不可見矣。

◎董沛《六一山房詩集》卷七《題萬迺鄰寒松齋校經圖》：吾鄉經學推萬氏，充宗季野兩峰峙。《春秋》《三禮》號專家，家有藏書授孫子。當年講經寒松齋，一月一集高朋來。到今遺澤五世斬，南雷嫡冢安在哉？惟君有志振殘局，壓架陳編供我讀。丹黃滿架精校讎，永夜高樓坐闌燭。四圍修竹陰森森，松風滌我塵囂心。心與古人有真契，太羹玄酒無絃琴。衣冠舊家不易守，一霎浮雲幻蒼狗。猶賴詩書薪火傳，冷淡生涯歷年久。是誰寫作圖畫身，讀破萬卷疑有神。前朝衛官已停襲，何嫌為庶為清門。

◎萬斯大（1633～1683），字充宗，別字褐夫，晚病足，故自號跛翁。浙江鄞縣（今寧波）人。孝廉泰第六子。與弟斯同等同師黃宗羲，為高足。為學以窮經為己任，尤精《春秋》《三禮》。著有《學禮質疑》二卷、《儀禮商》二卷附錄一卷、《禮記偶箋》三卷、《禮記集解》、《周官辨非》一卷、《學春秋隨筆》十卷、《春秋明辨》、《春秋三傳明義》。

〔註2〕蓮字或誤題董字。

萬斯大 春秋三傳明義 佚

◎萬經《小跛翁紀年》〔註3〕：府君以纂輯《春秋三傳明義》心神耗竭，且傷孫女幼夭，痛於七月逝世。

萬斯大 學春秋隨筆 十卷 存

蘇州、吉林、吉林社科院、藏康熙五十六年（1717）刻本

中科院、天津、上海、南京藏乾隆萬福辨志堂刻萬充宗先生經學五書本

國圖、北大、上海〔註4〕、南京、遼寧藏乾隆萬福辨志堂刻嘉慶元年（1796）印萬充宗先生經學五書本〔註5〕

國圖藏光緒十六年（1890）湖南船山書局刻皇清經解依經分訂本

國圖藏光緒十七年（1891）上海鴻寶齋石印皇清經解本（一卷）

國圖藏道光九年（1829）廣東學海堂刻、咸豐十一年（1861）增刻皇清經解本

浙江古籍出版社 2016 年浙江文叢曾攀點校萬斯大集本

◎學春秋隨筆目錄：卷一隱公。卷二桓公。卷三莊公。卷四閔公。卷五僖公。卷六文公。卷七宣公。卷八成公。卷九襄公。卷十昭公。

◎前識：先君子篤志經學，尤精於《三禮》、《春秋》。辛亥館錢塘，集《春秋》說，自五傳及三家註疏外，有陸淳《辨疑》《纂例》、劉原父《意林》《權衡》、程正叔《說》、蘇子由《集解》、張洽《集註》、孫莘老《經解》、程時叔《本義辨疑》《或問》、黃東發《日抄》、趙子常《集傳》《屬辭》《師說》、呂涇野《說志》、張常甫《經說》、季彭山《私考》、豐人叔《世學》、高景逸《孔義》、郝仲輿《直解》、卓去病《辨義》、賀仲軾《歸義》，暨文集中所載如永叔、子瞻、晦菴，與夫《大全》《本義》所採先儒諸說，日為編纂。每一事別紙書之，以備後來抄撮，凡得二百四十二卷。癸丑秋燬于火，不留隻字，重自痛惜，幾不欲生。因搜覓諸家書猝不及備，於是專讀《三禮》，有《學禮質疑》《禮記偶箋》《儀禮商》《周官辨非》諸書，皆甲寅後作也。辛酉海昌陳令升先生延致于家，以《春秋》相質。先生力能致書，較前更倍，益得廣所未見。并取數年來所蒐羅者，條舉件繫，手不停書，所輯亦較前更倍，而心力由此耗竭矣。癸亥

〔註3〕摘自《濠梁萬氏宗譜內集》卷九《世傳》八。

〔註4〕清徐時棟校並跋。

〔註5〕附《浙江通志‧儒林傳》、《寧波府志‧文學傳》、《杭州府志‧寓賢傳》、《萬子充宗墓誌銘》、《跛翁傳》。

七月至昭公而疾作，臨歿論經曰：「吾恍惚中時時如見劉原父，時時有一篇《左傳》在吾目前。」嗚呼痛哉！此《隨筆》十卷，乃編纂時間有獨得者，另為剳記，故亦止於昭公云。康熙五十六年歲次丁酉上元日，男經百拜識於黔南試院之學圃。

　　◎《學春秋隨筆》所附黃宗羲《萬子充宗墓誌銘》〔註6〕：五經之學，以余之固陋，所見傳註《詩》《書》《春秋》皆數十家，《三禮》頗少，《儀禮》《周禮》十餘家，《禮記》自衛湜以外亦十餘家，《周易》百餘家，可謂多矣。其聞而未見者尚千家有餘。如是則後儒于經學可無容復議矣。然《詩》之小序、《書》之今古文、三傳之義例，至今尚無定說。《易》以象數讖緯晦之於後漢，至王弼而稍霽，又以老氏之浮誕、魏伯陽／陳摶之卦氣晦之。至伊川而欲明，又復以康節之圖書先後天晦之。禮經之大者為郊社禘祫喪服宗法官制，言人人殊，莫知適從。士生千載之下，不能會眾以合一，由谷而之川，川以達于海，猶可謂之窮經乎？自科舉之學興，以一先生之言為標準，毫秒摘抉，於其所不必疑者而疑之，而大經大法反置之而不道，童習自守，等于面墻。聖經興廢，上關天運，然由今之道不可不謂之廢也。此吾于萬充宗之死能不慟乎？充宗諱斯大，吾友履安先生之第六子也，其家世詳余先生誌中。充宗生逢喪亂，不為科舉之學，湛思諸經，以為非通諸經不能通一經，非悟傳註之失則不能通經，非以經釋經則亦無由悟傳註之失。何謂通諸經以通一經？經文錯互，有此畧而彼詳者，有此同而彼異者，因詳以求其畧，因異以求其同，學者所當致思者也。何謂悟傳註之失？學者入傳註之重圍，其於經也無庸致思，經既不思，則傳註無失矣，若之何而悟之？何謂以經解經？世之信傳註者過於信經，試拈二節為例：八卦之方位載於經矣，以康節離南坎北之臆說，反有致疑於經者。平王之孫齊侯之子，證諸《春秋》，一在魯莊公元年，一在十一年，皆書王姬歸于齊，周莊王為平王之孫，則王姬當是其姊妹，非襄公即公也。毛公以為武王女、文王孫，所謂平王為平正之王、齊侯為齊一之侯，非附會乎？如此者層見疊出，充宗會通各經，證墜緝缺，聚訟之義，渙然冰泮，奉正朔以批閏位，百注遂無堅城，而老生猶欲以一卷之見申其後息之難，宜乎如腐朽之受利刃也。所為書曰《學禮質疑》二卷、《周官辨非》二卷、《儀禮商》二卷、《禮記偶箋》三卷；初輯《春秋》二百四十卷，燬於大火復輯，絕筆于昭公；《丁災／甲陽草》各

〔註6〕此銘又見於黃宗羲《南雷文約》卷一，題《萬充宗墓志銘》，無末「康熙乙丑，姚江老友黃宗羲撰」句。

一卷，其間說經者居多；《萬氏家譜》十卷。噫！多矣哉，學不患不博，患不能精。充宗之經學，由博以致精，信矣其可傳也。然每觀古人著書，必有大儒為之流別而後傳。如蔡元定諸書，朱子言造化微妙，唯深於理者能識之，吾與季通言而不厭也。故元定之書人皆敬信；陳澔之《禮記集說》、陳櫟之《禮記解》，吳草廬曰：「二陳君之說禮無可疵矣」，故後皆列之學宮。自戢山先師夢奠之後，大儒不作，世莫之宗。墙屋放言，小智大黠，相煽以自高，但有講章而無經術。充宗之學，誰為流別？余雖嘆賞，而人亦莫之信也。充宗為人剛毅，見有不可者，義形于色，其嗜義若餓渴。張蒼水死國難，棄骨荒郊，充宗葬之南屏，使余誌之，春秋野祭，蓋不異西臺之哭焉。父友陸文虎，甬中所稱陸萬是也，文虎無後，兩世之喪皆在淺土，充宗葬其六棺。凡所為皆類此，不以力絀隻輪而自阻也。崇禎癸酉六月六日其生也，康熙癸亥七月二十六日其卒也。娶陸氏，子一人，諸生經，能世其學。充宗之卒，余許銘其墓。以鄭禹梅之《跋翁傳》盡其大指，故閣筆者久之，而經累請不已，又二年始克為之銘曰：三代之治，懸隔千祀。制度文為，三傳三禮。牛毛繭絲，精微在此。釋者以意，或得或否。躓訛踳陋，割裂經旨。侃侃充宗，尋源極委。會盟征伐，冠昏喪紀。如捧珠盤，如承明水。如服玄端，不謂故紙。三尺短碑，西溪之址。書帶環之，不生葛藟。康熙乙丑，姚江老友黃宗羲撰。

◎《學春秋隨筆》所附鄭梁《跋翁傳》：南雷黃先生，翁父執也。歲丁未，偕同學十數子執贄其門，因為講經之會於甬上，一時勝友如雲，質疑送難，號稱極盛，而翁於其間肄業尤勤。亡何喪其內子，翁攜一幼兒館於武林，慨然以窮經自任。露抄雪纂，書已等身矣。癸丑遇火，復理前塵不倦，蓋費十餘年之日月，眼疲手瘁，思通鬼神，而尤邃於《春秋》《三禮》。應嗣寅，武林老儒，宿負經學，遇翁談經，則頤解心折。吳志伊記問博洽，見其《禮經》著述，當意不當意輒手抄以去。秦湘侯作《春秋綱》、宋子猶作《春秋書法辨》，翁遺書詰難，往復數四，必伸其說而後已。其言《春秋》也，一曰專傳。經無事實，待傳而明。《公》《穀》《左氏》互相同異，生今論古，事難懸斷。《左氏》詳覈，宜奉為主。一曰論世。春秋二百四十二年皆無道，孔子但就無道之世據事直書，是非自見，而初未嘗以後生之匹夫責已往之天子。一曰屬辭比事。《春秋》所書，一事必有本末，異事亦有同形。如上書衛人殺州吁，下書衛人立晉，此屬辭而見其為一人也。立晉則書衛人，立王王子朝則書尹氏，此比事而見其有公私也。一曰原情定罪。《春秋》所書，罪多而功少，而罪之所在，必即其所處

之地、察其所處之情。如魯桓見殺於齊，莊公年方十三，沖齡倚母，法無可施，故書薨書喪至書葬，一似賊之已討，而於莊公元年則特書孫齊以責夫人，迨莊公既長，亡讎共狩，則如齊如莒，莊於是不得辭其防閑之責。其言《三禮》也，於《儀禮》則有《商》，於《禮記》則有《偶箋》，於《周官》則有《辨非》，類能取甲乙之證據，剖前人之聚訟。而其已刻者，則有《學禮質疑》一書，黃先生稱其宗法八篇為冠古絕今必傳之作。他若論郊則曰：「郊惟日至一禮，祈穀不名郊。社則曰太社，在北郊；王社在國中。」又曰：「北郊主月。」論禘則曰：「禘祫一事」，又曰：「魯禘不追所自出。」論祖宗則曰：「東周祖文而宗武。」論大壇尹堂則曰：「《儀禮》方明壇即泰壇，即圜丘，其宮方三百步，上有明堂，日至郊天即於方明壇，謂之方明郊。天主日也，季秋大享於明堂，明堂泰壇同在三百步內，無有兩地。」論喪服則曰：「承重之妻皆從夫服。」又曰：「庶子為其生母之黨服與適子為其母黨服同。」凡皆發先儒之所未發者……而翁所自喜顧獨在經學。壬戌之歲，翁年且五十矣。先是年之二月，旅食海昌，患足疾劇，遺書其友鄭梁曰：「跛翁即真不可無傳，且引錢牧齋傳顧仲恭之經學為例。」梁謙讓未遑，翁屢書相責，又兩年乃為之敘述如右。論曰：翁今其跛矣哉！翁身長不過中人，而肥偉特異，尋常豐頤和睋目，聲撼四鄰，不類病廢者。其患足疾也，跰不良於行歲一二次耳，實未嘗跛也，而乃以跛翁自號，豈左盲遷腐，著書類有天刑，而跛翁欲以是名應之邪？語云：「志之所動，氣必隨之」，翁今其跛矣哉！雖然，吾子行跛，然所著尚書要署，重正卦，氣未必如翁之精也。即翁所引仲恭，其經學或不及翁，然不可謂之無經學也。而又未嘗跛，然則跛也、經學也，不相及者也，翁乎吾知免矣！康熙癸亥夏五月，慈谿同學弟鄭梁禹梅氏頓首拜撰。

◎《學春秋隨筆》所附《浙江通志‧儒林傳》：精於經學，其言《春秋》也，一曰專傳。經無事實，待傳而明。《公》《穀》《左氏》互相同異，生今論古，事難懸斷。《左氏》詳覈，宜奉為主。一曰論世。春秋二百四十二年皆無道，孔子但就無道之世據事直書，是非自見，而初未嘗以後生之匹夫責已往之天子。一曰屬辭比事。《春秋》一事必有本末，異事亦有同形。如衛人殺州吁、衛人立晉，此屬辭而見其為一人也。立晉則書衛人，立王王子朝書尹氏，此比事而見其有公私也。一曰原情定罪。《春秋》所書，罪多而功少，而罪之所在，必即其所處之地、察其所處之情。如魯桓見殺於齊，時莊公尚幼，法無可施，故書薨書喪至書葬，迨既長而亡讎共狩，則如齊如莒以罪之。其言《三禮》也，

論郊社曰：「郊惟日至一禮，祈穀不名郊。太社在北郊，主月；王社在國中。」論禘則曰：「禘祫一事，魯禘不追所自出。」論祖宗曰：「東周祖文而宗武。」論泰壇明堂曰：「《儀禮》方明壇即泰壇，即圜丘，其宮方三百步，上有明堂，日至郊天即於方明壇，謂之方明郊。天主日也，季秋大享於明堂，明堂圜丘非有兩地。」論喪服曰：「承重之妻皆從夫服，庶子為其母黨服與適子為其母黨服同。」及論宗法八篇，皆發先儒所未發者。所著有《學禮質疑》《禮記偶箋》《儀禮商》《周官辨非》《學春秋隨筆》《丁災草》《甲陽草》。其輯《春秋》諸說於定、哀二公未完，易簀時猶洛誦季孫立後章不已，蓋篤志如此。

◎雍正《浙江通志》卷一百七十五《人物》五《儒林》：萬斯大（《萬氏宗譜》：字充宗，鄞人孝廉泰第六子。為學以窮經為己任，尤精《春秋》《三禮》，於《春秋》則有專傳論世，屬辭比事、原情定罪諸義例，於《三禮》則有論郊社、論禘、論宗祖、論明堂泰壇、論喪服，諸發明皆自來先儒所未有……舊《浙江通志》：斯大精於經學，著有《學禮質疑》《儀禮商》《禮記偶箋》《周官辨非》《學春秋隨筆》）。

◎《學春秋隨筆》所附《寧波府志・文學傳》：昆季八人皆以才名，各有著述。而斯大絕意進取，獨精經學，廣蒐諸家之說，晝夜鑽研，窮其旨要，尤邃於《春秋》《三禮》。其言《春秋》也，一曰專傳。經無事實，待傳而明。《公》《穀》《左氏》互相同異，左氏親承所見，事多詳覈，宜當以為主。一曰論世。春秋二百四十二年世皆無道，孔子但據事直書，是非自別，初未嘗以後起之匹夫責已往之天子。一曰屬辭比事。《春秋》一事必有本末，異事亦有同形。如衛人殺州吁、衛人立晉，此屬辭而見其為一人也。立晉則書衛人，立王王子朝書尹氏，此比事而見其有公私也。一曰原情定罪。《春秋》所書，罪多而功少，而罪之所在，必即其所處之地、察其所處之情。如魯桓見殺於齊，時莊公尚幼，法無可施，故書薨書喪至書葬，迨既長而亡讎共狩，則如齊如莒以罪之。其言《三禮》也，論郊社曰：「郊惟日至一禮，祈穀不名郊。太社在北郊，主月；王社在國中。」論禘則曰：「禘祫一事，魯禘不追所自出。東周祖文而宗武。《儀禮》方明壇即泰壇，即圜丘，其宮方三百步，上有明堂，日至郊天即於方明壇，謂之方明郊。天主日也，季秋大享於明堂，明堂圜丘非有兩地。」其論喪服則曰：「承重之妻皆從夫服，庶子為其生母之黨服與適子為其母黨服同。」皆發先儒所未發者。《學禮質疑》一書蚤傳於世，所集《春秋》諸說凡二百四十二卷，康熙癸丑燬於火，嗣復輯而成之，較備於前。至昭公而病作，簀時猶惓惓於臧紇為季孫立後一事，其專志經學如此。間以己意釋經，有《學春秋隨

筆》十卷。古文則有《丁災》《甲陽》二草。卒年五十一。使天假之年，其著述之盛，當必更有可觀，惜夫！

◎曹秉仁纂《寧波府志》卷二十五《儒林》：自少謝絕場屋，以窮經為己任，取諸經及先儒註疏熟玩精思，較其毫釐分寸之得失，窮日夜忘寢食者累十餘年，久之，融會貫通，豁然有得。尤精於《春秋》《三禮》，其讀書大指，以為非通諸經不能通一經，非悟傳註之失則不能通經，非以經釋經則亦無由悟傳註之失。於《春秋》則有專傳、論世、屬辭比事、原情定罪諸義例。專傳者，經無事實，待傳而明。《公》《穀》《左氏》互有異同，左氏親承所見，事多詳覈，當以為主。論世者，春秋二百四十二年世皆無道，孔子但據事直書，是非自別，初未嘗以後起之匹夫責已往之天子。屬辭比事者，《春秋》一事必有本末，異事亦有同形。如衛人殺州吁、衛人立晉，此屬辭而見其為一人也。立晉則書衛人，立王王子朝書尹氏，此比事而見其有公私也。原情定罪者，如魯桓見殺於齊，時莊公尚幼，法無可施，故書薨書喪至書葬，一似賊之已討者，迨莊公既長，則書如齊書如莒，莊於是不得辭其忘讎之責。於《三禮》則有論郊社、論禘、論祖宗、論明堂泰壇、論喪服諸發明。論郊曰：「郊惟日至一禮，祈穀不名郊。」論社曰：「太社在北郊，主月；王社在國中。」論禘曰：「禘祫一事，魯禘不追所自出。」論祖宗曰：「東周祖文而宗武。」論泰壇明堂曰：「《儀禮》方明壇即泰壇，即圜坵，其宮方三百步，上有明堂，日至郊天即於方明壇，謂之方明郊。天主日也，季秋大享於明堂，明堂圜坵同在三百步內，非有兩地。」論喪服曰：「承重之妻皆從夫服」，又曰：「庶子為其生母之黨服與適子為其母黨服同。」皆自來先儒所未有。輯《春秋》初已成書，燬於火，復輯，絕筆於昭公，臨歿，猶惓惓季武子立後事不置，其精且專如此。

◎《學春秋隨筆》所附《杭州府志・寓賢傳》：高祖表，嘉靖中都督同知，卒葬西湖，歲時展墓至杭，遂寓仁和。隱居教授，窮研經學，於《春秋》《三禮》諸書獨能自闢門戶，不肯附會儒先成見，貫穿互證，確有所發明。謂他人以傳註解經，不若以經解經也。與仁和應撝謙、沈佳辨難往復，務伸己說而後已。海內鉅儒如嘉禾曹溶、崑山徐乾學、海昌陳之問咸加敬禮焉。年五十餘卒於杭。所著有《學禮質疑》《禮記偶箋》《儀禮商》《周官辨非》《學春秋隨筆》等書。

◎乾隆《杭州府志》卷一百五《寓賢》：高祖表，明都督同知，葬西湖，時展墓至杭，遂寓仁和。性剛毅不可屈撓，父友某以義死，葬之南屏。遊動賢

祠，為釐正其從祀之人。隱居教授，篤志窮經，尤精於《春秋》《三禮》，與應
撝謙、沈佳相辨難，不少假借。年五十一卒於杭。有《學禮質疑》《禮記偶箋》
《儀禮商》《周官辨非》《學春秋隨筆》行於世（舊《錢塘縣志》）。

◎《學春秋隨筆》所附萬經《先考充宗府君行狀》：王父博學多通，諸父
經史詩文書法各得王父之一，吾父獨專經學。自王父去世，遂謝絕進取，篤志
窮經。丙午丁未間，偕諸父從兄訂里中同志為講經之會，奉先生為師。每月兩
會，首《禮經》、次《易》、次《春秋》，以及《詩》《書》，各舉先儒之書而以
己說參之。先君於諸儒之書、同人之說取其至當者，蠅頭蠶子條注本經，非有
目力細心者不能辨點畫也。蚤歲輒徧誦諸經，將次第窮及，先致志於《春秋》
《三禮》。館西冷十年，自辛亥至癸丑，纂輯《春秋》諸說。冬龜徧手，夏汗
如漿，不暫釋也。採取極備而又極嚴且正。書成，得二百四十二卷。癸丑秋燬
於火，先君不為衰沮，纂鈔益力。甲寅後專讀《三禮》，每遇疑窒，徧覽儒先，
心所未慊，則掐腸鏤腎以思，寢食俱廢。沉綿困頓之中，忽有鬼神來告，劃焉
開解以為常。於是有《學禮質疑》一書，質疑者，即質之先生也。先生已為序
之，許謂必傳。其中宗法八篇，更為古今未有之作。又以《周禮》所載設官制
賦多與《論》、《孟》、五經不合，取而辨之，得若干條，名曰《周官辨非》。於
《儀禮》則有《商》，於《禮記》則有《偶箋》，皆從獨悟，不傍前言，多發先
儒所未發。於文則有《丁災／甲陽》二草，間有贈貽酬答，亦說經者居多焉。
嘗語人曰：「吾於經學實有苦心，凡遇先王之度數儀文，自覺能疑人所不能疑，
解人所不能解」，又曰：「人皆以己意釋經，吾但以經釋經」，故雖多立異之處，
而實非穿鑿附會者比。就館海昌，復纂輯《春秋》，其大意有四，詳鄭禹梅先
生《跋翁傳》中。此書廣搜博採，斷以己意，以求至當，視前更備。可痛者，
前書既厄於火，此書又至昭公而絕筆，豈天終忌是書之成耶！居杭來，四方名
流多以經學相質，如無錫秦湘侯先生（沅）之《春秋綱》、太倉宋子猶先生（龍）
之《春秋書法辨》、長洲金穀似孝廉（居敬）之《古曆辨》、常熟顧景范先生（祖
禹）之《地名考》，皆遺書詰難，往復數四，諸先生未嘗不頷首心折。仁和吳志
伊先生（任臣）家居時亦以教授為業，每出館，必叩先君，索所纂述，輒手錄
之去。應嗣寅先生（撝謙）高風苦節，少所許可，與先君論經學辨難最多，雖
不盡同，然實為先生所嚴憚焉。嗟乎！先君一生精神專注於經學，近得劉原父
《春秋權衡》，如悅芻豢，臨歿前三日尚謂經曰：「吾為《春秋》，心血既竭，
不能復生，不寐者已六日矣。恍惚中時時如見劉原父，時時有一篇《左傳》在

吾目前」，又曰：「只季武子立後一事不能去懷耳。」嗚呼！吾父之於經學若此，使假以歲月，更當何如！今《三禮》雖有著述，《春秋》尚無完書，痛哉！痛哉！見手澤而不能讀吾父之書，經於此倍有感矣。

◎吳德旋《初月樓聞見錄》卷四：于《春秋》則有專傳、論世、屬辭比事、原情定罪諸義例。專例者，經無事實，待傳而明。公、穀、左氏互有異同，左氏勤承所見，事多詳覈，當以為主。論世者，春秋二百四十二年，世皆無道，孔子但據事直書，是非自別，初未嘗以後起之匹夫則已往之天子。屬辭比事者，《春秋》一事必有本末，異事亦有同形，如衛人殺州吁、衛人立晉，此屬辭而見其為一人也；立晉則書衛人，立王子朝則書尹氏，此比事而見其有公私也。原情定罪者，如魯桓見殺于齊時，莊公尚幼，法無可施，故書薨書喪至書葬，一似賊之已討者；及莊公既長，則書如齊書如莒，莊于是不得辭其忘讎之責矣。

◎焦循《雕菰集》卷六《讀書三十二贊・學春秋隨筆（萬充宗名斯大，鄞人）春秋說（惠半農名士奇，元和人）》：甬上跛翁，說禮最優。余之所慕，尤在《春秋》。稱君無道，邪說謬悠。平情定罪，亂賊焉廋？奉武縱逆，納糾忘讎。隱閔書薨，特筆所修。大義明孔，權衡踰劉。半農惠氏，實為其仇。州蒲勝楚，功駕孫周。三郤孤忠，顯潛表幽。

◎提要：斯大曾編纂《春秋》為二百四十二卷，毀於火。其後更自搜輯以成此書。其學根柢於《三禮》，故其釋《春秋》也亦多以《禮經》為根據，較宋元以後諸家空談書法者有殊。然斯大之說經以新見長亦以鑿見短。如解閔二年「吉禘於莊公」，謂「四時之祭，惟禘特大，故又曰大事」。《王制》天子犆礿、祫禘、祫嘗、祫烝」，三祫中惟禘特大，故又曰大祫。先儒因僖八年、宣八年、定八年皆有禘，推合於三年一禘。惡知僖、宣、定八年之禘皆以有故而書，非謂惟八年乃禘，六年、七年與九年皆不禘也。今考《禮緯》「三年一祫，五年一禘」。《公羊》曰：「五年而再殷祭」，是五年而一祫一禘也。《公羊》必非無據。斯大謂每年皆祫，即以時祭為祫祭，蓋襲皇氏「虞夏每年皆祫」之說。而不知皇氏固未嘗以時祭為祫祭。《王制》曰：「天子犆礿，祫禘、祫嘗、祫烝。諸侯礿，犆禘一犆一祫，嘗祫、烝祫」。注謂「天子先祫而後時祭，諸侯先時祭而祫。」如謂禘、烝、嘗即是祫，則與祫無分先後，何以經文於天子先言祫而後言禘、烝、嘗，於諸侯先言禘、烝、嘗，而後言祫耶？又「禘一犆一祫」疏，謂「諸侯夏禘時，不為禘祭，惟一犆一祫而已」。皇氏謂諸侯夏時若祫則

不禘，若禘則不祫，俱謂時禘不與祫並行也。若時禘即是禘，則經文又何以云「禘一犆一祫」耶？至於謂「四時之祭，夏禘為大，故曰大事，又曰大祫」，尤為牽合穿鑿。《周禮·司勳》曰：「凡有功者銘書於王之大常，享於大烝。」《禮記·祭統》曰：「內祭則大嘗禘。」是嘗、烝亦得稱大矣，烏得執一大字，獨斷為夏禘也。又「祔而作主，特祀於主，烝、嘗禘於廟」，斯大謂祔於祖廟，主不復反於寢。引黃宗羲之說，謂：「祥禫則於祖廟，特祭新死者，不及皇祖，故云祭於主。烝、嘗、禘則惟及皇祖，不及新死者，故云於廟。」今考鄭元《士虞禮》注，「凡祔已，主復於寢」，說最精確。《大戴禮·諸侯遷廟》曰：「徙之日，君元服，從者皆元服，從至於廟。」盧辯注：「廟謂殯宮也。」其下又曰：「奉衣服者至碑，君從，有司皆以次。從出廟門至於新廟。」據此謂遷廟以前，主在殯宮明矣。鄭注謂練而遷廟，杜注謂三年遷廟。若卒哭而祔之後，主常在廟，則於練及三年，又何得列自殯宮遷主乎？又引王廷相之說，謂「遷廟禮出廟門至於新廟，是自所祔之廟而至新廟」。今考《喪服小記》「無事不辟廟門」注曰：「廟，殯宮。」《雜記》曰：「至於廟門，不毀牆，遂入適所殯。」凡以殯宮為廟，見於經傳者甚多。其以《大戴禮》出廟門之廟為祔廟，由不知殯宮之亦名廟也。又考《禮志》云：「更釁其廟，則必先遷高祖於太廟，而後納祖考之主。」又俟遷祖考於新廟，然後可以改釁故廟，而納新祔之主。」是新主祔於祖廟，即遷於祖廟甚明。謂自所祔之廟遷於新廟，則是祔者一廟，遷者又一廟矣，與《禮志》全悖。斯大乃襲其說，而反攻鄭元及朱子，尤誤。又成元年三月「作丘甲」，斯大謂：「車戰之法，甲士三人。一居左以主射，一居右以主擊刺，一居中以馭車。間有四人共乘者則謂之駟乘。魯畏齊強，車增一甲，皆為駟乘。因使一丘出一甲。」今考《春秋傳》：「叔孫得臣敗狄於鹹，富父終甥駟乘」，在文十一年，則是成元年以前魯人已有駟乘矣。其不因此年三月令丘出一甲始為駟乘可知。又考襄二十三年傳，「齊侯伐衛，燭庸之越駟乘」，然則駟乘者豈特魯乎？謂魯畏齊始為駟乘，尤屬臆測。又成十年「齊人來媵」，《左氏》曰：「同姓媵之，異姓則否。」故杜注謂「書以示譏。」斯大襲劉敞之說，謂諸侯得以異姓媵。今考《公羊》曰：「諸侯娶一國，則二國往媵之。以姪娣從之。」《白虎通》曰：「備姪娣從者，為其必不相嫉也。不娶兩娣何？博異氣也。娶三國何？廣異類也。」又《周語》曰：「王禦不參一族。」韋昭注：「參，三也。一族，一父子也。取姪娣以備三，不參一族之女。」據此則是同姓異族者得媵也。若異姓得媵，則周語當云不參一姓，不得云不參一族矣。

至以仲子為惠公嫡配，孟任為莊公元妃以叔姬歸於紀為歸於紀季，則尤不根之論，全憑意揣者矣。

◎《浙江採集遺書總錄・乙集・經部・春秋類》：《學春秋隨筆》十卷（刊本），右國朝萬斯大撰。斯大初纂《春秋說》凡二百四十卷，既不戒于火，後經補輯，較前更倍。其書至昭公而止，未及卒業。此係編纂全書時，有心得者另為劄記，因以別行。而全書則不可復得矣。

◎《皇朝文獻通考》卷二百十五《經籍考》五：《浙江通志》曰：斯大之言《春秋》也，一曰專傳，經無事實，待傳而明，《左氏》詳覈，宜奉為主。一曰論世，春秋二百四十二年，世皆無道，孔子但據事直書，是非自見。一曰屬辭比事，《春秋》一事必有本末，異事亦有同形，如衛人殺州吁、衛人立晉，此屬辭而見其為一人也；立晉書衛人、立王子朝書尹氏，此比事而見其公私也。一曰原情定罪，如魯桓見殺於齊，時莊公尚幼，法無可施，故書薨書喪至書葬；迨既長而忘讐共狩，則書如齊、如莒以罪之。

◎趙爾巽《清史稿》卷一百四十五志一百二十《藝文》一：《學春秋隨筆》十卷，萬斯大撰。

◎上海古籍出版社 2015 年《續修四庫全書總目提要・春秋類》「《學春秋隨筆》十卷」：此萬氏《經學五書》第五種。康熙十年（1671），萬氏館於錢塘，始纂輯《春秋》注，加以裁量，成二百四十二卷。此蓋為甬上講經會而作，匯纂諸家尤為賅博。惜於十二年秋毀於火，不留隻字。二十年，復董理《春秋》，撰是書，至昭公而歿。萬氏友人鄭梁作《跛翁傳》，嘗論列《學春秋隨筆》主旨，一曰專傳，奉《左氏》為主；一曰論世；一曰屬辭比事；一曰原情定罪，即其所處之地，察其所處之情。然鄭氏之論，實未足以該是書之旨。萬氏論《春秋》折衷諸傳，不主於一家。彼所謂屬辭者，觀書法之同異，發揮其微言大義；而比事者，則排比一事之先後，窮盡其委曲。如宋楚泓之戰，排比六年內《春秋》所記宋國之事，以觀宋襄公好名而悖德、喪師辱國之過，即是比事。萬氏治《春秋》，最要在於大義，依大義而定條例。大義者，尊君、攘夷、大復仇是也。蓋萬氏之意，明先亡於李闖，是為君王之辱；再亡於滿清，是為夷狄之辱。故是書必嚴於君臣、夷夏之分。此亦明清易代之際《春秋》學之共同特點。又頗尊君，如《左傳》右趙盾，萬氏乃論曰：「左氏感於邪說，乃托仲尼之言以賢趙盾。嗟乎！弒君者為賢，將何者而後為不賢乎。」其論陳靈公、泄冶之事，則曰：「為君不道而殺諫臣，必至於

身殺國亡，為後鑒也。」所鑒者果為何哉？蓋明朝也。萬氏之「大復仇」，亦寄反清復明之意。彼論魯莊之納糾曰：「納糾一事，他國可，魯必不可；魯他公可，莊公必不可。九世復讎，雖不可信，然讎方死而遽忘之，何其忍也。當絕弗與通，以致其終天之恨。」然則明遺民之仕清者，亦在萬氏貶絕之列，觀其擊碎張縉彥神位一事，可知其意。蓋其論大復仇，即寓攘夷之義。黃宗羲總結萬氏經學，謂「非通諸經，不能通一經；非悟傳注之失，則不能通經；非以經釋經，則亦無由悟傳注之失」，是其學不能為傳注之學所籠括。黃宗羲、萬斯大本屬陽明一系，其學問重經世、實踐，此王學「知行合一」重行之義；而其說經，則自有主見，未盡步趨於傳注。或謂《經學五書》乃開考據學之先者，似非確論。此本據上海辭書出版社圖書館藏清乾隆二十六年萬福刻《萬充宗先生經學五書》本影印。（谷繼明）

萬廷蘭 春秋左傳初學讀本 不分卷 存

湖北、遼寧、中江藏光緒二年（1876）南昌萬氏四川學院衙門刻十一經初學讀本本

◎萬廷蘭（1719～1807），字芝堂，號梅皋。江西南昌人。乾隆十七年（1752）進士。改翰林院庶吉士，散館改授直隸懷柔知縣，歷官宛平、順天府通判、獻縣知縣、通州知府，以廉能著，後因事牽連落職下獄十五載。釋歸後主瑞州書院事。著有《十一經初學讀本》、《太平寰宇記補》、《儺紫軒偶存紀年詩》、《大清一統志表》、《計樹園文存》、《張仲景醫學》、《年紀詩》、《計樹園詩存紀年草》一卷、《儺紫軒偶存》一卷、《筠陽遊草》一卷、《柄檗草》一卷、《依園草》一卷、《計樹園剩稿》一卷、《計樹園詩餘》一卷，與萬廷莘合撰《計樹園古文》一卷。曾刻印《太平寰宇記》，並纂《獻縣志》、《南昌府志》。

萬廷蘭 公羊傳初學讀本 四卷 存

嘉慶元年（1796）南昌萬氏刻十一經初學讀本本
◎受業清泉陳、永興史榮森總校。

萬廷蘭 穀梁傳初學讀本 不分卷 存

貴州、重慶梁平縣藏光緒二年（1876）四川學院衙門刻十一經初學讀本本
◎南昌萬廷蘭芝堂校刊。

萬聰 春秋分類 佚

◎萬聰，字大吾。雲南古髳（今牟定縣）人。乾隆十七年（1752）副榜。品端行潔，博通經史，潛修授徒，著書自樂。著有《易卜一覽》、《鋤硯齋易例疏粹》二卷、《書經疏粹》、《詩經圖解》、《毛詩疏粹》、《春秋分類》、《學庸解》、《雲窗隨筆》等。

萬聰 春秋疏粹 佚

汪闓 春秋世族譜復定 二卷 未見

◎柳詒徵《春秋世族譜復定序》〔註7〕：讀《春秋左氏傳》而不知三桓七穆，昔人斥為未學，顧今學僅目不識經傳，尚何有於魯桓鄭穆之世系？今古其懸絕矣。汪子藹庭，承其家學，佐予治圖書有年，其所涉獵，浩博無涯涘，而兒時所誦習，猶拳拳燖溫不倦。從公之餘，精究春秋列國君臣世系，見前人所為《世族譜》猶多疏漏，為補輯考定，成《世族譜》兩卷。初擬名為《集成》，疑於元矣，君乃徇予言，署曰《復定》，庋之篋衍，未由問世，予為捐館之房租，印此小冊，備叢刊之一，冀今世尚有能讀《左氏傳》者，得君書而檢閱，愈於讀它本也。《書》稱別生分類，周之史職，定系世，辨昭穆，太史公讀曆譜諜，乃譜十二諸侯；杜元凱為春秋長曆，並著《公子譜》。故治史者必先知年曆譜諜，為誦述之津途。自漢晉迄清，相承不替。今雖學絕道喪，猶賴藏室柱史，稍稍延其緒，待後之復振焉。予願汪君充其《左》癖，益興吾國《尚書》、《春秋》之教也。

◎汪闓（約1898～？），字藹庭。江蘇江寧（今南京）人。早年畢業於南京鐘英中學。曾任職之江大學圖書館、江蘇省立國學圖書館（後併入南京圖書館）。著有《明清蟬林輯傳》，編著《中國歷代名人年譜綜錄》《江蘇省立國學圖書館館藏南京文獻目錄》《江蘇省立國學圖書館館藏名家舊校書表》《江蘇省立國學圖書館館藏名人手校書表》《江蘇省立國學圖書館館藏拓本影片目》等。

汪垂 春秋要訣 佚

◎高左廷同治《崇陽縣志》卷十一《藝文》：《春秋要訣》，汪垂著，佚。

◎汪垂，字天翼，湖北崇陽人。康熙二十年（1681）舉人。著有《春秋要訣》。

〔註7〕錄自1996年華正書局出版柳定生、柳曾符編《柳詒微劬堂題跋》。

汪椿 春秋歲次考 佚

◎丁晏《頤志齋文鈔・清河汪先生傳》：祖汲修學好古，藏書萬卷，箸有《事物原會》《十三經紀字壘編》《座右銘類編》《解毒編》《方言釋字》《琴曲萃覽》《詞名集解》凡六十餘卷。父敦，附監生，封修職郎、國子監典簿。應順天鄉試，援例入貢，需次典簿，秩候選中書科中書，例授朝議大夫、鹽運司運同。君雄於文，累薦不售，決計歸里，學道箸書，無意仕進。君於學無所不窺，尤明積算推步之術。謂《王制》里畝二數鄭注最為精密，康成通《九章算術》，故注文特為分明。北周甄鸞《五經算術》不知康成之確，乃自為步算，其術甚疎。孔疏疑經文錯亂，亦不知鄭注之確，推算益舛。陳澔糾孔疏之失而自算之，數步下忽有奇零，則又謬矣，里數未詳，但云傲此推之，殆全未通曉者。君細繹鄭注等《王制》里畝二數，考其書具存，有功於經學甚鉅。君往在京師，受經於同郡汪文端公，問太歲超辰之法，文端答曰：「超辰之說發自太倉錢氏，從古未聞，理亦未足，以三統細推亦不合。然謂太歲無超辰則可，謂歲星無超辰則不可。三統百四十四年一超，大衍八十四年一超，二衍不同，以西法考之，其實一也。」君晚箸《推太歲法》《推歲星法》《推太陰法》闡明服虔龍度天門之說，謂戰國漢初皆用跳辰，宋洪容齋《隨筆》亦知之，元熊朋來《經說》則未能曉然也。古法太歲與歲星俱有超辰，不盡依六十甲子之次，錢氏之說信而有徵。為說數萬言郵寄文端公，文端歎服，答書有「嗜古強記如足下者，造物生之，必非無意，名山之業，舍君其誰？追古人而從之，自有不朽者在耳」。君自經史大典外，雅嗜金石之學。嘗慨吳山夫徵君《金石存》李雨村刻於粵東，嫁名他氏，且多踳駁，會購得原本，緘寄文端公請梓行。文端屬李芝齡侍郎，時侍郎督學浙江，校刻精審，遂為完書。後又得《金石存》原目，小有異同，又增後序一篇，君復補刻之……中歲以後，究心太一任遁之學，研精覃思，鍵戶二十餘年，自題其居曰三式書楹，著《周秦三式疏證》數十卷，自謂世無知者。會河督黎襄勤公篤好此學，折節下交，屢從過訪。君嘗製星盤，襄勤畫輿頂上，隨所在占之，以占水，多奇中，而於埽工合龍及啟壩築堤必請君擇日時。君所言皆五行剋制至理，非淺夫小數所有。又為人質實勁正，以是襄勤最敬禮之。庚辰夏，黃河暴漲，襄勤憂形於色，請君占之，君曰：「夜觀水星之次，非此地也，其在豫省乎？」未幾蘭儀工決。甲申元旦，君在節署筮易，襄勤得師或輿尸之卦，遂於是月薨。君聞訃痛哭，盡燬其所箸《疏證》，謂世無知音，破琴絕絃。今所存者僅《三式序目》一帙，其序署曰：「三式之

道即三易之道，三易之道即三才之道也。其見於書者，仲康十一年閏四月朔日食，後人以授時時法推而得之者，豈知授時即太一之法乎？武王十三年二月四日以無射之上宮畢陳，後人以三統法推而得之者，豈知三統即壬遁之法乎？由是觀之，三代曷嘗無三式哉？春秋時梓慎、裨竈、史墨之徒皆深明其術，迨仲尼歿而微言絕，七十子喪而大義乖，史官失職，典籍無徵，復以謏聞竄亂其間，如風角、七政、元氣、六日、七分、日者、逢占、挺專、須臾、孤虛等術，流為禨祥小數而讖緯興焉。東漢張平子上書鄭君注《乾鑿度》獨契太乙九宮之恉，蓋至是而晦者復明、絕者復續。厥後精太乙者有三國之劉惇、達精，精遁甲者有陳武帝與吳頤徹，精六壬者有晉戴洋與五代之梁祖，精通三式者有偽蜀之趙延義、元代之劉秉忠箸於史傳。至如《南齊》之《高帝紀》、《宋史》之《禮志》《律志》、《金史》之《選舉志》以及晉唐元宋《藝術／方伎列傳》，不可枚舉。而《唐六典》且以掌之太卜令焉，豈非鬱之既久發之彌光也哉！竊謂太乙明天數、奇門明地數、六壬明人數，備乎三才，通乎三易，要為周秦以上古神聖之所創造，而非漢以下曲士短書之所能擬也。」君箸述之存者有《十四經通考》，《大戴禮》在宋時亦列於經，故有十四經之目；付梓者《易革卦法書》《禹貢考》《春秋歲次考》《禮記古注考》及《孔子生卒年月考》《孟子年譜》皆鋟板行世，餘稿俱藏於家。生平最服膺亭林顧氏之學，箸《日知錄補正》四卷，又《補注》十六卷，稿凡數易然後寫定……君孝友忠信，篤於朋友，少所交者，蘇徵君秉國談易最契。蘇君歿後，君經紀其喪，賻之甚厚。

　　◎汪椿（1767～1840），字春園，初名光大，後更今名；晚歲潛心三式，號式齋，又號江湖日者。先世自徽州休寧遷淮安，遂為清河（今淮陰）人。與丁晏、蘇秉國善。著有《易革卦法書》、《禹貢考》、《禮記古注考》、《春秋歲次考》、《王制里畝二數考》、《十四經通考》、《孔子生卒年月考》、《孟子年譜》、《推太歲法》、《推太陰法》、《推歲星法》、《日知錄補正》四卷、《日知錄補注》十六卷。

汪道昆　春秋左傳節文　十五卷　佚

　　◎道光《徽州府志》卷十五《藝文志》：汪道昆《春秋左傳節文》十五卷。

　　◎汪道昆，安徽歙縣人。著有《春秋左傳節文》十五卷。

汪德鉞　春秋偶記　二卷　存

　　國圖藏道光懷寧汪氏刻臧庸編次七經偶記十二卷本

◎孫殿起《販書偶記》卷三：《七經偶記》十二卷，懷寧汪德鉞撰。武進臧庸編。道光間誠意堂家塾刊。《周易》《尚書》《毛詩》《周官》《禮經》《禮記》《春秋》《論語》《大學》。又一部無刻書年月，約光緒間其玄孫孔峻重刊木活字本。

◎汪德鉞（約 1778～？），字崇義，號銳（萃）齋，又號三藥，自號雲田。安徽懷寧人。少從舅父楊家洙習易，又從張必剛治經史。潛心考據，學宗程朱，深識天下事利病，遇義慷慨敢為。嘉慶元年（1796）進士，由庶常改禮部主事，終於禮部員外郎，保送御史。著有《讀易義例》一卷、《周易集成》、《周易偶記》二卷、《周易義撰》、《周易雜卦反對互圖》一卷、《尚書偶記》一卷、《毛詩偶記》二卷、《詩經文字異同考》、《周禮偶記》一卷、《儀禮偶記》一卷、《禮經偶記》一卷、《春秋三傳偶記》二卷、《論語講義》、《論語大學偶記》、《讀經劄記》、《七經偶記》十二卷、《七經餘記》、《三國志補注》、《制義》二卷、《汪氏語錄》（又名《銳齋語錄》）二卷、《家訓》二卷、《女範》二卷、《四一居士文鈔》六卷、《銳齋古文》二卷。

汪紱 春秋集傳 十六卷 首一卷 末一卷 存

陝西師範大學、湖南藏光緒二十一年（1895）刻本

濟南藏清棲碧山房刻本

◎目錄〔註8〕：卷之首序文、綱領、總論、列國編年宗譜、諸國興廢、災變總說、列國分壤圖說、紀時總說、春王正月考異。卷之一隱公。卷之二桓公。卷之三莊公上。卷之四莊公下。卷之五閔公。卷之六僖公上。卷之七僖公下。卷之八文公。卷之九宣公。卷之十成公。卷之十一襄公上。卷之十二襄公下。卷之十三昭公上。卷之十四昭公下。卷之十五定公。卷之十六哀公。卷之末哀公（附左）。

◎春秋集傳序：聖人之道猶日月之經天，無人不知亦無人不仰者也。乃《春秋》自《左氏》《公》《穀》因事繫傳後，學者潛思精究，漢唐宋元以來，說者林立，往往互相援摯，彼是而此非，或反因深以致晦，是道在邇而求諸遠也。不寧惟是，說《易》、說《詩》亦莫不然。夫人生不過此日用倫常而已，聖人之意亦不過欲使人明日常倫常而已，何有於艱深隱僻而用此紛紛為也。門戶立

〔註 8〕卷首題：婺源汪紱雙池纂，後學宿松徐曾皖樵、烏程盧葆辰子純、同邑程夢元飭園、同邑余家鼎彞伯、同邑戴彭景筠同校字。

而奮爭之心起，名之所在，不惜詭辯曲說以求其必勝，馴至使後之人判文與行為兩塗，而道愈不明於天下。說經者但勦襲傅會以欺一世而盜虛聲。人見其實之不足以有為也，於是反以學為可笑，而相戒置之於不顧。嗚呼，是誰之過也！先生此書集諸傳而折衷之，隨時順理，因事處宜，寧淺毋深，寧直毋曲，寧闕毋鑿。自序詳之矣。至其筆之言取簡當有法，令人一讀即首肯心領，又非從來說《春秋》者所能及。是詎非所謂無意於為文而後乃成至文者邪？學苑之榛蕪也久矣，急科名者忘事功，談經濟者務時尚，不知聖人之所以正人心者，亦因其固有而發明之爾。《詩》不云乎？「民之秉彝，好是懿德」，因勢利導，至易易耳。舍本逐末，乃愈趨而愈棼，經術不明之故也。然則揭日月而昭倫常，舍先生此書，吾誰與歸哉！刻既成，因序而引之，學者反覆而詳味焉，於聖人之道思過半也已。光緒乙未冬十月，鄉後學吳引孫福茨甫并書於四明權署之葵向齋。

◎敘〔註9〕：《春秋》，魯史也，聖人脩之。而孟子謂之曰作，誠以大義微辭，聖人所獨斷，而非徒記載之文也。然謂魯史舊文而斟酌其是非以垂後世之法，聖人然也。謂逐句逐字而改易增損之，以某字為褒某字為貶，使後世之人多方以求合，而莫測其意之所存，聖人當不盡然也。竊謂魯史舊文亦非漫無矩矱，其間如內不書弒、公出書孫之類，皆舊史遺法，與晉乘楚書各異，是為周公之典。故韓起來聘，見魯《易象》《春秋》而曰「周禮盡在魯矣」。第二百四十二年之間，史不一手，文有煩簡得失之殊，於是仲尼脩之以復周公之舊。其有特筆斷自聖心，則如春正書王、河陽書狩、桓正不王、定元無正、稷成宋亂、澶淵宋災故之類，是為直著譏貶，大義昭然，無勞曲說也。其餘則不過屬辭比事，是非功罪按事可考，而勸懲已寓乎其中。但於今舊史不存，無從考據而知其何者為孔子之所筆削矣。唯《左氏》記事詳明，故讀經必以左史為案。公穀二氏所述之事見聞異辭，難足據矣。然《左氏》所斷之辭、所發之例實多於理背謬，確有不可從者。《公》《穀》辭義甚辨，而各以其意揣度聖心，則得之者半，失之者亦已過半矣。迄漢唐宋諸儒，迺各是其所是，或援此以擊彼，或合異以為同，朱子謂聖人心事正大光明必不如注疏家之穿鑿，蘇氏謂諸儒說《春秋》多似舞文之獄吏，不有然哉！程叔子《傳》，胡氏多宗用之。《胡傳》大義炳朗，辭氣昌明，遠駕漢唐諸儒之上，而三傳得所折衷矣。然立義時或迂疏，而辭旨每多煩複。如元年而責以體元之義，周正而冠以夏令之時，齊桓首倡伯

〔註9〕又見於汪紱《雙池文集》卷五，題《春秋集傳序》。

業，多為曲護之辭，魯桓兩闕秋冬，何與誅賞之柄，衛伐無虧豈真忘德，魯珍季子未必能賢，以常情待晉襄，以王事責秦穆，書法不太曲乎？責晉屬之不君，於欒書無貶辭，何辭不達意也！是亦以胸有成見，加之附會而逐字求深過泥之故失之，故朱子亦時於《胡傳》有不滿焉。迄迺《大全》所載宋元諸儒議論，亦多可補胡氏之闕，而要之各出意見，得失相參。在鄙意常思有所折衷，而未敢率爾筆也，然存心亦有年矣。今功令一遵胡氏，治《春秋》者不敢少出己見，又場屋命題多所忌諱，迺記取冠冕數題，略撮胡、左大旨，持以應試，雖經文且不曾徧讀，況《胡傳》乎！夫經降而從傳，傳降而為時文，時文又降而為勦襲，而尚詡然以經生自鳴也，不亦羞乎！予甚憫焉，謂欲以發明經意自當求之於經，通經以傳為階，自當博綜於傳。傳之立義各殊，自當折衷於一。一無可執，斷之以理。理無常是，衡之以中。中無定體，參之以時。時有不同，案之於事。聖人之道，時中而已。隨事順理，因時處宜，《春秋》筆削，不以是乎？是以敢斟酌四傳而去取之，時或斷以己意，寧淺而毋深，寧直而無曲，序事必綜本末，論事必於周詳，有疑則寧闕毋敢鑿也。其所取用，不過數家，足以發明經義而止，餘俱從略，不欲其煩，匪矜博故也。明初始定科場功令，《春秋》四傳並用成祖，而後乃獨用《胡傳》，然迄今命題亦未嘗不兼主《左氏》。則合四傳而斟酌焉，於功令似亦無所背抑。紱之輯是書，要非為場屋命題使士子作時文故也。但《春秋》為朱子所難言，予小子何堪僭妄，然朱子於《春秋》既未遑及，則繼朱子者尤不可以無人。茲所去取實一宗朱子之意。紫陽可興，當亦不予謳過謫。則揆之孔子之意，或亦不相抵牾也。朱子作《易本義》，祇以《易》為卜筮之書。愚於《詩經詮義》之著也，亦祇欲人以作《詩》之法讀《詩》。今之於《春秋》也亦然。人之讀《春秋》者，其即以讀史之法讀之焉，沈潛而反覆之，以論其世，鑑空衡平，將聖人筆削之深心時或遇之，自可以無事深求也矣。時乾隆乙丑仲秋朔旦，婺源汪紱自敘。

◎吳德旋《初月樓聞見錄》卷九：著書以斯文為己任，治經博綜疏義而折衷於朱子，其學無所不窺，自星曆地志樂律兵制陰陽醫卜以至彈琴篆刻書畫諸藝事，皆能通曉……所著有《易／書／詩／四書詮義》、《春秋集傳》、《禮記章句或問》、《六禮或問》、《樂經律呂通解》、《樂經或問》、《孝經章句》、《理學逢源》、《讀近思錄》、《讀讀書錄》、《讀困知記》、《讀問學錄》、《參讀禮志疑》、《讀陰符經》、《讀參同契》、《儒先晤語》、《山海經存》、《琴譜》、《詩韻析》、《物詮》、《文集》、《詩集》共若干卷云。

　　◎道光《徽州府志》卷十一之三《人物志‧儒林》：所著有《易／書／詩／四書詮義》、《春秋集傳》、《禮記章句／或問》、《六禮或問》、《樂經律呂通解》、《樂經或問》、《孝經章句》、《理學逢源》、《讀近思錄》、《讀讀書錄》、《讀困知記》、《讀問學錄》、《參讀禮志疑》、《讀陰符經》、《讀參同契》、《先儒晤語》、《山海經存》、《琴譜》、《詩韻析》、《物詮》、《文集》、《詩集》、《大風集》共若干卷。

　　◎道光《徽州府志》卷十五《藝文志》：汪紱《春秋集傳》十六卷。

　　◎朱筠《清故婺源縣學生汪先生墓表》（并銘）：先生自二十以後著書十餘萬言，旁覽百氏九流之書，三十後盡燒之。資敏強記，過目在心。自是凡有述作，息神莊坐，振筆直書，博極兩漢六代諸儒疏義，原原本本，而一以宋五子之學為歸。六經皆有成書，下逮樂律、天文、地輿、陣法、術數，無所不究暢，卓然傳于後。所著《尚書詮義》十二卷、《詩經詮義》十五卷、《四書詮義》十五卷、《春秋集傳》十六卷、《禮記章句》十卷《或問》四卷、《參讀禮志疑》二卷、《孝經章句》一卷、《樂經律呂通解》五卷、《樂經或問》三卷、《讀陰符經》一卷、《讀參同契》一卷、《讀近思錄》一卷、《讀讀書錄》一卷、《儒先晤語》二卷、《琴譜》一卷，皆筠及見者。又有《易經詮義》十五卷、《山海經》九卷、《理學逢源》十二卷、《詩韻析》六卷、《物詮》八卷、《策畧》四卷、《讀困知記》一卷、《讀問學錄》一卷、《醫林輯畧探源》九卷、《戊笈談兵》、《六壬數論》若干卷、《大風集》六卷、文集六卷、詩六卷。先生卒，顧書而嘆曰：著書如此而不傳乎？乾隆三十有八年癸巳秋九月日立石。

　　◎汪紱《雙池文集》卷四《答洪霖雨書》：吾婺源之有朱子，千百載而一人。當日雖親炙其門如二滕者所得亦無可考，況百年而後如三胡輩，以言升堂或庶幾焉，以言入室則概乎未之及。其遺書鮮睹，其雜見於《經解》、《大全》諸書者可考也。顧詣力所至有淺深，而用力則已甚勤，其用心則已甚苦。乃今人名利熏心，則視前賢理學諸書皆祇覆瓿之用，其子孫亦不復能守，而殘書幾無或存，傷矣。霖雨乃概然有志，欲為網羅收拾，掇其精蘊，勒成一書；又欲贊好古而有力者鑴其全書以還真面目。文獻有徵，先賢不死，甚盛心也。紱至愚不肖，又苦饑寒羸弱之年，每鬻書以資口食。迄後奔走四方，心不忘學，則往往效匡衡故事，傭於多書之家而不取其值，因間得竊其書而讀焉。書多雜亂無章，然會通亦時有心得。又其後設席訓蒙，乃獲以館穀買書。數年之間，經書乃略備，先儒性理亦時得窺半豹焉。固此皆人人得讀之書，而《儀禮經傳通

解》終於無從置買，心常闕然。其他難得之書則又往往於友朋處得借閱之。故謂紱為博聞強識則或有之，謂紱家為插架必饒舊本則實無可應付也。先太傅《中詮》一書，家藏舊有二部，一部授小壻余能昭，其一部則被友人借去，失於檢點，竟至今無可復覓。其書版藏葭六舍姪家，但須買紙百十部方好動手刷印，若止一二部則難於起手。霖雨謂宜付書肆印行則易於流布，此言甚是。但家藏亦不可無版，若能斂貲付書肆另刊則為尤妙，而族寒且不肖襄此者，未必有人，空言無益也。紱承《中詮》家學，惴惴唯恐失墜，是以雖極困躓，而積學益苦，以為性命之理不合內外精粗而研悅之，不足以見此理是非之實；聖賢之學不從實踐力行以體驗之，不足以臻大學至善之歸，故凡有所著作，皆自心得發之，不敢隨人聲為附和。《易／詩／書詮義》皆有成書，《四書詮義》及《春秋集傳》、《樂經律呂通解》書亦已成而尚欲更有斟酌，餘若先儒之書亦每各參末論。竊自謂朱子而後迄今五百餘歲，微言欲絕，大義多乖，其真能篤信朱子以升其堂入其室，默契其心而發揮其蘊者，紱竊有志焉。惟是《三禮》之書一則苦於家貧不能置書，欲動筆而無可參考；又且老病日侵，心長手短，恐終廢閣耳。書卷煩多，非數千金不能刊刻，即使有人刊刻，亦未必即行。第是天理常存，則吾書必無終閟之理。以觀小兒及稺孫，亦必不至委家學於草莽也。《書經詮義》、《四書詮義》在藍渡館中，《易經詮義》在小兒館中，《詩經詮義》及《春秋》、《樂律》等在家，霖雨不棄，或不妨俾人取閱也。病中草草，不盡所言。所問三條另楮答覆。

◎余元遴乾隆二十五年三月撰《汪先生行狀》〔註10〕：先生嘗云自有知識以來未嘗輟書，然三十以前於經學猶或作輟，三十以後盡焚其雜著數百萬言，而一於經。研經則參考眾說而一衷心於朱子，志專一而用力勤，至五十時覺此理明白坦易，浩然沛然，無復向日艱深之態矣。先生之於《四書》也，謂朱子《集註》而後惟勉齋諸賢躬承師說，有所發明。何、王、金、許、陳、胡、吳、史而下已浸失微言之緒，有明《大全》之纂，當日君若臣皆失其道，安能得聖賢之旨而決擇於群賢得失之林？故朱子所非者或載之，或朱子所取者復畔焉，或朱子所嘗言而意旨別屬者又彼此混附而不能察其言之有因。及姚江、龍溪以後，多以叛傳離經為事，其號墨守程朱如蔡林顧劉輩，立言亦有陰與註背而不自知者。於是糾謬辨譌，成《四書詮義》一書，初意只鋤羣穢，不為講家；又以不愜人心，難於通貫各章，署為挨講，曲折詳明，無所不盡，則《或問》之

〔註10〕摘自《理學逢源》卷首。

遺意也。其論易也，則曰：《易》言時中之道，聖人寡過之書，在天涵理而著象，在物成象而寓理，故上聖得理而顯象，其次因象而觀理，其次乃即事以求理。得理而顯象，聖人之作易也；因象而觀理，讀易之方也；即事以求理，卜筮之事也。然焦、京流於術數而易之體亡，王、何入於虛無而易之用亡。自周子作《太極圖說》《易通》、程子作《易傳》而理明；邵子演先天圖而象著；朱子集諸子之大成，象數宗邵子、義理主周程，於是體用備而時中之義明。乃《圖說》見毀於象山、《易傳》受詆於袁樞、《邵圖》見非於林栗，象占之說、卦變之圖，後世猶多議朱子者，則甚矣易之難言也。先生八歲時戲析八卦，以竹枝排之，母見之語曰：「八卦有斷有連，汝所排皆連畫，妄也。」對曰：「兒以仰體為陽，俯體為陰也。」母曰：「是得其意矣。孺子他日其能神明於易耶？」及著《詩／書詮義》二書成，乃作《易經詮義》，然易稿者數四，最後成於乾隆之丙子。其於初稿自立議論，稍與《本義》牴牾處皆痛為掃刮，至於異說糾紛則明辨益力。又以明初《傳》《義》並行，習易者因剟朱《義》以附程本，是并《傳》《義》之本兩失之，故《詮義》一從朱《義》古本，分別經傳，不復剟程《傳》以附朱《義》；至程《傳》義理粹精不可移易、《本義》未及收者則採以附朱《義》之後，或文義未安有不可從而人反從之者，亦稍為辨析。洋洋灑灑幾百萬言，非識義、文喫緊者不能作亦不能讀也。《尚書》則自母口授時頗易之，及舞勺時，或問以古文真偽、《禹貢》水道，對未能悉，乃赧然以《書》為未易言而探討益力。自云高祖清簡公為司徒時戎事方殷，講論天下形勢與籍頗詳；曾祖光祿公研於星經歷史，二者幸有傳言，故羲和諸章及《禹貢》皆非所難，周誥殷盤詰聱牙耳，難不在是。二典三謨九疇洪範，伊周微言，與大易《學》《庸》相表裏，天人之際、性命之原也。而唐虞受禪、湯武征誅、伊尹營桐、周公避謗，其間非得聖人之心何以知聖人之處事？不察於性命本原之地，又安足以知聖人之心哉？顧《詩／易》傳有朱子，而《書》獨以屬蔡氏，是蔡《傳》不異朱《傳》。披閱數過，豁然有得，更為《詮義》一篇，時雍正癸丑也。書成，族姪攜以入京，卒於京寓，本遂亡失。邐以重著為請，先生復記憶成篇，大約較舊本損者三之一，益者三之一。自序云：「因敝筆硯，重理舊緒。十餘年見聞日廣，觸緒相發，時有新得。」蓋義理猶昔而辨析益加詳矣。至於《詩》則病記醜之徒搜爬舊序，矜博聞而與朱子為難。《詮義》之作，章句訓詁，諷詠涵濡，於《國風》《雅》《頌》之體勢、貞淫正變之原由，無不曲暢旁通，務以發揮朱子之意，而於鳥獸草木之名時或考据以正其小誤漏遺。蓋

先生不言博，而典博未有過之者也。謂《春秋》一書大義微辭，聖人獨斷，非徒記載之文。然謂魯史舊文而斟酌其是非以垂法後世，然也；謂逐字而改易增損之以為褒貶，非也。如春正書王、河陽書狩、桓正不王、定元無正稊、成宋亂、澶淵宋災之類，直著譏貶，無勞曲說。其餘不過屬辭比事，是非功罪，按事可考，而勸懲已寓乎其中。《左氏》記事詳明，讀經必以為案；《公》《穀》所述，見聞異辭，難以為據。然《左氏》所斷之辭、所發之例多謬於理而不可從；《公》《穀》辭義甚辨，而各以其意揣度聖心，得失亦相半，迄漢唐宋諸儒各是其是，交相矛盾。《胡傳》大義炳朗，辭氣昌明，然書法泥而太曲，朱子有所不滿。至《大全》所載宋元之論，多可補胡氏之闕，然亦純雜相參。夫欲通《春秋》之經，當博綜於傳。傳義各殊，當衷於一。一無可執，斷之以理。理無定見，衡之以中。中無定體，參之以時。時有不同，按之於事。聖人之道，時中而已。隨事順理，因時處宜，則《春秋》之筆削也，是以敢斟酌四傳而去取之，時或斷以己意，寧淺無深，寧直無曲，序事必綜本末，論事必極周詳。疑則寧闕。其所取用不過數家，足以發明經義而止。朱子向以《春秋》為難言，茲所去取實宗朱子之意，紫陽可興，當亦不予過謫，即揆之孔子之意或亦不相牴牾。蓋先生自敘云云，而其書之大畧可識矣。其讀禮也，以《雲莊集說》為平易純正，然病其或雜引他說不為折衷，或隨手摭援不順文義，且其間有擇未精、語未詳者，乃因雲莊之註，蒐輯紹聞，參以己意，裁擇而刪定焉，名曰《禮記章句》。其所去取之故、是非之辨，《章句》所未能悉載者，又仿朱子《四書或問》之例，著《禮記或問》以盡其說。最後欲合《三禮》成編，方成《儀禮圖式》，疾劇乃止。至冠昏喪祭以及鄉射、士相見、居鄉居家諸儀，嘗取朱子《家禮》一書參之。《儀禮》合宋明諸儒所論異同之不一者，設為問答以明禮意，為《六禮或問》六卷，凡《家禮》所省而《儀禮》所存者，輒為商搉而增益之，雖自以為僭踰，而酌古通今之意亦綦苦矣。律呂之學，先生尤精。嘗曰：「移風易俗莫善於樂，乃經生家紙上空談，未嘗親執其器；工絲竹者徒守其器，又不能察其所以然。古籍僅存《樂記》一篇，而律呂器數皆難悉考。蔡西山綜覽儒所論，成《律呂新書》。《樂記》言理，西山言律。理以律為歸，律以理為斷，二書不可不合以參觀。然理寓於聲而律顯於器，器以成聲，聲以合律，則器數又不容以不考。因合《樂記》及西山之書而疏通其意，更上採《考工》《周禮》先儒註疏及先賢之論樂者，為續新書二卷以附於後，名曰《樂經律呂通解》。又別註《樂律或問》三卷，於器數尤為詳核。《孝經》一書，先生以為孔子與

《大學》並傳曾子，《大學》得朱子《章句》，人人知所共習；《孝經》雖定為《刊誤》，而未及註釋，朱子恆自惜之。今學者傳誦尚仍石臺而罕睹《刊誤》之本，是以今文古文互相觝排。我朝命儒臣撰《孝經衍義》，用朱子所定經文於卷首，衍經不衍傳，蓋倣真西山《大學衍義》之例。第《衍義》以《刊誤》為宗，鄉會命題仍用石臺之舊。草野傳誦，莫適為主。乃因朱子之本，詳其訓詁，究其指歸，著為《章句》，使經傳互相發明，此則先生廣補朱子所未及者。以上著釋《四書》《易》《書》《詩》《春秋》《禮》《樂》《孝經》約數百萬言，縷晰條分，洞其蘊奧。宋元以來諸儒之釋經，未有如是其詳且盡者也。嘗謂理一而已，而異學汨之，辭章汨之，故高者入於虛無，下者溺於功利，學者惟窮理致知以探其源，反躬實踐以知其味，斯邪說不能搖而榮利不足戀。然理雖一而分則殊，聖賢言各有當，其循序致精，慮學者未知其梗槩而無以識其大體所存，於是彙為一冊，分門別類，自天人性命之微及夫日用倫常之著，自方寸隱微之地達之經綸斯世之猷，援引考據，而以己意折衷其間，井井有條，通融貫徹，名曰《理學逢源》。閱是書而先生所以深造自得者可知矣。其他說理則有《讀近思錄》《讀讀書錄》《讀困知記》《讀問學錄》諸書，皆推闡諸儒蘊奧而補塞其罅漏。考典則有《山海經存》《參讀禮志疑》《儒先晤語》諸集。《策畧》則經濟具焉。《戊笈談兵》則天時地利與凡古今來戰陣之法具焉。《物詮》則統論天地萬物之理氣。《詩韻析》則詳著音韻之原委。至六壬之發揮、醫林之輯畧，九宮陽宅之涉，以及讀《陰符經》《參同契》與《琴譜》，屢屢記之成編，或為應酬之言，或博義理之趣，不足為先生重。然出其緒餘，猶足使專家者執以成名。則取多而用宏，不可紀極也。少未出試，然不廢時文。故先生文皆發四子六經之精蘊，而盡萬物之事情，實擅正、嘉、天、崇及國初諸名家之勝……其註經及諸書也，不起稿，不繙閱諸家之言，裝格直書，每日得數千言。值稍疑難，註腳之中復下註腳，理若繭絲，字若牛毛，書法非其所工，點畫必依《正韻》，無一筆苟且而章安句適。行數之高低，空白整齊適均，若經數手稱量比擬而出者，在先生為蓄積而通。而書無副本，失則難求，又以不起稿之為累也。今遴編所存計《四書詮義》十五卷、《易經詮義》十五卷、《書經詮義》十三卷、《詩經詮義》十五卷、《春秋集傳》十六卷、《禮記章句》十卷、《禮記或問》四卷、《六禮或問》六卷、《樂經律呂通解》五卷、《孝經或問》一卷、《孝經章句或問》一卷、《理學逢源》十二卷、《山海經存》四卷、《戊笈談兵》十卷、《讀近思錄》一卷、《讀讀書錄》一卷、《讀困知記》一卷、《讀問學錄》一卷、

《參讀禮志疑》二卷、《讀陰符經》一卷、《讀參同契》一卷、《策畧》四卷、《詩韻析》六卷、《物詮》三卷、文集八卷詩集七卷、《大風集》二卷、《儒先晤語》二卷、《琴譜》一卷、《醫林輯畧探源》九卷，《六壬數》六卷、《九宮陽宅》二卷、時文六百首計十四卷，共一百九十五卷。然紙數多而字數密，以坊本計之約六百卷。先生著作，深恥自炫，多藏巾笥。其讀書也，目力雖敏而構思刻苦，一字一句之未安，思之竟夕，必求融貫而後已。至援引浩博，又皆自眾籍中來。因悟先生之於書，即朱子所云「循序漸進，熟讀精思」者也。夫以先生之資稟，讀書非難，而自成童以後，困苦顛連，道途旅寓，衣食不充而不廢學，則難。然才子數奇，文章憎命。嗜古之士不以境遇輟其所好者，亦多有之，或侈談風月，經術空疏，著作雖多，無補世教。先生研窮經義，得斷簡於眾遺，發新知於卓識，皆天人性命之微言、民生日用之切務，無一毫為人狥外之心則難。又或穎悟絕人，豪傑自命，立言不朽，思過古人而別標宗旨，更啟爭端，其斤斤繩尺是守者，則又徒襲糟粕，依樣葫蘆，不足以發揮精蘊。先生則墨守程朱，縱橫排宕，而一軌於正。至於天地萬物生成之理、日月星辰出沒之方、飛潛動植化育之由、六合九州生產之異、五行生剋制化吉凶消長之故、玉聲六律八音正變節奏之道，以及象數方名胎息孕育之原，莫不究極指歸，而漢唐宋明以來諸儒聚訟紛紛所不能決者，先生批卻導窾，游刃有餘，怘然以解，豈非尤難之難者乎……彌留之際，顧遺書而嘆曰：「著述如此，其竟不傳乎？」嗚呼！古來聖賢多遭困厄，然雖不得大行於時，功名亦必有以自見。顧或時當衰晚偃蹇，宜也。先生值聖治休明，旁求經學之口，而伏處深山窮谷，不得與稽古之榮，不尤可惜哉！先生為學，隨事體究，不立宗旨，嘗語學者曰：「人之所以異於物者此心，然莊周道遙游其心於寥廓、釋迦般若寂其心以自在，是皆以有用之心置之無用之地。蓋心不可不用，而效庸人之役役則傷；心不可不養，而學異說之空虛則廢。事理甚平常，奇怪可以不慕；生世有定分，富貴可以不求。惟是盡心於其所當為、可為，而不馳心於其所不當為與不必為，則此心休休而得其所養。至面壁九年，一旦徹悟；齋心閉門，一日千里，此幻也。」

　　◎朱筠《汪先生墓表》〔註11〕：先生自二十以後著書十餘萬言，旁覽百氏九流之書。三十後盡燒之。資敏彊記，過目在心。自是凡有述作，息神莊坐，振筆直書，博極兩漢六代諸儒疏義，元元本本，而一以宋五子之學為歸。

〔註11〕錄自《雙池文集》卷首。

六經皆有成書，下逮樂律天文地輿陣法術數，無不究暢，卓然可傳於後。所著《尚書詮義》十二卷、《詩經詮義》十五卷、《四書詮義》十五卷、《春秋集傳》十六卷、《禮記章句》十卷《或問》四卷、《六禮或問》六卷、《參讀禮志疑》二卷、《孝經章句》一卷、《樂經律呂通解》五卷、《樂經或問》三卷、《讀陰符經》一卷、《讀參同契》一卷、《讀近思錄》一卷、《讀讀書錄》一卷、《儒先晤語》一卷、《琴譜》一卷，皆筠及見者。又有《易經詮義》十五卷、《山海經存》九卷、《理學逢源》十二卷、《詩韻析》六卷、《物詮》八卷、《策略》四卷、《讀困知記》一卷、《讀問學錄》一卷、《醫林集略探源》九卷、《戊笈談兵》若干卷、《六壬數論》若干卷、《大風集》四卷、《文集》六卷、《詩集》六卷。先生且卒，顧書而嘆曰：「著書如此而不傳乎？！」元遴謹收錄而藏之於家。

◎道光癸巳春王月橢李沈維鐈《雙池文集序》：婺源汪雙池先生味道研經，學行醇粹，六經皆有著述，一以羽翼朱子為心。

◎汪正元、吳鶚光緒《婺源縣志》卷五十五《藝文志・典籍》：汪紱著（《易經詮義》十五卷、《書經詮義》十三卷、《詩經詮義》十五卷、《四書詮義》三十八卷、《春秋集傳》十六卷、《禮記章句》十卷、《禮記或問》四卷、《六禮或問》六卷、《樂經律呂通解》五卷、《琴譜》一卷、《樂經或問》一卷、《孝經章句》一卷、《孝經或問》一卷、《讀近思錄》一卷、《讀讀書錄》二卷、《讀困知記》二卷、《讀問學錄》一卷、《參讀禮志疑》二卷，著錄《四庫》；《讀陰符經》一卷、《讀參同契》一卷、《先儒晤語》二卷、《理學逢源》十二卷、《山海經存》九卷、《易經如話》六卷、《四書引蒙開口講》、《策略》四卷、《戊笈談兵》十卷、《醫林纂要》九卷、《讀松陽抄存》、《六壬數論》二卷、《九宮陽宅》二卷、《詩集》六卷、《大風集》二卷、《詩韻析》六卷、《物詮》八卷、《雙池文集》十卷）。

◎汪正元、吳鶚光緒《婺源縣志》卷二十五《人物志・文苑》余熊照：外舅儒碩汪雙池伐嗣，迎外舅母終養。族筠溪表章雙池遺書，照實左右焉。

◎趙爾巽《清史稿》卷一百四十五志一百二十《藝文》一：《春秋集傳》十六卷，首末各一卷，汪紱撰。

◎上海古籍出版社 2015 年《續修四庫全書總目提要・春秋類》「《春秋集傳》十六卷首一卷末一卷」：是書卷首為吳引孫序，其後自敘、目錄，其後列何休注《公羊傳》序、杜預注《左氏傳》序、范寧注《穀梁傳》序、程傳序、胡傳序，又自撰《春秋綱領》、《春秋總論》、《春秋列國編年總譜》、《諸國興廢》、

《春秋災變總說》、《列國分壤圖說》、《春秋紀時總說》及《春王正月考異》八篇論文，以述其治《春秋》之旨。汪氏以為，《春秋》為禮義之大宗。天下之治亂，一本於倫紀，倫紀乃禮樂所由興，刑罰之所由立。倫紀正則天下治，倫紀乖則天下亂。周王室之東遷，王師不西指於戎，而外戚仇舅之家。王宰不降德於民，而下賄諸侯之妾。桓王嗣立，比曲沃以伐其君；孺生擅權，假王師以得其志。是君臣父子夫婦兄弟國人之交失其道而諸侯疇不效之，此《春秋》所為托始也。禍亂之尋有三道，繼世之禍自閨門，強臣之禍自朝廷，戎狄之禍在中國。春秋之亂甚矣。聖人作《春秋》，乃所以正之。故《春秋》之屬辭比事，無論微詞示意或直書褒貶，其大要所在，則曰正倫紀。汪氏謂學不可不知要，然所以得要，正須從學得多，後乃能揀擇出緊要處。故若非理明義精，則未可學《春秋》。汪氏此書，蓋欲調和諸家異說，以申其「正倫紀」之大義。然既折衷三傳，則仍不出宋人治《春秋》之法門。此本據上海辭書出版社圖書館藏清光緒二十一年刻本影印。（陳峴）

　　◎汪紱（1692～1759），初名烜，庠名紱，字燦人，小字重生，別號雙池。婺源（今江西婺源）北鄉段莘里人。年五十後始就試，補縣學生。以高介違俗且久客於外，時人鮮或知之。獨同邑余元遴秀書師事之，得聞為學要領。紱歿，子思謙以毀卒，元遴往收雙池遺書藏弄之。乾隆間上獻朱筠。朱以其書入《四庫》，命附祀紫陽書院並為表其墓。著有《易經詮義》十四卷卷首一卷、《易經如話》十二卷卷首一卷、《詩經詮義》十五卷、《詩韻析》六卷、《書經詮義》十三卷、《四書詮義》三十八卷、《四書引蒙開口講》、《春秋集傳》十六卷、《禮記章句》十卷、《禮記或問》四卷、《六禮或問》六卷、《參讀禮志疑》二卷、《樂經律呂通解》五卷、《樂經或問》三卷、《孝經或問》一卷、《孝經章句》一卷、《讀陰符經》一卷、《讀參同契》一卷、《讀近思錄》一卷、《讀讀書錄》一卷、《儒先晤語》一卷、《琴譜》一卷、《理學逢源》十二卷、《讀困知記》三卷、《讀近思錄》一卷、《儒先晤語》二卷、《策略》四卷、《戊笈談兵》十卷、《醫林纂要探源》九卷、《琴譜》四卷、《物詮》八卷、《讀讀書錄》二卷、《讀陰符經》一卷、《讀參同契》三卷、《山海經存》九卷、《六壬數論》二卷、《九宮陽宅》二卷、《大風集》二卷、《文集》十卷、《詩集》六卷、《或問》四卷、《讀問學錄》一卷。同邑余龍光編有《雙池先生年譜》四卷。《策略》四卷、《讀困知記》一卷、《讀問學錄》一卷、《醫林集略探源》九卷、《六壬數論》若干卷、《大風集》四卷、《文集》六卷、《詩集》六卷。

汪紱 春秋年譜 一卷 未見

◎孫殿起《販書偶記》卷二：《春秋集傳》十六卷首一卷末一卷、《春秋年譜》一卷，婺源汪紱撰。乾隆間西碧山房刊。

汪桂 春秋補注 佚

◎孫雲錦光緒《淮安府志》卷三十八《藝文》：汪桂《周易約解》《十二經摘解》《春秋地理考》《春秋補注》《漢書地理考》《水經補注》《粟庵詩存》。

◎汪桂，淮安府人。著有《周易約解》《春秋地理考》《春秋補注》《十二經摘解》《漢書地理考》《水經補注》《粟庵詩存》。

汪桂 春秋地理考 佚

◎孫雲錦光緒《淮安府志》卷三十八《藝文》：汪桂《周易約解》《十二經摘解》《春秋地理考》《春秋補注》《漢書地理考》《水經補注》《粟庵詩存》。

汪會授 左傳分類 佚

◎道光《休寧縣志》卷十四《人物志·續學》：著有《易經闡註》《左傳分類》《梅溪時藝》。

◎道光《徽州府志》卷十一之四《人物志·文苑》：著有《易經闡註》《左傳分類》《梅溪時藝》。

◎汪會授，字薪傳。安徽休寧上資人。舉人。品端學邃，設教於還古書院，從遊者多知名士。著有《易經闡註》《左傳分類》《梅溪時藝》。

汪繼壕 左傳同名錄 佚

◎平步青《霞外攟屑》卷四《夫枵山館戡聞》「汪南城」：汪龍莊先生，《循吏傳》中人物也，著述等身，詳別卷。長子繼壕，字南城，號後莊，候選布政司經歷。著書二十種：《左傳同名錄》《說文檢字》《古今韻檢》《讀史剳記》《餘暨舊聞》《元號韻緯》《國朝進士分姓部居》《明進士分姓部居》《國朝書學》《金石文跋尾》《金石時地表》《北苑貢茶錄注》《北苑別錄注》《煙草譜》《求己衷言》《責實瑣論》《太上感應篇效原》《二十四孝效證》《南城筆記》《後莊叢書》。就所名核之，《左傳同名錄》，所以補龍莊先生《九史／三史／二十四史同姓名錄》三書之闕；《說文檢字》，未知視毛謨本如何；《元號韻緯》，未知視李兆洛《紀元編》如何；《進士分姓部居》，則可以省題名碑錄繙閱之煩，此邵位西張

石洲所欲為而未暇者，國朝書學，當可續萬石園《書學彙編》之後；《金石時地表》，當可補孫淵如《寰宇訪碑錄》之遺；《太上感應篇攷原》，足證惠定宇箋注謂魏晉人之有據，舊聞筆記，當亦有裨續修志乘者之採取。惜未付刻，亂後不知有藏本否。雲楣以僕所舉各書名，似得之汪氏硃卷履歷，疑為本無其書，不復向蕭人探訪。

◎汪繼壕，字南城，號後莊。浙江蕭山人。汪輝祖子，汪繼坊、汪繼墉、汪繼垿、汪繼培弟。候選布政司經歷。富藏書，有環碧山房藏書樓。著有《左傳同名錄》《說文檢字》《古今韻檢》《讀史劄記》《餘暨舊聞》《元號韻緯》《國朝進士分姓部居》《明進士分姓部居》《國朝書學》《金石文跋尾》《金石時地表》《北苑貢茶錄注》《北苑別錄注》《煙草譜》《求己衷言》《責實瑣論》《太上感應篇攷原》《二十四孝攷證》《南城筆記》《後莊叢書》。

汪龍文 讀春秋隨筆 八卷 佚

◎尋霖、龔篤清編《湘人著述表》著錄。

◎汪龍文，湖南慈利人。著有《讀春秋隨筆》八卷。

汪衢 春秋周正考 一卷 佚

◎道光《徽州府志》卷十五《藝文志》：汪衢《春秋周正考》一卷。

◎汪衢，字世亨。安徽祁門人。著有《春秋周正考》一卷、《韓溪漫稿》二卷、《韓溪續稿》二卷、《小石稿》一卷。

汪洼 春秋比義集解 二十四卷 佚

◎黃本驥《三長物齋文略》卷五《祭汪容川司馬文》：先生之文章學問則有《獲經堂全集》《祥刑經解》《周易衷翼集解》諸著作，傳之無窮也。驥以乙丑冬由前長沙太守沈筠堂先生達姓名於門下，辱愛最久，知先生最詳。先生之丞於楚也，階雖遷而事則簡矣，因得以其間治經學。居恒手一卷，丹黃不輟，如諸生習舉子業，聞考官將至，窮日夜之力猶恐不足者。其書半已鏤板，尚有《春秋比義》數十卷，稿凡數易，垂成而廢。

◎道光《浮梁縣志》卷十三《人物》：其學汎濫羣書，閎衍博貫，而尤邃於經義。著有《獲經堂初稿》三十六卷、《祥刑經解》五卷、《周易衷翼集解》二十卷、《春秋比義集解》二十四卷。

◎同治《饒州府志》卷十八《人物志》：生平博覽羣書，尤邃經義，著有《獲經堂初藁》《祥刑經解》《周易衷翼集解》《春秋比義集解》等書行世。

◎同治《饒州府志》卷二十六《藝文志》：《周易衷翼集解》二十卷、《春秋比義集解》、《祥刑經解》五卷（汪洸）。

◎汪洸（1739～1812），字容川，號欲括。江西浮梁桃墅人。少穎異，讀書過目成誦。乾隆乙酉由拔貢生官定南訓導。乾隆四十三年（1778）成進士，改庶吉士。乾隆丁未選授廣東合浦縣令。歷署博羅、石城、新會等縣，調補順德縣，擢授湖南寶慶府理猺同知，先後權岳郡、郴州、澧州、靖州等處。著有《周易衷翼集解》二十卷首一卷、《春秋比義集解》二十四卷、《獲經堂初稿》八卷、《祥刑經解》五卷。

汪師韓 春秋三傳注解補正 佚

◎汪師韓《上湖分類文編》卷四《春秋三傳注解補正序》：漢傳《春秋》者五家，左氏、公羊氏、穀梁氏、鄒氏、夾氏。夾無書而先亡，鄒以無師亦亡，獨三傳存焉。自漢及晉從無舍三傳以釋《春秋》者，有之自唐始。文中子曰：「《春秋》之失自歆、向始也，棄經而任傳」，又曰：「三傳作而《春秋》散」；昌黎之稱盧仝也，曰：「《春秋》三傳束高閣，獨抱遺經究終始」，嗣是儒者必棄傳以談經。顧所謂經者，何經也？《漢藝文志》「《春秋古經》十二篇，經十一卷」，注曰：「公羊、穀梁二家。」蓋十二篇者十二公，十一卷者乃二家之經也。吳衛將軍士燮所注《春秋經》亦十一卷，豈即本此歟？漢侍中賈逵有《春秋三家經訓詁》十二卷見於《舊唐書》，而《隋志》謂宋有三家經二卷亡，此似二字之上遺落十字。在隋已亡矣，是皆傳中之經，別無無傳之經。古人因傳以存經，而後人顧因經而棄傳乎？！自傳棄，而不學者遂得以鑿空竄名於經學。假使《春秋》無三傳，則事迹何由核其實，義例孰與發其凡也哉！夫以三傳為聖人之言也，則《公羊》至漢景帝時始著，《穀梁》之行且在宣帝時，《左》顯劉歆尤為後出，三傳所以有可疑也。然概以為非出聖門也，則高、赤皆授經於子夏，左氏即非《論語》所稱者，要其文豈能憑虛以造？三傳所以不可廢也。注疏出而賈逵、服虔、王肅、麋信等之書並廢，士但知有杜、何、范三家耳。往見顧寧人著《左傳杜解補正》，愛其精核而何、范不及焉，竊倣其義，凡三家注有未備或未當者，旁採他書證明之，名曰《三傳注解補正》。每念經之繁富莫過三傳與三禮。禮得鄭注而明，而後儒乃專攻鄭氏。夫三代禮典經秦廢壞，

鄭氏始闢蠶叢，又緣時尚纖緯牽制，舛雜所不能無。然非注，則并句讀亦不知矣。有注而後儒得憑藉焉以補偏而訂訛，厥功甚大。余於注猶苦有難解者，且先求通其詞，而畧舉其彼此互異，與夫事無經據，而鄭氏自以意解者為書，曰《三禮鄭注釋詞》。其別有所見而論之者，則歸諸經論，不敢淆鄭氏之舊文。惜余從事也晚，今老且病矣，倘天假之年，安見有志者不事竟成也！

◎汪師韓《上湖紀歲詩編》卷首小傳：中年以後，一意窮經，尤邃于易。所著有《觀象居易傳箋》《春秋三傳注解補正》等書。今存一十三種逸六種，待刊。

◎汪師韓《上湖紀歲詩編》卷第四《六十初度》：百感盡消書一束，箋經猶日手增刪（近年著有《觀象居易傳箋》《詩四家故訓》《春秋三傳注解補正》《孝經約義》《語孟疏注辨異》《文選理學權輿》等，將次第脫稿，禮有《雜說》）。

◎汪師韓《上湖文鈔補鈔》卷下《與傅鴻臚書》：性耽讀易，注有成書。《孝經》亦成一卷，《四書》及他經時有見解，多與學人講習得之。又有雜著說部數種，不談時世，不值忌諱，惟是考核典籍，冀有小補於後之學者。凡皆稿草未曾繕寫，欲先摘鈔數紙請正。

◎汪師韓（1707～1780），字抒懷，號韓門，又號上湖。浙江錢塘（今杭州）人。汪毅亭長子。雍正十一年（1733）進士，授翰林院編修。乾隆初，先為尚書張照所薦，校勘經史。後又為大士傅恒薦入清聖祖書房。乾隆八年（1743），充湖南學政。落職後為直隸總督方觀承延主保定蓮花池書院席。藏書室名敬行軒。少時以詞章名四方，得臨川李穆堂、常熟王次山贊許。王氏題其集有「兼包竹垞能，肯拾漁洋唾」之句。作文簡古有法度，為方苞室弟子。中年以後，一意窮經，尤深于易。學問淹博，著作宏富。著有《春秋三傳注解補正》、《觀象居易傳箋》十二卷、《孝經約義》一卷、《韓門綴學》五卷《續編》一卷、《談詩錄》一卷、《詩學纂聞》一卷、《上湖紀歲詩編》四卷續一卷、《上湖分類文編》、《詩四家故訓》、《語孟疏注辨異》、《選學彙函》八種、《文選理學權輿》八卷、《文選各家詩集》四卷、《葉戲原起》一卷、《孫樵文志疑》、《平于南雅》、《清暉小志》、《坦橋脞說》等。

汪士儲 三傳合參 二卷 佚

◎民國《潛山縣志》卷十四《人物志》四《文苑》：著有《折衷史批錄》《三傳合參》各二卷待梓。

◎汪士儲（1801～1859），號䕶坪。安徽潛山人。郡庠文蔚子。少稟庭訓，潛心經史。咸豐初補歲貢，七年（1857）舉人、九年（1859）鄉試，舟覆沉於江，時年五十。著有《折衷史批錄》二卷、《三傳合參》二卷。

汪士倫　春秋內外傳集釋　佚

◎甘鵬雲等《湖北文徵》卷十：著有《春秋內外傳集釋》《挹雲書屋文集》《西坡詩鈔》。

◎汪士倫，字彝仲。湖北黃岡人。道光歲貢。著有《春秋內外傳集釋》《挹雲書屋文集》《西坡詩鈔》。

汪思廻　春秋集解　十二卷　佚

◎嘉慶《東流縣志》卷二十《鄉賢傳》：所著有《周易質義》《四書質義》《四書襯義》《增訂周易／尚書／春秋／詩經／四書存說》《春秋集解》及《歷代帝王紀要》《剋擇晶元》《古文質義》《河防／曲臺存說》、《有吾堂詩文集》、《地理薪傳》凡百餘卷（《府志》載《文苑》）。

◎汪思廻，字金門。安徽池州府東流縣晉陽鄉（今張溪鎮）人。乾隆六年（1741）拔貢，考取國子監正黃旗教習，選寶應教諭，未任即病故。著有《周易質義》四卷、《周易存說》、《尚書存說》、《詩經存說》、《春秋集解》十二卷、《春秋存說》、《增訂四書襯義》、《四書存說》、《四書質義》、《歷代帝王紀要》、《剋擇晶元》八卷、《地理薪傳》、《古文質義》、《河防存說》、《曲臺存說》、《詩學卿雲集》、《有吾堂文集》、《有吾堂詩集》、《試心法》三則、《應試總論》十則。

汪思廻　春秋存說　佚

◎乾隆《東流縣志》卷二十《藝文》：《四書質義》、《增訂四書襯義》、《古文質義》、《周易質義》、《歷代帝王紀要》、《周易存說》、《尚書存說》、《詩經存說》、《曲臺存說》、《四書存說》、《河防存說》、《詩學卿雲集》、《有吾堂文集》、《有吾堂詩集》（以上十五種俱汪思廻著）。

◎嘉慶《東流縣志》卷二十《鄉賢傳》：所著有《周易質義》《四書質義》《四書襯義》《增訂周易／尚書／春秋／詩經／四書存說》《春秋集解》及《歷代帝王紀要》《剋擇晶元》《古文質義》《河防／曲臺存說》、《有吾堂詩文集》、《地理薪傳》凡百餘卷（《府志》載《文苑》）。

◎嘉慶《東流縣志》卷十六上《藝文志》上：《春秋存說》，汪思廻著。

◎光緒《重修安徽通志》卷三百三十五《藝文志》：《周易存說》（汪思廻著）。

汪琬 春秋論 一卷 未見

◎浙江師範大學李韋瑤《重拾考據之學：明清文獻深度整理研究的關鍵因素》——《讀〈汪琬全集箋校〉有感》：著有《古今五服考異》八卷、《喪服或問》一卷、《詩問》一卷、《易經解》一卷、《易問六十則》《春秋雜義》及《春秋論》一卷（後三種刻入《前後類稿》、《續稿》，未單刻行世）。

◎汪琬（1624～1690），字苕文，號堯峰，晚號鈍翁、鈍庵、玉遮山樵。長洲（今江蘇蘇州）人。少孤，力學，遂工文。順治十二年（1655）進士，歷官戶部主事、刑部郎中。康熙十八年（1679）舉鴻博，授翰林院編修，與修《明史》。以疾假歸，結廬堯峰山，閉戶著述，益以文章為己任，論者謂歸有光之後一人而已，又稱其文祖廬陵而禰震川，為清初古文三大家之一。於《易》《書》《詩》《春秋》《三禮》《喪服》皆能條貫。著有《易經解》一卷、《易問》一卷、《古今五服考異》八卷、《喪服或問》一卷、《詩問》一卷、《春秋雜義》一卷、《春秋論》一卷、《擬明史列傳》、《堯峰文鈔》、《鈍翁前後類稿》六十二卷《續稿》五十六卷。

汪琬 春秋雜義 一卷 未見

◎浙江師範大學李韋瑤《重拾考據之學：明清文獻深度整理研究的關鍵因素》——《讀〈汪琬全集箋校〉有感》：著有《古今五服考異》八卷、《喪服或問》一卷、《詩問》一卷、《易經解》一卷、《易問六十則》《春秋雜義》及《春秋論》一卷（後三種刻入《前後類稿》、《續稿》，未單刻行世）。

汪學櫺 左傳類詮 佚

◎同治《黟縣三志》卷七《人物志・文苑傳》：著《左傳類詮》《卍軒詩文鈔》《晚翠齋詩話》，寇燬無存。

◎同治《黟縣三志》卷十二上《雜志・書籍・現在採訪書目・經部》：汪學櫺《左傳類詮》。

◎同治《黟縣四志》卷十二《藝文志》上：汪學櫺《左傳類詮》。

◎汪學檽，字星吉，又字卍軒。安徽黟縣麻田人。縣學生。先後受知於學使胡開益、徐頤、朱士彥，從山長劉鋆學詩古駢文。熟選理，通《史》《漢》。著有《左傳類詮》《卍軒詩文鈔》《晚翠齋詩話》。

汪儼 春秋粹旨 佚

◎道光《徽州府志》卷十五《藝文志》：汪儼《春秋粹旨》。

◎汪正元、吳鶚光緒《婺源縣志》卷十九《人物志・名賢》：所著有《北山言行錄》及《春秋粹旨》行於世。

◎汪儼，字仲溫。婺源（今江西婺源）大畈人。汪鋐父。登丙午鄉薦，補太學上舍。癸丑登乙榜，時已附選三年，格宜得京秩，計不能狗時好，且父母年高，願降教職，求南方便養，遂選江西德清教諭。以子鋐贈尚書，與弟嵩竝祀鄉賢。著有《春秋粹旨》《北山言行錄》。

汪一松 左史摘粹 佚

◎汪正元、吳鶚光緒《婺源縣志》卷五十五《藝文志・典籍》：汪一松著（《大易懸解》《左史摘粹》《兩漢博奇》《六朝裘白》《木公詩》）。

◎汪一松，婺源（今江西婺源）人。著有《大易懸解》《左史摘粹》《兩漢博奇》《六朝裘白》《木公詩》。

汪宜耀 春秋大旨 佚

◎王大同等主修，李林松主纂嘉慶《上海縣志》卷十八《志藝文・經部》：《春秋大旨》（國朝汪宜耀撰）。

◎應寶時修，俞樾、方宗誠等纂同治《上海縣志》卷二十七《藝文・經部・春秋類》：《春秋大旨》（國朝汪宜耀撰）。

◎光緒九年（1883）博潤《松江府續志》卷三十七《藝文志・經部補遺》：《春秋大旨》（國朝汪宜耀著）。

◎汪宜耀（1696～1778），字士雲（耜雲），號雲吾、雲吾子、譬奄（譬庵）。松江府諸翟（今屬上海）人，祖籍安徽。汪永安子。乾隆八年（1743）歲貢。任舒城訓導。性嚴正，潛心力學，博學多才，精於《四書》及諸經義理，又精易學、堪輿。著有《學庸粹義》、《周易本義拾遺》、《禮記合參》、《考工記圖釋》、《春秋大旨》、《紫隄村志》、《續修山舟記》、《地理辨證發微》、《歸厚錄圖解》、《三元地理秘書十一種批註》、《水龍經注解》、《天星選擇秘書注解三種》諸書。

汪闓 春秋世族譜復定 二卷 未見

◎柳詒徵《春秋世族譜復定序》〔註12〕：讀《春秋左氏傳》而不知三桓七穆，昔人斥為未學，顧今學僅目不識經傳，尚何有於魯桓鄭穆之世系，今古其懸絕矣。汪子靄庭，承其家學，佐予治圖書有年，其所涉獵，浩博無涯涘，而兒時所誦習，猶拳拳燖溫不倦。從公之餘，精究春秋列國君臣世系，見前人所為《世族譜》猶多疏漏，為補輯考定，成《世族譜》兩卷。初擬名為《集成》，疑於元矣，君乃徇予言，署曰《復定》，庋之篋衍，未由問世，予為捐館之房租，印此小冊，備叢刊之一，冀今世尚有能讀《左氏傳》者，得君書而檢閱，愈於讀它本也。《書》稱別生分類，周之史職，定系世，辨昭穆，太史公讀曆譜諜，乃譜十二諸侯，杜元凱為《春秋長曆》，並著《公子譜》，故治史者必先知年曆譜諜，為誦述之津途。自漢晉迄清，相承不替。今雖學絕道喪，猶賴藏室柱史，稍稍延其緒，待後之復振焉。予願汪君充其《左》癖，益興吾國《尚書》《春秋》之教也。

◎汪闓（約1898～），字靄庭。江蘇江寧（今南京）人。畢業於南京鐘英中學，後任職之江大學圖書館、江蘇省立國學圖書館（今南京圖書館），熟諳藏書故實。著有《春秋世族譜復定》兩卷、《明清蟬林輯傳》。

汪應召 春秋汪氏傳 十三卷 佚

◎道光《徽州府志》卷十五《藝文志》：汪應召《春秋汪氏傳》十三卷（原注：徽州人）。

◎汪應召，安徽歙縣人。《春秋汪氏傳》十三卷。

汪錚 三傳異同考證 十四卷 佚

◎同治《續纂揚州府志》卷十三《人物志》五：生平務為根柢之學，好讀《三禮》，尤耽《左氏》，錄《春秋大事表》三編，於氏族、輿地辨論明析，卒年六十三。著有《三禮異同考證》十四卷、《三傳異同考證》十四卷（《傳略》）。

◎同治《續纂揚州府志》卷二十二《藝文志》上：《三傳異同考證》十四卷（汪錚撰）。

◎汪錚，字鐵夫。江蘇儀徵人。嘉慶六年（1801）舉人。卒年六十三。著有《三禮異同考證》十四卷、《三傳異同考證》十四卷（《傳略》）。

〔註12〕錄自華正書局1996年版柳詒徵《劬堂題跋》。

汪中 春秋後傳 佚

◎嘉慶《重修揚州府志》卷五十一《人物》六：晚年專治經術，於古人名物象數條析縷辨，著其大者，釋以義例。病後人之誣《左氏》、疑《周官》也，作《左氏春秋釋疑》《周官徵文》。又所撰《明堂通釋》《居喪釋服為義》《嬪於虞說》《瞽瞍解》《釋連山》《釋闕》《婦人無主答問》著於《述學》內外篇中……所著有《述學》六卷、《廣陵通考》十卷、《金陵地里考》一卷、《詩》一卷、《春秋後傳》、《知新記》若干卷。子喜孫嘉慶十二年舉人（中受知於督學使者謝墉尤深，每試別為一榜，署名諸生上，自後揚人益以樸學相勵。新增）。

◎嘉慶《重修揚州府志》卷六十二《藝文志》一：《春秋後傳》二十卷（汪中撰）。

◎道光《徽州府志》卷十六《雜記・拾遺》：汪明經中卒於杭州，其子喜孫幼小，遺文多散失。高郵王侍郎引之作《行狀》、棲霞郝主事懿行作傳，羅列箸述，郡志據以箸錄，然猶有未盡者：《大戴禮記補注》《儀禮經注正譌》《爾雅補注》，儀徵阮督部元栞于廣州；又有《春秋後傳》，見《揚州府志》《甘泉縣志》《定香亭筆談》《英靈集》等書；又有《小學》一書見《抱經堂集》；又有《說文求端》見郝傳。《藝文志》俱失收，附志於此，以俟後之修志者采焉（以上俱見《采訪冊》）。

◎陳壽祺《左海文集》卷九《清故拔貢生敕贈內閣撰文中書誥贈戶部員外郎汪先生墓志銘》：其治《尚書》撰《尚書攷異》；治禮溯源於荀卿、賈傅，綱提條析，得其會通，於《喪服》用力最深，惜未成書，撰《儀禮經註正譌》、《大戴禮記補註》；治小學撰《爾雅補註》，又撰《小學說文求端》，羽翼《蒼》《雅》，深探乎聲音訓詁之元；治《春秋》撰《春秋述義》，識議超卓，論者謂唐以下所未有也。至輿地之學則有《秦蠶食六國表》、《金陵地圖攷》、《廣陵通典》；又輯三代學制及文字訓詁制度名物有繫於學者，分別部居，為《述學》一書，屬稾未成，後乃以撰著之文分為《述學內外篇》刊行；餘著有《經義知新記》、《春秋後傳》、《國語正譌》、《舊學蓄疑》、《彊識錄》、《傷心集》諸書。屬詞比事，哀然成帙；病古人之疑《周官》《左傳》也，為《周官徵文》及《左氏春秋釋疑》；國初二顧輿地之學歷二百年，江左莫能繼，先生于諸史地理山川阸要講畫瞭然，口若懸河，論關內東吳江北淮南之形勝則有《秦蠶食六國表》《金陵地圖攷》《廣陵通典》；博稽三代典禮，至於文字訓詁名物象數，益以金

石之文，成一家言，為《述學內外篇》；依據經證，實事求是，為《知新記》；又撰《春秋後傳》《國語正譌》《舊學蓄疑》《彊識錄》藏於家。

◎民國《歙縣志》卷七《人物志·儒林》：中學殊賅博，治《尚書》撰《尚書考異》；治禮溯源於荀卿、賈傅，綱提條析，得其會通，於《喪服》用力最深，惜未成書，撰《儀禮經註正譌》、《大戴禮記補註》；治小學撰《爾雅補註》、《小學說文求端》，深探聲音訓詁之原；治《春秋》撰《春秋述義》，屬詞比事，衰然成帙；病古人之疑《周官》《左傳》也，為《周官徵文》及《左氏春秋釋疑》；至輿地之學則有《秦蠶食六國表》、《金陵地圖攷》、《廣陵通典》；又輯三代學制及文字訓詁制度名物有繫於學者，分別部居，為《述學》一書，屬稿未成，後乃以撰著之文分為《述學內外篇》刊行；餘著有《經義知新記》、《春秋後傳》、《國語正譌》、《舊學蓄疑》、《彊識錄》、《傷心集》諸書。

◎民國《歙縣志》卷十五《藝文志·書目》：《春秋述義》、《秦蠶食六國地表》一卷、《廣陵通典》十卷、《金陵地圖攷》、《述學內篇》三卷《外篇》一卷《補遺》一卷《別錄》一卷、《春秋後傳》、《知新記》、《傷心集》（俱汪中）。

◎劉逢祿《劉禮部集》卷十《汪容甫遺書序》：嘉慶初，余讀儀徵阮侍郎敘錄書，內有《述學》一編，汪容甫先生所撰述也。其學綜周秦兩漢而深通其條貫，其文兼漢魏六朝下止中唐而不苟為。炳炳麟麟，淵源乎文有其質，儒家之雋才也。先生嘗紬校文宗、文瀾二閣全書，繩愆糾繆不下數百萬言。又嘗標舉國初以來大儒七人、通人十九，以詔後學，其自命蓋司馬遷、劉向、揚雄之儔。予獲交其子喜孫于維揚，得盡讀先生遺書。惜其文繁惜博，未成卷帙。蓋先生說經之書多在惠定宇、戴東原、段懋堂、邵二雲諸先生著述未行之前，而默與之合者多，手削之餘，為《春秋》之學往往有如此者，知後人立說之難也。史館諸前輩欲采輯名儒著述，續修本朝藝文志，又攷其人之學行純粹無疵者分入《儒林》《文苑》二傳，以時進御。喜孫奉楹書二種曰《知新記》、曰《強識錄》，皆先生隨筆所記，有前人所未發者。屬為校勘，以附于《述學》之後。將上之史館，因僭畫其端。若夫孝友之性、雪白之仁，高郵王先生原序中已詳之。後之學者，誦其書可以知人焉。

◎汪中（1744～1794），字容甫。其先安徽歙縣西鄉古唐人，後遷揚州，遂占藉江都。七歲而孤，性至孝，奉母以居。天資高邁，沈廷芳、杭世駿、鄭虎文、朱筠等咸相歡賞，盧文弨、程瑤田、王念孫、劉台拱、江德量、阮元並引為講學之友。性亢直，不信釋老陰陽神怪之說，亦不喜宋儒性命之學，於時

流不輕許可好謾罵，人多忌而惡之。然篤於師友之誼。為諸生十餘年，屢試不
售。乾隆四十二年（1777），嘉善謝墉督學江蘇，排眾議拔而貢諸太學，以疾
未試，自是逐絕意於仕進。家貧，善治生，衣食漸充裕。巡鹽御史聞其名，使
司文匯閣四庫書。乾隆五十九年（1794）以檢校書籍往杭州遘疾，卒於西湖旅
次。後以子喜孫封奉直大夫、戶部員外郎。好金石碑版，嘗從射陽湖項氏墓得
漢石闕孔子見老子畫像，因署其堂曰「問禮」。著有《尚書考異》、《周官徵文》、
《儀禮經註正譌》、《大戴禮記補註》、《春秋列國官名異同考》一卷、《春秋後
傳》、《春秋述義》一卷、《左氏春秋釋疑》、《秦蠶食六國表》一卷、《爾雅補註》、
《小學說文求端》、《經義知新記》、《述學》六卷、《廣陵通典》十卷、《金陵地
圖考》、《國語正譌》、《舊學蓄疑》、《彊識錄》、《傷心集》、《容甫遺詩》六卷，
近人古直有《汪容甫文箋》。

汪中 春秋列國官名異同考 一卷 存

復旦大學藏光緒十一年（1885）吳氏刻蟄園叢書本

中國書店影印江都汪氏叢書本

續修四庫全書影印復旦藏光緒十一年（1885）吳氏刻蟄園叢書本

◎卷首云：《周禮》職官三百六十，《禮記・明堂位》云：「有虞氏官五十，
夏后氏官百，殷二百，周三百。《書》《周官》云唐虞稽古建官惟百，夏商官倍。」
《明堂位》出於漢儒，《周官》為偽古文，雖皆不足徵，然三代官數多寡大畧
可見。蓋中天以降，政事愈繁，故職官愈備。周之封建最廣，而列國皆得置官，
其名雖因周制，而其間或為王命或為自命，故官名互有不同。

◎卷末云：案秦楚之官多與他國異者，春秋時楚為蠻夷□□〔註13〕陋，朝
聘會盟鮮通於王朝，故往往與列國異。總之，諸侯之制不當等於□〔註14〕子，
而列國官名比於周禮幾備，均屬僭制也。《左傳》所紀官名，注疏皆以《周禮》
為說，蓋非觀其同無以悉其異，考古者亦援《周禮》以證其同異焉可也。

◎趙爾巽《清史稿》卷一百四十五志一百二十《藝文》一：《春秋列國官
名異同考》一卷，汪中撰。

◎上海古籍出版社2015年《續修四庫全書總目提要・春秋類》「《春秋列
國官名異同考》一卷」：天下一統，禮自上出。天子三公九卿，諸侯三卿五大

〔註13〕二字墨釘。
〔註14〕一字墨釘。

夫，各有等差，不得僭越。然諸侯之官，或為王命，或為自命。王命之官，上同於周制；自命之官，各據本土，其名則未必一致。自天子式微，王綱解紐，列國官制漸逾禮法，自為一體，故《春秋》官名之繁亂，雖以《左傳》之詳，亦不得窺其全貌。杜注、孔疏皆依《周官》為說，雖可明其異而終不能得其情。汪氏此書沿襲舊法，以《周禮》六官為範本，依據《左傳》，比勘魯、晉、宋、齊、楚等五國之官制，辨其異同，既考官名之異，如宋改司空為司城，陳改司寇曰司敗，秦、楚以蠻夷之國，地處邊陲，朝聘會盟鮮通於王朝，故官名往往與列國異；又考數量之不同，如春秋列國皆已六卿，晉國更有八卿，比於天子之類。此本據復旦大學圖書館藏清光緒十一年吳氏刻《蟄園叢書》本影印，其中多有挖改空缺之字。（齊義虎）

汪中 春秋述義 一卷 存

天津師範大學藏同治八年（1869）揚州書局刻本
國圖藏嘉慶江寧刻本
光緒刻寶墨齋叢書本
汪氏叢書本
張元濟等輯四部叢刊初編
1929年上海商務印書館重印張元濟等輯四部叢刊初編本
復旦大學藏光緒十一年（1885）吳氏刻蟄園叢書本
中國書店影印江都汪氏叢書本
◎全書計三條。
◎陳壽祺《左海文集》卷九《清故拔貢生敕贈內閣撰文中書誥贈戶部員外郎汪先生墓志銘》：其治《尚書》撰《尚書攷異》；治禮溯源於荀卿、賈傅，綱提條析，得其會通，於《喪服》用力最深，惜未成書，撰《儀禮經註正譌》、《大戴禮記補註》；治小學撰《爾雅補註》，又撰《小學說文求端》，羽翼《蒼》《雅》，深探乎聲音訓詁之元；治《春秋》撰《春秋述義》，議議超卓，論者謂唐以下所未有也。至輿地之學則有《秦蠶食六國表》、《金陵地圖攷》、《廣陵通典》；又輯三代學制及文字訓詁制度名物有繫於學者，分別部居，為《述學》一書，屬槁未成，後乃以撰著之文分為《述學內外篇》刊行；餘著有《經義知新記》、《春秋後傳》、《國語正譌》、《舊學蓄疑》、《彊識錄》、《傷心集》諸書。屬詞比事，裒然成帙；病古人之疑《周官》《左傳》也，為《周官徵文》及《左

氏春秋釋疑》；國初二顧輿地之學歷二百年，江左莫能繼，先生于諸史地理山
川阨要講畫暸然，口若懸河，論關內東吳江北淮南之形勝則有《秦蠶食六國表》
《金陵地圖攷》《廣陵通典》；博稽三代典禮，至於文字訓詁名物象數，益以金
石之文，成一家言，為《述學內外篇》；依據經證，實事求是，為《知新記》；
又撰《春秋後傳》《國語正譌》《舊學蓄疑》《彊識錄》藏於家。

◎道光《徽州府志》卷十一之三《人物志・儒林》：先生於六經子史以及
詞章金石之學罔不綜覽，乃博攷三代典禮至於文字訓詁名物象數，益以論撰之
文，為《述學內外篇》；又深於《春秋》之學，譔《春秋述義》，識議超卓，論
者謂唐以下所未有。為文根柢經史，陶冶漢魏，不沿歐曾王蘇之派，而取則於
古，故卓然成一家言……見高郵王引之《汪中行狀》。按《述學》內篇三卷外
篇一卷補遺一卷別錄一卷，先生弟子喜孫刊刻行世。又先生嘗考先秦古籍三代
以上學制廢興，使知古人所以為學者，凡虞夏第一、周禮之制第二、周衰列國
第三、孔門第四、七十子後學第五，又列通論、釋經、舊聞、典籍、數典、世
官，目錄凡六。稿本略具，未及編次成書。深於《左氏春秋》，作《春秋述義
比事屬辭》，戛然成帙，惟義例未著，僅成書四篇，今附刻《述學》後。采先
秦古籍所引《尚書》與古今文異同者，撰《尚書考異》凡百四十條。治經之暇，
采揚州故事見于史策者，撰《廣陵通典》十卷。精于地理之學，撰《秦蠶食六
國表》一卷。又撰《金陵地圖考》，未成，僅列序目二十卷。又有《知新記》
一書，于聲音訓詁名物象數多所發明。晚年掇其精者為《述學知新記》，屬稿
未寫定刊行。以上據棲霞郝懿行《汪先生中傳》采錄。

◎民國《歙縣志》卷七《人物志・儒林》：中學殊賅博，治《尚書》撰《尚
書考異》；治禮溯源於荀卿、賈傅，綱提條析，得其會通，於《喪服》用力最
深，惜未成書，撰《儀禮經註正譌》、《大戴禮記補註》；治小學撰《爾雅補註》、
《小學說文求端》，深探聲音訓詁之原；治《春秋》撰《春秋述義》，屬詞比事，
戛然成帙；病古人之疑《周官》《左傳》也，為《周官徵文》及《左氏春秋釋
疑》；至輿地之學則有《秦蠶食六國表》、《金陵地圖攷》、《廣陵通典》；又輯三
代學制及文字訓詁制度名物有繫於學者，分別部居，為《述學》一書，屬稾未
成，後乃以撰著之文分為《述學內外篇》刊行；餘著有《經義知新記》、《春秋
後傳》、《國語正譌》、《舊學蓄疑》、《彊識錄》、《傷心集》諸書。

◎何紹基《東洲草堂文鈔》卷十一《跋汪孟慈藏汪容甫先生手書卷》：讀
容甫先生《上舉主謝侍郎書》數通，古誼深情，愈樸愈摯。知賢者於感恩知己

間，有足振勵澆俗者。中有云：「早蒙愛獎，造詣未深，於後下帷攻苦，日異而月不同。」又云：「衣食粗足，學問日進，其樂至矣。」先生所著《述學內外篇》一冊，義理貫通，文章醇茂，承學之士，靡測涯際。《春秋述義》余未之見，王文簡公謂其議論超卓為唐以下所未有。乾嘉之際，魁儒碩生接踵相望，而資秉之異聞道最早，必推先生，豈知其研經樂道用力之勤且一如是乎？先生應試時，學官爭言其短，侍郎違眾議而拔之。先生自拔萃後，不復有意上進，抑亦東坡上歐陽書所云「樂毅去燕，不復一戰」者乎？知人之明愛士之篤若侍郎者，亦可為持衡握鑒者風矣。

◎阮元《容夫先生小傳》：尤精史學，自言深於《春秋》。生平多諧謔，凌轢時輩，人以故短之。然於嘉定錢詹事大昕、金壇段大令玉裁、高郵王給諫念孫、歙縣程大令瑤田未嘗不極口推崇，嘗為顧炎武、胡渭、梅文鼎、閻若璩、惠棟、戴震作《六君子頌》，足見其謙己樂善也。

◎道光《徽州府志》卷十五《藝文志》：汪中《春秋述義》。

汪中 左氏春秋釋疑 佚

◎阮元《揅經室續集》卷二《擬儒林傳稿》：汪中字容甫，江都拔貢生。好古博學，長於經誼（王昶《春融堂集》）。於詩古文書翰無所不工，著《周官徵文》《左氏春秋釋疑》，皆依據經證，箴貶俗學（孫星衍《汪中傳》）。又撰《述學》內外篇（《府志》）。

◎凌廷堪《校禮堂文集》卷三十五《汪容甫墓誌銘》：君讀書極博，六經子史以及醫藥種樹之書，靡不觀覽，著書率未成。少日作詩古文，復自棄去。今所存者有《述學》四卷，皆雜文也。君最惡宋之儒者，聞人舉其名則罵不休，又好罵世所祠諸神如文昌、靈官之屬，聆之者輒掩耳疾走，而君益自喜。漢唐以後所服膺者，崑山顧寧人氏、德清胡朏明氏、宣城梅定九氏、太原閻百詩氏、元和惠定宇氏、休寧戴東原氏，嘗云：「古學之興也顧氏始開其端，河洛矯誣至胡氏而絀，中西推步至梅氏而精，力攻古文書者閻氏也，專言漢儒易者惠氏也，凡此皆千餘年不傳之絕學，及戴氏出而集其成焉。」擬為《國朝六儒頌》而未果。君於時流恆多否而少可，錢曉徵、程易疇兩先生外，惟王懷祖給事、孔眾仲檢討、劉端臨訓導、江子屏太學數人時或稱道，餘大半視之蔑如也。所極罵者一二人，皆負當世盛名，人或規之，則應曰：「吾所罵皆非不知古今者，蓋惡莠恐其亂苗也。若方苞、袁枚輩，豈屑屑罵之哉？！」其傲兀類如此。然於學術知條理者，未嘗不推挹之。

◎陳壽祺《左海文集》卷九《清故拔貢生敕贈內閣撰文中書誥贈戶部員外郎汪先生墓志銘》：其治《尚書》撰《尚書攷異》；治禮溯源於荀卿、賈傅，綱提條析，得其會通，於《喪服》用力最深，惜未成書，撰《儀禮經註正譌》、《大戴禮記補註》；治小學撰《爾雅補註》，又撰《小學說文求端》，羽翼《蒼》《雅》，深探乎聲音訓詁之元；治《春秋》撰《春秋述義》，識議超卓，論者謂唐以下所未有也。至輿地之學則有《秦蠶食六國表》、《金陵地圖攷》、《廣陵通典》；又輯三代學制及文字訓詁制度名物有繫於學者，分別部居，為《述學》一書，屬槀未成，後乃以撰著之文分為《述學內外篇》刊行；餘著有《經義知新記》、《春秋後傳》、《國語正譌》、《舊學蓄疑》、《彊識錄》、《傷心集》諸書。屬詞比事，哀然成帙；病古人之疑《周官》《左傳》也，為《周官徵文》及《左氏春秋釋疑》；國初二顧輿地之學歷二百年，江左莫能繼，先生于諸史地理山川阨要講畫瞭然，口若懸河，論關內東吳江北淮南之形勝則有《秦蠶食六國表》《金陵地圖攷》《廣陵通典》；博稽三代典禮，至於文字訓詁名物象數，益以金石之文，成一家言，為《述學內外篇》；依據經證，實事求是，為《知新記》；又撰《春秋後傳》《國語正譌》《舊學蓄疑》《彊識錄》藏於家。

◎嘉慶《重修揚州府志》卷五十一《人物》六：晚年專治經術，於古人名物象數條析縷辨，著其大者，釋以義例。病後人之誣《左氏》、疑《周官》也，作《左氏春秋釋疑》《周官徵文》。又所撰《明堂通釋》《居喪釋服為義》《嬪於虞說》《瞽叟解》《釋連山》《釋闕》《婦人無主答問》著於《述學》內外篇中⋯⋯所著有《述學》六卷、《廣陵通考》十卷、《金陵地里考》一卷、《詩》一卷、《春秋後傳》、《知新記》若干卷。子喜孫嘉慶十二年舉人（中受知於督學使者謝墉尤深，每試別為一榜，署名諸生上，自後揚人益以樸學相勵。新增）。

◎民國《歙縣志》卷七《人物志・儒林》：中學殊賅博，治《尚書》撰《尚書考異》；治禮溯源於荀卿、賈傅，綱提條析，得其會通，於《喪服》用力最深，惜未成書，撰《儀禮經註正譌》、《大戴禮記補註》；治小學撰《爾雅補註》、《小學說文求端》，深探聲音訓詁之原；治《春秋》撰《春秋述義》，屬詞比事，哀然成帙；病古人之疑《周官》《左傳》也，為《周官徵文》及《左氏春秋釋疑》；至輿地之學則有《秦蠶食六國表》、《金陵地圖攷》、《廣陵通典》；又輯三代學制及文字訓詁制度名物有繫於學者，分別部居，為《述學》一書，屬槀未成，後乃以撰著之文分為《述學內外篇》刊行；餘著有《經義知新記》、《春秋後傳》、《國語正譌》、《舊學蓄疑》、《彊識錄》、《傷心集》諸書。

汪中立 春秋舉業 佚

◎汪正元、吳鶚光緒《婺源縣志》卷三十六《人物志·質行》：著有《春秋舉業》《岐黃總括》。

◎汪中立，字砥峯。婺源（今江西婺源）人。邑庠生。善楷書，晚精岐黃。著有《春秋舉業》《岐黃總括》。

王保衡 盲左類編 佚

◎1928 年嚴偉、劉芷芬《南匯縣續志》卷十二《藝文志》：《盲左類編》（王保衡著）。

◎王保衡，南匯（今上海浦東新區）人。著有《盲左類編》。

王伯祥 春秋左傳讀本 一冊 存

國圖、遼寧藏 1940 年開明書店排印中學國文科略讀用書本

中華書局 1957 年排印本

臺中文聽閣圖書有限公司 2008 年民國時期經學叢書第一輯影印本

商務印書館 2022 年排印本

◎目次：隱公：元年、三年、四年、六年、九年、十一年。桓公：二年、三年、五年、六年、八年、十年、十一年、十二年、十三年、十五年、十七年。莊公：八年、九年、十年、十一年、十二年、十四年、二十二年、二十八年、三十二年。閔公：元年、二年。僖公：二年、四年、五年、六年、七年、八年、九年、十年、十二年、十三年、十四年、十五年、十七年、二十二年、二十三年、二十四年、二十五年、二十六年、二十七年、二十八年、三十年、三十二年、三十三年。文公：元年、二年、三年、七年、十二年、十三年、十六年、十七年、十八年。宣公：二年、三年、四年、十一年、十二年、十四年、十五年、十七年。成公：二年、三年、四年、六年、七年、八年、九年、十年、十二年、十三年、十五年、十六年、十七年、十八年。襄公：二年、三年、四年、八年、九年、十年、十一年、十三年、十四年、十五年、十七年、十八年、十九年、二十年、二十一年、二十二年、二十三年、二十四年、二十五年、二十六年、二十七年、二十八年、二十九年、三十年、三十一年。昭公：元年、三年、四年、五年、六年、七年、九年、十年、十一年、十二年、十三年、十四年、十五年、十六年、十七年、十八年、十九年、二十年、二十一年、二十二年、二十三年、二十四年、二十五年、二十六年、二十七年、二十八年、三十

年、三十二年。定公：元年、二年、三年、四年、五年、六年、十四年。哀公：元年、七年、十一年、十三年、十七年、二十年、二十二年。

◎述例：

經今古文之爭起，《左傳》一書遂成大問題。二千年來，異同黨伐，歷久難泯。迨至晚近，說逾紛綸：右之者，謂為親見夫子，以事翼經；詆之者，謂出劉歆依託，欲以濟阿世干位之私。是則不但載筆所及致其疑詰，即作者主名亦且惝怳難憑矣。迄於今日，略得論定。雖翼經云云，宜可舍斾！而此書出於戰國時人之手，追記東周前葉二百數十年間之事，則要可信也。然則欲治先秦舊聞及探討文章流變者，此書猶當奉為大宗。承學之士，詎可忽置。矧當種姓凋殘之際，先民手澤之綿存，尤有感有特殊之意義乎！二十七年春，遘難孤島，困心衡慮，百無一是，爰於事務之際，取次選注，將纂為學校誦讀之本。竊自比彊揮魯陽之戈，當時曾亦排日為程，而作輟靡恆，遂歷兩載，近方殺青。捫撏蠹魚，顧不賢識小之本色，摘繆糾慝，實大雅宏達之盛心。述列如左，敬俟裁正。

一、本選著眼在考史與學文，是以取材一以史事發展為綱領，兼以文采辭令為指歸。即有略去正文者，亦必藉手釋語，以為補綴聯絡之用，務期一事之本末，脈絡分明，首尾完具；而高文妙辭，亦得有所附麗而益顯。

一、史事之發展，以段落為區別，前後互有關連者則集成一大段落，但仍依十二公紀年之次統編，中間有刪節處，概加……符號為別，與紀事本末之移動原文次序、別立標題者不同。庶幾克保完整編年之緒，藉免錯綜破碎之嫌。

一、本文用大字排，應加注釋之處，現在本文編碼為識，然後將釋語分條繫拊於每一大段之後，用小字排，俾誦讀參考，兩不相妨，而一事之起訖，亦得界畫分明之效。

一、地理沿革，代有變易，不悉今名，何取準望。此選於當時都邑山川等名，皆詳注所在，並以現行政區之地名釋之。其有岐說者，亦必參考折中，以歸一是。

一、官氏人名，隨文注師範，取足辨識邦族、略曉職守而已。若其人其官於當時有重要關係者，則特為加詳。

一、詮事釋訓，並參諸家，而要以杜注、孔疏為圭臬。清儒識解有突過前人者，則改從其說。通行林釋本每有勝義，輒加采獲。初無是丹非素之見，蘄申近真求是之心云爾。

一、音讀概依部頒《國音常用字匯》為準。凡應釋音之字，先取一同音字為直音，取其易明；仍坿注音符號於下，以期正讀。直音字與所釋字之間，概以「讀如」二字介之，俾資一律，初不泥從前小學家所持「讀如」「讀若」「讀曰」「讀為」諸例之有別也。

中華民國二十九年三月王伯祥謹識。

◎王伯祥（1890～1975），名鐘麒，字伯祥，五十後以字行，別號碧莊、容叟、巽齋、容安、容堂、蘇亭、不翔。江蘇蘇州人。1906年考入蘇州中西學堂。次年考入蘇州公立中學。1908 年與吳賓若、顧頡剛、葉聖陶等組織詩社「放社」。畢業後入蘇州甪直鎮縣立第五高等小學任教，同時任北京大學國學門通訊研究員。1919年與葉聖陶等創辦《直聲》文藝周刊，「五卅」運動中與鄭振鐸等創辦《公理日報》。後加入文學研究會。曾任教於廈門集美學校／北京大學中文系，又為上海商務印書館／開明書店編輯、北京大學文學研究所研究員。著有《春秋左傳讀本》、《史記選》、《增訂李太白年譜》、《三國史略》、《鄭成功》、《太平天國革命史》、《中日戰爭》、《王伯祥日記》等，編輯《二十五史》、《二十五史補編》及史地教科書多種，標點《四庫全書總目》，校點王夫之《黃書》、《噩夢》、《思問錄》、《俟解》，並參與文學所《唐詩選》選注。其子王湜華著有《王伯祥傳》可參。

王賜鈺 春秋紀年表 佚

◎民國《全椒縣志》卷十《人物志》：著有《樂餘詩稿》《左國分編》《春秋紀年表》。

◎民國《全椒縣志》卷十五《藝文志》：《春秋紀年表》（王賜鈺著）。

◎王賜鈺，字寶齋。安徽全椒人。增貢生。工隸法。嘗納貲官鹽大使，督軍糈，往來沙漠間。恥奔競，為遼陽崖山院長，學課實踐，文教大敷。乞假歸，病卒。著有《春秋紀年表》《左國分編》《樂餘詩稿》。

王賜鈺 左國分編 佚

◎民國《全椒縣志》卷十《人物志》：著有《樂餘詩稿》《左國分編》《春秋紀年表》。

◎民國《全椒縣志》卷十五《藝文志》：《左國分編》（王賜鈺著）。

王崇烈 公羊解詁義證 二卷 佚

◎民國《福山縣志・補遺・著述》著錄。

◎王崇烈，福山（今山東福山）人。王懿榮次子。王崇燕弟。著有《公羊解詁義證》二卷。

王崇燕 穀梁集解糾繆 十二卷 存

山東博物館藏福山王氏傳家集稿本（存九卷：卷四至十二）

山東大學出版社 2011 年山東文獻集成影印山東博物館藏福山王氏傳家集稿本（存九卷）

◎乾隆《福山縣志稿》卷六《藝文志》：王崇燕《穀梁集解糾繆》十二卷（據採訪原鈔本錄入）。

◎王崇燕，字翼北（伯）。福山（今山東福山）人。王懿榮長子。光緒十七年（1891）舉人。著有《穀梁集解糾繆》十二卷、《起穀梁廢疾》一卷《發微》四卷《旁通考》一卷、《注疏箋證彙義》三十卷。

王崇燕 起穀梁廢疾 一卷 發微 四卷 旁通考 一卷 佚

◎民國《福山縣志・補遺・著述》著錄。

◎民國《福山縣志》本傳附其子福坤傳，又稱諸書為福坤撰。

王崇燕 注疏箋證彙義 三十卷 佚

◎民國《福山縣志・補遺・著述》著錄。

◎民國《福山縣志》本傳附其子福坤傳，又稱諸書為福坤撰。

王大經 讀左索解 十二卷 佚

◎書成於道光三年（1823）。

◎是書乃王氏鑒於《左傳》注本多而不善，且不便童蒙誦習，乃取陸粲《左傳附注》、顧炎武《左傳杜解補正》諸書熔鑄而成。

◎王大經，原名日洪，字陸亭，號曉蓮。平湖（今浙江平湖）人。道光二十三年（1843）舉人。曾任蘭水頤山學官，歷官湖北布政使。著有《讀左索解》十二卷、《哀生閣初稿》四卷、《哀生閣續稿》三卷。

王大樞 春秋屬辭 十二卷 存

國圖藏 1921 年石印本

◎民國《太湖縣志》卷十九《人物志》一：所著有《古史綜》十二卷、《西征錄》七卷、《詩序輯說》二卷、《春秋屬辭》十二卷已刻行世外，有《古韻通例》《陶詩析疑》《鴻爪錄》待梓，稿存介石山房。

◎民國《太湖縣志》卷三十七《藝文志》一：王大樞《詩序輯說》二卷、《春秋屬辭》十二卷。

◎民國《太湖縣志》卷三十七《藝文志》一：王大樞《古韻通例考畧》二卷、《陶詩析疑》二卷、《鴻爪錄》一卷、《西征錄》七卷。

◎王大樞（1731～1816），派名芳素，幼名綱受，字體專，學名大樞，字澹明，號白沙，一號空谷子、天山漁者。安徽太湖人。少孤力學，師程其恂。築室司空山下，購書萬卷，朝夕寢饌其中。熟讀精思，貫穿今古。乾隆三十六年（1771）舉人。揀選知縣，將銓部，會以公事戍伊犁十三年。歷秦隴，出關萬里，得江山助，著作益富。分纂《伊犁志》十二卷，考訂精詳。蒙赦旋里，兩鬢幡然，猶手一編不倦。卒年八十七。著有《古史綜》十二卷〔註15〕、《西征錄》（一名《西征紀程》）八卷、《詩序輯說》二卷、《春秋屬辭》十二卷、《古韻通例》（一名《古韻通例考畧》）二卷、《陶詩析疑》二卷、《紀行》二卷、《鴻爪錄》一卷。

王代豐 春秋例表 不分卷 存

國圖、北大、南京、湖北、湖南、平湖、中科院、陝西師範大學藏光緒七年（1881）四川尊經書院刻本（佚名編。二十八篇）

國圖、北大、南開、天津、南京、遼寧、湖南、湖北、平湖、中科院藏光緒三十四年（1908）衡陽東州刻本（廖昺文補、廖震等編次。三十八篇）

上海南京藏清刻本（二十四篇）

北大藏清抄本（二十四篇）

國家圖書館出版社 2014 年晁岳佩宋志英選編春秋研究文獻輯刊影印光緒三十四年（1908）衡陽東州刻本

◎王闓運《湘綺樓文集》卷三《代豐春秋例表序》：記曰：「屬辭比事，《春秋》教也。《春秋》之失亂。其治民也，屬辭比事而不亂，則深於《春秋》。」

〔註15〕民國《太湖縣志》卷三十七《藝文志》作十四卷。

大哉聖人之作乎！五經皆以致治，《春秋》獨以撥亂，故三王沒而仲尼窮，五經變而《春秋》作，憲章文武，祖述堯舜，唯其辭而已。是以上律天時，下襲水土。水土以續禹功，於是有外內之詞；天時以奉明威，於是有時月日之科。進退褒貶，生死存亡，專在三科治之。自游、夏不能贊一詞，而子路、顏淵困於麋角，莫知微言所傳，竹帛之所自來。故曰：「天之將喪斯文也」、「天之未喪斯文也」。司馬子曰：「《春秋》文成數萬，其指數千，萬物之聚散，皆在《春秋》、「前有讒而弗見，後有賊而不知」、「故有國者，不可以不知《春秋》」、「守經事而不知其宜，遭變事而不知其權」、「為人臣者不可以不知《春秋》」、「《春秋》，禮義之宗也」、「為人君父而不通於《春秋》之義者，必蒙首惡之名；為人臣子而不通《春秋》之義者，必陷篡弒之誅、死罪之名」，其實皆以為善，為之不知其義，則被之空言而不敢辭。故《春秋》者禮也，禮者例也，其事則齊桓晉文，其詞則孔子有焉矣。一予一奪，不出一字；一美一惡，不嫌同詞。非夫聰明睿智，從心而不逾矩者，其孰能當之不亂乎？且天不言而四時行、百物生，《春秋》不事而人事洽、王道備。自後傳者，觀聽不決，守文失據，顧此遺彼，亡而為有，有而為亡。故昔聞之，何休猶若有疑而鮮通，乃大括諸例，總為斯表，誦其所聞，俾君子自習焉。《易》曰：「正其本，萬事理。失之毫釐，差以千里」，故學者不可不審也。三王之治天下也，皆先道而後禮，有簡而文也，淡而不厭也，如此則可以放乎四海矣。

◎王闓運《湘綺樓文集》卷六《王仲章碣》（兄代功撰，妹滋書，妹璋篆）：有清學士湘潭王君仲章，諱代豐，小名慶來，壬父君之次子也。家譜有聞，眾所詳矣。君天姿儁異，緝熙光明，曾未歧嶷，堂堂神秀。六歲誦禮經，受許氏字書，貫識偏旁。九歲從游桂陽，紕彼兩髽，翔行山介修柏之間，見者嗟為仙童。十歲篆書《禮記》四十五篇，習《公羊春秋》，始有撰述之志。桂陽陳侍郎、衡陽彭尚書、湘鄉左朝議、武岡鄧郎中咸所歎異，以成人禮之。十七試提學，條對《穀梁傳》四疑，屈於不知，竟不錄名。長沙彭君申甫自道光初早有文名，聞君琦瑋，以女妻焉。十九試經古弟二，朱詹事招覆諸經生，例問本經，乃另君獨擬《江掩賦》，目為當無所不習。既入府學，遂補廩生。攝齋大庠，已參羣彥。其季被病，垂死而蘇。日益孳孶，徧該經史。成都新立經室，竊甄蜀秀，從父觀光，因留侍講。贊衛環化，暢揚高志。同舍百人，莫不歡然。議定視學釋奠之儀，以習禮充鄉飲；司正在位，大寮資其儀法。又議駁吳御史立後之奏、張侍講大禮之議，依據正經，克厭羣心，實而不茂。超然善死，秊二

十有三。微疾七日，終于夔門江驛，則光緒七季閏月已未也。赴至成都，同學震悼。加経而弔者，相向失聲，四方聞知，靡不哀惜。越明季四月戊寅，歸葬本縣西鄉桐坤之原。未見其止，終止于斯，烏虖悲矣！君多能博記，長于講論，夙誦《莊子》，有聖人之學。作《春秋經傳例表》《喪服經傳學》，並老師所未達，導微言于已絕。四川總督丁公，將上之四庫，表為儒林。自古經明業成，未有若斯之早達者也。仲尼慟顏，延陵號命，將焉訴乎？！乃為銘曰：聖遠術歧，經明道昌。無德不達，譽髦斯英。猗我令弟，顯顯俊望。彬彬其文，行行其剛。夙宵仰鑽，將就聖綱。唯義是從，溫而能方。弱冠大成，遺彼聲香。厭世識時，忽焉褰裳。子褭其寶，家失其良。德音若存，黃鳥在桑。靈瞻二親，魄奠中鄉。悲樂所生，於來旁皇。胡不少留，俾我無相。考槃斯北，養養茫茫。

◎孫殿起《販書偶記》卷二：《春秋例表》無卷數，湘潭王代豐撰。光緒七年四川尊經書院刊。光緒三十四年戊申於東州重刊。

◎王代豐，小名慶來，字仲章。湖南湘潭人。王闓運次子。早世。著有《春秋例表》、《春秋經傳例表》《喪服經傳學》《烏石禮經注》。

王代豐　公羊例表　佚

◎趙爾巽《清史稿》列傳二百六十九《儒林》三：次子代豐，早世，著有《公羊例表》。

◎王闓運《湘綺樓文集》卷六《王仲章碣》（兄代功撰，妹滋書，妹璋篆）：有清學士湘潭王君仲章，諱代豐，小名慶來，壬父君之次子也。家譜有聞，眾所詳矣。君天姿雋異，緝熙光明，曾未歧嶷，堂堂神秀。六歲誦禮經，受許氏字書，貫識偏旁。九歲從游桂陽，紨彼兩髦，翔行山介修柏之間，見者嗟為仙童。十歲篆書《禮記》四十五篇，習《公羊春秋》，始有撰述之志。桂陽陳侍郎、衡陽彭尚書、湘鄉左朝議、武岡鄧郎中咸所歎異，以成人禮之。十七試提學，條對《穀梁傳》四疑，屈於不知，竟不錄名。長沙彭君申甫自道光初早有文名，聞君琦瑋，以女妻焉。十九試經古弟二，朱詹事招覆諸經生，例問本經，乃另君獨擬《江掩賦》，目為當無所不習。既入府學，遂補廩生。攝齋大庠，已參羣彥。其季被病，垂死而蘇。日益孳孳，徧該經史。成都新立經室，窯甄蜀秀，從父觀光，因留侍講。贊衛環化，暢揚高志。同舍百人，莫不歡然。議定視學釋奠之儀，以習禮充鄉飲；司正在位，大寮資其儀法。又議駁吳御史立後之奏、張侍講大禮之議，依據正經，克厭羣心，實而不茂。超然善死，季二

十有三。微疾七日，終于夔門江驛，則光緒七季閏月已未也。赴至成都，同學震悼。加絰而弔者，相向失聲，四方聞知，靡不哀惜。越明季四月戊寅，歸葬本縣西鄉桐坤之原。未見其止，終止于斯，烏虖悲矣！君多能博記，長于講論，夙誦《莊子》，有聖人之學。作《春秋經傳例表》《喪服經傳學》，並老師所未達，導微言于已絕。四川總督丁公，將上之四庫，表為儒林。自古經明業成，未有若斯之早達者也。仲尼慟顏，延陵號命，將焉訴乎？！乃為銘曰：聖遠術歧，經明道昌。無德不達，譽髦斯英。猗我令弟，顯顯俊望。彬彬其文，行行其剛。夙宵仰鑽，將就聖綱。唯義是從，溫而能方。弱冠大成，遺彼聲香。厭世識時，忽焉褰裳。子襄其寶，家失其良。德音若存，黃鳥在桑。靈瞻二親，魄奠中鄉。悲樂所生，於來旁皇。胡不少留，俾我無相。考槃斯北，養養茫茫。

王德基 穀梁例表 十卷 佚

◎尋霖、龔篤清編《湘人著述表》著錄。

◎王德基（1842～1884），字履祥，又字懷欽。湖南益陽人。光緒五年（1879）舉人。授武岡教諭。湛深經學，兼擅詞章，與皮錫瑞齊名。尤精輿圖地學。著有《荀氏易補注》十三卷、《易象通緯篇》三卷、《儀禮本圖》四卷、《穀梁例表》十卷、《水經疏證》五卷、《西南夷記》二卷、《越南釋地》三卷、《越南國輿地圖》、《郡縣通釋表》二十卷、《益陽地志》四卷圖一卷、《方輿表略》十卷、《南歸紀程》三卷、《滇黔沿革表》二卷、《耿馬土司圖》二卷、《五洲掌錄》、《越南二圖》三卷、《玉屏集》十六卷。

王殿黻 春秋本義 佚

◎民國《福山縣志稿・藝文志》第六：王殿黻《春秋本義》□卷、《春秋綱目》□卷、《春秋範比》□卷（據採訪《行狀》錄入）、《柴荊齋易學》八卷（據採訪原抄本錄入）。

◎孫葆田《山東通志》卷百二十七《藝文志》第十：諸編俱見《採訪冊》。

◎王殿黻，字子佩。福山（今山東福山）人。咸豐歲貢。著有《柴荊齋易學》八卷、《讀易記》無卷數、《周易彙編》無卷數、《周易義疏》無卷數、《讀詩說》、《洪範引》、《春秋本義》、《春秋範比》、《春秋綱目》、《春秋左氏傳文證》三十卷、《大學中庸本義》二卷、《孝經纂注》一卷、《孝經引證》一卷、《福山見聞錄》四卷、《蓬雲堂文集》、《三十六宮圖說》一卷。

王殿黻 春秋綱目 佚

◎民國《福山縣志稿‧藝文志》第六：王殿黻《春秋本義》□卷、《春秋綱目》□卷、《春秋範比》□卷（據採訪《行狀》錄入）、《柴荊齋易學》八卷（據採訪原抄本錄入）。

◎孫葆田《山東通志》卷百二十七《藝文志》第十：諸編俱見《採訪冊》。

王殿黻 春秋範比 佚

◎民國《福山縣志稿‧藝文志》第六：王殿黻《春秋本義》□卷、《春秋綱目》□卷、《春秋範比》□卷（據採訪《行狀》錄入）、《柴荊齋易學》八卷（據採訪原抄本錄入）。

◎孫葆田《山東通志》卷百二十七《藝文志》第十：諸編俱見《採訪冊》。

王殿黻 春秋左氏傳文證 三十卷 首一卷 存

美國普林斯頓大學葛思德東方圖書館藏同治清稿本

◎民國《福山縣志稿‧藝文志》第六：《春秋左氏傳文證》三十卷（據採訪鈔本錄入）。

◎孫葆田《山東通志》卷百二十七《藝文志》第十：諸編俱見《採訪冊》。

王鼎 春秋翼注 佚

◎光緒《鳳陽府志》卷十六《藝文考》上：王鼎《春秋翼注》（缺哀、定二公，門人蔡以綸續成之）、《四書詮解》（《安徽通志》）。

◎光緒《鳳陽府志》卷十八上之中《人物傳‧文學》：著有《四書詮解》《淮河源流》《江南水利》諸書。又著《春秋翼注》，缺哀、定二公，門人蔡以綸續成之。

◎光緒《鳳陽縣續志》卷十《鄉賢》：著《天地人三圖》《四書詮註》《春秋翼註》《孝經註解》《淮河源流》《江南水利》諸書。鳳盧道周公索其稿付梓。

◎光緒《鳳陽縣續志》卷十四《藝文》：《四書詮解》《春秋翼注》《江南水利》《淮河源流考》（以上王鼎著）。

◎光緒《鳳陽縣續志》卷十一《文苑》：蔡以綸，字傳舟。歲貢生，選授祁門縣訓導。孝友好學，言行功過每日必記。耋年猶日有功課乎鈔七經。曉音律，善畫蘭，精於醫卜星相。著有《翠竹軒詩草》《天文圖考》。初，其師王禹夫著《春秋翼注》，缺哀、定二公，未成而卒，以綸十年續成之。

◎王鼎，字禹夫。安徽鳳陽人。歲貢。好學敦品，工籀篆。精壬式。著有《天地人三圖》《四書詮注》《春秋翼注》《孝經注解》《淮河源流》《江南水利》諸書。

王斗拱　春秋輯略　佚

◎光緒重修《五河縣志》卷十四《人物志》二《文苑》：所著有《周易輯略》《春秋輯略》《儀禮述要》《經解訓詁》《平心課草》《平心詩草》《農家好問編》藏於家。

◎王斗拱，號建垣。安徽五河人。嘉慶六年（1801）拔貢。生平制義最富。卒年五十一。著有《周易輯略》《儀禮述要》《春秋輯略》《經解訓詁》《平心課草》《平心詩草》《農家好問編》。

王逢源　讀左志略　二卷　存

光緒二年（1876）玉峯王樹蕙堂刻本

◎王逢源，歷任江都知縣、鎮江知府。著有《讀左志略》二卷、《讀史志略》四卷、《明史志略》二卷，光緒七年（1881）主修《江都縣續志》。

王夫之　春秋稗疏　二卷　存

康熙王敔湘西草堂刻本

四庫本

天津藏吳氏拜經樓鈔四經稗疏本（顧廣圻校並題款）

道光刻昭代叢書本（一卷）

道光二十年（1840）湘潭王世佺守遺經書室刻船山遺書本

道光二十二年（1842）新化鄧顯鶴長沙刻船山遺書本

同治四年（1865）湘鄉曾國荃金陵刻船山遺書本

光緒十三年（1887）船山書院重刻同治四年（1865）湘鄉曾國荃刻船山遺書本

光緒十五年（1889）上海蜚英館石印皇清經解續編本（一卷）

1933 年上海太平洋書店鉛印船山遺書本

湖湘文庫本

嶽麓書社 2011 年排印本

◎春秋稗疏跋：杜氏《釋例》所載《春秋列國地名》止就地以釋地，故多差謬。此書則以時事揆之，而後名稱之同異、道里之遠近悉得其準。然先生又善于釋天者也，杜氏《長秝》以僖公末年之乙巳為十一月十二日，因謂隕霜在建戌之月。嘗據劉歆《三統秝》推之，自甲申統首。盡僖公三十三年十一月，積月萬二千五百七十七，積日三十七萬一千四百九大餘九小餘五十五。從大餘起甲申算外知十二月癸巳朔，然則乙巳乃月之十三日，而隕霜繫于其後，則為建亥之月無疑。先生謂隕霜不繫于月，蓋通一冬而言之。其通曉類如此。又謂兵車之牛馬出自官而非取諸民，司馬法「甸出長轂一乘」乃戰國之邪說，儒者勿以辯言亂政毒天下仁人之言，其利溥哉！辛丑初冬，吳江沈懋憙識。

◎提要〔註16〕：是編論《春秋》書法及儀象、典制之類僅十之一，而考證地理者居十之九。其論書法，謂閔公元年書季子、仲孫、高子皆不名，乃閔公幼弱，聽國人之所為，故從國人之尊稱。然考襄公之立實止四歲，昭公之出亦非一年。均未聞以君不與政，書事或有變文，何獨閔公見存，反從國人立義？其論《春秋》書戎皆指徐戎，斥杜預、陳留「濟陽東有戎城」之非，且謂曹衛之間不應有戎。證以《費誓》，似乎近理。然周之戎如今土司參錯於郡縣，觀「追戎濟西」〔註17〕，則去曹近而去徐遠。至於「凡伯聘魯歸周」而「戎伐之於楚丘」，則凡伯不涉徐方，徐戎亦斷難越國，安得謂曹、衛之間戎不雜居？如此之類固未免失之臆斷。至以「鸛鵒」為寒號蟲，反斥《埤雅》之訛；以「延廄」為「延衺其廄」，亦為穿鑿。杜注陘亭在召陵南，不云即在召陵。乃刪除「南」字而駁之，尤為文致其失。然如「莒人入向」之「向」謂當從杜預在龍亢，而駁《水經注》所引闞駰之說誤以邑名為國名，足以申杜注之義。辨「杞之東遷」在春秋以前；辨「殺州吁於濮」非陳地；辨「洮」為曹地非魯地，音推小反不音他刀；辨「貫」字非「貰」字之誤；辨「厲」即賴國，非隨縣之厲鄉；辨「踐土」非鄭地；辨「翟泉」周時不在王城之內；辨莒、魯之間有二鄆；辨仲遂所卒之「垂」非齊地；辨「次鄐」之「鄐」非鄐國亦非鄐地；辨《春秋》之「祝其」非漢之「祝其」，皆足以糾杜注之失。據《後漢郡國志》謂郎在高平，據《括地志》謂胡在郾城，據《漢書・地理志》謂重邱在平原，據應劭《漢書注》謂陽在鄀陽，皆足以補杜注之闕。至於謂子糾為齊襄公之子（按劉瑾《詩

〔註16〕此據同治四年金陵刻船山遺書卷首所載，與通行本四庫提要文字稍異。
〔註17〕「然周之戎如今土司參錯於郡縣，觀追戎濟西」，通行本提要作「然戎與諸國錯處，實非一種，觀經書追戎濟西」。

集傳通釋》解《何彼穠矣》篇，亦以桓公為襄公子，然瑾由誤記，與夫之有所考辨者不同）〔註18〕、謂魯襄公時頻月日食由於誤視暈珥，亦足以備一解。在近代說經之家尚頗有根柢。其書尚未刊行，故「子糾」之說，近時梁錫璵據為新義；「翬不書族，定姒非諡」之說，近時葉西亦據為新義，殆皆未見其書也。

　　◎《四庫全書簡明目錄》：所論《春秋》書法及名物典制之類僅十之一，攷正地理者居十之九，雖得失互見，然語皆有本。

　　◎光緒《湖南通志》卷二百四十六《藝文志》二：《春秋稗疏》二卷（《四庫全書總目》。提要曰：「夫之有《周易稗疏》已著錄。是編論《春秋》書法及儀象、典制之類僅十之一，而考證地理者居十之九。其論書法，謂閔公元年書季子、仲孫、高子皆不名，乃閔公幼弱，聽國人之所為，故從國人之尊稱。然考襄公之立實止四歲，昭公之出亦非一年。均未聞以君不與政，書事或有變文，何獨閔公見存，反從國人立義？其論《春秋》書戎皆指徐戎，斥杜預、陳留『濟陽東有戎城』之非，且謂曹衛之間不應有戎。證以《費誓》，似乎近理。然周之戎如今土司參錯於郡縣，觀『追戎濟西』，則去曹近而去徐遠。至於『凡伯聘魯歸周』而『戎伐之於楚丘』，則凡伯不涉徐方，徐戎亦斷難越國，安得謂曹衛之間戎不雜居？如此之類固未免失之臆斷。至以『鸛鷉』為寒號蟲，反斥《埤雅》之訛；以『延廐』為『延衺其廐』，亦為穿鑿。杜注陘亭在召陵南，不云即在召陵。乃刪除『南』字而駁之，尤為文致其失。然如『莒人入向』之『向』謂當從杜預在龍亢，而駁《水經注》所引闞駰之說誤以邑名為國名，足以申杜注之義。辨『杞之東邊』在春秋以前；辨殺州吁於濮非陳地；辨『洮』為曹地非魯地，音推小反不音他刀；辨『貫』字非『貰』字之誤；辨『厲』即賴國，非隨縣之厲鄉；辨『踐土』非鄭地；辨『瞿泉』周時不在王城之內；辨莒、魯之間有二鄆；辨仲遂所卒之『垂』非齊地；辨『次鄑』之『鄑』非鄑國亦非鄑地；辨《春秋》之『祝其』非漢之『祝其』，皆足以糾杜注之失。據《後漢郡國志》謂郎在高平，據《括地志》謂胡在鄖城，據《漢書・地理志》謂重邱在平原，據應劭《漢書注》謂陽在都陽，皆足以補杜注之闕。至於謂子糾為齊襄公之子、謂魯襄公時頻月日食由於誤視暈珥，亦足以備一解。在近代說經之家尚頗有根柢。其書尚未刊行，故『子糾』之說，近時梁錫璵據為新義；『翬不書族，定姒非諡』之說，近時葉西亦據為新義，殆皆未見其書也。」）、《春秋家說》三卷（《四庫全書》存目。提要曰：「夫之有《周易稗疏》已著錄。是書前有自序，稱大義受於其父，故以『家說』為名。其攻駁《胡傳》之失往往中理，而亦好為高論，不顧其安，其弊乃與《胡傳》等。如『文姜之與於弒』，夫之謂

───────────

〔註18〕通行本提要無此注。

『不討則不免於忘父，討之則不免於殺母。為莊公者，惟有一死而別立桓公之庶子，庶子可以申文姜之誅。』不知子固無殺母之理，即桓之庶子亦豈有殺嫡母之理，視生母為母而視嫡母為非母，此末欲至薄之見，可引以斷經義乎？閔公之弒，夫之謂『當歸獄於慶父，不當歸獄於哀姜。哀姜以母戕子，與文姜不同，不得以人爵壓天倫』，此亦牽於俗情，以常人立論，不知作亂於國家即為得罪於宗廟。唐武后以母廢中宗，天下譁然而思討，君子不以為非，彼獨非母子乎？首止之會，定王世子所以削亂端於未萌。世子非不當立，則不得謂之謀位；諸侯非奉所不當奉，則不得謂之要挾。夫之必責以伯夷、叔齊之事，則張良之羽翼惠帝，何以君子不罪之乎？如此之類，皆以私情害大義。其他亦多詞勝於意，全如論體，非說經之正軌。至於桓公元年無端而論及人君改元宜建年號之類，連篇累牘，橫生支節，於《春秋》更無關矣」）、《春秋世論》五卷、《續春秋左氏傳博義》二卷（《船山遺書》），衡陽王夫之撰。

　　◎楊樹達《省志藝文志初稿》：《春秋稗疏》二卷，明王夫之撰。王氏字而農，號薑齋，衡陽人。舉人。本書考證《春秋》書法及典制地理，頗多明晰。除《四庫提要》所舉諸事外，如莊十年荊敗蔡師於莘，《公》《穀》二傳謂楚稱荊乃舉州名狄之。著者謂州大國小，楚既未全有荊州，乃舉一州稱之，是縱之，非狄之也。據《書・禹貢》稱荊，及衡陽惟荊州，則荊與荊州自是二事。楚都丹陽，依荊山為國，《詩》稱「奮伐荊楚」，又云「哀荊之旅」，荊為國名已久，非《春秋》故抑之。莊二十三年公會齊侯盟于扈，杜預謂扈鄭地，在滎陽卷縣西北。著者謂此乃文宣二公晉會諸侯之扈，去齊魯二國皆遠，齊魯鄰邦，無遠涉結盟之理，訂扈為「夏有觀扈」之扈，地在東昌之觀城，為齊魯之西界。閔二年吉禘於莊公，杜注謂時別立廟，廟成而吉祭。胡安國謂祀於寢。著者謂別立廟當稱莊宮，今文不稱宮，知非廟也。禮既葬卒哭，主祔於祖，其時寢已為新君之寢，無緣更祀先君。蓋主在惠公之廟，文不得言惠宮，故以主之所在稱之，實則惠公之廟也。宣十五年初稅畝，三傳說皆不具，著者謂助法一夫百畝，唯上地不易之田為然，中地則一夫二百畝，下地則三百畝，助法初定，民一歲或再歲易耕以休地力，其後人眾而力有餘，易耕之田皆成熟地，以田三等酌其中，實二百畝而名曰百畝，稅畝為履畝而稅，已耕之土盡入稅額，以周制言之，為什而取二。皆立說弘通，深合經旨。惟隱二年紀裂繻來逆女，著者據《禮記・內則》注謂鞶有飾緣之為鞶裂，繻為彩色繒，與子帛名字相應。今考繻為彩色繒，義本《說文》，與子帛義固相應，然《說文》裂訓繒餘，亦與子帛義相關，著者不取此，而以鞶裂為說，不免舍近求遠。定八年從祀先公，著者以文與盜

竊室寶玉大弓相連，謂陽虎從定公以祀而掠去寶玉大弓，逆探下文「盜」字以說此經，立說穿鑿，尤乖文理。定十四年天王使石尚來歸脤，杜預釋脤為祭社之肉，盛以脤器，以賜同姓諸侯，義本《說文》。《說文》作祳，傳文作脤，乃古書通假之例，著者糾詰杜氏，釋脤為祭禮之肴，殊嫌鑿空無據。至閔元年書季子及仲孫，二年書高子，書法與《春秋》通例不符，三傳以為賢之嘉之貴之，或曰外之，義皆未洽。著者謂閔公之世，國君幼弱，魯亂已極，齊桓存三亡國，視此時之魯無異於亡，故仲湫、高傒之來，不以禮見主君，故皆不言使，湫亦不言聘，季友不言至，國人接之納之，從國人之尊稱而書之，所以著魯亂之甚，因同見異，深覺讀書得間。而《提要》乃以襄公幼弱，昭公出亡，未聞書事變文，漫為糾駁，可謂不能心知其意者矣。

◎鄒漢勛《學藝齋文存》八《致湘皋先生書》：月之十七始到會城，即奉讀手諭，於校刊事宜惓惓啟誨，惶惑交并。一昨已盡出半溪所藏鈔栞諸種徧為尋討，知而農先生書於先生卒後未十年，虎止先生已栞行十餘種於湘西草堂，後迺有匯江書室之刻，即往歲衡陽馬頭坡學博詒先生之本。此刻似有十餘種，而此處惟有《春秋世論》及《四書稗疏》。《四書釋疏》尚在先生行篋，聞卷嵩有《船山箸述總目》，多至七八十種，不知是何等名號？懇為擲下以便勘閱總校，《行述》及《家傳》所列書目僅三十六種，而此處所收者又止十八種，今別紙錄呈，至若板片大小短長、字體肥瘠寬扁、行數字數多寡，悉依新刻《日知錄》，已交樣與刻工，惟款式尚有當議者數事：《莊子》《楚詞》舊刻皆有評語，而而農先生之書評與注原是兩本，今刻宜刪評，一也。《春秋家說》上有評語，玩其語趣，似是石厓（即先生兄石子介之），否則艮厓冶仲，雖為妥洽，於例宜刪，二也。《老子》有虎止之《纂注》，《莊子》有虎止之《增注》，理宜并存，似當從舊式。而農之注大字別行低格，虎止之注小字雙行分注正文之下，若是則《周易》之注、《禮記》之注、《正蒙》之注宜一例用大字，三也。《稗疏》每則有標題，舊刻標題與正文不別行，但間一字，或致眉目不爽，宜依《日知錄》別行寫標題，四也。書中若不新坿案語，則於小疵處不曾抹正，未成全璧。若參酌加案語，則書義愈明矣。但曠日持久，須書頗多，實為繁重，如何定奪，至案語悉列吾丈名，循古人修書但舉事首之例，如唐人《正義》之標孔穎達、《隋書》之標魏徵耳，五也。《四書訓義》當依虎止先生原本，先列經文，次朱注，次訓義，決不如高頭講章樣。但訓義既大字低格，而朱注亦大字低格，恐致不分，擬於朱注上每節加「集句」「章句」字，亦不用墨圈；《訓義》上并

不標「訓義」字，殊為瞭辯，可否？六也。前題撰人名舊頗參差，今一例題「明衡陽王某而農著」，但低二字。其有虎止先生注者，則下題「男某虎止纂注／增注」，餘無者則空下半行。新校人書卷末如此方大雅，可否？七也。字體點畫悉依《說文》亦頗不宜，當依《廣韻》《玉篇》，惟《訓義》及《說文廣義》則用《說文》字耳，八也。《廣韻》《玉篇》，勳未曾有此書，吾丈有借否？又此書總名當曰《船山遺書》，或以為疑於張船山，然此船山在其前百餘年，不可避後而改前，九也。其最前一行之題，似當倣古書小題在上大題在下之例，上曰某書幾卷，下曰《船山遺書》幾，此式合否？十也。初夏寒氣乍除，伏冀順時珍練為道自愛，不盡區區（道光廿年四月）。

　　◎余廷燦《存吾文稿》不分卷《王船山先生傳》：乃著《四書讀大全說》《周易內傳／外傳》《大象解》《詩廣傳》《尚書引義》《春秋世論／家說》《左氏傳續博議》《禮記章句》並諸經《裨疏》各若干傳，作《通鑑論》三十卷、《宋論》十五卷、《莊子解》、《莊子通》、《楚詞通釋》、《搔首問》、《俟解》、《噩夢》各種，又注釋《老子》《呂覽》《淮南》，評選古今詩各若干卷。自明統絕祀，先生著書凡四十年，其學深博無涯涘，而原本淵源，尤神契《正蒙》一書，於清虛一大之旨、陰陽法象之狀、往來原反之故，靡不有以顯微抉幽，晰其奧窔。其自序曰：謂之《正蒙》者，養蒙以聖功之正也。聖功久矣大矣，而正之惟其始。蒙者知之始也。」或疑之曰：古之大學積之以《詩》《書》《禮》《樂》，迪之以三德六行，皆日用易知簡能之理，而《正蒙》推極夫窮神知化達天德之蘊，則疑與大學異，則請釋之。曰：大學之教，先王所以廣教天下而納之軌物，使賢者即以之上達而中人以之寡過。先王不能望天下以皆聖，故德其成人、造其小子，不強之以聖功，而俟其自得。非有吝也，抑古之為士者，秀而未離乎其樸，下之無記誦詞章以取爵祿之科，次之無權謀功利苟且以就功名之術。其尤正者，無狂思陋測，蕩天理、滅彝倫而自矜獨悟，如老聃、浮屠之邪說以誘聰明果毅之士，而生其逸護神聖之心，則但習於人倫物理之當然，而性命之至自不言而喻。至於東周而邪慝作矣，故夫子作易而闡形而上之道，以顯諸仁而藏諸用。而孟子推生物一本之理，以極惻隱羞惡辭讓是非之所繇生，故夫子曰：「五十有五而志於學。」所志者，知命、耳順、不踰之矩也。知其然者，志不及之，則雖聖人未有得之於志外者也。故孟子曰：「大匠不為拙工改廢繩，墨羿不為拙射變其彀率。」宜若登天而不可使逸獲於企及也。特在孟子之世，楊墨雖盈天下，而儒者猶不屑曲吾道以證其邪，故引而不發以需其自得。而自漢

魏以降，儒者無所不淫，苟不抉其躍如之藏，則志之搖搖者，差之黍米而已背
之霄壤矣。此《正蒙》之所緣不得不異也。宋自周子出而始發明體道之所緣，
一出於太極陰陽人道生化之終始。二程子引而伸之，而實之以靜一誠敬之功，
然游謝之徒且岐出以趨於浮屠之蹊徑。故朱子以格物窮理為始教，而檠括學者
於顯道之中。乃其一再傳而後流為雙峯、勿軒諸儒，遂跡躡影沉，溺於訓詁。
故白沙起而厭棄之，然而遂啟姚江王氏陽儒陰釋誣聖之邪說，其宄也為形戮之
民、為闍賊之黨皆爭附焉，而以充其無善無惡、圓融事理之狂妄，流害以相激
而相成。則中道不立、矯枉過正有以啟之也。人之生也，君子而極乎聖，小人
而極乎禽獸。苟不知所以生不知所以死，則為善為惡皆非性分之所固有、職分
之所當為。下焉者何弗蕩棄彝倫以遂其苟且私利之欲？其稍有恥之心而厭焉
者，則見為寄生兩間，去來無準，惡為贅疣，善亦弁髦，生無所從，而名義皆
屬漚瀑，以求異於逐而不返之頑鄙。乃其宄也，不可以終日，則又必佚出猖狂，
為無縛無礙之邪說，終歸於無忌憚自非宄。吾之所始與其所終，神之所化，鬼
之所歸，效天地之正而不容不懼以終始，惡能稱其盛而使信於學？故《正蒙》
特揭陰陽之固有、屈伸之必然，以立中道。而至當百順之大經，皆率此以成。
故曰率性之謂道。天之外無道，氣之外無神，神之外無化。死不足憂而生不可
罔，一瞬一息、一宵一晝、一言一動，赫然在出王游衍之中。善吾伸者以善吾
屈，然後知聖人之存神盡性，反經精義皆性所必有之良能，而為職分之所當修，
非可以見聞所及而限為有不見不聞，而疑其無偷用其蕞然之聰明，或窮大而失
居，或卑近而自蔽之，可以希覬聖功也。嗚呼！張子之學，上承孔孟之志，下
救來茲之失，如皎日麗天，無幽不燭。聖人復起，未有能易焉者也。惟其門人
未有殆庶者，而當時鉅公者儒，如富文、司馬諸公、張子皆以素位隱居而未緣
相為羽翼，是以其道之行，曾不得與邵康節之數學相與頡頏，而世之信從者寡。
道之誠然者不著，是以不百年而陸子靜之異說興，又二百年而王伯安之邪說
熾。其以朱子格物道問學之教爭貞勝者，猶水勝火，一盈一虛而莫適有定。使
張子之學曉然大明，以正童蒙之志於始，則浮屠生死之狂惑不折而自摧，陸子
靜、王伯安之蕞然者，亦惡能傲君子以所獨知，而為浮屠作率獸食人之倀乎？
《周易》者，天道之顯也，性之藏也，聖功之牖也，動靜幽明屈伸誠有之而神
行焉。禮樂之精微以存焉，鬼神之化裁出焉，仁義之大用興焉，治亂吉凶生死
之數準焉。故夫子曰：「彌綸天下之道，以崇德而廣業者也。」張子言無非易，
立天立地立人，反經研幾，精義存神，以綱維三才，貞生而安死，則往聖之傳

非張子其孰與歸？是故《正蒙》者，匠者之繩墨也，射者之彀率也，雖力之未逮、養之未熟，見為登天之難，不可企及，而志於是則可至焉；不志於是，未有能至者也。養蒙以是為聖功之所自定，而邪說之淫蠱不足以亂之矣。故曰《正蒙》也。

◎譚嗣同《譚嗣同集・書信・上歐陽中鵠》十：獨惜易學尚未昌明耳。易冒天下之道，大約各教之精微誕謬，易皆足以括之，故曰至賾而不可惡。其精微處，船山《易傳》多已發明，惟誕謬處尚待旁通耳。

◎郭嵩燾《郭嵩燾全集・奏稿》光緒二年八月二十日（摘錄）：我朝經學昌明，遠勝前代，而暗然自修、精深博大，罕有能及衡陽王夫之者。夫之為明舉人，篤守程朱，任道甚勇。值明季之亂，隱居著書。康熙時，學臣潘未進呈其書，曰《周易稗疏》、曰《書經稗疏》、曰《書經引義》、曰《詩經稗疏》、曰《春秋稗疏》、曰《春秋家說》，皆採入《四庫全書》。《國史・儒林列傳》稱其神契張載《正蒙》之說，演為《思問錄》內外二篇。所著《經說》，言必徵實、義必切理，持論明通，確有依據。亦可想見其學之深邃。而其他經史論說數十種，未經採取甚多。其尤精者《周易內傳》《讀四書大全》，實能窺見聖賢聖賢之用心而發明其精蘊，足補朱子之義所未備。

◎曾國藩《王船山遺書序》（摘錄）：王船山先生遺書，同治四年十月刻竣，凡三百二十二卷。國藩校閱者，《禮記章句》四十九卷、《張子正蒙注》九卷、《讀通鑑論》三十卷、《宋論》十五卷、《四書／易／詩／春秋》諸經《稗疏／考異》十四卷，訂正訛脫百七十餘事。軍中鮮暇，不克細細全編，乃為序曰。

◎趙爾巽《清史稿》卷一百四十五志一百二十《藝文》一：《春秋稗疏》二卷、《春秋家說》三卷、《春秋世論》五卷，王夫之撰。

◎王夫之（1619～1692），字而農，號薑齋，又號夕堂。湖南衡陽〔註19〕人。晚年隱居於石船山，著書立傳，自署船山病叟、南嶽遺民，學者遂稱船山先生。著有《周易稗疏》四卷、《周易稗疏考異》一卷、《周易大象解》一卷、《周易考異》一卷、《周易內傳》六卷、《周易內傳發例》一卷、《周易外傳》七卷、《書經稗疏》、《書經引義》、《詩經稗疏》、《讀四書大全》。其著述可參周調陽《王船山著述考略》。

〔註19〕《四庫提要》謂為漢陽人，誤。

王夫之 春秋家說 三卷 存

康熙王敔湘西草堂刻本

湖南博藏乾隆王嘉愷抄本

吉林道光二十年（1840）湘潭王世佺守遺經書室刻船山遺書本

道光二十二年（1842）新化鄧顯鶴長沙刻船山遺書本

同治四年（1865）湘鄉曾國荃金陵節署刻船山遺書本

重慶市黔江區藏光緒二十五年（1899）慎記書莊石印王船山經史論八種本

江蘇省儀徵藏清石印本（存卷二上）

1933 年上海太平洋書店鉛印船山遺書本

湖湘文庫點校本

嶽麓書社 2011 年排印本

◎目錄：卷一上隱公九論、桓公十四論、莊公九論、閔公三論。卷一下僖公三十一論。卷二上文公十九論、宣公十四論。卷二下成公二十二論。卷三上襄公二十三論。卷三中昭公二十九論。卷三下定公十四論、哀公十六論。

◎春秋家說敘：先徵君武夷府君早受《春秋》於西陽楊氏，進業於安成劉氏，劉氏畢業而疑，疑帖經之術已疏、守傳之述未廣也。已乃研心曠目，歷年有得，惜無傳人。夫之夙賦鈍怠，欲請而不敢。歲在丙戌，大運傾覆，府君於時春秋七十有七，悲天憫道，誓將謝世，乃呼夫之而命之曰：「詳者，略之開也；明者，晦之迪也。雖然，綦詳而得略、綦明而得晦，不勦矣。三傳之折衷得文定而明，河南之舉要得文定而詳，習其讀者之所知也。經之緯之窮於幅，日之月之翳於陰，習其讀者之未知也。小子其足以知之乎？」夫之蹴然而對曰：「敢問何謂也？」曰：「文定之於《春秋》也，錯綜已密，所謂經緯也；昭回不隱，所謂日月也。雖然，有激者焉，有疑者焉。激於其所感，疑於當時之所險阻。方其激，不知其無激者之略也；方其疑，不知厚疑之以得晦也。」夫之請曰：「何謂激？」曰：「王介甫廢《春秋》，立新說，其言曰天戒不足畏、人言不足恤，文定激焉，綴災異，指事應，祖向歆，尚變復。孔子曰畏天命，非此之謂也。畏刑罰而忠者，臣之道薄；畏譴責而孝者，子之誼衰。若此者，激而得滯，滯而得略，天人之徵不詳矣。載憤辨之心以治經，而略者不一一也。」夫之進請曰：「何謂疑？」曰：「宋之南渡，金挾餘毒逼稱臣妾，韓、岳、劉、張，擁兵強盛，建炎臣主，外憂天福之覆車，內患陳橋之反爾。外憂者，正論也；內患者，邪說也。文定立廷論道，引經比義，既欲外伉伸首趾之尊，復欲

內防削指臂之勢。外六抑疑於內儕，內防又疑於外疎，心兩疑，說兩存，邪正參焉。其後澹菴、南軒師其正，斥王倫之奸；秦、張、万俟師其邪，陷武穆之死。而一出於文定之門，效可覩矣。《春秋》貴夏必先趙武，尊王授權桓、文，其義一也。以趙普猜制之術，說《春秋》經世之略，惡乎其不晦哉！或明之，或晦之，而得失相雜，不一而足矣。」夫之受命，怵惕發蒙，執經而進，敍問其所未知。府君更端博說，浚其已淺，疏其過深，折其同三傳之未廣，詰其異三傳之未安。始於元年統天之非，終於獲麟瑞應之誕。明以詳者弗復伸，略以晦者弗有詘也，幾於備矣。越歲不辰，歲在丁亥，黃地既裂，昊天復傾，不弔毒酷，府君永逝，迄今二十有二載。夫之行年五十，悼手口之澤空存，念菌蟪之生無幾，恐將佚墜，敬加詮次，稍有引伸，尚多疎忘。豈曰嗣先，聊傳童稚云爾。著雍涒灘之歲相月壬子朢，不肖男徵仕郎夫之謹述。

◎提要：是書前有自序稱大義受於其父，故以「家說」為名。其攻駁《胡傳》之失往往中理，而亦好為高論，不顧其安，其弊乃與《胡傳》等。如「文姜之與於弒」，夫之謂「不討則不免於忘父，討之則不免於殺母。為莊公者，惟有一死而別立桓公之庶子，庶子可以申文姜之誅。」不知子固無殺母之理，即桓之庶子亦豈有殺嫡母之理，視生母為母而視嫡母為非母，此末欲至薄之見，可引以斷經義乎？閔公之弒，夫之謂「當歸獄於慶父，不當歸獄於哀姜。哀姜以母戕子，與文姜不同，不得以人爵壓天倫」，此亦牽於俗情，以常人立論，不知作亂於國家即為得罪於宗廟。唐武后以母廢中宗，天下譁然而思討，君子不以為非，彼獨非母子乎？首止之會，定王世子所以削亂端於未萌。世子非不當立，則不得謂之謀位；諸侯非奉所不當奉，則不得謂之要挾。夫之必責以伯夷、叔齊之事，則張良之羽翼惠帝，何以君子不罪之乎？如此之類，皆以私情害大義。其他亦多詞勝於意，全如論體，非說經之正軌。至於桓公元年無端而論及人君改元宜建年號之類，連篇累牘，橫生支節，於《春秋》更無關矣。

◎光緒《湖南通志》卷二百四十六《藝文志》二：《春秋稗疏》二卷（《四庫全書總目》）。提要曰：「夫之有《周易稗疏》已著錄。是編論《春秋》書法及儀象、典制之類僅十之一，而考證地理者居十之九。其論書法，謂閔公元年書季子、仲孫、高子皆不名，乃閔公幼弱，聽國人之所為，故從國人之尊稱。然考襄公之立實止四歲，昭公之出亦非一年。均未聞以君不與政，書事或有變文，何獨閔公見存，反從國人立義？其論《春秋》書戎皆指徐戎，斥杜預、陳留『濟陽東有戎城』之非，且謂曹衛之

間不應有戎。證以《費誓》，似乎近理。然周之戎如今土司參錯於郡縣，觀『追戎濟西』，則去曹近而去徐遠。至於『凡伯聘魯歸周』而『戎伐之於楚丘』，則凡伯不涉徐方，徐戎亦斷難越國，安得謂曹衛之間戎不雜居？如此之類固未免失之臆斷。至以『鶗鴂』為寒號蟲，反斥《埤雅》之訛；以『延廄』為『延衺其廄』，亦為穿鑿。杜注陘亭在召陵南，不云即在召陵。乃刪除『南』字而駁之，尤為文致其失。然如『莒人入向』之『向』謂當從杜預在龍亢，而駁《水經注》所引闞駰之說誤以邑名為國名，足以申杜注之義。辨『杞之東遷』在春秋以前；辨殺州吁於濮』非陳地；辨『洮』為曹地非魯地，音推小反不音他刀；辨『貫』字非『貰』字之誤；辨『厲』即賴國，非隨縣之厲鄉；辨『踐土』非鄭地；辨『瞿泉』周時不在王城之內；辨莒、魯之間有二鄆；辨仲遂所卒之『垂』非齊地；辨『次鄑』之『鄑』非鄑國亦非鄑地；辨《春秋》之『祝其』非漢之『祝其』，皆足以糾杜注之失。據《後漢郡國志》謂郎在高平，據《括地志》謂胡在郾城，據《漢書‧地理志》謂重邱在平原，據應劭《漢書注》謂陽在都陽，皆足以補杜注之闕。至於謂子糾為齊襄公之子、謂魯襄公時頻月日食由於誤視暈珥，亦足以備一解。在近代說經之家尚頗有根柢。其書尚未刊行，故『子糾』之說，近時梁錫璵據為新義；『暈不書族，定姒非諡』之說，近時葉酉亦據為新義，殆皆未見其書也。」)、《春秋家說》三卷（《四庫全書》存目。提要曰：「夫之有《周易稗疏》已著錄。是書前有自序，稱大義受於其父，故以『家說』為名。其攻駁《胡傳》之失往往中理，而亦好為高論，不顧其安，其弊乃與《胡傳》等。如『文姜之與於弒』，夫之謂『不討則不免於忘父，討之則不免於殺母。為莊公者，惟有一死而別立桓公之庶子，庶子可以申文姜之誅。』不知子固無殺母之理，即桓之庶子亦豈有殺嫡母之理，視生母為母而視嫡母為非母，此末欲至薄之見，可引以斷經義乎？閔公之弒，夫之謂『當歸獄於慶父，不當歸獄於哀姜。哀姜以母戕子，與文姜不同，不得以人爵壓天倫』，此亦牽於俗情，以常人立論，不知作亂於國家即為得罪於宗廟。唐武后以母廢中宗，天下譁然而思討，君子不以為非，彼獨非母子乎？首止之會，定王世子所以削亂端於未萌。世子非不當立，則不得謂之謀位；諸侯非奉所不當奉，則不得謂之要挾。夫之必責以伯夷、叔齊之事，則張良之羽翼惠帝，何以君子不罪之乎？如此之類，皆以私情害大義。其他亦多詞勝於意，全如論體，非說經之正軌。至於桓公元年無端而論及人君改元宜建年號之類，連篇累牘，橫生支節，於《春秋》更無關矣」)、《春秋世論》五卷、《續春秋左氏傳博義》二卷（《船山遺書》），衡陽王夫之撰。

◎趙爾巽《清史稿》卷一百四十五志一百二十《藝文》一：《春秋稗疏》二卷、《春秋家說》三卷、《春秋世論》五卷，王夫之撰。

　　◎上海古籍出版社 2015 年《續修四庫全書總目提要‧春秋類》「《春秋家說》三卷」：船山自謂「六經責我開生面」，故於諸經皆有撰述，其治《春秋》，則有《春秋稗疏》、《春秋家說》、《春秋世論》、《續東萊左氏博議》等。此書為其中最要者，成於康熙七年（1668），時夫之五十歲。名「家說」者，以此書乃其父王朝聘所說，夫之纂而成之。今詳考其實，則其說亦不少，或可視為其自作。此書常與胡安國《春秋傳》為難，間及三傳。序文謂《胡傳》有激者，有疑者。所謂激者，即胡氏好言天變災異；疑者，即胡氏以外憂、內患說《春秋》，既欲外亢雪恥，復欲內防而忌臣下之權重。然船山以為外憂可言，而內患之說適以自削，是邪說也。蓋夫之身當明亡之時，痛思懲鑒，以為自宋以來，藩鎮漸削，地方疲弱，卒至不能當李闖、清兵之鋒。故此書說《春秋》，必先言攘夷，而後尊王，與《胡傳》對立。胡氏好論災異，而夫之則以為《春秋》錄災異，適顯彼時之左道不經，以誠天下後世；又，胡氏論兵好言分兵權，然夫之以為善說《春秋》者，當廢胡氏之言兵。夫之身當鼎革之際，其治經常懷經世之意。其解《春秋》，常藉以評騭時事。如於隱五年「考仲子之宮」，論親親尊尊之義，對嘉靖大禮議而發。莊公十年「以蔡侯獻舞歸」，則駁《胡傳》之「國君死社稷」，以為死社稷之國君，乃諸侯耳，非指天子而言。若李綱以虛名鉗欽宗，使帝王被俘，中原淪喪；光時亨又拾《胡傳》之餘瀋，以徼幸陷崇禎於死，陷國家以滅亡，二人並昧於《春秋》大義。諸如此類，皆船山苦心孤詣之所寄，洵能發明「《春秋》經世先王之志」者。是書收入《四庫全書總目》春秋類存目，提要謂其攻駁《胡傳》之失往往中理，而亦好為高論，而多橫生枝節、於《春秋》無關云云。此本據華東師範大學圖書館藏清同治四年湘鄉曾氏金陵節署刻《船山遺書》本影印。（谷繼明）

王夫之　春秋世論　五卷　存

　　康熙王敔湘西草堂刻本
　　湖南博藏乾隆王嘉愷抄本（二卷）
　　嘉慶衡陽馬氏匯江書屋刻本
　　道光二十年（1840）湘潭王世佺守遺經書室刻船山遺書本
　　道光二十二年（1842）新化鄧顯鶴長沙刻船山遺書本
　　同治四年（1865）湘鄉曾國荃金陵刻船山遺書本

國圖藏同治四年（1865）湘鄉曾國荃刻、光緒十三年（1887）船山書院重刻船山遺書本

光緒二十五年（1899）慎記書莊石印王船山經史論八種本

國圖藏光緒二十六年（1900）湖南澹雅書局刻船山史論本

光緒二十六年（1900）邵陽經元書局刻船山史論本

光緒二十六年（1900）湖南大文書局刻船山史論本

光緒二十六年（1900）湖南經文書局刻船山史論本

光緒二十七年（1901）長沙湖南書局刻船山史論本

1933 年上海太平洋書店鉛印船山遺書七十種三百五十八卷附校勘記二卷本

湖湘文庫本

嶽麓書社 2011 年排印本

◎目錄：卷一隱公五論、桓公十論、莊公五論、閔公二論。卷二僖公十四論、文公十三論。卷三宣公十一論、成公十二論、卷四襄公十二論。卷五昭公十四論、定公六論、哀公四論。

◎序：即春秋之世，沿夏商，循西周，極七國，放秦漢，源流所自，合離之勢、盛衰之迹，本王道之通塞，墮邪說之利害，旁引兵畧，畫地形，訂國是，粗陳其得失，具矣。問者曰：「董生有言：天不變，道亦不變。謂道之不變，是也；謂世之不變，不得也。以世言道，世變道不得墊〔註20〕，率子之所論，以治秦漢以降之天下，可乎？」荅曰：奚為其不可也？後世之變，紛紜詭譎，莫循其故。以要言之，廢封建，置郡縣，其大端已。漢之七國、晉之八王，非齊鄭宋魯也。曹、袁之爭，馬、劉、蕭、陳之奪，魏博、平盧、淮西、澤潞、淄青之據，非桓、文、襄、穆也。劉、石、慕容、苻、姚、赫連、拓跋、完顏之僭，非荊、吳、徐、越也。天子以一人守天下，盜賊〔註21〕以猝起爭天子，推其所以殊治，封建之廢盡之矣。郡縣變，天下之勢接迹而變，以古治今，議者之所訑也。雖然，一王之臣有合離焉，一姓之主有盛衰焉。王道之基〔註22〕，得其意者通之也；邪說之害，棄其利者遠之也。兵畧之詭，從其正者常之也。地無異形，國無兩是，故曰「不知《春秋》之義者，

〔註20〕「以世言道，世變道不得墊」，或本作「以世言變，世變，道不得執」。

〔註21〕「賊」，或本作「夷」。

〔註22〕「基」，或本作「塞」。

守經事而不知宜，遭變事而不知權。知其義，酌其理，綱之以天道，即之以人心，揣其所以失，達〔註23〕其所以異，正之以人禽之辨〔註24〕，防〔註25〕之以君臣之制，策之以補救之宜。世論者，非直一世之論也。治不一君均乎治，亂不一族均乎亂，涵廣土，撫眾民而不缺。匹夫行於家，幽人潛於野，知進退、審存亡而不溢。觀諸天下，揆諸心，即今日以印合乎春秋之世而不疑。《詩》曰：「魚在於渚，或在于淵」，謂其流行而一致也。著離涒灘之歲相月朢日壬子，湘西草堂王夫之序〔註26〕。

　　◎楊樹達《省志藝文志初稿》：《春秋世論》五卷（《船山遺書》本），明王夫之撰。王氏有《春秋稗疏》已著錄。此書名「世論」者，著者自序謂世雖變易，本《春秋》之義可以治秦漢以降之天下。蓋酌《春秋》之義，綱之以天道，即之以人心，揣其所以失，達其所以異，正之以人禽之辨，防之以君臣之制，策之以補救之宜者，非直一世之論。故其書泛論古今，頗多明快之論。卷一論魯桓公，謂桓公在位十八年，執玉而見者九國，向令秉禮自彊，不難主盟中夏。乃其邦交顛倒於喜怒，嚮背無恆，魯之衰遂終春秋而不振。論宋國，謂鄭樹公子馮於宋以收宋，宋樹公子突於鄭以收鄭，馮立而宋親鄭者十年，突立未幾而旋合魯以伐宋。齊樹公子御說於宋以收宋，樹公子昭於齊以收齊，御說立而宋親齊者終桓之世，昭立未幾而旋黨楚以圍緡，鄭厲、齊孝所為已甚，宋兩受施而報以不忘，猶有人心，兩施於人而不見報，終且援突而睦於齊，庶幾乎長者，故宋瀕亡者再而終免。鄭莊之彊遽衰於突，齊桓之霸早絕於孝，知雖亂世私利之謀，亦以信為成敗之主。卷二論魯僖公，謂魯之衰自僖公始，終春秋之世，魯內替於臣，外制於霸，內替自僖公溢賞季友不正叔仲之誅始，外制自僖憚齊修五年一覲之禮於齊始，《魯頌》之頌僖公，乃史克之溢美。卷四論春秋中葉用兵未嘗用險，越國以爭險，據險以扼天下，自楚用魚石據彭城始，於是彭城為中國要會顯於天下以至今。楚用彭城制宋以扼吳晉，晉乃用虎牢制鄭而待楚，於是虎牢為中國要會亦顯於天下以至今。姦人創之，雖有至仁大義之攻守弗能舍之。三代用兵之制不能復行於天下，以非道之道已成，無能廢之也。所論皆深合情事，不同迂闊之談。治《春秋》、究史事者所當肄習也。

〔註23〕「達」，或本作「遠」。
〔註24〕「辨」，或本作「類」。
〔註25〕「防」，或本作「坊」。
〔註26〕「湘西草堂王夫之序」，或本作「王夫之敘」。

◎光緒《湖南通志》卷二百四十六《藝文志》二：《春秋稗疏》二卷（《四庫全書總目》。提要曰：「夫之有《周易稗疏》已著錄。是編論《春秋》書法及儀象、典制之類僅十之一，而考證地理者居十之九。其論書法，謂閔公元年書季子、仲孫、高子皆不名，乃閔公幼弱，聽國人之所為，故從國人之尊稱。然考襄公之立實止四歲，昭公之出亦非一年。均未聞以君不與政，書事或有變文，何獨閔公見存，反從國人立義？其論《春秋》書戎皆指徐戎，斥杜預、陳留『濟陽東有戎城』之非，且謂曹衛之間不應有戎。證以《費誓》，似乎近理。然周之戎如今土司參錯於郡縣，觀『追戎濟西』，則去曹近而去徐遠。至於『凡伯聘魯歸周』而『戎伐之於楚丘』，則凡伯不涉徐方，徐戎亦斷難越國，安得謂曹衛之間戎不雜居？如此之類固未免失之臆斷。至以『鸜鵒』為寒號蟲，反斥《埤雅》之訛；以『延廄』為『延袤其廄』，亦為穿鑿。杜注陘亭在召陵南，不云即在召陵。乃刪除『南』字而駁之，尤為文致其失。然如『莒人入向』之『向』謂當從杜預在龍亢，而駁《水經注》所引闞駰之說誤以邑名為國名，足以申杜注之義。辨『杞之東遷』在春秋以前；辨殺州吁於濮』非陳地；辨『洮』為曹地非魯地，音推小反不音他刀；辨『貫』字非『貰』字之誤；辨『厲』即賴國，非隨縣之厲鄉；辨『踐土』非鄭地；辨『翟泉』周時不在王城之內；辨莒、魯之間有二鄆；辨仲遂所卒之『垂』非齊地；辨『次郇』之『郇』非郇國亦非郇地；辨《春秋》之『祝其』非漢之『祝其』，皆足以糾杜注之失。據《後漢郡國志》謂郎在高平，據《括地志》謂胡在郾城，據《漢書・地理志》謂重邱在平原，據應劭《漢書注》謂陽在都陽，皆足以補杜注之闕。至於謂子糾為齊襄公之子、謂魯襄公時頻月日食由於誤視暈珥，亦足以備一解。在近代說經之家尚頗有根柢。其書尚未刊行，故『子糾』之說，近時梁錫璵據為新義；『翬不書族，定姒非謚』之說，近時葉酉亦據為新義，殆皆未見其書也。」）、《春秋家說》三卷（《四庫全書》存目。提要曰：「夫之有《周易稗疏》已著錄。是書前有自序，稱大義受於其父，故以『家說』為名。其攻駁《胡傳》之失往往中理，而亦好為高論，不顧其安，其弊乃與《胡傳》等。如『文姜之與於弒』，夫之謂『不討則不免於忘父，討之則不免於殺母。為莊公者，惟有一死而別立桓公之庶子，庶子可以申文姜之誅。』不知子固無殺母之理，即桓之庶子亦豈有殺嫡母之理，視生母為母而視嫡母為非母，此末欲至薄之見，可引以斷經義乎？閔公之弒，夫之謂『當歸獄於慶父，不當歸獄於哀姜。哀姜以母戕子，與文姜不同，不得以人爵壓天倫』，此亦牽於俗情，以常人立論，不知作亂於國家即為得罪於宗廟。唐武后以母廢中宗，天下譁然而思討，君子不以為非，彼獨非母子乎？首止之會，定王世子所以削亂端於未萌。世子非不當立，則不得謂之謀位；諸侯非奉所不當奉，則不得謂之要挾。夫之必

責以伯夷、叔齊之事，則張良之羽翼惠帝，何以君子不罪之乎？如此之類，皆以私情害大義。其他亦多詞勝於意，全如論體，非說經之正軌。至於桓公元年無端而論及人君改元宜建年號之類，連篇累牘，橫生支節，於《春秋》更無關矣」）、《春秋世論》五卷、《續春秋左氏傳博義》二卷（《船山遺書》），衡陽王夫之撰。

◎趙爾巽《清史稿》卷一百四十五志一百二十《藝文》一：《春秋稗疏》二卷、《春秋家說》三卷、《春秋世論》五卷，王夫之撰。

王夫之 左傳博議續編 二卷 存

道光二十二年（1842）湘潭王世佺守遺經書屋刻船山遺書本

道光二十二年（1842）新化鄧顯鶴長沙刻船山遺書本

山西藏同治四年（1865）金陵湘鄉曾國荃刻船山遺書本（題續春秋左氏傳博議）

蘇州大學、山西、牡丹江藏光緒二十四年（1898）上海掃葉山房石印本

國圖、天津藏光緒二十四年（1898）望雲小舍石印本（題續春秋左氏傳博議）

北大藏光緒二十五年（1899）申昌莊石印本

光緒二十六年（1900）邵陽經元書局刻船山史論本

光緒二十六年（1900）邵陽澹雅書局刻船山史論本

光緒二十六年（1900）湖南大文書局刻船山史論本

光緒二十六年（1900）湖南經文書局刻船山史論本

光緒二十七年（1901）長沙湖南書局刻船山史論本

1933年上海太平洋書店鉛印重校船山遺書本

1993年嶽麓書社鉛印船山遺書本

嶽麓書社2011年排印本

線裝書局2020年何俊主編左傳評注文獻輯刊影印同治四年（1865）金陵湘鄉曾國荃刻船山遺書本

◎一名《續春秋左氏傳博議》。

◎席威校刊。

◎目錄：卷上辟司徒之妻（成公二年）、賓媚人折郤克（成公二年）、荀罃對楚子（成公三年）、伯宗辟重（成公五年）、欒武子還師（成公六年）、晉殺趙同趙括（成公八年）、莒人恃陋（成公九年）、晉侯夢大厲（成公十年）、劉子論成肅公

（成公十三年）、士燮請釋楚（成公十六年）、祁奚舉子（襄公三年）、魏絳戮楊干之僕（襄公三年）、匠慶略季孫之櫬（襄公四年）、穆姜論筮（襄公九年）、子西子產追盜（襄公十年）、季札辭國（襄公十四年）、師曠論衛侯出奔（襄公十四年）、華臣奔陳（襄公十七年）、祁奚不見叔向（襄公二十一年）、華周杞梁（襄公二十三年）、崔杼伐我北鄙（襄公二十五年）、叔孫豹違命（襄公二十七年）、宋子罕削向戍之賞邑（襄公二十七年）、宋共姬待姆（襄公三十年）。卷下趙孟視蔭（昭公元年）、司馬侯請以諸侯許楚（昭公四年）、叔孫舍不賞私勞（昭公五年）、士文伯論日食（昭公七年）、子產對黃熊（昭公七年）、屠蒯三舉酌（昭公九年）、觀從申亥（昭公十三年）、晉人執季孫意如（昭公十三年）、子產拒禆竈（昭公十八年）、宗魯死衛摯之難（昭公二十年）、莒庚輿以人試劍（昭公二十三年）、吳以罪人犯師（昭公二十三年）、囊瓦殺費無極（昭公二十七年）、子家羈反昭公之賜（昭公三十二年）、囊瓦以裘馬拘蔡唐二君（定公三年）、鬪辛鬪懷（定公五年）、王孫繇于詰子西（定公五年）、駟歂殺鄧析（定公九年）、孔子相夾谷（定公十年）、董安于請死（定公十四年）、伍員諫釋越（哀公元年）、公子郢（哀公二年）、季康子命正常無死（哀公三年）、吳徵百牢（哀公七年）、公山不狃故道吳於險（哀公八年）、冉有訪田賦于仲尼（哀公十一年）。

◎余廷燦《存吾文稿》不分卷《王船山先生傳》：乃著《四書讀大全說》《周易內傳／外傳》《大象解》《詩廣傳》《尚書引義》《春秋世論／家說》《左氏傳續博議》《禮記章句》並諸經《稗疏》各若干傳，作《通鑑論》三十卷、《宋論》十五卷、《莊子解》、《莊子通》、《楚詞通釋》《搔首問》《俟解》《噩夢》各種，又注釋《老子》《呂覽》《淮南》，評選古今詩各若干卷。

◎趙爾巽《清史稿》卷一百四十五志一百二十《藝文》一：《續春秋左氏傳博議》四卷，王夫之撰。

◎光緒《湖南通志》卷二百四十六《藝文志》二：《春秋稗疏》二卷（《四庫全書總目》）。提要曰：「夫之有《周易稗疏》已著錄。是編論《春秋》書法及儀象、典制之類僅十之一，而考證地理者居十之九。其論書法，謂閔公元年書季子、仲孫、高子皆不名，乃閔公幼弱，聽國人之所為，故從國人之尊稱。然考襄公之立實止四歲，昭公之出亦非一年。均未聞以君不與政，書事或有變文，何獨閔公見存，反從國人立義？其論《春秋》書戎皆指徐戎，斥杜預、陳留『濟陽東有戎城』之非，且謂曹衛之間不應有戎。證以《費誓》，似乎近理。然周之戎如今土司參錯於郡縣，觀『追戎濟西』，則去曹近而去徐遠。至於『凡伯聘魯歸周』而『戎伐之於楚丘』，則凡伯不涉徐

方，徐戎亦斷難越國，安得謂曹衛之間戎不雜居？如此之類固未免失之臆斷。至以『鸚鴞』為寒號蟲，反斥《埤雅》之訛；以『延廄』為『延衰其廄』，亦為穿鑿。杜注陘亭在召陵南，不云即在召陵。乃刪除『南』字而駁之，尤為文致其失。然如『莒人入向』之『向』謂當從杜預在龍亢，而駁《水經注》所引闞駰之說誤以邑名為國名，足以申杜注之義。辨『杞之東遷』在春秋以前；辨殺州吁於濮』非陳地；辨『洮』為曹地非魯地，音推小反不音他刀；辨『貫』字非『貰』字之誤；辨『厲』即賴國，非隨縣之厲鄉；辨『踐土』非鄭地；辨『瞿泉』周時不在王城之內；辨莒、魯之間有二鄆；辨仲遂所卒之『垂』非齊地；辨『次鄟』之『鄟』非鄟國亦非鄟地；辨《春秋》之『祝其』非漢之『祝其』，皆足以糾杜注之失。據《後漢郡國志》謂郎在高平，據《括地志》謂胡在鄆城，據《漢書·地理志》謂重邱在平原，據應劭《漢書注》謂陽在都陽，皆足以補杜注之闕。至於謂子糾為齊襄公之子、謂魯襄公時頻月日食由於誤視暈珥，亦足以備一解。在近代說經之家尚頗有根柢。其書尚未刊行，故『子糾』之說，近時梁錫璵據為新義；『翬不書族，定必非謚』之說，近時葉酉亦據為新義，殆皆未見其書也。」）、《春秋家說》三卷（《四庫全書》存目。提要曰：「夫之有《周易稗疏》已著錄。是書前有自序，稱大義受於其父，故以『家說』為名。其攻駁《胡傳》之失往往中理，而亦好為高論，不顧其安，其弊乃與《胡傳》等。如『文姜之與於弒』，夫之謂『不討則不免於忘父，討之則不免於殺母。為莊公者，惟有一死而別立桓公之庶子，庶子可以申文姜之誅。』不知子固無殺母之理，即桓之庶子亦豈有殺嫡母之理，視生母為母而視嫡母為非母，此末欲至薄之見，可引以斷經義乎？閔公之弒，夫之謂『當歸獄於慶父，不當歸獄於哀姜。哀姜以母戕子，與文姜不同，不得以人爵壓天倫』，此亦牽於俗情，以常人立論，不知作亂於國家即為得罪於宗廟。唐武后以母廢中宗，天下譁然而思討，君子不以為非，彼獨非母乎？首止之會，定王世子所以削亂端於未萌。世子非不當立，則不得謂之謀位；諸侯非奉所不當奉，則不得謂之要挾。夫之必責以伯夷、叔齊之事，則張良之羽翼惠帝，何以君子不罪之乎？如此之類，皆以私情害大義。其他亦多詞勝於意，全如論體，非說經之正軌。至於桓公元年無端而論及人君改元宜建年號之類，連篇累牘，橫生支節，於《春秋》更無關矣」）、《春秋世論》五卷、《續春秋左氏傳博義》二卷（《船山遺書》），衡陽王夫之撰。

王符曾 左傳咀華 二十二卷 存

湖北、重慶藏康熙四十七年（1708）北山書屋刻本
◎朱允謙評點。

◎王符曾或著錄為王符會、唐符會。

◎王符曾《古文小品咀華序》：學者髫年受書，將角力於藝苑之場，求古文大家以開拓其心胸，激發其志氣，多為貴乎，少為貴乎？則必曰貴多。貫通於有得之後，專精於既博之餘，洗髓伐毛，陳言務去，少為貴乎，多為貴乎？則又曰貴少。夫貴少者，非寒儉之謂，非滲漏之謂，謂其能遺精粕而存精液也，謂其能由馴熟而臻平淡也。擇焉精者語焉必詳，至約之中至博存焉，世有會心人決不河漢斯言也。是以庖犧氏之畫卦也，始以一畫而萬象包涵乎其中；虞書載兩朝之事，僅比夏商什之一二，然雲爛星華輝映萬祀。《左》《國》《公》《穀》《檀弓》，皆以簡貴勝，若出後人手，摘其片言隻字可衍為萬語千言。然則今人生古人之後，觀古人之遺範，而究其指歸，掇其菁英，由博返約，卓然成一家言。寧患不能多哉，但患不能少耳！譬之於物：山中頑石，海上遺礫，卻車而載；而隨侯之珠，和氏之璧，僅玩弄於掌握之間，然光焰可照前後十二乘，而價重乎連城。譬之於戰：班超以三十六騎攻鄯善，入虎穴而取虎子；劉先主之伐吳也，七百里連營，而撓敗於秭歸。兵貴精，不貴多，此其大彰明較著者也。嘗試論之文章一道：學步者，豐滿毛羽，矜奇炫異。其繼也，則渙然水釋，怡然理順。逮乎入室之後，筆墨矜貴，必斂才就法，以馴至於入化出神而後已。務得貪多，曷足貴哉！善乎柳子厚有言：「出我文於筆硯之伍，其有評我太簡者，慎勿以知文許之。」宋劉克莊亦云：「古人名世之文，或以一字而傳，如梁鴻之《噫》是也；或以二字而傳，如元道州之《欸乃》是也。」而後之文士，馳說騁辭，誇多鬥靡，動至累千萬言，而不一傳何耶？豈非貴精而不貴多之明驗耶！雖然，多寡亦何常之有，昔人出言有章，吐辭為經，本不膠於一定，而文之至者亦未可以形求也。今試取集中所次讀之，雖惜墨如金而光燭萬丈明，雖心細如發而氣雄宇宙，金熔玉琢，節短音長。人以為至約而寶之者，予獨以為至博而賞之也。支公愛馬，歎起神駿，其所以欣賞不置者，固在牝牡驪黃之外也哉。吳門王符曾序。

◎王符曾《古文小品咀華・贅言》：

予自戊子初夏，既輯《左傳》問世，復采《公》《穀》《檀弓》《國策》《史記》、兩漢、三國、六朝及唐宋諸名家鴻文巨篇，合為一編，句櫛字比，選勝搜奇，一依《左傳咀華》例。成帙之後，久束高閣。茲因坊客敦請，乃彙聚古文短幅若干首付之梓，草草評點，不嫌簡陋，蓋藉是為乘韋焉。

秦漢以來，文章體制無不原本六經，騷、詞、歌、賦本乎《詩》，詔、敕、書、令本乎《書》，論、說、問、答本乎《禮》，考、議、辨、解本乎《易》，記、序、傳、志本乎《春秋》，一代製作大手，太上羽翼經傳，其次維持世道，其次抒發情性。若夫交結要津，通款深閨，乞憐之態，褻昵之音，齷齪卑瑣，狼藉紙上，乃名教之罪人，亦詞壇之蟊賊，尚堪濫列於古文也哉！

鵝足短而鶴脛長。古來愛鶴者，未易更僕數。若愛鵝者，唯右軍一人而已。然使起右軍而問之，則愛鵝之故與愛鶴之意將毋同？

作家聚精匯神，全在起伏轉接處，扼要爭奇，長篇短幅，其揆一也。譬之崇山峻嶺，固多嶔奇瑰偉之觀，即米公袖中石，亦必層巒聳翠，剔透玲瓏，方令人心醉耳。

予量不甚洪，而性極嗜酒，飲三四升即酕醄矣。間從青州從事遊，狂言瞽論頗有可供笑談者。《小品咀華》之成，大約皆醉鄉遣興也。青燈一盞，殘書數卷，酒中佳趣，摸索殆遍。如揚雄《酒箴》、孔融《論酒禁書》、劉伶《酒德頌》、陳暄《與兄子秀書》、王績《五斗先生傳》、白居易《醉吟先生傳》、蘇軾《書東皋子傳後》諸篇，兼收並蓄，聊以自娛焉。暇則引糟丘以望，念二三知己俱散之四方：或貿遷有無，集孔方兄所；或窮經皓首，為重館人；或策蹇裹糧，欲登瀛洲而未至。而吾弟協鈞，獨挾其才技，捐棄人間，下至重泉，音容日邈，相見無期，撫膺悲慟，烏能已已。友人有曲生者，強予歸老於酒泉。予亦心動欲往，又恨畢阮既歿，達人罕至，風景蕭條，無復曩時觴詠之盛。惟廬陵歐陽子號醉翁者，巋然僅存，因品隲其文數首，以舒憤懣云。

自昭明有《文選》，而唐宋以來迄乎元明，評定古文者無慮數百家，集翠編珠，稱極盛矣。獨恨射利之輩以贗亂真，借昔賢名字點竄成書，不嫌濫惡。是編雅意搜奇，拂落俗塵三斗許，縱有譙訶，不恤也。

浸淫於佛老二氏之言者，雖工不錄。

連珠七體，半山所訶，入集恐不倫，故芟之。

閨媛能文章者極多，然畢竟帶巾幗氣，略登一二，以見一斑。

淫詞豔曲，壞人心術，流禍中於文章，尚可言耶？予輯古文，凡漸染月露風雲，及道兒女閨房之事者，盡汰之，防其漸也。

蕭統《文選》、姚鉉《唐文粹》、呂祖謙《宋文鑒》，詩文並載，蔚然大觀。是編論文耳，未暇旁及。並騷、賦、歌詞，概不敢登。

牛鬼蛇神，裨官惡趣也。插利打渾，傖父面目也。皆大方所弗尚，辭而辟之，亦藝林一大快事。

孫月峰先生不喜古文中連用四字句，最與鄙趣合。至於四六對偶，尤為可陋。司馬溫公云：「臣不能為四六」，昌黎、廬陵、眉山父子俱恥為之，非好立異也，亦謂自《左》《國》至秦漢，本無此體耳。

依宋子京例，經史子集各為一編。凡史傳之文，加《左氏》《國語》《公》《穀》《史記》、兩《漢書》、《三國志》、《晉書》、《魏書》、《宋／齊／梁／陳／隋書》、《新唐書》、《五代史》，俱不敢妄意節取，致掛一而漏萬也。獨列《國策》者，以其為戰國遊說之書，本非正史也。從《國策》起，故《家語》、《檀弓》另列。

諸子之中，可愛者甚多。集中但登《慎子》《韓子》《於陵子》《呂覽》數首者，因其可列於先秦耳。他日當薈萃百家，掇其菁華，別成一集，以就正有道云。

六朝駢儷惡習，破壞文章體格，是刻痛加掃除，庶幾昌黎起衰遺意。

長篇之患在懈散，短篇之患在局促。集中所載，雖寥寥短幅，而規模闊大，局陣寬展，如尺水興波，亦復汪洋無際，是能以少許勝人多多許者。

兩漢詔令，煌煌巨篇也，似不應列小品中。摯友周隆吉曰：讀書要放開眼界。若慣用皮相之法，則四卷中所臚列者，大半不得謂之小品矣，何獨漢詔耶。

凡纖巧家數，墮入優俳習氣，如陶九成雕傳、李清補柳下惠三黜說，俱不入選。

是編之成，不過應坊客之請，非有心於求工也。見聞寡陋，心氣粗浮，必見嗤於識者。憶前賢羅陳思八斗、貯長吉錦囊二語，深自愧悔云。

◎王符曾，字錫周。江南吳門（今蘇州）人。著有《左傳咀華》二十二卷、《古文小品咀華》。

王復輯　發墨守　一卷　存

嘉慶刻問經堂叢書·鄭氏遺書本
嘉慶刻道光增刻藝海珠塵本
福建師大藏同治抄反約篇本
同治刻榕園叢書甲集本

光緒刻後知不足齋叢書本

民國刻食舊堂叢書本

◎漢鄭玄原撰。

◎趙爾巽《清史稿》卷一百四十五志一百二十《藝文》一：漢鄭玄《箴膏肓》一卷、《起廢疾》一卷、《發墨守》一卷，以上均王復、武億同輯。

◎王復（1747～1797），字敦初，號秋塍。嘉興秀水（今浙江嘉興）人。王又曾子。援例為國子監生。官河南浚縣縣丞，商丘、偃師、鄢陵知縣。詩有丰韻。著有《樹萱堂集》《晚晴軒集》，畢沅採入《吳會英才集》。又著有雜劇《豔禪》。輯有《鄭氏遺書》九卷。

王復輯 起廢疾 一卷 存

嘉慶刻問經堂叢書・鄭氏遺書本

嘉慶刻道光增刻藝海珠塵本

福建師大藏同治抄反約篇本

同治刻榕園叢書甲集本

光緒刻後知不足齋叢書本

民國刻食舊堂叢書本

◎漢鄭玄原撰。

◎趙爾巽《清史稿》卷一百四十五志一百二十《藝文》一：漢鄭玄《箴膏肓》一卷、《起廢疾》一卷、《發墨守》一卷，以上均王復、武億同輯。

王復輯 箴膏肓 一卷 存

嘉慶刻問經堂叢書・鄭氏遺書本

嘉慶刻道光增刻藝海珠塵本

福建師大藏同治抄反約篇本

同治刻榕園叢書甲集本

光緒刻後知不足齋叢書本

民國刻食舊堂叢書本

◎漢鄭玄原撰。

◎趙爾巽《清史稿》卷一百四十五志一百二十《藝文》一：漢鄭玄《箴膏肓》一卷、《起廢疾》一卷、《發墨守》一卷，以上均王復、武億同輯。

王崑校錄 春秋筆削發微圖 不分卷 存

重慶藏清刻本

◎王崑《大易象數鉤深圖自序》：《六經圖》平生所見諸本互有異同：一為西江信州學石本，鉅幅十二，每經視圖之疎密為大小，錯綜分二幅為上下卷，未載何代鋟刻、編輯姓氏，好古者為其摹揚之難也，易木本以行，每一經上下卷各析為四篇，修廣倍長；一為宋紹興中布衣楊甲鼎卿所譔，乾道初苗君昌言、毛君邦翰序而刻之，迨萬曆乙卯，新安吳君繼仕，校讎摹刻，極其精工，卷帙亦頗修廣；踰年丁巳，蘭谿郭君若維依樣翻刻，宛若吳本。是皆窮經之士所珍祕。康熙己丑，龍眠江氏宗石刻縮為常帙。又壬寅瀨上潘君案鼎宗吳本，斂若羣書式，別署禮耕堂本。雖皆刓闕弗逮，亦聊便披讀爾。崑按同為經圖，各有漏略，郊居杜門，竊擬匯為一書，專主鼎卿所譔，而以石本輔其未備，每圖務加詳覈，歸於至當。量圖注布格，數易其稿，手寫成帙。得《易經圖》七十有二、《尚書圖》六十有八、《詩經圖》四十有四、《春秋圖》一十有五、《周禮圖》六十有二、《禮記圖》五十有一，共圖三百一十有二。凡依舊本編錄者，或有圖無注，或圖詳注畧，或圖注而有舛錯，倘承譌襲謬，懼貽誤來學。廼會梓羣書，參訂增補，附載各經圖卷後，折衷有道，示不敢逞臆見也。攷《宋史》有葉仲堪《六經圖》七卷、俞言《六經圖說》十二卷，外此專經圖復有四十餘家計二百八十餘卷。然則圖顧不盡於鼎卿所譔，因吳氏据楊本重刊較石揚更為明晰，而葉、俞遺編又復不傳，故第以是本為宗而商榷之可矣。友人醵金謀梓，止成《易》《詩》《書》三經，餘未卒業。新都楊子次銘素稱博雅，於己未秋偶探未刻稿，閱之稱善，且資其校對，慨延良工續刻，數月而竣。亟衷述原委，緘寄臨沂椅園先生，緣崑屬門下士，曾以質諸函丈，許其問世。今必樂觀厥成，不惜一言弁其端，俾款啟寡聞之士，得附青雲以顯，而次銘高義亦足徵度越常流矣。乾隆五年庚申夏五，古咨鯀城南廇莊王崑書。

◎《皇朝通志》卷一百十四「王崑《六經圖》」條：謹按是編取《六經圖》舊本損益而成。

◎王崑，字又皓，號雪璵。安徽六安人。校錄《春秋筆削發微圖》不分卷。

王國本 春秋三傳合參 十二卷 存

◎道光《徽州府志》卷十一之四《人物志・文苑》：所著有《春秋三傳合參》十二卷、《周官註疏輯解》六卷（道光《續婺源縣志》）。

◎汪正元、吳鶚光緒《婺源縣志》卷二十五《人物志‧文苑》：為文力追有明瞿黃、國初張劉諸公，於經傳尤長……所集有《春秋三傳合參》十二卷、《周官註疏輯解》六卷。

◎汪正元、吳鶚光緒《婺源縣志》卷五十五《藝文志‧典籍》：王國本著（《周官註疏集解》六卷、《春秋三傳合參》十二卷）。

◎王國本，字學源，號癸泉。婺源（今江西婺源）詞源人。乾隆五十一年（1786）領鄉薦，念父年邁，不赴公車三十餘年。乾隆六十年（1795）服闋始入都就職國子監學正。著有《春秋三傳合參》十二卷、《周官註疏輯解》六卷。

王級 左傳微集釋 十二卷 存

1930 年朱絲欄稿本

國家圖書館出版社 2012 年宋志英選編左傳研究文獻輯刊影印 1930 年朱絲欄稿本

王吉震 春秋釋地 佚

◎孫葆田《山東通志》卷百二十七《藝文志》第十：是書見《採訪冊》。

◎王吉震，字海霆，號雨橋。山東膠州鼇山衛人。同治十二年（1873）拔貢，官內閣中書。著有《周易輯說》四卷、《春秋釋地》。

王際華等輯 春秋辨疑 四卷 未見

◎趙爾巽《清史稿》卷一百四十五志一百二十《藝文》一：宋劉敞《春秋傳說例》一卷，宋蕭楚《春秋辨疑》四卷，宋崔子方《春秋經解》十二卷、《春秋例要》一卷，宋張大亨《春秋通訓》六卷，宋葉夢得《春秋考》十六卷、《春秋讞》二十二卷，宋高閌《春秋集注》四十卷，宋戴溪《春秋講義》四卷，宋洪咨夔《春秋說》三十卷，元程端學《春秋三傳辨疑》二十卷，以上均乾隆三十八年王際華等奉敕輯。

◎宋蕭楚原撰。

◎王際華（171～1776），字秋瑞。浙江錢塘（今杭州市）人。乾隆十年（1745）進士。授翰林院編修。乾隆十三年（1748）擢侍讀學士，上書房行走。十五年（1750）出督廣韶學政。未幾因丁憂歸里。十九年（1754）授詹事，任日講起居注官，陞內閣學士，歷任工刑兵戶吏各部侍郎。三十四年（1769）任禮部尚

書。三十八年（1773）加太子少傅，調任戶部尚書。四十一年（1776年）卒於任內，贈太子太保，諡文莊。著有《王文莊日記》，嘗校勘傅恒等纂《御批歷代通鑑輯覽》一百二十卷。

王際華等輯　春秋集注　四十卷　未見

◎趙爾巽《清史稿》卷一百四十五志一百二十《藝文》一：宋劉敞《春秋傳說例》一卷，宋蕭楚《春秋辨疑》四卷，宋崔子方《春秋經解》十二卷、《春秋例要》一卷，宋張大亨《春秋通訓》六卷，宋葉夢得《春秋考》十六卷、《春秋讞》二十二卷，宋高閌《春秋集注》四十卷，宋戴溪《春秋講義》四卷，宋洪咨夔《春秋說》三十卷，元程端學《春秋三傳辨疑》二十卷，以上均乾隆三十八年王際華等奉敕輯。

◎宋高閌原撰。

王際華等輯　春秋講義　四卷　未見

◎趙爾巽《清史稿》卷一百四十五志一百二十《藝文》一：宋劉敞《春秋傳說例》一卷，宋蕭楚《春秋辨疑》四卷，宋崔子方《春秋經解》十二卷、《春秋例要》一卷，宋張大亨《春秋通訓》六卷，宋葉夢得《春秋考》十六卷、《春秋讞》二十二卷，宋高閌《春秋集注》四十卷，宋戴溪《春秋講義》四卷，宋洪咨夔《春秋說》三十卷，元程端學《春秋三傳辨疑》二十卷，以上均乾隆三十八年王際華等奉敕輯。

◎宋戴溪原撰。

王際華等輯　春秋經解　十二卷　未見

◎趙爾巽《清史稿》卷一百四十五志一百二十《藝文》一：宋劉敞《春秋傳說例》一卷，宋蕭楚《春秋辨疑》四卷，宋崔子方《春秋經解》十二卷、《春秋例要》一卷，宋張大亨《春秋通訓》六卷，宋葉夢得《春秋考》十六卷、《春秋讞》二十二卷，宋高閌《春秋集注》四十卷，宋戴溪《春秋講義》四卷，宋洪咨夔《春秋說》三十卷，元程端學《春秋三傳辨疑》二十卷，以上均乾隆三十八年王際華等奉敕輯。

◎宋崔子方原撰。

王際華等輯　春秋考　十六卷　未見

◎趙爾巽《清史稿》卷一百四十五志一百二十《藝文》一：宋劉敞《春秋傳說例》一卷，宋蕭楚《春秋辨疑》四卷，宋崔子方《春秋經解》十二卷、《春秋例要》一卷，宋張大亨《春秋通訓》六卷，宋葉夢得《春秋考》十六卷、《春秋讞》二十二卷，宋高閌《春秋集注》四十卷，宋戴溪《春秋講義》四卷，宋洪咨夔《春秋說》三十卷，元程端學《春秋三傳辨疑》二十卷，以上均乾隆三十八年王際華等奉敕輯。

◎宋葉夢得原撰。

王際華等輯　春秋例要　一卷　未見

◎趙爾巽《清史稿》卷一百四十五志一百二十《藝文》一：宋劉敞《春秋傳說例》一卷，宋蕭楚《春秋辨疑》四卷，宋崔子方《春秋經解》十二卷、《春秋例要》一卷，宋張大亨《春秋通訓》六卷，宋葉夢得《春秋考》十六卷、《春秋讞》二十二卷，宋高閌《春秋集注》四十卷，宋戴溪《春秋講義》四卷，宋洪咨夔《春秋說》三十卷，元程端學《春秋三傳辨疑》二十卷，以上均乾隆三十八年王際華等奉敕輯。

◎宋崔子方原撰。

王際華等輯　春秋三傳辨疑　二十卷　未見

◎趙爾巽《清史稿》卷一百四十五志一百二十《藝文》一：宋劉敞《春秋傳說例》一卷，宋蕭楚《春秋辨疑》四卷，宋崔子方《春秋經解》十二卷、《春秋例要》一卷，宋張大亨《春秋通訓》六卷，宋葉夢得《春秋考》十六卷、《春秋讞》二十二卷，宋高閌《春秋集注》四十卷，宋戴溪《春秋講義》四卷，宋洪咨夔《春秋說》三十卷，元程端學《春秋三傳辨疑》二十卷，以上均乾隆三十八年王際華等奉敕輯。

◎元程端學原撰。

王際華等輯　春秋釋例　十五卷　未見

◎趙爾巽《清史稿》卷一百四十五志一百二十《藝文》一：晉杜預《春秋釋例》十五卷、宋呂祖謙《春秋左氏傳續說》十二卷，以上均乾隆三十八年王際華等奉敕輯。

◎晉杜預原撰。

王際華等輯 春秋說 三十卷 未見

◎趙爾巽《清史稿》卷一百四十五志一百二十《藝文》一：宋劉敞《春秋傳說例》一卷，宋蕭楚《春秋辨疑》四卷，宋崔子方《春秋經解》十二卷、《春秋例要》一卷，宋張大亨《春秋通訓》六卷，宋葉夢得《春秋考》十六卷、《春秋讞》二十二卷，宋高閌《春秋集注》四十卷，宋戴溪《春秋講義》四卷，宋洪咨夔《春秋說》三十卷，元程端學《春秋三傳辨疑》二十卷，以上均乾隆三十八年王際華等奉敕輯。

◎宋洪咨夔原撰。

王際華等輯 春秋通訓 六卷 未見

◎趙爾巽《清史稿》卷一百四十五志一百二十《藝文》一：宋劉敞《春秋傳說例》一卷，宋蕭楚《春秋辨疑》四卷，宋崔子方《春秋經解》十二卷、《春秋例要》一卷，宋張大亨《春秋通訓》六卷，宋葉夢得《春秋考》十六卷、《春秋讞》二十二卷，宋高閌《春秋集注》四十卷，宋戴溪《春秋講義》四卷，宋洪咨夔《春秋說》三十卷，元程端學《春秋三傳辨疑》二十卷，以上均乾隆三十八年王際華等奉敕輯。

◎宋張大亨原撰。

王際華等輯 春秋讞 二十二卷 未見

◎趙爾巽《清史稿》卷一百四十五志一百二十《藝文》一：宋劉敞《春秋傳說例》一卷，宋蕭楚《春秋辨疑》四卷，宋崔子方《春秋經解》十二卷、《春秋例要》一卷，宋張大亨《春秋通訓》六卷，宋葉夢得《春秋考》十六卷、《春秋讞》二十二卷，宋高閌《春秋集注》四十卷，宋戴溪《春秋講義》四卷，宋洪咨夔《春秋說》三十卷，元程端學《春秋三傳辨疑》二十卷，以上均乾隆三十八年王際華等奉敕輯。

◎宋葉夢得原撰。

王際華等輯 春秋傳說例 一卷 未見

◎趙爾巽《清史稿》卷一百四十五志一百二十《藝文》一：宋劉敞《春秋傳說例》一卷，宋蕭楚《春秋辨疑》四卷，宋崔子方《春秋經解》十二卷、《春秋例要》一卷，宋張大亨《春秋通訓》六卷，宋葉夢得《春秋考》十六卷、《春秋讞》二十二卷，宋高閌《春秋集注》四十卷，宋戴溪《春秋講義》四卷，宋

洪咨夔《春秋說》三十卷，元程端學《春秋三傳辨疑》二十卷，以上均乾隆三十八年王際華等奉敕輯。

◎宋劉敞原撰。

王際華等輯 春秋左氏傳續說 十二卷 未見

◎趙爾巽《清史稿》卷一百四十五志一百二十《藝文》一：晉杜預《春秋釋例》十五卷，宋呂祖謙《春秋左氏傳續說》十二卷，以上均乾隆三十八年王際華等奉敕輯。

◎宋呂祖謙原撰。

王家弼 春秋集解 佚

◎孫雲錦光緒《淮安府志》卷三十八《藝文》：王家弼《周易條辨》《三禮存疑》《春秋集解》《四書識小錄》《地理續經》《求志錄》《知性錄》《天學闡微》《句股啟蒙》《方田正誤》。

◎光緒《鹽城縣志》卷十六《藝文志》下：王家弼《周易條辨》《三禮存疑》《春秋集解》《四書識小錄》《求志錄》《知性錄》《天學闡微》《地理續經》《句股啟蒙》《方田正誤》（光緒《府志》皆已著錄），《增訂天文恆星訣》《算法一隅》《雲巖文鈔》《雲巖詩存》（皆其孫步丹家藏抄本）。

◎王家弼，江蘇鹽城人。著有《周易條辨》《三禮存疑》《春秋集解》《四書識小錄》《求志錄》《知性錄》《天學闡微》《地理續經》《句股啟蒙》《方田正誤》（光緒《府志》皆已著錄），《增訂天文恆星訣》《算法一隅》《雲巖文鈔》《雲巖詩存》。

王檢心 春秋本義 佚

◎同治《續纂江寧府志》卷十四之一《人物》：著有《易經說約》《春秋本義》《孝經本義》《四書存真》《禮傳合鈔》等二十餘種。又刊《姚伯山全集》《香峯文鈔》以行世。

◎汪士鐸《汪梅村先生集》卷十一《直隸候補道王公墓誌銘》（代涂中丞）：先生著有《易經說約》《春秋本義》《孝經本義》《四書存真》《禮傳合鈔》等二十餘種，又刊姚公《伯山全集》、《香峰文鈔》以行世。

◎劉聲木《桐城文學撰述考》卷二「王檢心撰述」：《易經說約》、《春秋本

義》、《孝經本義》、《四書存真》、《禮傳合鈔》、《歷代帝王紀年表》一卷、《朱子白鹿洞書院揭示集解》□卷。

◎王檢心（1804～1869），幼名立人，字子涵，一字惺齋。河南內鄉人。道光五年（1825）舉人，十五年（1835）以舉人大挑一等分發江蘇候補知縣，後歷任興化、句容、儀徵、宜興、銅山等六縣知縣，官知州、知府、道員、按察使，封階文林郎、奉直大夫，晉賜中憲大夫。晚與李堂階、左宗棠組理學社。著有《易經說約》、《春秋本義》、《孝經本義》、《四書存真》、《禮傳合鈔》、《歷代帝王紀年表》一卷、《朱子白鹿洞書院揭示集解》等二十餘種。同治八年（1869）與修《內鄉通考》。

王建常 春秋要義 五卷 存

陝西藏乾隆四十二年（1777）刻本

◎郭嵩燾《郭嵩燾日記》光緒二年八月初一日：陝西學政吳大澂奏理學名臣朝邑王建常，與盩厔李中孚同時，李中孚《反身錄》盛行海內，王建常《復齋錄》久已湮沒不彰。讀所著《小學句讀記》《大學直解》《書經要義》《春秋要義》《太極圖集解》《律呂圖說》《四禮慎行錄》《復齋錄》各書，直接明儒胡居仁，富平李因篤、華陰王宏撰皆急稱之。而引咸豐十年閏三月上諭：從祀文廟，以闡明聖學、傳授道統為斷。

◎吳大澂《請王建常從祀文廟疏》〔註27〕：奏為先儒闡明理學、羽翼聖經，請從祀文廟，仰祈聖鑒事。竊查咸豐十年閏三月軍機大臣遵旨議定嗣後從祀文廟，以闡明聖學傳授道統為斷，其忠義激烈者入祀昭忠祠，言行端方者入祀鄉賢祠，以道事君澤及民庶者入祀名宦祠，概不得濫請從祀文廟。臣自同治十一年奉命視學陝甘，到任之初，訪求遺逸，即聞國初理學名儒王建常，恪守程朱，躬行實踐，與盩厔李中孚同時，而學問之純粹過之，東南學者，知有李中孚而不知有王建常，李中孚之《反身錄》盛行海內，而王建常之《復齋錄》久已湮沒不彰。臣於按試之暇，搜採遺書，潛心披閱，讀其所著《小學句讀記》《大學直解》《書經要義》《春秋要義》《太極圖集解》《律呂圖說》《四禮慎行錄》《復齋錄》各書，逐一研求，悉心體會，知其講貫之精切、學識之純正，直接名儒胡居仁。又當陽明學盛之時，力排異說，篤信程朱，其功不在本朝陸隴其之下。特僻處一隅，不求名譽，名亦不顯於世。著述雖多，未經採入《欽

〔註27〕錄自光緒《同州府續志》卷十四《文徵續錄》上。

定四庫全書》，張伯行所輯《正誼堂叢書》亦未之及。二百年來，秦士大夫知有程、朱、薛、胡之學，皆建常篤守之功，而其名卒未能大著於天下。表微闡幽，臣之責也。臣謹按初名建侯，字仲復，號復齋。朝邑人。明發挺擊案贈刑部侍郎王之寀之從子。父之寵，鎮撫散官。建常三歲喪母，十歲喪父，事繼母以孝聞。年二十為諸生，學使汪喬年器之。年二十遂棄舉業，銳意聖學，於六經子史、濂洛關閩之書無不詳究，身體力行，年近八十，家貧常不舉火，而泰然自得，造次必於禮。崑山顧炎武寓居華下，慕其名，遂與訂交，數以疑義相質。富平李因篤、華陰王宏撰數稱之於當道。建常斂跡渭濱，教授生徒，足不入城市。學使許孫荃造廬，持金為壽，辭不受；贈以詩，不答。題其門曰「真隱」。其學以主敬存誠為功，窮理守道為務，生平尤致力於小學。以《小學句讀記》教其弟子，多所心得。所著《復齋錄》六卷，於身心性命之要，深切著明，其大旨則在發明程朱以斥陸王。其言曰：「今之學者多是為名，若做切己功夫，則名心自消。」又曰：「凡學者立志，須是真要為天下第一等人、做天下第一等事。所謂第一事，盡性盡倫是也；所謂第一等人，希聖希天是也。」又曰：「學莫貴有得，則所守不變，至老愈堅。」又曰：「自欺最細，如有九分義理，雜一分私意，猶是自欺。」又曰：「日用工夫大要，察念慮之密、心術之微，驗之出入起居之際，體之應事接物之間，必一一盡合道理，不愧不怍，方是切寶。」至第六卷所闢陽明各條，辭嚴義正，其一生得力所在，實與胡居仁《居業錄》一脈貫通，淵源無異。而斥邪衛道之功，與陸隴其不謀而合，實為宋以後關中第一大儒。澄城張秉直《讀書存疑》謂其「主敬似胡敬齋，存養似薛敬軒，其言平正純粹溫厚和平亦似敬軒，而又能暗然自修，不求聞達，非篤實為己、剛毅有守者夫豈能然」，識者以為確論。其他撰說如《書經要義》《春秋要義》《大學直解》，皆足闡明聖學，羽翼經傳。以之附祀廟廷，允為不愧。應請飭下廷臣會案，將朝邑王建當從祀文廟之處，出自聖裁……除將刻本《小學句讀記》六卷、《大學直解》二卷、《書經要義》六卷、《春秋要義》五卷、《太極圖集解》一卷、《律呂圖說》二卷、《復齋錄》八卷、《四禮慎行錄》一卷咨送禮部備查外，尚有《兩論輯說》十卷、《詩經會編》五卷、《忠誠錄》一卷、《復齋別錄》一卷、《復齋日記》二卷《餘稿》六卷，刻本絕少，未經訪獲。合並陳明，謹繕摺具奏，伏乞皇太后、皇上聖鑒訓示。謹奏。

　　◎王建常（1615～1701），初名建侯，字仲復，號復齋。陝西朝邑（今大荔）人。與顧炎武交厚。生平尤致力於小學。著有《太極圖集解》一卷、《詩

經會編》五卷、《書經要義》六卷、《春秋要義》五卷、《四禮慎行錄》一卷、《律呂圖說》二卷、《大學直解》二卷、《兩論輯說》十卷、《小學句讀記》六卷、《復齋錄》八卷、《忠誠錄》一卷、《復齋別錄》一卷、《復齋日記》二卷、《復齋餘稿》六卷。

王介之 春秋家說補 佚

◎尋霖、龔篤清編《湘人著述表》著錄。

◎王介之（1606～1686），字石子，一字石崖，號耐園，又號鏗齋。湖南衡陽人。王夫之兄。崇禎十五年（1642）同舉於鄉。明亡，遁跡山林，以著述為事。晚題座右曰：「到老六經猶未了，及歸一點不成灰。」著有《易本義質》四卷、《詩經尊序》、《詩傳合參》二十卷、《春秋家說補》、《春秋四傳質》十二卷、《耐園家訓》。

王介之 春秋四傳質 十二卷 存

四庫本（二卷）

南京清抄本（二卷）

湖南藏道光二十二年（1842）湘潭王氏守遺經書屋補刻石崖遺書本

上海藏民國廬江劉氏遠碧樓藍格抄本

◎一名《石崖遺書》。

◎提要：臣等謹案，《春秋四傳質》二卷，明王介之撰。介之字石崖，衡陽人。是書取三傳及胡安國傳異同，斷以己意。其無駭卒一條云：「春秋二百四十二年間，事屢變，文亦屢易。四傳各成其說，而斷以義則《胡氏》精，而《公》《穀》尤正。質以事則《左氏》有徵而可信也。」蓋作書大指如此。其中有本舊說者，如隱公元年辟《胡傳》元即仁也之說，本楊時答胡安國書；辟《胡傳》建子非春之說，本熊朋來說是也。有據一傳而去取互異者，如王正月為大一統，從《公羊傳》而辟其王謂文王之說是也。有就四傳互質之者，如文公逆婦姜於齊，四傳異說，舍《左氏》《公羊》《胡傳》而從《穀梁》。有專據《胡傳》而亦不盡從者，如定公從祀先公，取其昭公始祀於廟之說，而辟其事出陽虎而不可詳之說是也。俱頗有所見，不同剿說。至於桓公即位，《公羊》以為如其意也，介之誤作《胡傳》而詆其巧而誣。文公四不視朔，《左氏》《公羊》以為疾，《穀梁》以為厭政，《胡傳》從《穀梁》，介之誤作三傳皆以為疾而胡氏辨其無疾，亦未免時有舛誤。然明之末造，經傳俱荒，介之尚能援據古

義，糾胡安國之失，亦可謂拔俗千尋矣。乾隆四十六年十月恭校上。總纂官臣紀昀、臣陸錫熊。臣孫士毅，總校官臣陸費墀。

◎光緒《湖南通志》卷二百四十六《藝文志》二：《春秋四傳質》二卷，衡陽王介之撰（《四庫全書總目》。提要曰：「介之字石崖，衡陽人。是書取三傳及胡安國傳異同，斷以己意。其無駭卒一條云：『春秋二百四十二年間，事屢變，文亦屢易。四傳各成其說，而斷以義則《胡氏》精，而《公》《穀》尤正。質以事則《左氏》有徵而可信也。』蓋作書大指如此。其中有本舊說者，如隱公元年辟《胡傳》元即仁也之說，本楊時答胡安國書；辟《胡傳》建子非春之說，本熊朋來說是也。有據一傳而去取互異者，如王正月為大一統，從《公羊傳》而辟其王謂文王之說是也。有就四傳互質之者，如文公逆婦姜於齊，四傳異說，舍《左氏》《公羊》《胡傳》而從《穀梁》。有專據《胡傳》而亦不盡從者，如定公從祀先公，取其昭公始祀於廟之說，而辟其事出陽虎而不可詳之說是也。俱頗有所見，不同剿說。至於桓公即位，《公羊》以為如其意也，介之誤作《胡傳》而詆其巧而誣。文公四不視朔，《左氏》《公羊》以為疾，《穀梁》以為厭政，《胡傳》從《穀梁》，介之誤作三傳皆以為疾而胡氏辨其無疾，亦未免時有舛誤。然明之末造，經傳俱荒，介之尚能援據古義，糾胡安國之失，亦可謂拔俗千尋矣。」）。

◎尋霖、龔篤清編《湘人著述表》：《春秋四傳質疑》二卷，收入《四庫全書》中。

王具民 左傳輯珠 二卷 佚

◎是書為其《王氏雜著五種》之一。

◎王具民，著有《左傳輯珠》二卷、《分韻奇字》、《韻輔》、《歷代書譜》、《書贊百首》。

王闓運 春秋表 未見

◎王闓運《湘綺樓日記》光緒七年：七月四日，作《春秋表》。

◎王闓運《湘綺樓日記》光緒七年：七月廿六日，《春秋表》始草創訖。

◎王闓運《湘綺樓日記》光緒十年：十月八日，作《春秋表》一篇，居然功將畢，喜可知也。

◎王闓運《湘綺樓日記》光緒十年：十月九日，作《春秋表》稿初定，改廿八篇為廿四篇。

◎王闓運《湘綺樓日記》光緒十四年：五月十一日，呂生、功兒校刻《春秋表》成。

◎王闓運《湘綺樓日記》光緒三十四年：十月十三日，改《春秋表》。

◎王闓運《湘綺樓文集・箋啓》卷三《致黃知縣》：近方排比《詩譜》《春秋表》，又自鈔《周官》，聊遣永日。

◎王闓運（1833～1916），字壬秋，晚號湘綺老人。湖南湘潭人。咸豐三年（1853）舉人。年十九補諸生，與武岡鄧輔綸、鄧繹、長沙李壽蓉、攸縣龍汝霖結蘭陵詞社，號「湘中五子」。曾入曾國藩幕。先後主尊經書院、長沙思賢講舍、衡州船山書院，成材甚眾。光緒三十四年（1908）特授檢討，加侍讀銜。辛亥後長清史館。著有《周易說》十一卷、《尚書箋》三十卷、《尚書大傳補注》七卷、《詩經補箋》二十卷、《三家詩異文表》一卷、《詩補箋繹》二十卷、《湘綺樓詩經評點》二十卷、《禮記箋》四十六卷、《周官箋》六卷、《禮經箋》十七卷、《春秋表》、《春秋公羊傳箋》十一卷、《穀梁申義》、《論語訓》二卷、《校補許氏說文古籀釋》、《爾雅集解》十九卷、《湘軍志》十六卷、《通道集》不分卷、《王志》二卷、《楚辭釋》十一卷、《莊子注》二卷、《墨子注》七卷、《湘綺樓文集》八卷、《湘綺樓詩集》十四卷、《湘綺樓日記》、《湘綺樓史贊》十七卷、《湘綺樓詩》一卷、《湘綺樓駢體文鈔》一卷、《湘綺樓聯語》四卷、《湘綺樓自定本》四卷、《湘綺樓續集》、《湘綺樓文鈔》、《齊已後新體詩》一卷、《湘綺樓自書圓明園詞》一卷、《湘綺樓近體詩鈔》十卷、《湘綺樓七言近體詩鈔》、《湘綺樓箋啓》六卷、《絕妙好詞》一卷前編一卷續編一卷、《湘綺樓詞選》前編一卷本編一卷續編一卷、《湘綺樓詞鈔》一卷、《湘綺樓說詩》八卷、《陳士傑行狀》一卷、《黃宮保傳》一卷、《黎墉墓誌銘》、《賀義生妻張氏傳》、《陳佩珩生壙記》、《陳侍郎側室李恭人行狀》、《水經注剳記》，與纂《湘潭縣志》十二篇、《桂陽直隸州志》二十七卷首一卷、《東安縣志》八卷、《衡陽縣圖志》十二卷，選並批註《國策選本》十卷，輯有《唐詩選》十三卷、《唐十家詩選》、《八代詩選》二十卷、《神農本草》三卷附《本說》一卷、《船山書院課藝初集》八卷、《尊經書院初集》十二卷。

王闓運 春秋公羊傳箋 十一卷 存

湖南藏光緒二十四年（1898）東洲抄本

平湖藏清抄本

國圖、上海、復旦、浙大、南京、遼寧、湖南藏光緒十一年（1885）成都尊經書局刻本

天津藏光緒二十四年（1898）刻湘綺樓全書本

南京藏光緒二十六年（1900）刻本

光緒三十二年（1906）衡陽東洲講舍刻湘綺樓全集本

國圖、復旦藏光緒三十四年（1908）廖昺文重校刻王氏五經箋本

1923 年湘潭王氏匯印光緒宣統刻湘綺樓全集本

嶽麓書社 2009 年黃巽齋校點本

◎一名《公羊箋》《春秋經傳解詁》《春秋公羊何氏傳》。

◎孫殿起《販書偶記》卷二：《春秋經傳解詁》十一卷，湘潭王闓運撰。光緒乙酉成都尊經書局刊。又名《公羊箋》。

◎王闓運《湘綺樓日記》同治十二年：六月十九日始注《春秋》，檢《春秋》義例，每日條例四年事。

◎王闓運《湘綺樓日記》同治十二年：七月二日，檢《春秋》條例初畢。

◎王闓運《湘綺樓日記》光緒二年：二月十四日，檢《公羊》釋文，校隱至閔四篇。

◎王闓運《湘綺樓日記》光緒二年：二月二十一日，校《公羊》畢。

◎王闓運《湘綺樓日記》光緒二年：三月廿二日，晨起作《春秋箋》。

◎王闓運《湘綺樓日記》光緒二年：十二月廿五日，鈔經八葉，襄公成。凡《春秋》十一卷，起三月廿日訖此日，凡三百四日。

◎王闓運《湘綺樓日記》光緒九年：十月十五日，改《春秋箋》十餘條。

◎王闓運《湘綺樓日記》光緒十年：三月五日，改《春秋》十三年，哀篇畢。凡歷三月，復校定一過。

◎王闓運《湘綺樓日記》光緒三十四年：九月廿五日，校《春秋箋》。

◎王闓運《湘綺樓日記》光緒三十四年：十月五日，校《春秋》如額。

◎王闓運《湘綺樓文集‧箋啟》卷一《與張世兄》：昨夜偶思秦人歸成風襚，欲見秦與魯莊親密，襚及其妾，交情至深，即所以起築臺於秦之為秦國也。桓元年見越、十二年見鄫，越、鄫二國皆於昭公見世乃見之。僖廿年見隨，直至哀元年乃再見。知《春秋》前後相通，國名、邑名不可同也。因改《箋》說，別紙呈政，皆出老兄之啟誘，以後務乞隨時見誨為幸。

◎王闓運《湘綺樓文集‧箋啟》卷一《與張世兄》：亡妻墓名，篆蓋未榻，先寄一分呈覽。今年遂無所作，《公羊疑義》初通二條，容俟年終將應改者編鈔寄上，以補刻本之漏。

◎王闓運《湘綺樓文集・箋啟》卷一《致楊總督》：蜀游因循三年，冬初決去。近撰《公羊春秋》已成，寫定後再寄呈正。舍親趙秀才一函，乞留意妥交。敬頌鈞祺，不具。

◎王闓運《湘綺樓文集・箋啟》卷三《致高直牧》：闓運自負咎左右，絕不敢作玉堂驄馬之想。文君已老，西施垂白，子女十餘人，半倍鳳凰之雛。其所著書則《春秋公羊傳箋》《詩／禮／尚書箋》，皆唐突古人，自成一家。時復高談夷務，折筠仙而關少荃之口。貴縣聞此，得無大詫。朝元去而傳臚來，伯足老運亨通耶？承便妄言，敬煩雙安，不具。

◎王闓運《湘綺樓文集・箋啟》卷五致李制臺：闓運八年閉戶，一出求書，經史研尋，斐然有述。比已寫定《易／書箋說》，方搜治《公羊春秋》，他日謹當繕本呈覽，或茲過庭之訓。

◎易順鼎《盾墨拾餘》卷十《湘綺年丈見示舊作和函樓元日讀說文詩依韻和畬》（丙申正月）：漢宋水火雖分途，儒墨陰陽實兼蓄。

◎易順鼎《盾墨拾餘》卷十《和程六子大代湘君述原韻一篇即送其別兼送汪九頌年》（摘錄）：南邦學子推建鼓，湘綺（壬秋年丈）葵園（王益吾祭酒）登兩廡。吏部（伯嚴奐份）同持風雅盟，翰林並作湖山主（頌年眉壽）。皮何（麓雲、棠蓀）經術成棲遲，周郎（郢生）文字袁郎（叔瑜）詩。廖羅張鄒（笙階、順循、伯純、沅帆）苦憂國，欲鑄銀山填漏卮。俞子（恪士）長身黃子（蓉瑞）短，邊塵幾令朱顏涴。

◎杏園《湘綺樓全集跋》：湘綺先生十一經皆有注，廿二史皆有贊，周秦諸子亦各有校釋，取精用宏，故能經學精深，直契心源，獨開生面，高出先儒之上。史學直當雁行班馬，詞章閎博，奄有漢魏晉唐大家之長，豈惟吾鄉耆宿，實當代之山斗也。先生躬萬夫之稟，讀書輒過目不忘，神識過人，非偶然矣。乃余親炙門牆，因具悉其學力堅苦，尤為殊絕，又豈專恃天事以勝人者？卓爾有立，欲從末由。竊於先生之書歎觀止焉。經子諸注詩文各集及《湘軍志》久矣風行海內外，區區尺牘豈足以見先生？然先生之文如白雲在天，舒卷自如，頃刻萬變。又如黃河九曲，一曲千里，波瀾愈大。豎一義，石破天驚；摛一詞，海涵地負。即尺牘中未嘗不可見其淵博閎富。其文不拘一格，無美不備。大之有關於經世之閎謨，小之有益於詞人之藻采，精之足以為儒林之津逮，粗之亦足以為世俗之鍼砭。涉筆成趣，自見化工，先生真雄於文者也。末學何能仰贊

右詞，輒出所藏以付梓人，公諸同好云爾。計箋啟八卷，又文集八卷、詩集十四卷，合為全集三十卷。光緒丁未冬月，弟子杏園敬跋。

◎王闓運《湘綺樓文集‧箋啟》卷六《致程通判》（岉樵）：江西索書者多，今遣丁送紙一捆，請飭刷工刷《春秋箋》廿部，不要裝訂，毛捆以便上路。又《書經》《爾雅》板片係由舍間送衡，今欲取還刷印。前託叔揆刻《易經》，想尚未畢，乞飭催工刻齊，免致久延。《詩經》在江西檢字，明年可畢。再當刻版，又欲刻詩集，故須先催《易經》也。刻工刷貲均請代付，年底還鄉，再有信致。此頌堂上福安，並問雙祺，不盡。

◎趙爾巽《清史稿》列傳二百六十九《儒林》三：嘗曰：「治經，於《易》必先知易字有數義，不當虛衍卦名；於《書》必先斷句讀；於《詩》必先知男女贈答之辭不足以頒學官、傳後世。一洗三陋，乃可言禮。禮明然後治《春秋》。」又曰：「說經以識字為貴，而非識《說文解字》之字為貴。」……所著書以經學為多，其已刊者有《周易說》十一卷、《尚書義》三十卷、《尚書大傳》七卷、《詩經補箋》二十卷、《禮記箋》四十六卷、《春秋公羊傳箋》十一卷、《穀梁傳箋》十卷、《周官箋》六卷、《論語注》二卷、《爾雅集解》十六卷，又《墨子／莊子／鶡冠子義解》十一卷、《湘軍志》十六卷、《湘綺樓詩文集》及日記等。子女並能通經，傳其家學。次子代豐，早世，著有《公羊例表》。

◎王闓運《湘綺樓文集‧箋啟》卷六《致黃知縣》：闓運湘瀕卻埽，竊承風教，雖慚老馬，願附驥龍，大比之期，知許登進。有清泉學生廖昺文，好學深思，能通《公羊》《禮記》，在館三年，試必高等。前蒙首拔。以文場未得冠軍，如荷調入校經，俾升上舍，漸摩風氣，可冀接步瀛洲。用敢箋達，以副宏獎之懷。闓運比因家務牽級綴，未能上省。文昌新曜，甄拔飛騰，遙塑月暉，惟有企羨。專肅奉問侍福。不具。

◎錢基博《近三百年湖南學風》（摘錄）：於時學者承乾嘉以來訓詁名物之學，習注疏，為文章法鄭玄、孔穎達，有解釋無紀述，重考証略論辨，掇拾叢殘，而不知修辭為何事；讀者竟十行，欲隱幾臥。而闓運不謂是，因慨然曰：「文者，聖之所托，禮之所寄，史賴之以信後世，人賴之以為語言。辭不修則意不達，意不達則藝文廢，俗且反乎混燉。況乎孳乳所積，皆仰觀俯察之所得，字曰『文』，言其若在天之星象，在地之鳥獸蹄跡，必其燦著者也。今若此，則文之道或幾乎息矣。然辭不追古，則意不循今；率意以言，違經益遠。是以文飾者普尚虛浮，馳騁者奮其私知。故知文隨德異，寧獨政與聲通！欲驗流風，

尤資總集。」為輯《八代文粹》……又曰：「文不取裁於古，則亡法。文而畢摹乎古，則亡意。然欲取裁於古，當先漸漬乎古。先作論事理短篇，務使成章。取古人成作，處處臨摹，如仿書然，一字一句，必求其似。如此者，家信賬記，皆可摹古。然後稍記事：先取今事與古事類者，比而作之；再取今事與古事遠者，比而附之，終取今事為古所無者，改而文之。如是者，非十餘年不成也，人病欲速。」遂教諸生以讀十三經、二十四史及《文選》。漢儒人專一經，諸生亦各治一書，毋貪多，毋不經意。日有記，月有課，而闓運精勤校閱，獎順其美，而匡正其不及。暇則習禮，若鄉飲投壺之類，三年皆彬彬矣。厥後廖平治《公羊》《穀梁》《春秋》、戴光治《書》、胡從簡治《禮》、劉子雄／岳森通諸經，皆有師法，能不為阮元《經解》所囿，號曰蜀學，則闓運以之也……縣人張正陽者，本鍛工也，耽吟詠而為人佣，一夕睹白桃花盛開而月色綺映，忽得句曰：「天上清高月，知無好色心。夭桃今獻媚，流盼情何深！」姜畲陳鼎見之大驚曰：「子詩何似孟郊？然非王先生不能成子名。」會大雪，戴笠著屐，單衣磬踔，造門投卷。閽者見其面垢衣敝，拒不為通，則大呼曰：「我以詩謁王先生，乃卻我耶？」閽者不得已為進。方設筵宴邑令，邑縉紳先生咸在，闓運即席開卷讀，顧曰：「邑中有此詩人耶！」延之上座，座客愕然。正陽泥淖滿身，而貂狐裘麗，嫌為所污，莫敢與酬對。闓運則殷勤問訊，遂使受學而補諸生，通《三禮》、《春秋》、《尚書》、《詩經》，講評孜孜，撰有《詩經比興表》、《禮經喪服表》，闓運嘆為前人所未發也。

◎上海古籍出版社2015年《續修四庫全書總目提要‧春秋類》「《春秋公羊傳箋》十一卷」：王氏是書之著，始於光緒二年（1876），次年初稿成，後不斷修訂，至光緒三十四年定稿。歷時多年，可謂用力甚勤。其體例，先列經傳，後附何休《解詁》，再斷以己意。是書新義疊出，頗有可觀之處。如子赤被弒，叔仲惠伯從君而死，與孔父、荀息、仇牧相類。何休以為，叔仲惠伯不賢，直先見殺爾，不如荀息死之，故無累文。王氏以為，「《春秋》不見殺赤明文，叔孫不得見累文，則事不得見也」，持論頗嚴正，可補何注之失。又如莊四年傳云：「復仇者，非將殺之，逐之也。」王氏訓也為邪，有疏通文意之功。再如鞌之戰，郤克曰「使耕者東畝」，國佐曰「使耕者東畝，是則土齊也」，王氏以為，禮，諸侯藉田東畝，其租悉入於旬師，東畝者，欲盡征其賦。是說頗有理，可與《左傳》利戎車之說並存。然是書亦有過於立異之處，如《公羊傳》以為，「《春秋》編年，四時具，然後為年」，故一時無事，則書首時，似非別有義理，

然王氏屢加推測之詞，不免穿鑿。更有歪曲事實、強為立論之處，如魯桓公夫人文姜，當為齊襄公之妹，王氏則以為齊襄之女，故其解「同非吾子，齊侯之子也」，謂「襄文父女，而曰同乃其子，宜襄公之怒矣」。又為文姜翻案，以為齊魯不睦，文姜強合之，桓公辱之，文姜不能堪，故訴於父，不意其遽殺也，無淫而殺夫之事，《春秋》不深責婦人。如此奇說，可謂千古未聞。至於祭仲之事，傳文以為「自貶損以行權，不害人以行權」，王氏則以為，「權不害己，亦不害人。人全而己不全，祭仲病是也」，又謂「國重於君，突不出，忽不反，亦不足為病」；祭仲又可觀突之政，「政善固亦可立」，「必使賢臣扶立亡國之君以事之，而為之死，豈《春秋》之意乎」。諸如此類，絕非傳義。然觀其以縱橫之士自居，又勸曾國藩獨立，則此亦似大有為之言，本無關於經義。王氏之學，時人病其捨置舊說，自造新義，開著書簡易之路，成末流蔑古之風，似過於嚴苛。章太炎目為文士，梁啟超以為學有根底之人可觀以助理解，不宜初學，蓋得其實。此本據華東師範大學圖書館藏清光緒三十四年刻本影印。（黃銘）

王闓運　穀梁申義　一卷　存

國圖、湖北、湖南、吉林社科院藏光緒十七年（1891）刻本

續修四庫全書影印光緒十七年（1891）刻本

◎穀梁申義序〔註28〕：《記》曰：「屬詞比事，《春秋》教也。《春秋》之失亂」，莊生有言：「《春秋》經世先王之志，聖人論而不辨。」自魯哀以來，微言絕矣。五家為師，三傳遂昌。先漢以《公羊》為正，副以《穀梁》，參以《左氏》。自晉至今，《左傳》盛矣。鄭康成名世大儒，其釋記文尚誤以《左傳》為《春秋》，況杜預之徒乎？言《穀梁》者，唯糜、范傳於博士，及唐唯用范氏。今頒學宮，范為先師。晉代不以專門說經，號為通取，故范氏注《穀梁》而有毀傳之詞。夫傳述聖言，不能無瑕。然穀梁子私淑仲尼，親研異同，指事立教，必有宏旨。受經授義，義同君親，入室操戈，昔人所傷。說傳疑傳，後生何述，徒令蔑師法、侮聖言，因緣抵隙，六經皆訛。自趙宋及前明，流禍烈矣。余推測經文，本傳《公羊》，泛覽二傳，各得其趣。左氏專於史，離經別行，其體即司馬《本紀》之準也。聞駁意殊，不關《春秋》，其有得失，比之遷、固，乃三史之學，非六經之誼，已別條辨著於當篇。至於《穀梁》，依經樹義，其有離合，難審其由。後人見《公》《穀》之異同，疑二傳之所受，樂《左氏》

〔註28〕又見於王闓運《湘綺樓文集》卷三。

之事實，曲《春秋》以從之，故有赴告則書，陋同朝報，月日無意，隨其刀筆。或又悉廢三傳，妄作褒譏，亂其詞、亂其事，而《春秋》亡矣。今唯明《公羊》，不足袪惑，輒以淺學，更申《穀梁》，務推其立說之原，期於不亂而止。諸例增減，舊注已詳，茲但約舉巨疑，不全載經傳。以《穀梁》儒者之論，可為世範，故以授大女，使它日傳之爾。同治八年秋七月乙未序。

◎王闓運《湘綺樓文集‧箋啟》卷一《與張世兄》：承示刪改《莊敘》，謹即如所箋塗易之。闓運平昔不攻宋學，以不相為謀之道，懲辨生末學之言，凡所著述，未涉唐後，緣論禪悟，順筆及之，遂荷指正。焉有不懌者乎？《穀梁申義》於前年鈔呈，由郭筠仙轉達，奈何中沒，今並補上。彼係手書，此則傳寫耳。比年作《書箋》廿九篇已成，近又作《詩補箋》及《禮記箋》。初命生徒創稿，多發古義，有可觀覽。惟獨學無友，鮮啟憤悱，學之不講，是吾憂也。

◎陳夔龍《松壽堂詩鈔》卷一《贈王壬秋院長丈》：湖海爭傳老輩名，每搴蜀錦憶湘蘅。北朝辭賦南華理，匡鼎經師許劭評。誰向後堂稱弟子，那無前席動公卿。君家舊有龍門策，肯為蒼生獻太平。

◎陳夔龍《松壽堂詩鈔》卷八《寄和王壬秋太史見寄再疊武昌留別韻》：

老筆紛披不可干，盡驅屈宋入毫端。湘樓結綺才難小，石室傳經興不闌。舊雨劇憐花市散，春星曾共草堂看（甲申乙酉間，錦城之游，時相過從，如昨日事）。咸同老輩成新貴，馬走知公笑此官。

經術文章結主知，得天獨厚覆無私。朱王講學何嫌異，黃綺出山未覺遲。魯殿巋然天下望，巫峯半是夢中思（公側室六雲君號半山，早日怛化）。通儒自有千秋業，早晚徵書驛路馳（本年例舉碩學通儒，鄙人曾以公名達部）。

◎上海古籍出版社 2015 年《續修四庫全書總目提要‧春秋類》「《穀梁申義》一卷」：《春秋》三傳，以《穀梁》習者甚少，古注之存者，唯范寧《集解》。然范氏通取三傳，注《穀梁》，而有毀傳之詞，誠非專門之學。王氏此書，不全載經傳，獨於巨疑之處，推明《穀梁》立說之原，於范注多有訂正。如經書周天子之名號，有王、天王、天子之異，范注以為，此因舊史之文，無關義理，王氏則駁曰：「凡因史文者，如夏五、伯于陽之類也。若王與天王、天子，其義易知，故岐其文，明必有義。」此說可補《穀梁》之例。又如桓公四年無秋冬，昭公十年不書冬，范注皆云未詳，而王氏以為，時月日之失繫，傳必有明文解之，如僖公二十八年之例，今無傳，則經或有闕文。此亦持論有據，可備一說。然王氏論《穀梁》，每多比附《公羊》，不免強合二傳。如齊襄公滅紀，

經書「紀侯大去其國」，《公羊》以為賢齊襄之復仇，《穀梁》賢紀侯之得眾，又云「不使小人加乎君子」，則惡齊矣。王氏以為，襄公非惡，又謂「小人者，對紀賢而言，非必絕齊甚于他滅」，則似強為之說。書中又多引禮書，以證《穀梁》，雖不能皆成定論，然亦屬有根底之言。楊鍾羲以為，「在所撰經說中，此書最為矜慎」，當為平情之論。此本據國家圖書館分館藏清光緒十七年刻本影印。（黃銘）

王闓運 穀梁傳箋 十卷 未見

◎趙爾巽《清史稿》列傳二百六十九《儒林》三：嘗曰：「治經，於《易》必先知易字有數義，不當虛衍卦名；於《書》必先斷句讀；於《詩》必先知男女贈答之辭不足以頒學官、傳後世。一洗三陋，乃可言禮。禮明然後治《春秋》。」又曰：「說經以識字為貴，而非識《說文解字》之字為貴。」……所著書以經學為多，其已刊者有《周易說》十一卷、《尚書義》三十卷、《尚書大傳》七卷、《詩經補箋》二十卷、《禮記箋》四十六卷、《春秋公羊傳箋》十一卷、《穀梁傳箋》十卷、《周官箋》六卷、《論語注》二卷、《爾雅集解》十六卷，又《墨子／莊子／鶡冠子義解》十一卷、《湘軍志》十六卷、《湘綺樓詩文集》及日記等。子女並能通經，傳其家學。次子代豐，早世，著有《公羊例表》。

◎錢基博《近三百年湖南學風》（摘錄）：於時學者承乾嘉以來訓詁名物之學，習注疏，為文章法鄭玄、孔穎達，有解釋無紀述，重考証略論辨，掇拾叢殘，而不知修辭為何事；讀者竟十行，欲隱幾臥。而闓運不謂是，因慨然曰：「文者，聖之所托，禮之所寄，史賴之以信後世，人賴之以為語言。辭不修則意不達，意不達則藝文廢，俗且反乎混燉。況乎孳乳所積，皆仰觀俯察之所得，字曰『文』，言其若在天之星象，在地之鳥獸蹄跡，必其燦著者也。今若此，則文之道或幾乎息矣。然辭不追古，則意不循今；率意以言，違經益遠。是以文飾者普尚虛浮，馳騁者奮其私知。故知文隨德異，寧獨政與聲通！欲驗流風，尤資總集。」為輯《八代文粹》……又曰：「文不取裁於古則亡法，文而畢摹乎古則亡意。然欲取裁於古，當先漸漬乎古。先作論事理短篇，務使成章。取古人成作，處處臨摹，如仿書然，一字一句，必求其似。如此者，家信賬記，皆可摹古。然後稍記事：先取今事與古事類者，比而作之；再取今事與古事遠者，比而附之，終取今事為古所無者，改而文之。如是者，非十餘年不成也，人病欲速。」遂教諸生以讀十三經、二十四史及《文選》。漢儒人專一經，諸

生亦各治一書，毋貪多，毋不經意。日有記，月有課，而闓運精勤校閱，將順其美，而匡正其不及。暇則習禮，若鄉飲投壺之類，三年皆彬彬矣。厥後廖平治《公羊》《穀梁》《春秋》、戴光治《書》、胡從簡治《禮》、劉子雄／岳森通諸經，皆有師法，能不為阮元《經解》所囿，號曰蜀學，則闓運以之也……縣人張正陽者，本鍛工也，耽吟詠而為人佣，一夕，睹白桃花盛開而月色綺映，忽得句曰：「天上清高月，知無好色心。夭桃今獻媚，流盼情何深！」姜畬陳鼎見之大驚曰：「子詩何似孟郊？然非王先生不能成子名。」會大雪，戴笠著屐，單衣磬踔，造門投卷。閽者見其面垢衣敝，拒不為通，則大呼曰：「我以詩謁王先生，乃卻我耶？」閽者不得已為進。方設筵宴邑令，邑縉紳先生咸在，闓運即席開卷讀，顧曰：「邑中有此詩人耶！」延之上座，座客愕然。正陽泥淖滿身，而貂狐裘麗，嫌為所污，莫敢與酬對。闓運則殷勤問訊，遂使受學而補諸生，通《三禮》、《春秋》、《尚書》、《詩經》，講評孜孜，撰有《詩經比興表》、《禮經喪服表》，闓運嘆為前人所未發也。

◎易順鼎《盾墨拾餘》卷十《湘綺年丈見示舊作和函樓元日讀說文詩依韻和畣》（丙申正月）：漢宋水火雖分途，儒墨陰陽實兼蓄。

◎易順鼎《盾墨拾餘》卷十《和程六子大代湘君述原韻一篇即送其別兼送汪九頌年》（摘錄）：南邦學子推建鼓，湘綺（壬秋年丈）葵園（王益吾祭酒）登兩廡。吏部（伯嚴奐份）同持風雅盟，翰林並作湖山主（頌年眉壽）。皮何（麓雲、棠蓀）經術成棲遲，周郎（郢生）文字袁郎（叔瑜）詩。廖羅張鄒（笙階、順循、伯純、沅帆）苦憂國，欲鑄銀山填漏巵。俞子（恪士）長身黃子（蓉瑞）短，邊塵幾令朱顏涴。

王闓運輯 春秋 三卷 存

遼寧、南京、湖北、哈爾濱師大藏光緒七年（1881）尊經書院刻本

◎王闓運《湘綺樓文集·箋啟》卷五《致李制臺》：闓運八年閉戶，一出求書，經史研尋，斐然有述。比已寫定《易／書箋說》，方搜治《公羊春秋》，他日謹當繕本呈覽，或茲過庭之訓。

◎王闓運《湘綺樓文集·箋啟》卷五致龍學士：闓運空往空返，不俗不僧，稍減牢愁，仍尋故業。近又寫成《周易》三卷，略有發明。方督妞兒新著《爾雅》。十二經皆有家本，足與大監抗衡。但苦煩囂，未能精究耳。

◎杏園《湘綺樓全集跋》：湘綺先生十一經皆有注，廿二史皆有贊，周秦

諸子亦各有校釋，取精用宏，故能經學精深，直契心源，獨開生面，高出先儒之上。史學直當雁行班馬，詞章閎博，奄有漢魏晉唐大家之長，豈惟吾鄉耆宿，實當代之山斗也。先生躬萬夫之稟，讀書輒過目不忘，神識過人，非偶然矣。乃余親炙門牆，因具悉其學力堅苦，尤為殊絕，又豈專恃天事以勝人者？卓爾有立，欲從末由。竊於先生之書歎觀止焉。經子諸注詩文各集及《湘軍志》久矣風行海內外，區區尺牘豈足以見先生？然先生之文如白雲在天，舒卷自如，頃刻萬變。又如黃河九曲，一曲千里，波瀾愈大。豎一義，石破天驚；摛一詞，海涵地負。即尺牘中未嘗不可見其淵博閎富。其文不拘一格，無美不備。大之有關於經世之閎謨，小之有益於詞人之藻采，精之足以為儒林之津逮，粗之亦足以為世俗之鍼砭。涉筆成趣，自見化工。先生真雄於文者也。末學何能仰贊右詞，輒出所藏以付梓人，公諸同好云爾。計《箋啟》八卷，又《文集》八卷、《詩集》十四卷，合為全集三十卷。光緒丁未冬月，弟子杏園敬跋。

王克掞 左傳考 佚

◎道光二十五年張同聲修、李圖纂《重修膠州志》卷二十《藝文》：王克掞《左傳考》。

◎孫葆田《山東通志》卷百二十七《藝文志》第十：是書見《州志》。

◎王克掞，字幼藻，一字至泉。山東膠州人。乾隆四十二年（1777）舉人。著有《周易考義》一卷、《尚書考義》一卷、《左傳考》、《孝經考》一卷、《馬班異同》一卷、《老子解》、《楚詞考義》一卷、《爾雅考異》四卷、《韓文考異》八卷、《古字考》、《古音考》、《書目評》。

王奎武 春秋左傳匯解 十卷 佚

◎民國常之英《濰縣志稿》卷三十七《藝文》：王奎武《春秋左傳匯解》十卷。

◎王奎武，山東濰縣（今濰坊）人。著有《春秋左傳匯解》十卷。

王漣 春秋解 十二卷 佚

◎光緒《湖南通志》卷二百四十六《藝文志》二：《春秋解》十二卷，湘鄉王漣撰（《縣志》）。

◎王漣，湖南湘鄉人。著有《春秋解》十二卷。

王亮功 春秋經論摘義 四卷 存

1916 年定襄牛氏鉛印雪華館叢編・經類本

◎王亮功，字寅鰯，號鳳皋。山西定襄宏道鎮嘴子村人。道光十四年（1834）舉人，二十四年（1844）大挑二等，以教職用。咸豐四年（1854）選代州訓導，任職二十餘年，後陞寧武府教授。性沖簡，嗜古籍，收藏甚富，聞異書，竭力購之，鉛槧未嘗釋手，暇則鼓琴投壺為樂娛。以公事與太守某力爭，謁諸大府，既得直，遂告歸。代人延之主講斗山書院，因復僑居代州，執教十餘年。年八十七卒於代。弟子數千人，桃李遍晉北。著有《易說》、《讀易旁求》八卷、《春秋經論摘義》四卷、《讀史贊要》一卷、《春秋三傳比事屬對》一卷、《讀左偶見》三卷、《繹孟》一卷、《經史韻編》十卷、《綱鑑歷年紀事圖表》、《通鑑紀事年表》、《歷代紀事年表》十卷、《史學提要續編》一卷、《樸齋省愆錄》五卷。

王亮功 春秋三傳比事屬對 一卷 佚

◎光緒《代州志》卷七《藝文志》：訓導王亮功《讀易旁求》四卷、《春秋三傳比事屬對》一卷、《讀左偶見》三卷、《繹孟》一卷、《歷代紀事年表》十卷、《史學提要續編》一卷、《經史韻編》十卷、《省愆錄》五卷。

王亮功 讀左偶見 三卷 佚

◎光緒《代州志》卷七《藝文志》：訓導王亮功《讀易旁求》四卷、《春秋三傳比事屬對》一卷、《讀左偶見》三卷、《繹孟》一卷、《歷代紀事年表》十卷、《史學提要續編》一卷、《經史韻編》十卷、《省愆錄》五卷。

王嶙 春秋搭窾 佚

◎孫葆田《山東通志》卷百二十七《藝文志》第十：是書見《縣志》。

◎王嶙，字鶴瞻。山東霑化人。順治三年（1646）進士。官青浦知縣。著有《春秋搭窾》。

王夢弼 春秋類纂 佚

◎乾隆《泉州府志》卷七十四《藝文》：王夢弼《四書名物類纂》《春秋類纂》《綱鑑紀要》《州郡姓氏人物摘要》《梧吟集》。

◎王夢弼，泉州府安溪（今福建安溪）人。著有《春秋類纂》《四書名物類纂》《綱鑑紀要》《州郡姓氏人物摘要》《梧吟集》。

王夢求 春秋列國世系考 一卷 佚

◎孫葆田《山東通志》卷百二十七《藝文志》第十：是書見《縣志》。

◎王夢求，字聖輔。山東黃縣人。嘉慶六年（1801）舉人。著有《春秋列國世系考》一卷。

王銘西 春秋比類觀例 二卷 存

南京藏稿本

國圖、復旦、上海、南京、湖北、中科院、臺灣大學藏 1935 年南京國學圖書館影印本

鳳凰出版社 2018 年南京圖書館藏未刊稿本集成・經部影印稿本

◎夏煒如跋，戴望、駱粲、陳鼎、許棫、湯成烈、陸鼎翰、吳康壽題款。

◎張惟驤《清代毘陵名人小傳稿》卷八：其文奧衍奇肆。學使李小湖大理、童薇研侍郎尤重其經學詞賦，為之擊節嘆賞。顓力於十三經註疏，覆誦無遺。博采國朝諸家之說，尤服膺莊存與、劉逢祿，旁及天文輿地曆算，靡不研究。熟於吳中水利，布政使黃彭年以厚幣延銘西於水利局，纂《江蘇水利全書》。甫脫稿即辭歸，歸不數年而卒，年七十二，光緒十九年也。

◎王銘西（1822～1893），字愚溪，自號大癡。江蘇陽湖（今常州市區）人。廩貢生，候選訓導。天性戇直，好議論古今，不避貴顯，人以為癡。著有《春秋比類觀例》二卷、《春秋屬比考例》二卷、《左傳杜解補正》不分卷、《春秋五行災異卦氚屬比考》一卷、《江蘇水利全書》、《常州武陽水利書》。

王銘西 春秋五行災異卦氚屬比考 未見

◎柳詒徵《春秋屬比考例跋》〔註29〕：《春秋屬比考例》二卷、《春秋五行災異卦氚屬比考》一卷，陽湖王銘西撰。銘西事蹟具陸鼎翰所撰家傳。第傳稱成《春秋考證》六卷，未及此二書，不知此二書即《考證》分目否。又據王益吾手批，尚有《考證地理》一種，未之見也。銘西之學，以禮求經，以緯說《易》，不囿於傳注一師之說，卓然與莊、劉抗手，故王益吾深致推重，而以雕板費絀，不獲入《廣經解》，致世之人不知陽湖經師有此後勁。亦以畢生窮約，聲氣未廣，幾於湮沒不章也。去歲書肆以二書來售，予驚為南獻遺珍，亟購庋盋山甲庫。頃始從《毗陵文錄》得君家傳，悉其身世，庸付手民，

〔註29〕錄自 1935 年《江蘇省立國學圖書館年刊第八年刊》。

發茲潛采。其書之以古文篆體易楷隸者，一仍其舊云。乙亥夏五，鎮江柳詒徵。

王銘西 春秋屬比考例 二卷 存

南京藏稿本（王先謙跋）

國圖、復旦、上海、南京、湖北、中科院、臺灣大學藏 1935 年南京國學圖書館影印本

◎柳詒徵《春秋屬比考例跋》：《春秋屬比考例》二卷、《春秋五行災異卦丞屬比考》一卷，陽湖王銘西撰。銘西事蹟具陸鼎翰所撰家傳。第傳稱成《春秋考證》六卷，未及此二書，不知此二書即《考證》分目否。又據王益吾手批，尚有《考證地理》一種，未之見也。銘西之學，以禮求經，以緯說《易》，不囿於傳注一師之說，卓然與莊、劉抗手，故王益吾深致推重，而以雕板費絀，不獲入廣《經解》，致世之人不知陽湖經師有此後勁。亦以畢生窮約，聲氣未廣，幾於湮沒不章也。去歲書肆以二書來售，予驚為南獻遺珍，亟購厉盎山甲庫。頃始從《毗陵文錄》得君家傳，悉其身世，庸付手民，發茲潛采。其書之以古文篆體易楷隸者，一仍其舊云。乙亥夏五，鎮江柳詒徵。

王銘西 左傳杜解補正 不分卷 存

南京藏稿本（王先謙跋）

南京藏民國國學圖書館影印稿本

王謨 左傳異辭 未見

◎王謨（1731～1817），字仁圃，別字汝糵（上）。江西金溪縣人。乾隆三十三年（1768）舉人，四十三年（1778）進士。自求任教職，遂選授建昌府學教授。著有《易經策案》三卷、《三易通占》、《尚書雜說》、《讀書引》十二卷、《逸詩詮》三卷、《韓詩拾遺》十六卷、《左傳異辭》、《論語管窺》、《爾雅後釋》、《經說》、《十三經策案》十二卷、《夏小正傳箋》四卷附《大戴禮公符篇考》一卷、《晉孫毓五禮駁》一卷、《孟子古事案》四卷、《補孟子釋文》七卷、《補史記世家古今人表》五卷、《家語廣注》四卷、《酒中正讀書》九卷、《不語述》十六卷、《汝糵文鈔》十二卷、《汝糵詩鈔》八卷、《江右考古錄》一卷、《漢叔孫通禮器制度》一卷。又仿宋代王應麟《困學紀聞》體例著《汝糵玉屑》二十卷、《豫章十代文獻略》五十二卷、《漢唐地理書鈔》兩編五百餘種、《漢魏叢

書》九十四種。又輯《漢鄭玄三禮目錄》一卷、漢崔寔《四民月令》一卷、蔡邕《明堂月令論》一卷、吳射慈《禮記音義隱》一卷、漢張霸《百兩篇》一卷、漢劉向《五行傳》二卷。

王謨輯 春秋長曆 一卷 存

嘉慶三年（1798）金谿王氏刻漢魏遺書鈔本
◎晉杜預原撰。

王謨輯 春秋公羊穀梁傳集解 一卷 存

嘉慶三年（1798）金谿王氏刻漢魏遺書鈔本
◎晉劉兆原撰。

王謨輯 春秋決事 一卷 存

嘉慶三年（1798）金谿王氏刻漢魏遺書鈔本
◎漢董仲舒原撰。

王謨輯 春秋盟會圖 一卷 存

嘉慶三年（1798）金谿王氏刻漢魏遺書鈔本
◎漢嚴彭祖原撰。

王謨輯 春秋釋例 一卷 存

嘉慶三年（1798）金谿王氏刻漢魏遺書鈔本
◎漢潁容原撰。

王謨輯 春秋土地名 一卷 存

嘉慶三年（1798）金谿王氏刻漢魏遺書鈔本
上海藏傳鈔重訂漢唐地理書抄本
嘉慶刻重訂漢唐地理書抄本
◎晉京相璠原撰。

王謨輯 春秋左氏傳解詁 一卷 存

嘉慶三年（1798）金谿王氏刻漢魏遺書鈔本
◎漢賈逵原撰。

王謨輯　春秋左氏傳述義　一卷　存

嘉慶三年（1798）金谿王氏刻漢魏遺書鈔本
◎隋劉炫原撰。

王謨輯　答薄氏駁穀梁義　一卷　存

嘉慶三年（1798）金谿王氏刻漢魏遺書鈔本
◎晉范寧原撰。

王謨輯　公羊墨守　一卷　存

國圖、上圖、北大等藏嘉慶三年（1798）金谿王氏刻漢魏遺書鈔本
續修四庫全書影印嘉慶三年（1798）金谿王氏刻漢魏遺書鈔本
◎漢何休原撰。

王謨輯　穀梁廢疾　一卷　存

國圖、上圖、北大等藏嘉慶三年（1798）金谿王氏刻漢魏遺書鈔本
續修四庫全書影印嘉慶三年（1798）金谿王氏刻漢魏遺書鈔本
◎漢何休原撰。

王謨輯　穀梁傳例　一卷　存

嘉慶三年（1798）金谿王氏漢魏遺書鈔本
◎晉范寧原撰。

王謨輯　穀梁傳注　一卷　存

嘉慶三年（1798）金谿王氏刻漢魏遺書鈔本
◎三國魏糜信原撰。

王謨輯　規過　一卷　存

嘉慶三年（1798）金谿王氏刻漢魏遺書鈔本
◎隋劉炫原撰。

王謨輯　難杜　一卷　存

國圖、上圖、北大等藏嘉慶三年（1798）金谿王氏刻漢魏遺書鈔本

續修四庫全書影印嘉慶三年（1798）金谿王氏刻漢魏遺書鈔本
◎北魏衛冀隆原撰。

王謨輯 左氏膏肓 一卷 存

嘉慶三年（1798）金谿王氏刻漢魏遺書鈔本
◎漢何休原撰。

王謨輯 左氏傳解誼 四卷 存

嘉慶三年（1798）金谿王氏刻漢魏遺書鈔本
◎漢服虔原撰。

王訥諫 左國腴 佚

◎嘉慶《重修揚州府志》卷六十二《藝文志》一：《左國腴》（王訥諫撰）。
◎王訥諫，江都（今江蘇揚州）人。著有《左國腴》、《刪註荀子》二卷。

王慶麟 左氏蒙求注 一卷 存

國圖藏道光浦江周心如紛欣閣輯刻紛欣閣叢書十三種本
國圖藏咸豐元年（1851）刻小嫏嬛山館匯刊類書十二種本
國圖藏同治六年（1867）緯文堂刻佚名編小嫏嬛山館匯刊類書十二種本
（卷端下題藝海珠塵校本）
清文萃堂後印吳省蘭輯刻藝海珠塵八集一百六十四種本
中華書局1985年新一版叢書集成初編本
◎宋吳化龍原纂。許乃濟輯（或題與王慶麟同註）。前有宋戴表元序。
◎跋：吳化龍《左氏蒙求》一卷，朱彝尊以為佚，而此間有刊本行焉。第其每句夾註某公某年者，恐係後人所攙。然是冊原不過供童蒙之求，故姑存以便檢尋。刊本改題曰《左傳比事》，今復其舊名。化龍元人，以為明人者，誤。庚申涂月，五羹天瀑〔註30〕識。
◎同治三年劉履芬抄本《左氏蒙求》劉履芬跋：
同治甲子七月鈔。江山劉履芬記。
吳化龍《左氏蒙求》一卷，朱彝尊以為佚，而此間有刊本行焉。第其每句夾註某公某年者，恐係後人所攙，然是冊原不過供童蒙之求，故姑存以便檢尋。

〔註30〕 日本人林衡，字述齋，號天瀑山人、花朝天瀑，輯有《佚存叢書》。

刊本改題曰《左傳比事》，今復其舊名。化龍元人，以為明人者，誤。庚申塗月，五賈天瀑識。

同治癸亥，仲宣漕帥購得抄本《佚存叢書》，是阮文達公舊藏本。逾歲，從漕帥假錄《文館詞林》《左氏蒙求》兩種，並檢《百三名家集》，用紫筆校其同異，弆諸篋衍。丁卯新春，來吳門待缺，見唐蕉庵司馬有是書原刊本，輒用朱筆對勘一周，亦有抄本不誤而原刊本轉訛者，亦一一注於篇側。天瀑原跋稱校書之難風庭掃葉，又述古人之言云讀書耐訛字，校訂誠不易哉，二月初四日燈下，履芬記。

天瀑謂朱彝尊以為此書佚，乃指《經義考》卷一百八十一著錄「《左氏蒙求》，宋志二卷，未見」、卷一百九十四著錄「吳氏（化龍）《左氏蒙求》，佚」，並謂此書原供童蒙之求，元戴表元《剡源集》早已言及此說：「蓋嘗取義類對偶之相洽者，韻為蒙求，以便學者。」戴表元與吳化龍早年相識，識之甚深，言及吳化龍深於《左傳》，誠不虛也。

◎張維屏《松心詩錄》卷三《戊寅夏日制府阮雲臺先生招同許青士（乃濟）、劉樸石（彬華）、謝澧浦（蘭生）三太史集節署之東齋》：北來旌節斗奎明，南望滄溟水鏡清。武庫新臨杜元凱，經師兼得鄭康成。千編煥發圖書府，十郡歡騰雅頌聲（席上話及刻《皇清經解》、修《廣東通志》）。學海百川同至海，教思無盡見堂名（公欲建堂以古學課士，名堂曰學海）。

◎王慶麟，字治（時／時）祥，一字澹淵，號希仲。華亭（今上海松江）人。嘉慶丁卯舉人。喜藏書，有華亭王慶麟字時祥一字澹淵印章、澹淵手校、王澹淵曾觀、澹淵、王慶麟印、曾經王澹淵讀、慶麟諸藏書印。善批註，嘗批註《說文解字》。又撰有《洞庭集》《魏叔子先生年譜未刊稿本》。

◎許乃濟（1777～1839），字叔舟、作舟，號青士。浙江錢塘（今杭州）人。嘉慶十四年（1809）進士，與弟乃穀、乃普、乃釗及堂兄弟乃賡、乃安均以進士中式，先後入翰林院，時稱「五鳳齊飛入翰林」。散館授編修，嘉慶二十五年（1825）任山東道監察御史，道光三年（1823）任兵科給事中，五年（1825）任廣東肇羅道，七年（1827）改廣東督糧道，九年（1829）改高廉道。十三年（1833）任光祿寺少卿，官至太常寺少卿。後因奏請弛禁鴉片降職。著有《左氏蒙求注》一卷、《求己齋詩集》、《二許集》二卷、《許太常奏稿》一卷。

王仁俊輯 駁春秋釋痾 一卷 存

上海藏玉函山房輯佚書續編本（稿本）

續修四庫全書影印玉函山房輯佚書續編本（稿本）

上海藏十三經漢注本（稿本。題春秋釋痾駁）

◎漢何休原撰。

◎王仁俊（1866～1914），字捍鄭，一字感尃，號籀鄦。吳縣（今江蘇蘇州）東山人。受業於俞樾。初為黃彭年、張之洞幕僚。光緒十八年（1892）進士，授翰林院庶吉士，散館改吏部主事。創《實學報》。赴日本考察學務，繼署宜昌、黃州府事。回國後主武昌、蘇州存古學堂，後任京師大學堂教授、學部圖書局副局長。著有《說文考異三編》、《說文解字引漢律考》、《吳郡著述考》、《舊說文錄》、《爾雅釋草釋木統箋》不分卷《後案》不分卷、《籀鄦誃雜著》二十一卷、《漢碑徵經補》一卷、《希麟音義引說文考》一卷、《釋名集校》二卷、《漢書藝文志考證校補》十卷、《補宋書藝文志》一卷、《壺公師考金釋稿》不分卷、《敦煌石室真跡錄》、《西域傳抄》不分卷、《天山自敘年譜》不分卷、《太原王氏家譜》、《顧亭林祠會祭題名》二卷、《景佑六壬神定經》不分卷、《餐三華室印譜》、《讀爾雅日記》一卷、《學古堂日記》、《漢書許注輯證》、《格致古微》六卷、《辟謬篇》、《遼文萃》、《遼史藝文志補正》、《西夏文綴》二卷、《補西夏藝文志》、《補梁書藝文志》一卷、《金石萃編統補稿》一卷、《金石續編補跋》不分卷、《商君書表微》不分卷、《碑版叢錄》一卷、《積古齋鐘鼎彝器款識補遺》一卷、《籀鄦誃賦筌》二卷、《正學堂雜著》不分卷、《淮南子許注考證》不分卷、《白虎通集校》不分卷、《顧氏群書集說補正》不分卷、《籀鄦誃讀碑記》不分卷、《群書校文輯佚》不分卷、《東西文菁華》不分卷、《西夏文綴外編》不分卷、《校正元親征錄》不分卷。輯有《玉函山房輯佚書補編》。

王仁俊輯 春秋繁露佚文 一卷 存

經籍佚文本（稿本）

◎漢董仲舒原撰。

王仁俊輯 春秋公羊貢氏義 一卷 存

上海藏十三經漢注本（稿本）

玉函山房輯佚書續編本（稿本）

◎漢貢禹原撰。

王仁俊輯 春秋公羊孔氏傳 一卷 存

上海藏玉函山房輯佚書續編本（稿本）

續修四庫全書影印玉函山房輯佚書續編本（稿本）

◎晉孔衍原撰。

王仁俊輯 春秋公羊劉氏注 一卷 存

玉函山房輯佚書續編本（稿本）

◎晉劉兆原撰。

王仁俊輯 春秋公羊睦生義 一卷 存

上海藏十三經漢注本（稿本）

玉函山房輯佚書續編本（稿本）

◎漢睦生原撰。

王仁俊輯 春秋公羊王門子注 一卷 存

玉函山房輯佚書續編本（稿本）

上海藏十三經漢注本（稿本）

◎晉王愆期原撰。

王仁俊輯 春秋公羊嚴氏義 一卷 存

上海藏十三經漢注本（稿本）

玉函山房輯佚書續編本（稿本）

◎漢嚴彭祖原撰。

王仁俊輯 春秋公羊鄭氏義 一卷 存

上海藏十三經漢注本（稿本）

續修四庫全書影印十三經漢注本（稿本）

◎漢鄭玄原撰。

王仁俊輯 春秋穀梁段氏注 一卷 存

玉函山房輯佚書續編本（稿本）

◎漢段肅原撰。

王仁俊輯　春秋穀梁劉更生義　一卷　存

玉函山房輯佚書續編本（稿本）

◎漢劉向原撰。

王仁俊輯　春秋穀梁劉氏注　一卷　存

玉函山房輯佚書續編本（稿本）

◎晉劉兆原撰。

王仁俊輯　春秋穀梁傳序　一卷　存

玉函山房輯佚書續編本（稿本）

王仁俊輯　春秋漢議　一卷　存

上海藏十三經漢注本（稿本）

上海藏玉函山房輯佚書續編本（稿本）

續修四庫全書影印玉函山房輯佚書續編本（稿本）

王仁俊輯　春秋命歷序　一卷　存

玉函山房輯佚書續編本（稿本）

◎三國魏宋均原注。

王仁俊輯　春秋三家經本訓詁　一卷　存

玉函山房輯佚書續編本（稿本）

上海藏十三經漢注本（稿本）

◎漢賈逵原撰。

王仁俊輯　春秋說命徵　一卷　存

玉函山房輯佚書續編本（稿本）

王仁俊輯　春秋緯　一卷　存

玉函山房輯佚書續編本（稿本）

◎三國魏宋均原注。

王仁俊輯 春秋緯保乾圖 一卷 存

玉函山房輯佚書續編本（稿本）

◎三國魏宋均原注。

王仁俊輯 春秋緯感精符 一卷 存

玉函山房輯佚書續編本（稿本）

◎三國魏宋均原注。

王仁俊輯 春秋緯合誠圖 一卷 存

玉函山房輯佚書續編本（稿本）

◎三國魏宋均原注。

王仁俊輯 春秋緯考異郵 一卷 存

玉函山房輯佚書續編本（稿本）

◎三國魏宋均原注。

王仁俊輯 春秋緯潛潭巴 一卷 存

玉函山房輯佚書續編本（稿本）

◎三國魏宋均原注。

王仁俊輯 春秋緯說題辭 一卷 存

玉函山房輯佚書續編本（稿本）

◎三國魏宋均原注。

王仁俊輯 春秋緯文耀鉤 一卷 存

玉函山房輯佚書續編本（稿本）

◎三國魏宋均原注。

王仁俊輯 春秋緯演孔圖 一卷 存

玉函山房輯佚書續編本（稿本）

◎三國魏宋均原注。

王仁俊輯 春秋緯元命苞 一卷 存

　　玉函山房輯佚書續編本（稿本）
　　◎三國魏宋均原注。

王仁俊輯 春秋緯運斗樞 一卷 存

　　玉函山房輯佚書續編本（稿本）
　　◎三國魏宋均原注。

王仁俊輯 春秋緯佐助期 一卷 存

　　玉函山房輯佚書續編本（稿本）
　　◎三國魏宋均原注。

王仁俊輯 春秋玉版讖 一卷 存

　　玉函山房輯佚書續編本（稿本）

王仁俊輯 春秋左氏傳服氏注 一卷 存

　　玉函山房輯佚書續編本（稿本）
　　◎漢服虔原撰。

王仁俊輯 春秋左氏傳劉氏注 一卷 存

　　玉函山房輯佚書續編本（稿本）
　　◎晉劉兆原撰。

王仁俊輯 春秋左氏傳吳氏義 一卷 存

　　玉函山房輯佚書續編本（稿本）
　　◎周吳起原撰。

王仁俊輯 春秋左氏傳延氏注 一卷 存

　　上海藏玉函山房輯佚書續編本（稿本）
　　◎漢延篤原撰。

王仁俊輯 春秋左傳許氏義 一卷 存

　　上海藏十三經漢注本（稿本）

◎漢許慎原撰。

王仁俊輯 春秋左傳鄭氏義 一卷

上海藏十三經漢注本（稿本）

續修四庫全書影印十三經漢注本（稿本）

◎漢鄭玄原撰。

王仁俊輯 公羊傳佚文 一卷 存

上海藏經籍佚文本（稿本）

續修四庫全書影印經籍佚文本（稿本）

王榮蘭 春秋世表 四卷 佚

◎光緒《湖南通志》卷二百四十六《藝文志》二：《春秋世表》四卷（序言杜氏《春秋釋例》經乾隆中館臣蒐輯，諸門皆無甚闕佚，獨《世族譜》殘闕過甚，諸家之言世系又互有詳畧，乃攷諸書，撰為此編，以補《世族譜》之闕云）、《春秋世族譜校補》一卷、《左氏春秋義箋》十卷（摘取經傳之文而疏解之，於地理為詳，亦間宋前人之說，於趙汸、顧炎武、惠棟、沈彤、姚鼐、馬國璉、焦循所已言則不復置議），湘潭王榮蘭撰。

◎王榮蘭，字子佩。湖南湘潭人。乾隆諸生。長於疏故事，列群說，所著書皆就錄卷眉。著有《漢人占候錄》四卷、《詩義商》二十卷、《韓詩經考》二十八卷、《春秋世族譜校補》一卷、《春秋世表》四卷、《春秋雜記》二卷、《左氏春秋義箋》十卷、《四書集義》四十五卷、《孝經古注輯述》一卷、《集雅》八卷、《緝雅》二十八卷、《經訓菑畬》八十卷、《帝系釋》一卷、《辨名》十卷、《史記義林》三卷、《漢書釋訓》二卷、《季漢紀》三十卷、《後漢書注補遺》一卷、《後漢書刊誤》三卷、《三國志決疑》四卷、《三國職官志》二卷、《晉書志疑》二卷、《宋藝文志補遺》四卷、《讀史卮言》六卷、《古五行志》二卷、《古史新編》、《歲時雜記》、《六朝發潛》二卷、《楚後禱機》十六卷、《歷代宮闕記》二十卷、《三輔黃圖校注》一卷、《伊洛淵流遺錄》二卷、《農言》八卷、《三餘齋筆記》、《廣聖師錄》、《庶物疏》十二卷、《海國紀略》二卷、《湖湘舊聞》、《詠史詩》一卷、《漢制考遺》四卷、《石山居士集》六卷、《養虛軒詩》四卷。與鄒漢勳共主校讎《船山遺書》。

王榮蘭 春秋世族譜校補 一卷 佚

◎光緒《湖南通志》卷二百四十六《藝文志》二:《春秋世表》四卷（序言杜氏《春秋釋例》經乾隆中館臣蒐輯，諸門皆無甚闕佚，獨《世族譜》殘闕過甚，諸家之言世系又互有詳畧，乃攷諸書，撰為此編，以補《世族譜》之闕云）、《春秋世族譜校補》一卷、《左氏春秋義箋》十卷（摘取經傳之文而疏解之，於地理為詳，亦間宋前人之說，於趙汸、顧炎武、惠棟、沈彤、姚鼐、馬國璉、焦循所已言則不復置議），湘潭王榮蘭撰。

王榮蘭 春秋雜記 二卷 佚

◎尋霖、龔篤清編《湘人著述表》著錄。

王榮蘭 左氏春秋義箋 十卷 佚

◎光緒《湖南通志》卷二百四十六《藝文志》二:《春秋世表》四卷（序言杜氏《春秋釋例》經乾隆中館臣蒐輯，諸門皆無甚闕佚，獨《世族譜》殘闕過甚，諸家之言世系又互有詳畧，乃攷諸書，撰為此編，以補《世族譜》之闕云）、《春秋世族譜校補》一卷、《左氏春秋義箋》十卷（摘取經傳之文而疏解之，於地理為詳，亦間宋前人之說，於趙汸、顧炎武、惠棟、沈彤、姚鼐、馬國璉、焦循所已言則不復置議），湘潭王榮蘭撰。

王尚絅 春秋貫解 不分卷 存

國圖、上海、湖北藏 1932 年王汝翼鉛印王羲川先生遺書本

◎民國《天水縣志》卷之十三《藝文》二:《大易貫解》□卷、《春秋貫解》□卷、《十三經管見》□卷，王尚絅著。

◎王尚絅（1793～1844），字季平，號羲川。甘肅秦州（今天水市）人。志研經文，所搜集漢唐名人說經之書甚博。道光十七年（1837）鄉試副榜。兩年後錄遺對策，學使者駮其言，拒薦。自此絕意科場，歸家著述，稱關隴耆儒、隴上名儒。著有《大易貫解》一卷、《春秋貫解》不分卷、《四書節解》、《孝經儀禮輯》、《詩書禮輯解》、《十三經管見草》等書。

王紹蘭 春秋說 一卷 存

浙江藏稿本

◎《周人經說敘》:《經解》所言《詩》、《書》、《樂》、《易》、《禮》、《春秋》，

凡六經，自《禮》亡《樂》缺，其經文不可得而見之矣。今所存者唯《易》、《書》、《詩》、《春秋》四經而已。此四經漢經師雖有注解，亦未必深合經旨。因博采周人所說者，得《易說》一卷、《書說》二卷、《詩說》四卷、《春秋說》一卷，凡八卷。既成無能為敍，謹以孔子此言弁其首。《書》曰：「地平天成，稱也」，雖有作者，吾不敢請矣。

◎王紹蘭（1760～1835），字畹馨，號南陔，晚號思惟居士。浙江蕭山人。乾隆五十八年（1793）進士，以知縣用。六十年（1795）補屏南知縣，嘉慶元年（1796）調惠安縣，七年（1802）陞泉州府知府，十九年（1814）擢福建巡撫，二十年（1815）兼署閩浙總督。二十二年（1817）罷職歸里，閉門謝客，潛心著述。著有《董仲舒詩說箋》一卷、《匡說詩義疏》一卷、《漆書古文尚書逸文考》一卷附《杜林訓故逸文》、《桑欽古文尚書說》、《周人禮說》八卷、《禮儀圖》十七卷、《春秋說》一卷、《齊論語問王知道補亡》一卷、《夏小正逸文考》一卷、《弟子職古文考》一卷、《說文段注訂補》六卷、《凡將篇逸文注》一卷、《周人經說》八卷、《王氏經說》、《石渠之義逸文考》一卷、《地理志考逸》合一卷附《中文尚書》、《禮堂集義》四十二卷、《漢書地理志校注》二卷、《袁宏後漢紀補證》三十卷、《管子地員篇注》四卷、《老莊急就章》一卷、《讀書雜記》十二卷、《思惟居士存稿》十卷、《唐人宮詞鈔》三卷、《古詩鈔》二卷、《李杜詩鈔》四卷、《王氏泰支瓜瓞譜》七卷、《許鄭學廬存稿》、《說文集注》一百二十冊。今人輯《蕭山王氏所著書》收錄其未刊《易說》、《尚書說》、《詩說》、《禮說》、《周人春秋說》等七種。

王紹蘭輯 騶氏春秋說 一卷 存

蕭山王氏十萬卷樓輯佚七種本（清鈔）

◎漢騶氏原撰。

王紳 春秋長曆補 佚

◎同治《常寧志》卷九《藝文・經類・國朝》：王紳《經疑》二十四卷、《詩序序註分疏》、《春秋長曆補》、《字比》（嘉慶《通志》）。

◎光緒《湖南通志》卷二百四十六《藝文志》二：《春秋長曆補》，常寧王紳撰（《縣志》）。

◎王紳，字子束，號彥卿，湖南常寧人。拔貢。乾嘉間在世。主講邑中雙蹲書院，晚年任永明教諭。著有《詩序序注分疏》、《春秋長曆補》、《字比》、

《經疑》二十四卷、《史讀》三十二卷、《湖南陽秋釋地》十四卷、《珍盍堂文集》四卷、《珍盍堂詩集》、《四堂答問》，與纂《常寧縣志》二十二卷。

王繩生 春秋左氏傳古義輯說長編 不分卷 存

國圖藏稿本

◎王繩生，號芝浦。四川巴縣人。舉人。肄業四川尊經書院。著有《春秋左氏傳古義輯說長編》不分卷。

王繩曾 春秋經傳類聯 三十三卷 存

國圖藏清末至民國抄本

新鄉藏乾隆十八年（1753）刻本

雍正十二年（1734）多歲草堂刻本（各卷卷首題：多歲草堂編讀）

蘇州大學、天一閣博物館、安徽博物院、嘉興藏嘉慶七年（1802）紉蘭堂刻本

◎萬壽彭輯，屈作梅補注。

◎受業較訂姓氏：龔九疇、劉羲、孫輻、管一清、程塏、楊開鼎、唐上衡、唐道衡、陳庭蘭、蔣奭、汪熙寧、郭芳潤、郭芳躬、吳志涵、郭芳矩、劉志遂、江弘猷，江裕、羅應倫、龔寶、汪綸、許沅。男一峯、千仞較字。

◎總目：君德（四十條）。儲貳（二十條）。臣道（五十條）。父子（三十條）。宗族（三十條）。夫婦（三十二條）。閨閣（三十四條）。朋友（二十二條）。家國（六十四條）。用人（三十六條）。政治（三十二條）。禮樂（二十八條）。賞罰（獄訟附。三十八條）。朝聘會盟宴享（五十四條）。武事（上。七十四條）。武事（下。七十條）。城邑宮室（三十四條）。田獵（二十二條）。人品（四十條）。言語（三十二條）。辭受取予（三十四條）。施報（二十六條）。饞刺規譴（三十二條）。天文時令（二十四條）。祭祀（二十二條）。卜筮（二十四條）。妖祥（二十二條）。疾病喪葬（二十六條）。形體（二十四條）。車馬（五十八條）。飲食（三十二條）。服飾（三十六條）。鳥獸蟲魚（三十四條）。草木蔬果（四十四條）。

◎王序：左氏之傳麟經也，匪直以辭而已。屬辭比事，能文者取材焉。梁溪家武沂，雅有杜征南癖，編以聯句，以便記誦；類以經之，事與辭緯之。聞者爭先睹一時，同志請授之梓。或曰是書也，條貫錯綜，文成駢偶，修辭之道備矣。余頜之。雖然，亦有進。《春秋》之作，孔子曰：「其義則某竊取之」，《左氏》傳以通經，辭特寄焉耳。顧辭弗志事，於何有？事罔聞於義，又何有？

故《記》曰：「比事屬辭而不亂，則深於《春秋》者也。」今觀是編，一事而美惡迭見，一義而法戒森然，其為辭也，婉而成章，而大指歸於勸善懲惡。蓋聖賢經世之心散見經傳，武沂薈萃成文而義益顯。自非冰釋理順，惡能如取如攜、提要鈎元若是？謂以辭而已，淺之乎讀是書也已。已山愚弟步青拜題。

◎吳序：古人之書，必有才者為能治之。嘗有陳編蠹簡，一經駕針繡出，賞會既殊，剪裁亦別，遂使生面獨開，精神迸出。今夫庖人之治庖也，山海之珍水陸之產非不錯陳以待用，而鸞刀失御滋味失調，食者將蜇於口。有良庖者和之劑之，無不嘗之而旨。夫良庖所取用之材料即族庖所取用之材料也，而治具獨精且旨者，唯治庖之才良也。竊以為治經書亦然。《春秋左傳》，無人不讀之書也，每一攄摭，目迷五色，手重千金。無他，無才以運用古人，古人不為用也。吾友武沂先生，多讀古今有用之書，尤熟精於盲《左》，擷其菁華，彙為駢偶。其纂組之工薈粹之洽，爛然若天孫雲錦，非人間之機杼所成。昔王儉嘗集才學之士，類物隸事，時惟何憲為勝，賞以五花簟白團扇。王摛後至尤工，乃奪取扇簟而去。今《春秋經傳類聯》出，殘膏賸馥，沾漑一世。五花簟、白團扇，大力者負之而趨，豈其家風然歟？抑才長則觸乎成春耳！而此書又豈足以盡吾友也哉！采石同學弟吳銳拜書。

◎自序：《春秋》為聖人彰善瘅惡之書，而《左氏傳》特詳其事之始終本末，於是十二公二百四十二年之間，所載人倫之道、軍國之務以至語言動作，無不大備。嘗怪黃氏《日抄》所採《左氏》警句僅得數行，掛一漏萬，覽者病焉。及見經解中宋徐秘書晉卿《春秋經傳類對賦》，凡一百五十韻，計一萬五千言，其於十二公二百四十二年之事，亦約署備矣。然而拘於聲韻，選句難工，事弗類從，猶如野戰，龐雜之病更甚於掛漏矣。乃猶載入經解，得與諸家炳如列星，並垂不朽。信乎書之顯晦有數存焉，否邪？！茲編分類彙集，翦其雋言，聯為駢體，以便記誦。寧律不諧，不使句弱；寧句不工，毋使語俗。開府之長，其庶幾有取乎？若夫一人一事而疊見者，以其類之所分而各有取義，學者別其指歸，自不嫌於複出也。類凡三十三，條計一千二百餘。掛漏不敢知，龐雜或免矣。嗟乎，鄭漁仲氏有言：「酒醴之末，自然澆漓；文章一道，日離其本。如取材經傳，自鑄偉詞，《易》《書》《詩》《禮》外，資諸《左氏》最富，其言最為近古。編中倫道軍國大已，細而飲食服飾諸條，皆類綴焉，以為始學之一助。而其間不無可備法戒者，當亦聖人彰瘅之所不廢云爾。時雍正甲寅孟冬，梁溪王繩曾武沂氏書於多歲草堂。

◎跋：編年紀月，傳準諸經。比事屬辭，文昭其義。咄哉盲左，實言近而旨深。偉矣征南，胥理順而冰釋。窺其全豹，正不病於浮夸。相厥一斑，舉有當乎馴雅。顧大經垂諸宇宙，孰克經綸。鴻筆散為雨霖，疇知筆削。惟吾夫子，癖此有年。於彼經疏，復之無算。珠編錦織，具岸異之風流。月剪雲修，豈雷同之勦襲。即此可當比屬，義正辭嚴。維茲不讓紀編，情深氣盛。續為國語，可矇誦而師箴；擬以天文，定神工而鬼斧。邗江受業楊開鼎謹跋。

◎四庫提要〔註31〕：是書取春秋經傳之詞，稍加點竄鎔鑄，集為對偶，凡三十四類。自序有曰：「宋徐晉卿《春秋類對賦》，拘於聲韻，選詞難工，事弗類從，猶如野戰，乃猶列入經解，得與諸家炳如列星，並垂不朽。茲編分類彙集，聯為駢體，以便記誦。寧律不諧，不使句弱；寧句不工，毋使語俗。開府之長，庶幾有取乎？」其自命甚高。所稱開府之長，殆以倪璠注《庾信集》稱其善用《左傳》歟？然晉卿何足道，而殫竭心力爭此不足重輕之短長，是亦可已不已矣。

◎王繩曾（1676～1755），字武沂，號省吾、蓼原。江蘇無錫梁溪人。雍正八年（1730）進士。官揚州府教授。少從舅氏秦道然遊，去官後主講東林書院。著有《春秋經傳類聯》三十三卷、《左傳紺珠》二卷、《左傳類聯》一卷、《知古知今錄》、《澹園詩稿》、《交翠軒稿》、《寤歌存草》。

王繩曾〔註32〕**左傳紺珠 二卷 存**

黑龍江藏咸豐刻小嬛嬛山館彙刊類書〔註33〕十二種本

犍為縣藏光緒石印琅嬛獺祭十二種本

開封藏清末石印本

清刻本

◎雲間蕭士麟定齋補輯。

◎目次：卷上：總論、天文時令、妖祥怪異、城邑宮室、家國、魯（附考）、衛、晉（附考）、齊（附考）、楚、秦、鄭（附考）、吳、越（附考）、杞、宋、陳滕、君德、儲貳、臣道、父子、宗族、夫婦、閨閣、朋友、政治、用人、賞罰刑訟、武事、田獵。卷下：禮樂、朝聘會盟宴享、祭祀、卜筮、人品、形體、

〔註31〕無卷數，浙江巡撫采進本。

〔註32〕或著錄作王武沂。

〔註33〕一名《羣玉閣彙刊類書》。

言語、辭受取與、施報、譏刺規諫、疾病喪葬、車馬、舟、飲食、服飾、鳥獸、
魚蟲、草木蔬果。

王繩曾 左傳類聯 一卷 存

湖南藏乾隆二十五年（1760）李逢光刻本

王士濂 春秋世族譜補正 一卷 存

國圖藏 1932 年冀縣孫殿起後印王士濂輯刻鶴壽堂叢書二十二種本（陳厚
耀春秋世族譜附本）

1964～1969 台灣藝文印書館影印鶴壽堂叢書二十二種本

北京燕山出版社 2017 年山西省社會科學院家譜資料研究中心編歷代姓氏
文獻叢刊本

◎王士濂，字望溪。江蘇高郵人。著有《春秋世族譜補正》一卷、《左傳
同名匯記》一卷、《左女匯記》 一卷、《左女同名坿記》一卷、《左淫類記》一
卷、《四書集註考證》九卷、《四書集釋就正藁》一卷、《經說管窺》一卷、《廣
雅疏證拾遺》一卷，均刻入其所輯《鶴壽堂叢書》。

王士濂 左女彙紀 一卷 存

1932 年冀縣孫殿起鶴重印王士濂輯刻鶴壽堂叢書本

王士濂 左女同名附紀 一卷 存

1932 年冀縣孫殿起鶴重印王士濂輯刻鶴壽堂叢書本

王士濂 左淫類紀 一卷 存

1932 年冀縣孫殿起鶴重印王士濂輯刻鶴壽堂叢書本

1964 年至 1969 年臺灣藝文印書館叢書集成三編影印鶴壽堂叢書本

王士濂 左傳同名匯紀 一卷 存

1932 年冀縣孫殿起重印王士濂輯刻鶴壽堂叢書本

國家圖書館出版社 2012 年宋志英選編左傳研究文獻輯刊影印冀縣孫殿起
刻鶴壽堂叢書本

王守經　春秋四傳質　十二卷　佚

◎尋霖、龔篤清編《湘人著述表》著錄。

◎王守經，湖南湘潭人。著有《春秋四傳質》十二卷。

王守訓　春秋地理補考　四卷　存

山東博物館藏稿本（二冊。清黃縣淳于鴻恩批注）

山東大學出版社 2011 年山東文獻集成影印山東博物館藏稿本

◎王守訓，字仲彝，又字松溪。山東黃縣人。光緒十二年（1886）進士。官檢討。著有《詩毛傳補證》三卷、《讀禮日記》、《春秋地理補考》四卷、《適齋經說》、《黃縣方言記略》一卷、《韻字折衷》。

王淑　左傳行註　佚

◎道光《桐城續修縣志》卷十六《人物志・文苑》：所著有《左傳行註》《涵圃詩集》。

◎王淑，字載南。安徽桐城人。縣學生。聰穎特達，窮研經史。詩文之餘，精岐黃，兼善繪事。著有《左傳行註》《涵圃詩集》。

王樹枏　左氏春秋偽傳辯　八卷　存

臺灣藏稿本

臺北文海出版社 1974 年清代稿本百種彙刊經部影印著者手稿本

◎王樹枏（1859～1936），字晉卿，晚號陶廬老人。山東新城（今恆臺）人。光緒十二年（1886）進士，歷知甘肅甘蘭、四川資陽等縣，官至新疆布政使。著有《費氏古易訂文》十二卷、《周易釋貞》二卷、《尚書商誼》三卷、《焦易說詩》四卷、《爾雅說詩》二十二卷、《校正孔氏大戴禮記補注》十三卷、《夏小正訂經》一卷、《夏小正訂傳》四卷、《學記箋證》四卷、《中庸鄭朱異同說》一卷、《中庸大義》一卷、《爾雅郭注佚序補訂》二十卷、《爾雅郭注異同考》一卷、《廣雅補疏》四卷、《爾雅訂經》二十五卷、《說文建首字義》五卷、《畿輔方言》二卷、《閑閑老人詩集》十卷《目錄》二卷、《趙氏年譜》二卷、《漢魏六朝磚文》二卷、《新疆訪古錄》二卷、《新疆金石志》二卷、《新疆小志》一卷、《新疆山脈圖志》六卷、《新疆山脈圖》不分卷、《新疆國界圖》不分卷、《新疆圖志》一百十六卷、《莊子大同注》二十二卷、《墨子三家校注補正》二卷、《離騷注》一卷、《天章草》五卷、《將吏法言》八卷、《蟄叟》七篇、《度

量衡》、《武漢戰記》一卷、《大清畿輔先哲傳》四十卷、《大清畿輔書徵》四十一卷、《咸同兩朝列傳》、《屬國列傳》四卷、《清史地理志》二十七卷、《食貨志》六卷、《逸民傳》、《叛逆傳》、《建炎前議》一卷、《新城縣志》、《冀典》（一名《冀縣志》）二十卷、《法源寺志》八卷、《文莫室詩集》八卷、《陶廬續集》十二卷、《陶廬文內集》三卷。

王樹枏 左氏春秋經傳義疏 一百五十卷 存

中科院藏稿本

國圖藏稿本（不分卷）

◎一名《左氏春秋傳義疏》、《春秋左氏傳集注訂詁》。

王樹枏 左傳附註 不分卷 存

國圖藏抄本

王樹榮 讀左持平 一卷 存

1935 年安慶鉛印紹邵軒叢書本

1964 年至 1969 年臺灣藝文印書館叢書集成三編影印民國鉛印紹邵軒叢書本

◎王樹榮（1871～），字仁山，號紹邵軒主人，晚號戢髯。浙江吳興（今湖州吳興區）人。光緒二十年（1894）舉人。畢業於京師法律專門學堂，歷任江蘇高等審判廳推事，直隸高等審判廳推事、民庭庭長。1915 年任山西高等檢查廳檢查長。後任安徽高等法院首長。著有《讀左持平》一卷、《續左氏膏肓》六卷、《續公羊墨守》三卷、《續穀梁廢疾》三卷、《公羊何注考訂》一卷、《箋箋何篇》一卷、《續公羊墨守附篇》三卷，合稱《紹邵軒叢書七種》。又著有《剛齊法學叢刻》、《墨守家法》、《廢止無期徒刑》、《考察各國監獄制度紀要五種》、《第八次萬國監獄報告提要》、《相人偶居詩文稿》等。

王樹榮 公羊何注考訂 一卷 存

1935 年安慶鉛印紹邵軒叢書本

王樹榮 紹邵軒叢書七種 十八卷 存

1935 年安慶鉛印本

◎子目：《讀左持平》一卷、《續左氏膏肓》六卷、《續公羊墨守》三卷、《續穀梁廢疾》三卷、《公羊何注考訂》一卷、《箴箴何篇》一卷、《續公羊墨守附篇》三卷。

王樹榮 續公羊墨守 三卷 存

1935 年安慶鉛印紹邵軒叢書本

1964 年至 1969 年臺灣藝文印書館叢書集成三編影印紹邵軒叢書本

王樹榮 續公羊墨守附篇 三卷 存

1935 年安慶鉛印紹邵軒叢書本

王樹榮 續穀梁廢疾 三卷 存

1935 年安慶鉛印紹邵軒叢書本

王樹榮 續左氏膏肓 六卷 存

1935 年安慶鉛印紹邵軒叢書本

王樹榮 箴箴何篇 一卷 存

1935 年安慶鉛印紹邵軒叢書本

1964 年至 1969 年臺灣藝文印書館叢書集成三編影印紹邵軒叢書本

王樹榮 左氏非編年之史 一卷 存

上海藏民國油印本

王樹榮 左氏無釋經之例 一卷 存

上海藏民國油印本

王嗣邵 春秋箋 十卷 佚

◎王嗣邵《周易補注》華金壽序：國朝經學之盛，超邁前古。顧治經約分二途：謹守師法尺寸弗論，是謂專家之學；窮乎理之所在，且必求乎己之所安，是謂心得之學。二者固相需為用，同為六籍之功臣也。乾嘉以來，崇尚宏博，以實事求是為本，以守經義、循師法為宗。其始一二淹雅之才，欲矯空疏之弊，不惜力為其難，以風天下。而承學之士，乃徒挾其訓詁文字之長，區漢宋，分

南北，張己伐物，變本加厲，而莫識所歸。雖榕村李氏、望溪方氏之閎通精博，以其學兼漢宋，從而擯絕之，一若無與於經學者。徇其所同、詆其所弗，尚不惟學術之弊，抑亦風俗之憂也。鹿邑王協之先生，中州宿儒，承夏峰、潛庵諸君子之流風，於有宋諸儒之書類能服習而研究之。復於國朝諸經說，剖其得失，闡其精奧，糾其疏而彌其罅。初不存偏倚附和之見，以徵取一時名譽，故其所著《周易補注》、《尚書簡餘錄》、《毛詩傳異同析疑》、《春秋箋》、《目耕堂筆記》諸書，都能直抒己見，不齗齗求合於師法，而於經義要無倍焉。姚姬傳先生曰：「大丈夫雖犯天下所不韙，而不為吾心之所不安。」治經之道，亦若是。先生博取漢宋諸家之說，從而求其是以折其衷，是殆確有心得，而亦無愧於專家者與！余按試歸德畢，其後裔介廣文以先生遺書求序，余譾陋，未識先生之學視榕村、望溪為何如？然治經而必得心之所安，亦不愧姬傳先生之所謂大丈夫矣。因撮舉經學異同之概，與先生之學所獨至者，書而歸之。

◎光緒《鹿邑縣志》卷十上《藝文》一：嗣邵之學不尚專門，故說經一無所徇。

◎光緒《鹿邑縣志》卷十四中《人物》：幼穎悟，讀書一過，略皆上口。時阮刻《經解》初出，嗣邵得之，鑽研眾說，孜孜靡倦，有創獲輒筆之於冊。自是一意著述，於《易》、《書》、《詩》、《春秋》皆有所發明。乾嘉而還，北地經學家，宜推嗣邵為後勁。惜僻處偏隅，名不出於里黨。遺稿僅存，亦無有為刊刻流布者，是可慨也。

◎王嗣邵，字協之。河南鹿邑鄲城集（今屬鄲城）人。咸豐諸生。著有《周易補注》五卷、《尚書簡餘錄》六卷、《毛詩析疑》十五卷、《古毛詩》一卷、《春秋箋》十卷、《論語育德集》一卷、《古本大學解》一卷、《三字小學》、《四言孝經》、《修齊要語》六卷、《目耕堂筆記》二卷等。

王泰徵 春秋四傳輯言 佚

◎道光《徽州府志》卷十二之六《人物志・隱逸》：所著有《樗菴集》《友林漫言》《紀事詩隨筆》《春秋四傳輯言》《詩書評》《長書雋》《南華質》《五代史歎》《道德經頌》《周禮考工辨》等書。

◎王泰徵，字嘉生，號蘆人。安徽歙縣嚴鎮人。崇禎十年（1637）進士。歷吳川、新會、建陽令，俱有聲，陞禮部主事，未赴值鼎革，遂歸隱檀山，杜門教授。卒年七十有六。所著有《春秋四傳輯言》《周禮考工辨》《詩書評》《友

林漫言》《紀事詩隨筆》《長書雋》《南華質》《五代史歎》《道德經頌》《樗菴集》
等書。

王韜 春秋日食辨正 一卷 存

國圖、上海、南京、山西、中科院、中央民族大學藏光緒十五年（1889）
淞北王韜淞隱廬鉛印弢園經學輯存三種本

中華書局 1959 年排印曾次亮點校春秋曆學三種本

◎附日食五表。

◎王韜《春秋朔閏至日考》卷首《弢園著述總目・未刻書目》：《春秋日食
辨正》一卷，推算日食以中西日月對勘，頗盡細微，俾學者可以一覽瞭然，於
讀《春秋》者不為無裨，今已付美華書館排印。韜按推求《春秋》日食始於漢
劉歆，後秦姜岌、唐僧一行、宋衛朴／沈括，皆能據術法以推步，有合有不合。
惟元郭守敬以授時術上推，詳其交分食限，正其差誤，載諸《元史》，最為精
密。我朝如閻百詩、江慎修、梅定九皆有論說，而江說最為明允。余於《辨正》
中多所取資焉。

◎卷首《春秋日食說》云：古來之言日食者，皆以休咎為說，以勉其君之
修德行政，而不沾沾于考驗。劉歆、賈逵皆漢之大儒，其于軌道所交、朔望同
術之理，詎有不明？而以日食非常，闕而弗論。黃初已來，始課日蝕疏密，及
張子信而益詳。劉焯、張胄元之徒，皆謂日月可以交率求。後歷官以戊寅、麟
德術推《春秋》日食，大最皆入食限，於數應蝕而《春秋》不書者尚多。特唐
時所推日食尚未能密合也。至元郭守敬而始用授時歷，將《春秋》所書三十七
事一一為之推校而明其合否，合者詳其虧食時刻，不合者則為之推求上下月日
而移置之，於二頻食則據法以除之，載之《元史》，俾後來之言《春秋》日食
者有所考證。論者皆稱其精核，顧猶未以西法深求之也。明泰西湯若望曾著《古
交食考》一書，謂「魯《春秋》用周曆」，但其時西法猶遜于今。今英國湛氏
以新西法推算周以來日食，以西字列為一表，特其表多用西國日月，余因據之
以與《春秋》時月日相較。然不明冬至所在之日則不知西國正月之所始，因又
先推冬至在某月某日以為準，作《中西日食考》，於是《春秋》之日食始朗若
眉列矣。顧自昔諸儒之言《春秋》日食者，其說不一，《穀梁》以《春秋》有
書日不書朔、書月不書日朔者，因自創為例，有食朔、食晦、食二日、食夜之
說，上三說皆可通，食夜則於理為乖。宋王應麟曰：「《春秋》日食三十六，有

甲乙者三十四，歷家推驗精者不過二十六。唐一行得二十七，本朝衛朴得三十五。惟莊十八年，古今算不入食法。」不知當時衛朴宗何法以推算，而得合者有三十五之多？且其中尤可疑者，襄二十一年、二十四年並兩書日食，如朴言是二頻食亦入食限，必無是理也。二頻食之誤，古來歷家如姜岌、一行，皆言之鑿鑿，不必西法為然。按西歷言日食之後越五月越六月皆能再食，是一年兩食者有之，比月頻食，理所絕無。且一年兩食，中國恐不能再見也。朴殆大言以欺人耶？據國朝閻若璩所推三十六日食，其時月皆誤者二十一，莊十八年、僖十二年皆當五月朔食，文元年當三月朔食，宣八年當十月朔食，昭公七年當九月朔食。有以後月作前月、不應閏而閏先時者，如隱三年、桓三年十七年、莊二十五年三十年是也。有以前月作後月，應閏不閏而後時者，宣十七年、成十七年、襄十五年二十七年、昭十五年、定十二年是也。至僖十五年五月之交宜在四月，然乃亥時月食，非日食也。其錯謬如此。蓋史失其官，閏餘乖次，從古未有過於春秋之世，其難信亦未有過於《春秋》之書者也。誠如閻氏之說，則經傳俱不足憑矣，詎非怪事？漢劉歆以三統歷推《春秋》日食不合（即襄公時二頻食），謂古書磨滅致有錯誤，然未有屢不符者，則其說亦未可通也〔註34〕。國朝王氏夫之謂魯襄公時頻月日食者，由於誤視暈珥。此雖曲為之解，恐當時史官測驗之疏未必如是其甚也。要之，夜食之謬則以李光地之說為斷，比食之誤則以萬斯大之說為斷，如是兩者俱可通矣。李氏之言曰：「日食書朔書日，朔日食也；書日不書朔，朔後食也；書朔不書日，朔前食也；不書朔不書日，陰雨食也（萬斯大以為晦日食，蓋食晦則並非此月之日，故史不得書日也。是亦一解，實勝於李）。陰雨食則國都不見而他處見之，非靈臺所覩測，則未知其為正朔歟？朔之前後歟？是以闕之也（愚按春秋時日食乃由目覩，非憑測算。目見日食即書于策，不見即不書。春秋二百四十餘年中，豈止三十六日食耶？蓋據魯所得者而書之耳。陰雨之說，未可為信，但取其辨夜食一條耳）。若夫夜食之說，於理殊非。日食不占夜，猶月食不占晝，是以唐一行之作歷也，上溯往古，必使千有餘年日食必在晝、月食必在夜也。」萬氏之言曰：「襄時四年而再頻食，歷法所必無。此出一史官之記載，由其怠慢，食時失記，從後追憶，疑莫能定，遂兩存之。《春秋》因而不削，所謂疑以傳疑也。」（李光地亦云：「襄時連月日食，非變

〔註34〕「其錯謬如此。蓋史失其官，閏餘乖次，從古未有過於春秋之世，其難信亦未有過於《春秋》之書者也。誠如閻氏之說，則經傳俱不足憑矣，詎非怪事？漢劉歆以三統歷推《春秋》日食不合（即襄公時二頻食），謂古書磨滅致有錯誤，然未有屢不符者，則其說亦未可通也」某標點本無此段。

也，蓋史者異文。或曰『九月庚戌』、或曰『十月庚辰』，而夫子兩存之以闕疑耳。」其見亦與萬氏斯大同）。因推求日食而彙聚諸家之說，以俟明者擇焉。

◎上海古籍出版社 2015 年《續修四庫全書總目提要・春秋類》「《春秋日食辨正》一卷」：是書亦《弢園經學輯存》之一種。韜旅英期間，精研《春秋》曆學，參以西法，作《春秋朔閏日至考》、《春秋日食辨正》、《春秋朔閏表》三書，理雅各以為論《春秋》年代者莫能媲美，湛約翰謂此可以定古曆之指歸，決千古之疑案。是書一卷，另有《宣公七年六月癸卯朔日食圖》及《日食五表》附之卷末。其篇首《春秋日食說》謂英國湛約翰以新西法推算周以來日食，以西字列為一表，特其表多用西國日月。韜因據之，以西法推求日食，以湛約翰之《幽王以來日食表》與春秋時月日互相對勘。《春秋》日食三十七事，以西法推之，合者僅十有六事，餘皆差謬。大抵閏餘失次，日月遂致乖違。案推求《春秋》日食，始於漢之劉歆。後秦之姜岌，唐之僧一行，宋之衛朴、沈括，皆能根據曆法以推步，有合有不合；惟元之郭守敬以《授時曆》上推，詳其交分食限，正其差誤，載諸《元史》，最為精密。清之閻若璩、江永、梅文鼎、徐發、陳厚耀、姚文田、施彥士、范景福皆有論說。江永之說最為明允，韜於《辨正》中多所取資。韜彙聚諸家之說，辨正諸家之失，亦多能中理。所推冬至，稿凡三易，頗盡細微，俾學者可以一覽瞭然，於讀《春秋》者不無裨益。此本據華東師範大學圖書館藏清光緒十五年鉛印《弢園經學輯存》本影印。（孫文文）

◎王韜，原名利賓，又名王瀚，同治元年（1862）亡命香港，改名王韜；字仲弢，號淞北逸民、天南遯叟。先世居江蘇昆山，後遷至甫里。屢試不售，絕意仕進，受聘於墨海書館。嘗赴英倫佐英理雅各《中國經典》後三卷。後主筆香港《循環日報》。晚主講上海格致書院。著有《周易集釋》、《毛詩集釋》三十卷、《禮記集釋》、《蘅華館雜錄》（《苕花廬日志》《蘅華館日記》《書目》二卷、《瀛壖雜志》一卷、《銘香寮志》一卷）、《滬城聞見錄》《蘅花館印譜》《夏日閨中雜詠》、《法國志略》二十四卷、《普法戰紀》二十卷、《甕牖餘談》八卷、《四溟補乘》三十六卷、《西古史》四卷、《西事凡》十六卷、《俄羅斯志》八卷、《美利堅志》八卷、《臺事竊憤錄》三卷、《乘槎漫記》一卷、《漫遊隨錄》三卷、《扶桑遊記》三卷、《西學輯存六種》（《西國天學源流》《重學淺說》《華英通商事略》《西學圖說》《西學原始考》《泰西著述考》）、《格致新學提綱》、《火器略說》（合著）、《弢園文錄》八卷、《弢園文錄外編》十二卷。

王韜 春秋日食考 一卷 存

上海藏稿本

王韜 春秋朔閏日至考 三卷 存

上海藏稿本（二卷）

國圖、上海、南京、山西、中科院、中央民族大學藏光緒十五年（1889）淞北王韜淞隱廬鉛印弢園經學輯存三種本

中華書局 1959 年排印曾次亮點校春秋曆學三種本

◎黃遵憲題端：《春秋朔閏至日考》。

◎一名《春秋朔閏至日考》。

◎目錄：上卷魯隱公元年正月朔日考、春秋置閏說、僖公五年丙寅歲正月辛亥朔日南至、昭公二十年己卯歲正月己丑朔旦冬至、文公元年無閏三月說、周不頒朔列國之秭各異說、晉用夏正考、經文四時不具說、閏月不必定在歲中、春秋時重歲星多用推步之法、傳兩書日南至辨、歲星不可以今法推說、古秭分至不繫時、非左氏原文辨、辰在申再失閏辨、杜元凱減閏辨、與西儒湛約翰先生書、校勘春秋朔至日與湛約翰先生書、與湛約翰先生書論姚氏長秭之謬。中卷春秋長曆考正。下卷長曆考正。

◎王韜《春秋朔閏至日考》卷首《弢園著述總目・未刻書目》：《春秋朔閏至日考》三卷，是書已付美華書館排印，以經學中猶涉算法，世人或有問津者，故先刊以問世。考推算《春秋》秭日者始於劉歆，逮晉杜元凱始作長秭，而僧一行、趙東山繼之，互相推求，然猶未精也。國朝陳泗源、顧震滄、姚秋農三家亦各有所得失。余準冬至以定朔日，依經傳以置閏月，由日食以求歲正，而後春秋二百四十二年之日月，瞭然如指諸掌上矣。雖後起者易為功，而於古今中西秭學之源流，要不可不考其異同以衷於一焉。

◎摘錄上卷《與西儒湛約翰先生書》：吳郡王韜頓首言：佐譯麟經，茲將成事，惟《春秋》朔閏疏密之故，尚有未明。大箸《幽王以來日食表》附載於理君所纂《尚書集解》中，惜字同蝌蚪古經，無可辨識，所論春秋日食三十六事，知多未合。韜曾以西國日月推合春秋時所記日食，其失閏前後大抵同於《元史》，此郭守敬《授時曆》所以為中法之精密者。韜因此撰成《春秋日食中西對勘表》一卷，惟郭守敬所步冬至與韜見所推者殊為未符，此在我朝如江慎修徵君（徵君名永，安徽婺源人。精於曆法，箸有《翼梅》等書）已先言

之，蓋由失之於先天也。韜因是潛思力索，竭二十餘日之功，撰成《朔閏冬至細表》一卷。自來治《春秋》歷學者如晉杜元凱《長曆》、唐僧一行《開元大衍曆》，我朝則有陳泗源（名厚耀，以算學聞）之《春秋長曆》、顧震滄之《朔閏表》、姚文田之《春秋經傳朔閏表》，皆其彰明較著者也。寂居海外，典籍無多，不足以資佐證。陳曆韜未之見，杜曆雖經散佚，而近已搜集於《永樂大典》中輯為完書，其餘則尚存什一於孔沖遠《正義》、趙東山《屬辭》中，韜但就所有者而參稽之。竊謂此數君子者咸未能深求其故矣。大衍曆雖循古術，而於經傳多違戾。元凱、震滄未明曆算，祇就經傳上下日月推排干支，遇有窒礙則置閏以通之，委曲遷就，其弊得失參半。杜之弊在狥傳，不以為傳誤而反謂經誤。顧氏雖時能矯杜之失，而用心彌勤差之愈遠。須知不由推步則無從知其失閏，必先以今準古而後古術之疏乃見、失閏之故可明。徐文定公曰：「鎔西人之巧算入大統之型模，斯可以得《春秋》經傳之日月矣。」顧韜雖纂有成書，未敢以之自信。尤願折衷於大雅以定指歸。今特繕寫別冊呈上，伏乞詳加披覽，訂其舛謬，一一釐正之，俾《春秋》二百四十二年中之日月瞭如指掌，為治《春秋》者不可少之編。則豈第加惠於後學，抑亦有功于聖經非淺矣。韜實於先生有厚望焉。別附疑問十餘條，更乞進而教其不逮，幸甚。韜頓首。

◎摘錄上卷《校勘春秋朔至日月與湛約翰先生書》：吳郡王韜頓首再拜奉書湛牧師大名世閣下，伏讀大箸《春秋麻日表》，自隱公元年己未迄哀公十六年壬戌凡二百四十二年，每歲列冬至甲子以推天正，而每月附以經文甲子之可考者以為佐證。其或經文甲子間有前後不符者，則以為誤文，不復登錄。其置閏疏密則以春秋時麻為準，立意殊微，用心甚細。韜反復推尋，迺知其義。表中每歲所列冬至甲子與正月差在十餘日以外者相距較遠，僅差在七日以內者相距較近，其正月賓係建子之月，冬至適在正月者則正月列於前而冬至甲子列於後。推其義例，大概如斯。因以謂所推驗者，互相比證，殊多吻合。特其中亦有一二獻疑者，謹列如左……韜再頓首言：數日以來，偶嬰寒疾，頭目昏眩，不能構思覆核。尊表極佳，敬當奉為準的。但篇首不可不作凡例數條，俾讀者易曉。俟韜校譯漢文，冠以凡例條目，用以嘉惠後學。否則閣下之表皆以西字排列，幾同蝌蚪古經，而所列又但係甲子不置一說，是不獨中國儒者對之茫然，即西儒亦恐罕通其義。其能揣探閣下用心所在者惟韜一人而已。入春將半，天氣尚寒，諸維為道自重，不宣。

◎摘錄卷首光緒己丑七月下澣《弢園醵貲刻書啟》：前後所有著述凡三十六種，已付剞劂者十有二種，散編於他書者五種，然則刊以問世者僅得其半耳，今年擬第次授梓……今擬設立弢園書局，醵貲刊印。如有諸友願助以刻貲者，皆作股分核算。每股二十五圓，自一股至二十股，各隨其意。即書坊夥友有願出貲得書者，亦可入股。凡預分者，照例先給股單，每印書蕆事，必分饋入股諸友一二部不等，或視股分若干為饋書之多寡。在股諸友有欲取書者，必照極廉之價，其值即於股單積算扣除。或有不願得書而欲取還股價者，即按每次售書所入，照股均派，每書一種，排印以一千部為率，自分饋出售皆有清單作據，分毫無所私也。余印書之舉業已從事，先於美華書館以活字板排印《春秋朔閏至日考》《春秋日食辨正》，不日竣工，即可貽贈同人，無論襄助之有無、刻貲之集否。鄙意已決，事在必行。

◎孫殿起《販書偶記》卷二：《春秋朔閏至日考》三卷、《日食辨正》一卷、《朔至表》一卷，長洲王韜撰。光緒己丑鉛字排印本。

◎上海古籍出版社2015年《續修四庫全書總目提要・春秋類》「《春秋朔閏日至考》三卷」：是書即《弢園經學輯存》之一種。其題名，《弢園經學輯存》本題簽及《弢園著述總目》均題作「春秋朔閏日至考」，然《弢園經學輯存》本正文均作「春秋朔閏至日考」。案「日至」及「至日」，均謂冬至、夏至，其義皆通，今從黃遵憲題簽。是書凡三卷，屬稿於英倫。大旨以經學涉西土算法，推《春秋》朔閏至日。上卷雜論置閏失閏、列國曆異等目，並錄與英籍傳教士湛約翰商榷書信。中卷及下卷考證《春秋長曆》之朔閏、日至、建正，及經、傳相關記載。案推算《春秋》曆日者，始於劉歆《三統曆譜》。逮晉杜預始作《長曆》，以古今十曆驗春秋交食，而僧一行、趙東山、衛朴、郭守敬繼之，互相推求，然猶未精。清陳厚耀《春秋長曆》、顧棟高《春秋大事表》、姚文田《春秋經傳朔閏表》三家，稍明曆法，推算亦較密，然算法未精，亦各有所得失。此書於《長曆》正其譌舛，補其疏略，更參用西土算法，詳為推考。準冬至以定朔日，依經、傳以置閏月，由日食以求歲正，而後《春秋》二百四十二年之日月瞭然如指諸掌。雖後起者易為功，其間於經、傳或未能盡合，推算亦不免偶疏，然於千載之下以西法考《春秋》日月，不得不謂為有功於《春秋》之學。此本據華東師範大學圖書館藏清光緒十五年鉛印《弢園經學輯存》本影印。（孫文文）

王韜 春秋朔至表 一卷 存

國圖、上海、南京、山西、中科院藏光緒十五年（1889）淞隱廬弢園老民刻本

光緒十五年上海美華書館石印弢園經學輯存本

中華書局 1959 年排印曾次亮點校春秋曆學三種本

◎一名《春秋朔閏表》。

◎跋：古人窮經致用，務求其通。至如《春秋》一書，日月甲子非大義之所在，聖人於此本不留意，闕者疑之，甲戌、己丑，史官既已兩存，不必為之更正，此最通論也。後儒必欲為之推步以衷一是，於是聚訟紛紜，各持一說，而《春秋》幾於不可讀矣。善讀《春秋》者，欲考訂於日月，其事有四：一曰朔日，二曰至日，三曰置閏，四曰日食。朔、閏可移而日至、日食不能移，定閏必推中氣，斟酌置閏以合干支，尤當斟酌置閏以合食限。於是用平朔不用定朔，用恒氣不用定氣，用食限不用均數，此後世疇人家據秔法以上推之說也。其論《春秋》朔閏日食者，如漢晉六朝唐宋元以前無論已，近則若陳泗源、顧震滄、江慎修、陳懋齡、范景福、姚秋農、徐圃臣、施彥士、宋慶雲諸家，皆有專書，得失互見。襄公年間，一歲兩日食，史官明載於策書。比月頻食，必無之理。先儒求其義而不得，後世說者多為懸擬之詞，猶閻百詩謂必係某公某年有日食脫簡誤置於此，其說是也，猶宣公十七年六月癸卯朔日食為七年錯簡之誤，同一理也。杜氏於襄二十七年頓置兩閏，此亦理之所必無。陳氏泗源號為秔算名家，而於此亦無異詞，殊不可解。姚文僖公則從而尤甚焉，創為三年運閏一年三閏之說，《春秋》置閏雖多舛謬，斷不至如是之甚。羅氏士琳譏其誤據《漢志》太初元年丙子，遂以隱公元年當為戊午，開卷便錯，其他可知。竊謂其所著《春秋經傳朔閏表》雖不作可也。要之，《春秋》雖屬聖經，而史官當時紀載日名豈無失真，後世即欲據秔以上推，而歲實消長必有所差，豈能密合？漢末去古未遠，宋仲子以七秔考《春秋》，已有合有不合，矧在二千年以後哉！故余之所推，仍當質諸世之精通秔法者，不敢以之自信也。光緒己丑古重陽日，淞北逸民王韜自識於淞隱廬。

◎王韜《春秋朔閏至日考》卷首《弢園著述總目・未刻書目》：《春秋朔至表》一卷，是書以冬至為經、朔閏為緯，積十九年為一章，於一歲周天之數不爽分毫。於是經傳所書日月，或合或不合，瞭然如指諸掌。雖不能為長秔之功臣，亦庶乎不蹈杜元凱、顧震滄之覆轍矣。

◎王韜《弢園尺牘》卷八《代上丁中丞書》：曾膺西儒聘往英，二十有八閱月，茲已歸自歐洲，縱橫三萬里，周曆四五國，泰西汗漫之遊，足以供其眺覽，極北蒼涼之境，足以蕩其胸襟。飆車電馭，逐日而馳，火艦風輪，衝波直上，所見奇技異巧，格致氣機，殆不可以僂指數。曾觀書於英京太學，及其歸也，以所携書萬一千卷，置之博物院中，太學諸儒，無不同聲嘉歎。其旅居於蘇格蘭境者最久，地處英倫之北界，當冰海之偏，四時則少煥多寒，一歲則常冬不夏。杜拉一山，最為勝地，林木葱鬱，泉水瀠洄，顧未逮杪秋，雪霜陰沍，枯樹寒鴉，凄戾萬狀。在其國中，著有《春秋朔閏考辨》、《春秋日食圖說》、《乘桴漫記》三書，屬藁甫定，遽爾言旋，以故未及繕錄真本。王君雖未能深究英文，而頗肯鈎抉情偽，探索問學，以成西國一家言。飢驅四方，卒未輟業，是則其志可憫，而其遇亦可悲已。抑蒙更有請者，地志一書，體例所繫，原無區於中外，原其流變，可得而言，凡所紀載，亦惟是圖方域，具山川，考風俗，詳物產而已。皇古所傳，不可得窺，而如《夏書‧禹貢》之篇、《周禮》職方之紀，揆厥大較，斯近之矣。自是而降，則若弘憲《元和郡縣志》、樂史《太平寰宇記》，或涉勝蹟，或葺藝文，踵事增華，濫觴於此。後之作者，等諸自鄶，無譏焉爾。海外輿圖，詳者實罕。漢唐以來，聲教漸訖，然自葱嶺之北，身毒而西，珥筆所及，即多茫昧。有明中葉，歐境始通，於是《職方外紀》《坤輿全圖》相繼並興，頗稱徵實。此外非無纂輯，而非瑣屑小言，即荒誕不可致詰耳。逮夫近代，光氣大開，琛賮遠來，梯航畢集，名碩留心於掌故，西儒喜述其見聞。因是徐君松龕輯《瀛環志略》、魏君默深著《海國圖誌》，而西洋瑪吉士則有《地理備攷》，英國慕維廉則有《地理全志》、《英志》，合眾裨治文則有《聯邦志略》。巨帙宏編，網羅繁富，彬彬乎登大雅之堂，入著作之林矣。後之言西事者，必於此取資焉。

◎王韜《弢園尺牘》卷十《與楊甦補明經》：《弢園尺牘》近已付諸欹劂氏，寄奉四冊，藉塵清誨。四卷以後，大抵為曩時所未見，自足下觀之，其為賜也日損乎？抑為商也日益乎？文集八卷、詩集六卷，見擬次第登木，《詅癡符》遍處呼賣，殊不值識者一噱耳。蒙生平用力所在，為《春秋左氏傳集釋》六十卷、《皇清經解校勘記》二十四卷，以卷帙繁重，尚待集貲。至《春秋朔閏考》《春秋日食說》《火器說略》三書，明歲當俱可蕆事。其講述四部、入之雜家者，則有《老饕贅語》。其述泰西輿圖掌故者，則有《西事凡》《四溟補乘》，而《乘桴漫記》則西行紀游之作也，雖已屬藁，尚未成書。蒙之著述，盡於此

矣。旅粵十有五年，雖陸賈之裝未貯千金，而鉛槧之富頗有可觀。天之所以厄之者，殆將有以成之歟？嗟乎！此豈始料所及哉！憂患餘生，百不足遺，惟縱情紬素、寄意楮豪，與為性命，陶寫牢愁。

◎和刻五卷本《蘅華館詩錄》卷首明治十三年冬嘉平月念一日日本鴻齋石英撰并書序：聞吳門有天南遯叟，博文宏記，洽極群籍，獨抱忠藎之忱，夙有濟世之志。當粵賊蔓延江表，自叩轅門，屢進奇策。以事涉嫌疑，不為世用，浩然歸去，避身山林。華門圭竇之中，壹以著述為事。然名儒宿德，聞其名者，莫不千里命駕，造廬進謁。由是聲價益廣，人皆尊信焉。同治己巳，遠游歐洲，詳察其風土人情、政事學術及軍法器械、諸技百般，欲著一書，使談泰西掌故者為考鑑。於是始有《普法戰記》之著。斯書流傳，迄於我邦。余初一讀，竊以為此書生之譚，雖辯才富贍，譯西史所述，未足以為奇也。我若相見，應捫蝨而談焉耳。後又讀《遯窟讕言》、《瀛壖雜志》、《春秋朔閏考》、《甕牖餘談》等諸書，憮然以為此非常之才，所謂萬人之敵也。區區修邊幅者，非可敢當。因遙想望風采，相慕久矣。

◎上海古籍出版社 2015 年《續修四庫全書總目提要・春秋類》「《春秋朔閏表》一卷」：是書亦《弢園經學輯存》之一種。其題名，《弢園經學輯存》本題籤作「春秋朔閏表」，然《弢園著述總目》及《弢園經學輯存》本正文均題作「春秋朔至表」。案跋云：「善讀《春秋》者，欲考訂於日月，其事有四，一曰朔日，二曰至日，三曰置閏，四曰日食。」故題曰「朔閏」及「朔至」均有所本，今從題籤。韜於《弢園經學輯存》目錄云，此皆旅居海外時所作。吳寶忠序《弢園經學輯存》亦稱韜中更憂患，遯跡炎陬荒域異民中，言無與聽，乃西士理君雅各，獨潛心壹志於十三經，於《詩》、《書》、《禮》、《春秋》，次第從事，每至案頭，辨析問難，往復再三。因是反得留心服、杜、鄭、孔諸家之論述，討津溯源，時有著撰，《弢園經學輯存》六種，即此時所作。是書一卷，據《春秋》朔閏至日，排列為表，每列一年，分十二格，月居其一格，書其朔日之干支，遇閏年則置十三格，每半頁為十九列。以朔閏可移，而日至日食不可移，故用平朔不用定朔，用恒氣不用定氣，用食限不用均數。其書始於隱公元年癸亥冬至，終於哀公十八年丁亥冬至，以冬至為經，朔閏為緯，積十九年為一章，於一歲周天之數，不爽分毫。於是經、傳所書日月，或合或不合，瞭然如指諸掌，誠有裨於學者。此本據國家圖書館藏清光緒十五年上海美華書館石印《弢園經學輯存》本影印。（孫文文）

王韜 春秋左氏傳集釋 六十卷 存

上海藏稿本（不分卷）

◎王韜《春秋朔閏至日考》卷首《弢園著述總目‧未刻書目》：《春秋左氏傳集釋》六十卷》，是書在經學中卷帙最繁，繕錄清本雖已廿年，尚待集貲付刊。然漢學諸家之說搜羅殆盡，是以未忍久秘諸篋衍。特以經學一門非近日投時利器，不禁為之掩卷三歎。竊謂《春秋左氏傳》自漢盛行，稱為古文。前乎杜元凱《集解》者有賈、服、劉、許、馬、彭、延、潁諸家之注，與鄭氏羣經箋注竝行於魏齊周隋之際。自《集解》出而諸說微，《正義》行而古義亡，殊可惜也。後儒譏杜氏疏於訓詁，而所採前賢義訓隱而不言，未免近於攘善。余於註釋經傳竝不專主杜氏，於杜說所不能通者，則據諸家之說為折衷；而於近儒各解亦所不廢，集釋之名，亦以副乎其實也。

◎王韜《弢園文錄外編》卷十一《弢園老民自傳》：不得已航海至粵，旅居香海。自此杜門削跡，壹意治經，著有《毛詩集釋》，專主毛氏，後見陳碩甫《毛氏傳》、胡墨壯《毛詩後箋》，遂廢不作。同治二三年間，李宮保方次第克復吳中郡縣，老民代粵人某上書宮保陳善後事宜，並言諏遠情，師長技，自致富強之術，頗蒙采納。六年冬，西儒理君雅各招往泰西佐譯經籍，遂得遍遊域外諸國，覽其山川之詭異，察其民俗之醇漓，識其國勢之盛衰，稔其兵力之強弱。道經法都，得瞻其宮室之壯麗，士女之便娟，廛市之駢闐，財物之殷阜，與英之倫敦並峙稱雄，同為歐洲巨擘焉。既至英土，居蘇格蘭之西境，其地近北極，少燠而多寒，春夏之交，徹夜有光，而山水清淑，巖壑秀美，遊屐所至，殊足娛情適志。九年二月還粵。此三年中，老民以孤身往還數萬里，嘗登舵樓以眺望，決目極天，蕩胸無際，波濤消其壯志，風雨破其奇懷，未嘗不感愴身世，悲憫天人，擊碎唾壺，淚涔涔墮也。老民既還自泰西，當事頗有知其冤者，或貽書勸其出山，或欲托人招致幕下，老民俱謝不往。豐順丁公，一代偉人也，尤賞識老民，謂當今通達時務，熟稔外情，莫若老民，為之揄揚於南北諸大僚，於是諸大僚始稍稍知有老民者。嗚呼！此老民生平第一知己也。老民固極思感激馳驅以報知己，而憂患以來，精氣消亡，才華零腐，既不能上馬殺賊，下馬草檄，又不能雕琢文字，刻畫金石，以稱頌功德，徒為聖朝之棄物，盛世之廢民而已。辛未秋，普、法戰事起，七閱月而後定，老民綜其前後事實，作《普法戰紀》。是書雖僅載二國之事，而他國之合縱締交，情偽變幻，無不畢具，於是談泰西掌故者，可以此為鑑。惟倉卒秉筆，或患冗蕪，尚有待於異日之重

輯，而老民自知其必傳於後無疑已。癸酉，香海諸同人醵貲設印局，創行日報，延老民總司厥事，老民著述乃得次第排印。光緒五年己卯，老民作東瀛之游，藉以養宿痾，滌煩慮。取道滬瀆，放棹金閶，得重見故鄉風景。闊別二十年矣，真覺城郭則是，人民則非，有丁令威化鶴歸來情況。及身而重閱滄桑，生還枌梓，固老民初念所未及料者也。既至日東，遍歷崎陽、神戶、浪華、西京諸名勝，居江戶者十旬，遍交其賢士大夫，一時執贄請受業者戶外履滿，壺觴之會、壇坫之開，無日無之，唱和諸作，頗有豪氣。中又為日光山之游，遍覽諸瀑布，窮其幽邃。老民將歸，日之賢士大夫餞別於中村酒樓，星使、參贊以下至者百有餘人，日人謂自開國數千年來所未有也。老民久居粵東，意鬱鬱不歡，恒思歸耕故鄉，卜居於莫厘、鄧尉之間，築三椽之屋，拓五畝之園，藏書數萬卷，買田一二頃，徜徉誦讀其中，優游卒歲，以沒吾齒。顧是願卒未能遂，豈非天耶？嗚呼！老民雖流徙遐裔，僻處菰蘆，而眷懷家國，未嘗一日忘。嘗言此十數年中，時局一變，發、捻、回、苗悉數蕩平，左帥用兵新疆，擴地數萬里，功震寰中，威行徼外，赫然見中興盛烈。然而泰西大小諸邦，叩關互市，輒以兵力佐其商力，所至各埠，設官置戍，艨艟相望，每挾其所長，從而凌侮我，來必應請必遂，一旦齟齬，環而伺我者數十國，腹心肘腋間遍布森列，幾於國不可為國矣。嗟乎！此蓋誤於羈縻之說，而駕馭未得其宜也。近者日併琉球，俄據伊犁，我國家並持節往問，而時虞失和，勢且岌岌。老民外感於時勢之艱難，內憤於措施之顛倒，舊疾陡發，誠使祈死得死，亦復何憾。老民有弟曰利貞，字叔亨，一字諮卿，讀書未成名而卒，年僅二十有七。有姊曰娛，字伯芬，嫁吳村周氏，癸酉六月先老民而逝。老民妻楊氏夢蘅，名保艾，字臺芳，娶僅四年沒於滬。續娶林氏名琳，字懷蘅，一字泠泠。經歷患難中與老民同甘苦。老民無子，有女二，長曰婉，字苕仙，歸吳興茂才錢征，早殤；次曰嫻，字檿仙，生不能言，嗚呼！老民既無子矣，而複奪其女，不解造物者所以待之抑何刻酷至斯哉！自始祖必憲至今二百四十餘年，七葉相承，五代單傳，僅得男子十有五人，老民以下有從姪三人，相繼夭沒，於是自明以來，巋然碩果，僅存老民一人而已。天之所廢，誰能興之？天不獨厄老民，而或將並以毒王氏也。恐王氏一線之延，至老民而斬矣。噫嘻！不大可痛歟？尤可異者，曾王父娶於沙氏，大父娶於李氏，父娶於朱氏，其家並無後。老民弟娶於夏氏，鬢齠俱亡。老民先娶於楊氏，危乎不絕如縷，繼娶於林氏，亦已不祀，祖姑嫁於汪，伯姑嫁於曹，宗祧並絕。老民族黨無存，密親蓋寡，側身天地，形影相弔，豈天之

生是使獨歟？老民每一念及，未嘗不拔劍斫地，呵壁問天也。老民少承庭訓，自九歲迄成童，畢讀群經，旁涉諸史，雖說無不該貫，一生學業悉基於此，自後奔走四方，無暇潛心默識矣。父在未嘗盡一日養。奉母居滬上，扁舟道路，甘旨缺如，而母氏絕無不豫色，但勖以忠義節廉而已。老民母固知書識大體，四五歲時，字義都由母氏口授，夏夜納涼，率為述古人節烈事，老民聽至艱苦處，輒哭失聲，因是八九歲即通說部。吳門既亂，母氏憂形夢寐，逮老民遘罹奇禍，母氏竟以憂殞其生，老民以此積慘終身，痛欲剚心，臠難糜體，雖仍偷息人世，不可復為人矣。老民於詩文無所師承，喜即為之下筆，輒不能自休，生平未嘗屬稿，恒揮毫對客，滂沛千言，忌者或訾其出之太易。至於身遭讒謗，目擊亂離，懷古傷今，憂離吊逝，往往歌哭無端，悲愉易狀，天下傷心人別有懷抱也。老民邇來潦倒頹唐，百事俱廢，去冬咯血，至今未愈，日在藥爐火邊作生活。深懼一旦溘然，平生著述必為人拉雜摧燒，因先將《詩錄》八卷檢付手民，其餘藏於行篋者尚多，不足供糊窗覆瓿。因病得閒，聊自料理，所著有《春秋左氏傳集釋》六十卷、《春秋朔閏考》三卷、《春秋日食辨正》一卷、《皇清經解札記》二十四卷、《瀛壖雜志》六卷、《臺事竊憤錄》三卷、《普法戰紀》十四卷、《四溟補乘》三十六卷、《法志》八卷、《俄志》八卷、《美志》八卷、《西事凡》十六卷、《甕牖余談》十二卷、《火器說略》三卷、《乘桴漫記》一卷、《扶桑游記》三卷、《海陬冶游錄》七卷、《花國劇談》二卷、《老饕贅語》十六卷、《遁窟讕言》十二卷、《淞隱漫錄》十六卷、《弢園文錄》八卷、《弢園文錄外編》十二卷、《蘅華館詩錄》八卷、《弢園尺牘》十二卷、《弢園尺牘續鈔》四卷，都二十有六種。生而作傳，非古也。老民蓋懼沒世無聞，特自敘梗概如此。

◎張海林《王韜評傳》第四章：將中國上古經典翻譯成現代英文是一項十分困難艱巨的工作。這些經典成書時間早，文詞古奧晦澀，所述歷史事實既簡賅不詳，又真偽參半，加上後人注疏汗牛充棟，觀點千變萬化，莫衷一是。非學貫中西、大才大識者幾乎無從下手。理雅各和王韜翻譯的成功，充分表現了他們的學術功力和治學才華。王韜的工作尤其艱苦。他負責所有譯著的「前期基礎工程」，每譯一經，他必須事先廣搜博集，詳加考訂。然後集歷代各家注疏之長。並犀入自己的研究心得，寫成筆記，以供翻譯之用。他的治學原則是兼採諸家，不宗一派，對理雅各弄不懂或有疑問的地方，還需討論講解。在整個翻譯過程中，王韜單研究性的筆記就有《皇清經解校刊記》

24 卷、《國朝經籍志》8 卷、《毛詩集釋》30 卷、《春秋左氏傳集釋》60 卷、《春秋朔閏日至考》3 卷、《春秋日食辨正》1 卷、《春秋朔至表》1 卷、《禮記集釋》和《周易注釋》。

王天恨 言文對照春秋左傳句解 存

國圖藏上海國學研究社 1947 年排印本

上海廣益書局 1949 年排印本

文聽閣圖書有限公司 2008 年民國時期經學叢書第二輯影印本

◎各卷首題：長洲韓棻慕廬甫重訂，吳陵王紓運天恨甫譯釋。

◎廣告頁：

繼續對於國學要籍的巨大貢獻：《大學／中庸／論語／孟子四書白話句解及朱註本言文對照》，句解全用語體文，逐句直譯，以原文一句語體亦一句為原則。間有原文所包者廣，或必須增註之處，則就原文語氣以意譯聯貫之。他本每有含糊塞責處，讀之如不讀，甚至與原文意義相悖謬亦所在多有。本書解者博考羣籍，詳加研究，遇他本含糊處必抉破之，悖謬處則糾正之，務使讀者獲有明確概念。又於每章之末揭出章旨，亦僅一句或二三句，提要鈎元，有探驪得珠之妙。採為讀本，最是相宜。

白話句解既如上述，同時並有言文對照本，將原文之精微奧義透徹達出，與朱註相互發明。蓋此本係以朱子《章句集註》原刻付梓，而將對照文附於每章之後者。

兩種均用活體字排版精印，各有袖珍本以便攜帶。校讎周密，一掃魯魚亥豕之弊。

上海國學研究社最新出版。

王廷鼎 讀左瑣錄 一卷 存

光緒十七年（1891）刻紫薇花館集‧紫薇花館經說本

◎俞樾《春在堂雜文》五編卷三《王夢薇傳》：君所著書甚富，已刻者《紫薇花館經說》四卷、《紫薇花館小學編》二卷、《說文佚字輯說》四卷、《尚書職官考略》《退學述存》《月令動植小箋》《讀左瑣錄》《字義鏡新》《彪蒙語錄》《杖扇新錄》《花信平章》各一卷、《紫薇花館詩》四卷、《紫薇花館文》三卷、《春光百一詞》、《鶯脰湖棹歌》、《西湖百詠》、《西磧雪鴻》、《北征日記》、《南

浦行雲錄》各一卷,《裕德堂一家言》三卷均行於世,未刻者《杭防營志》四卷、《花市間吟》、《綠鶴新音詞》、《西湖風味》各一卷,又《論語考》未定卷數,均藏其家。

◎俞樾《春在堂雜文》五編卷七《花市閑吟序》:夢薇所著書甚多,已刻者三十八卷,未刻者尚有如干卷。

◎王廷鼎(～1892),字銘之,號夢薇、嬾鶴。震澤(今江蘇蘇州市吳江區)平望鎮人,後入吳縣(今蘇州)。俞樾弟子。太平天國時天試進士第三人,又中同治四年(1865)浙江鄉試舉人。官浙江縣丞。著有《論語考》、《紫薇花館經說》四卷、《紫薇花館小學編》二卷、《說文佚字輯說》四卷、《尚書職官考略》一卷、《退學述存》一卷、《月令動植小箋》一卷、《讀左璅錄》一卷、《字義鏡新》一卷、《彫蒙語錄》一卷、《杖扇新錄》一卷、《花信平章》各一卷、《紫薇花館詩》四卷、《紫薇花館文》三卷、《春光百一詞》一卷、《鴛胭湖棹歌》一卷、《西湖百詠》一卷、《西磧雪鴻》一卷、《北征日記》一卷、《南浦行雲錄》一卷、《裕德堂一家言》三卷、《杭防營志》四卷、《花市間吟》一卷、《綠鶴新音詞》一卷、《西湖風味》一卷。

王圖鴻 春秋四則 佚

◎道光《濟南府志》卷六十四《經籍》:《三傳義例》《春秋四則》《字韻》《唐宋詩辨》《八大家論斷》《胡傳鈔》,新城人王圖鴻撰。

◎民國《重修新城縣志》卷十六《人物志》四:所著有《胡傳鈔》《三傳義例》《春秋四則》等書。又作《字韻》《唐宋詩辨》《八大家論斷》,纂述甚多。

◎民國《重修新城縣志》卷二十四《藝文志》一:《春秋四則》《三傳義例》《字韻》《唐宋詩辨》《八大家論斷》,右王圖鴻著。

◎孫葆田《山東通志》卷百二十七《藝文志》第十:《縣志》載諸書,稱其邃於《春秋》之學,邑之業《春秋》者,如張祿徵、嘉徵、元徵,皆出其門云。

◎王圖鴻,字木青。山東新城(今桓臺)人。王象有子。崇禎十二年(1639)副貢生。少以通儒自命,閎博淹雅,尤邃於《春秋》。嘗約邑中名士二十餘人為從社,一時業《春秋》者皆出其門。著有《胡傳鈔》《三傳義例》《春秋四則》《字韻》《唐宋詩辨》《八大家論斷》諸書。

王圖鴻 胡傳鈔 佚

◎民國《重修新城縣志》卷十六《人物志》四：所著有《胡傳鈔》《三傳義例》《春秋四則》等書。又作《字韻》《唐宋詩辨》《八大家論斷》，纂述甚多。

◎孫葆田《山東通志》卷百二十七《藝文志》第十：《縣志》載諸書，稱其邃於《春秋》之學，邑之業《春秋》者，如張祿徵、嘉徵、元徵，皆出其門云。

王圖鴻 三傳義例 佚

◎民國《重修新城縣志》卷十六《人物志》四：所著有《胡傳鈔》《三傳義例》《春秋四則》等書。又作《字韻》《唐宋詩辨》《八大家論斷》，纂述甚多。

◎民國《重修新城縣志》卷二十四《藝文志》一：《春秋四則》《三傳義例》《字韻》《唐宋詩辨》《八大家論斷》，右王圖鴻著。

◎孫葆田《山東通志》卷百二十七《藝文志》第十：《縣志》載諸書，稱其邃於《春秋》之學，邑之業《春秋》者，如張祿徵、嘉徵、元徵，皆出其門云。

王未央 春秋四傳分國提綱 佚

◎光緒五年（1879）金福曾光緒《南匯縣志》卷十二《藝文志》：《春秋四傳分國提綱》（王未央著）。

◎光緒九年（1883）博潤《松江府續志》卷三十七《藝文志·經部》：《春秋四傳分國提綱》（國朝王未央著）。

◎王未央，南匯（今上海浦東新區）人。著有《春秋四傳分國提綱》。

王廷椿 春秋五傳通匯 佚

◎汪正元、吳鶚光緒《婺源縣志》卷二十八《人物志·孝友》：著有《易經先路》《春秋五傳通匯》《古文得珠》《四書舌耕錄》。

◎王廷椿，字懋昭。婺源（今江西婺源）中雲人。邑庠生。幼卓犖，博覽羣書，言動不苟，至老手不釋卷。精岐黃。著有《易經先路》《春秋五傳通匯》《四書舌耕錄》《古文得珠》。

王廷釗 春秋列女圖考 一卷 存

宣統鉛印如諫果室叢刻本

王文燾 春秋左氏古經 一卷 存

國圖藏清至民國抄本（附釋文證義一卷）

◎王文燾，字君覆。四川華陽人。王秉恩子。室名「強學籍」。著有《春秋左氏古經》一卷、《椿蔭宦初草》、《鹽鐵論校記》、《北魏元氏考》、《隋徐智竦墓誌考》不分卷，修道光《重修蓬萊縣志》，輯《廣雅堂金石考訂》三卷。

王文源 春秋列國輯略 一卷 存

國圖、復旦、南京、湖北、中科院藏道光二十五年（1845）紹林陳世珍敏求軒刻本

◎又名《春秋一百二十四國輯略》。

◎春秋列國輯畧跋：按東坡《列國圖說》總二百二十四國，悉數之止一百二十一國，其間闕畧既多，先後無序，又邺訛郝、栢譌桓，此註者之誤，必非坡公原本也。訂世族後，復從註疏中錄出此帙，其次序一以經傳前後為定，而疆域則附以國朝州縣。疑者闕之，俟異日考訂。戊戌四月望日原識。

◎跋：先君子夢圃性耽《左氏》，暇成《列國世族譜畧》及《百有二十四國輯畧》，手自鈔錄，凡二卷。先君子楷法深得晉人風格，當時稱大伯夢樓精於大書，而先君子工於小楷，見者愛逾珠璧。是蒐考核精詳，足為經學之助。書寫又極腴美，廣受而讀之，無力付梓，然不輕以示人也。道光壬寅夏，噗夷寇擾徒邑，廣倉皇出走，未及携帶遺書，歸里，日遍檢無存，亦徒形浩歎而已。茲世好陳少林三兄偶於市中獲覿此書，購歸示廣，即先君子手錄原帙也。廣驚喜展視，紙色字畫完好如新，殆有默為呵護者耶！少林欲公同好，出資剞劂。先君子十數年精力所注不委諸塵封蠹蝕者，是則少林之厚誼也，而廣益滋愧矣。峕道光二十五年歲在乙巳，男槐廣謹跋。

◎上海古籍出版社 2015 年《續修四庫全書總目提要・春秋類》「《春秋世族輯略》二卷、《春秋列國輯略》一卷」：《春秋世族輯略》析為上下二卷，世族凡二十五，以國為綱。卷上：周、魯、衛、晉、虞、虢、蔡、滕、曹、北燕、鄭；卷下：宋、陳、杞、齊、紀、薛、秦、邾、小邾、許、莒、吳、楚、越，晉後附一軍至六軍考，楚後附令尹考。於各國輯略之首冠以興廢，以譜系示沿革，援古者左圖右史之意。人物生平簡以一語概括，記事參以魯國紀年，各國公族、卿族之始末一目瞭然。昔晉杜元凱既作《春秋經傳集解》，又據《世本》別為《世族譜略》，僅編次人名，不詳行事，且此書早已亡佚，王氏間從注疏

中所采輯者，撿校參之《國語》、《戰國策》、《公羊》、《穀梁》、《檀弓》、《史記》、《漢書》及胡氏、林氏傳注，據史傳總括其人之始末，其中有足證杜氏之失、補杜氏所未備者。卷上周「携王」，王氏按《竹書》晚出，杜所未見，故舊注皆以携王為伯服，實非。據王氏跋，作是書後得陳厚耀太史《世族譜》，藉以增補，而代為釐定者亦不少，較陳厚耀所輯倍密。北宋蘇東坡作《列國圖說》一百二十四國，其間闕略頗多，前後無序，且僅有一百二十一國。王氏定世族後，復從注疏中錄出《春秋列國輯略》，於蘇作脫者補之，如郭國；訛者正之，如郳國，王氏按宣四年《傳》「邳」即此，字書「郳」或作「邳」，《圖說》並載誤；疑似者闕之，如姒。次序一以經傳前後為定，疆域附以清朝州縣規劃，堪為嘉惠後學之作。《春秋世族輯略》前有道光二十五年楊文鼎序、張振金序、陳世珍序，後有王文源跋；《春秋列國輯略》後有王文源跋。兩書之後有王氏之子槐廣跋。此本據中國科學院圖書館藏清道光二十五年陳氏敏求軒刊本影印。（潘華穎）

◎王文源，字夢圃。江蘇丹徒（今鎮江丹徒區）人。王文治（夢樓）弟。乾隆四十四年（1779）恩科孝廉。工小楷。著有《春秋列國輯略》一卷、《春秋世族輯略》二卷。

王文源 春秋世族輯略 二卷 存

國圖、陝西、復旦、南京、湖北、北師大、中科院藏道光二十五年（1845）紹林陳世珍敏求軒刻本

南京藏民國國學圖書館抄本

◎目次：卷上周、魯、衛、晉（附一軍至六軍考）、虞、虢、蔡、滕、曹、北燕、鄭。卷下宋、陳、杞、齊、紀、薛、秦、邾、小邾、許、莒、吳、楚（附令尹考）、越。

◎序：王況居嘗語於鼎曰：「予先君子夢圃公著有《春秋世族輯畧／列國輯畧》二卷，釐定十餘載，手自鈔錄，將付梓以問世。」鼎曾獲借觀之，況居以未寫副本，秘不輕示他人。夢圃名文源，乾隆己亥恩科孝廉，為夢樓太史弟，工小楷，入晉人室，得者珍若相拱璧。道光壬寅，徒邑被夷禍，藏書家多散亾。鼎詢及是書，況居則唏噓不置，然無如何也。陳生世珍好積書，尤酷嗜《左氏》，甲辰冬，覯得此書，出以相示。見其根據精確，世族凡若干，首冠以興廢說，較陳氏曙峯所輯為倍密。列國圖說本之蘇文忠公，而脫者補之，謔者正之，疑

似者闕之，足以嘉惠後學，誠善本也。世珍校讎再四，剞劂而成書。將所謂著者盡心血終不可得而泯耶，陳生以公諸世者為藏，斯真善於藏書者也。況居於先人手澤賴陳生以復觀，而又代為表章焉，其亦有欣然樂慰者夫！道光二十五年歲次乙巳清和月下浣六日，邑後學楊文鼎拜序。

◎序：世族莫繁於春秋，晉杜預為《左氏集解》，別撰《釋例》，中列《世族譜》，所以別支流、觀興廢也。自明代以《胡傳》取士，《釋例》逸在秘府，為左氏學者恒苦世系難明、族姓莫辨。即《左氏疏》頗引譜說，然率皆散見，學者不無得前忘後之慮。乾隆中，吾郡王夢圃先生著《春秋世族輯略》二卷，派別支分，最為明瞭，而世未之見。今陳生紹林梓而行之，有合於微顯闡幽之義。或謂先生此書自云綱羅杜氏之放失，我朝稽古右文，《釋例》已從《永樂大典》中錄出，輯為成書，嘉惠學者矣，是書之刻，殆如贅斿然。不知杜氏據《左邱》《世本》作譜，為力甚易。先生從載籍散亡之餘，糸校諸書鉤稽而得，是其勤苦之功不可沒也。且杜氏止編次人名，不詳行事，先生則根據史傳，總括其人之始末於下，覽者既事逸功倍，而其中有足證杜氏之失、補杜氏所未備者，又未易悉數。是先士之書可與《釋例》並行，陳生是刻又烏可以已也！梓既成，書此以諗世之覽是書者。道光乙巳秋七月，張振金序。

◎陳世珍識：予性嗜積書，質魯鈍，不能多讀。暇治《春秋》之學，發凡起例，兀兀苦未入也。庚辰冬，偶見《春秋世族輯略／列國輯畧》一書，邑名孝廉王夢圃先生所著。抄本楷法秀勁，深得晉人風格。其考据確核，足與陳曙峰太史《世族譜》相證明。予購庋架上，懼文獻之即於湮沒也，亟錄而梓之，校讎再四，不敢自信無訛，倘得指其謬誤，是則予之深幸也夫。道光乙巳三月，陳世珍謹識。

◎春秋世族輯畧跋：晉杜氏元凱既作《春秋經傳集解》，又據《世本》別為《世族譜略》，詳哉其言之也。余生千百年後，《世本》《族譜》槩不可見，間從註疏中所采輯者，縱橫撿校，參之《國語》《國策》《公》《穀》《檀弓》《史記》《漢書》及胡氏、林氏傳註，得世族若干首，編之譜牒，篇首則冠以興廢說，援古者左圖右史之意。既已都為一集矣，明年冬又得吳陵陳太史原本。太史號曙峰，乃白田湯氏荊垣所刻，較余本加詳。惜也牽引雖繁，考核未當，閒有一二臆斷處，未免貽譏大雅。因更取余本復加校錄，雖藉以增補者居多，而代為釐定者亦不少。此非以菲薄前人，正恐貽誤後人也。又杜氏原名《世族譜略》，陳本直云《世族譜》，僭矣。余之《輯略》，因杜氏之放失而網羅之，以

視杜譜，誠略之又略者矣，考古者幸無譏焉。乾隆庚子夏五，京江王文源夢圃氏錄畢識。

◎孫殿起《販書偶記》卷二：《春秋世族輯略》二卷、《春秋列國輯略》一卷，丹徒王文源撰。道光乙巳陳氏敏求軒刊。

◎上海古籍出版社2015年《續修四庫全書總目提要・春秋類》「《春秋世族輯略》二卷、《春秋列國輯略》一卷」：《春秋世族輯略》析為上下二卷，世族凡二十五，以國為綱。卷上：周、魯、衛、晉、虞、虢、蔡、滕、曹、北燕、鄭；卷下：宋、陳、杞、齊、紀、薛、秦、邾、小邾、許、莒、吳、楚、越，晉後附一軍至六軍考，楚後附令尹考。於各國輯略之首冠以興廢，以譜系示沿革，援古者左圖右史之意。人物生平簡以一語概括，記事參以魯國紀年，各國公族、卿族之始末一目瞭然。昔晉杜元凱既作《春秋經傳集解》，又據《世本》別為《世族譜略》，僅編次人名，不詳行事，且此書早已亡佚，王氏間從注疏中所採輯者，撿校參之《國語》、《戰國策》、《公羊》、《穀梁》、《檀弓》、《史記》、《漢書》及胡氏、林氏傳注，據史傳總括其人之始末，其中有足證杜氏之失、補杜氏所未備者。卷上周「携王」，王氏按《竹書》晚出，杜所未見，故舊注皆以携王為伯服，實非。據王氏跋，作是書後得陳厚耀太史《世族譜》，藉以增補，而代為釐定者亦不少，較陳厚耀所輯倍密。北宋蘇東坡作《列國圖說》一百二十四國，其間闕略頗多，前後無序，且僅有一百二十一國。王氏定世族後，復從注疏中錄出《春秋列國輯略》，於蘇作脫者補之，如郭國；訛者正之，如郾國，王氏按宣四年《傳》「邧」即此，字書「郢」或作「邧」，《圖說》並載誤；疑似者闕之，如姒。次序一以經傳前後為定，疆域附以清朝州縣規劃，堪為嘉惠後學之作。《春秋世族輯略》前有道光二十五年楊文鼎序、張振金序、陳世珍序，後有王文源跋；《春秋列國輯略》後有王文源跋。兩書之後有王氏之子槐廣跋。此本據中國科學院圖書館藏清道光二十五年陳氏敏求軒刊本影印。（潘華穎）

王錫第 春秋說郛 一卷 佚

◎孫葆田《山東通志》卷百二十七《藝文志》第十：是書見《採訪冊》。

◎王錫第，字杏樓。山東諸城人。廩貢生。候選教諭。著有《毛詩摘要集解》一卷、《春秋說郛》一卷、《四書析義》一卷。

王錫聆 三家經文同異考 二卷 存

國圖、福建、湖北藏道光十五年（1835）太姥山麓蚤閒齋刻本

◎孫殿起《販書偶記》卷二：《三家經文同異考》二卷，福鼎王錫聆撰。道光十五年仲秋太姥山麓蚤閒齋刊。

◎王欣夫《蛾術軒篋存善本書錄‧辛壬稿》卷一：

《三家經文同異攷》二卷（一冊），清福鼎王錫聆撰。清道光十五年太姥山麓蚤間齋刊本。

道光《福建通志》：「錫聆，字松喬，一字虛谷。福鼎人。乾隆五十一年丙午舉人。父好積書，錫聆讀之，丹黃殆徧。授徒講學，後進多所成就。其學旁通天文、地理、壬遁、岐黃諸家言，所著有《周易十家集解》十六卷、《三家經文異同攷》二卷、《詩文集》十卷、《蚤間齋日錄》十二卷、《水源木本錄》一卷、《先憂錄》一卷。稿藏于家。」新修《通志‧藝文》祇錄此種，而他書均佚。

此為道光十四年子聖保等所校刊。首侯官陳廷焕撰傳，次東洋魏敬中撰序，次嘉慶十二年自序。《漢書藝文志》：「《春秋古經》十二篇」，王伯厚謂即左氏本，漢馬融首校《公羊》《穀梁》二傳為《三家同異說》，隋唐《志》有賈逵《春秋經本訓古》十二卷，其書皆亡。錫聆謂「攷逵本傳，弱冠能誦左氏及五經本文，此即古經十二篇之文。十二篇為左氏本，《左氏》傳與經異，本其所授受，謂非夫子所修《春秋》之本文不可也。《左氏春秋》古經皆倉頡文，易以籀文，已為周時通俗文字，況在秦篆及晉隋所傳隸變，相去遠甚。苟執今日傳本論周室三家經文，烏乎可？許慎子沖序《說文解字》云『慎本從逵受古學』，又云『博問通人，攷之於逵』。今逵書既亡，慎書猶在，第就說文中重文攷之，前後承改之跡皆可尋。漢人注音，但曰某聲某，讀如某，即古音也，口授相傳，最可攷。其有《說文》未備，證以周秦古籍及班馬二史、羣書訓詁，莫不有合。宋元明儒及昭代書亦並採焉。其有古史闕文，三家承譌不易，及後人傳寫之譌，皆勿論。」蓋深明於通假之例，故援證賅洽，旁推交通，審異致同，志在復賈逵之書。以所及者文而無義，故題曰《三家經文異同攷》，可與趙氏坦《春秋異文箋》、李氏富孫《春秋三傳異文釋》並行。惜窮鄉孤學，刊本不傳，為王益吾所未見，不得採入《南菁書院續經解》也。

王禧齡 春秋左傳後編 十卷 佚

◎同治《常寧志》卷九《藝文・經類・國朝》：王禧齡《春秋左傳後編》十卷（《嘉慶縣志》）。 《宜陽詩選》：禧齡字韋伯，留心史學，遵紫陽之綱，以為經採《國策》《荀》《韓》及西漢諸子史為傳，起魯悼，終魯平，著《春秋左氏後編》。年僅三十，嘔血而亡）。

◎《湖南通志》卷二百四十七《藝文志》三：《春秋左傳後編》十卷，常寧王禧齡撰（《宜陽詩選》。吳山岱曰：遵紫陽之綱，以為經採《國策》《荀》《韓》及西漢諸子史為傳，起魯悼，終魯平）。

◎王禧齡，字韋伯。湖南常寧人。乾嘉間人。著有《春秋左傳後編》十卷。

王系 左傳說 三十卷 首一卷 存

國圖藏清抄本

◎自序：傳以翼經，自漢以來注《左氏》者多矣，皆說其義例而不及其文辭，尊經也。然《左氏》之文，實為千古史家之祖。其法嚴而善變，制之以心，洪纖疏密，皆得自然。敘十五國二百四十二年之事與人，皆可尋其事之始終，想其人之生平。雖一言一動一名一物，無不如聞其聲如見其色，如睹其措置、設施、發生、消萎。龍門易編年而為紀傳，敘事之法莫之能違也。古今名公巨卿，無不含其英、咀其華，而皆得魚而忘筌。非不愛之，特以文詞非古人之所重，故不敢以瀆古人，且不欲自瀆，遂使初學之士望洋而歎，二千年於茲矣。愚聞君子務知遠者大者，小人務知近者小者。《左氏》之義即《春秋》之義，孔子自謂竊取，筆則筆，削則削，遊、夏之徒不能贊一詞。先儒謂左氏親受業於孔子，計其所臻，不過游夏。《左氏》之義果無遺憾於《春秋》之義乎，說《左氏》之義者果無遺憾於《左氏》之義乎？此誠非小子所敢知。且諸家之說既已班班若彼，小子之後之人苟欲聞《春秋》之義，將於彼乎求之，亦無庸曉曉。惟其文詞，名公巨卿所不欲自瀆以瀆古人者，是則小子之職，亦區區之心所不能自己者也。雖文章閫奧，鑽仰為難，而其文具在。文有難曉，求之於事；事有不合，酌之於時；時有所阻，裁之於理。期於文從字順，以為初學者行遠登高之一助。歷十餘年而後脫稿焉。於乎！義存乎事，事載乎辭。辭達而事核，事核而義顯。是在乎好學深思者矣！古塗雌黑居士王系自敘。

◎同治《榆次縣續志》卷九《人物傳》下：著有《左傳說》《桃蟲集》《南華從好》《楚詞章句》若干卷。至如程蘇二氏論、五經諸說及答孫冢宰書，俱有關學術政治。

◎民國《榆次縣志》卷十七《文儒錄》：父選河南桐柏令，未行卒。因即家讀書，不問外事，尤嗜《春秋左氏傳》，為文亦大進……著有《左傳說》三十一卷，《南華從好》四卷，《楚辭章句》八卷，《雌黑居士集》晚定為《桃蟲集》四卷、時文五卷、詩二卷，均繕淨本藏於家（略據舊志）。

◎光緒《山西通志》卷八十七《經籍記》上：《左傳說》，榆次王系撰。

◎王系（1679～1751），字世甫，嘗自號否否居士，父呵之，改號雌黑居士示自儆。山西榆次縣（今晉中市榆次區）南關人。王介石子。嘗從高其倬遊。雍正元年（1723）拔貢，明年廷試第二，孫嘉淦聘充正藍旗教習。四年（1726）舉於鄉，五年（1727）成進士，以知縣用，揀發山東，辦賑於東昌，為上官所重，遂署昌樂縣事，多頌聲。既而大府忌其質直，遂被撤歸。十一年（1733）補大同府教授。乾隆元年（1736）以博學鴻詞徵，未入選，後家居，從遊甚眾。十五年（1750）詔舉經學，膺首薦弗應。子二：愿中、敏中。著有《左傳說》三十卷首一卷、《雌黑居士集》（《桃蟲集》四卷、時文五卷、詩二卷）、《南華從好》四卷、《楚辭章句》八卷。

王先謙 春秋左氏傳古注 六卷 存

湖南藏紅格稿本（缺卷四）

◎李肖聃《湘學略》第二十《葵園學略》：長沙閣學，季清巨儒，著書滿家，門庭廣大。予嘗論其尊崇經學似儀徵阮相國、釐正文章擬桐城姚郎中、校注群史若嘉定錢宮詹、考證諸子如高郵王觀察。而考其平生著書，尤有功於楚學。蓋湘州人物，盛自東京，自晉迄唐，輩興文彥。昔賢著錄，如晉張方之《楚國先賢》、鄧湘皋之《沅湘耆舊》、周聖楷之纂述《楚寶》、羅研生之《湖南文徵》，義主褒美鄉賢，甄錄或傷浮濫。先生念經術之不明，望鄉人之奮厲，以為薑齋《稗疏》，《提要》時有微詞；凝園《管見》，通方訾其巨謬。求如易袚之說《易》、觀國之《學林》、羅氏之述《尚書》、周子之言《太極》，在於清代，難值其人。故於續刊《經解》之時，留意表章湖湘之學。於魏、鄒數公而外，兼錄湘潭二胡之書。人競及於生存，例不拘於故事，特相誘掖，深具孤懷。其後先生集疏三家之詩，參正安國之傳，無不采同人之說，集眾家之長，重皮先

經學之深，兼及其子（先生稱皮鹿門先生深於經學，任舉一義，觸處洞然。又《與蘇阜康書》云：「讀皮先生《經學通論》，令人愧汗無地。」其為《詩三家義集疏》，采皮先生仲子嘉祐至數十條）；服郇園涉覽之博，多取其長（先生注《釋名》、《水經注》、《世說新語》、《漢書》，采葉吏部德輝說最多）。後生見聞，邁逾前古，多能明古今之別，知漢宋之分，實由先生最為老師。又都書局，思賢所刻，津逮貧生，講舍高才，今為老宿，傳其舊業，迥異時流。郭復初以三禮成家，孫季虞用六書名業，師承所自，都出王門。此有功於楚之經學也。《漢書》之學，盛自湘人，何東洲於班史為專精，曾太傅列孟堅於聖哲，其後周荇農覃心陳志，郭玉池評校史公。先生補注班史，垂老方成。博采羣言，裁量眾說，於郭（玉池）／王（湘綺）／瞿（止庵）／杜（仲丹）之著、王（理庵）／皮（鹿門先生）／葉（郇園）／李（楨，佐周）之書、阜康（平江蘇輿）／伯成（安化陶憲曾）之校刊、同宗四王之劄記（長沙王文斌及先生從弟先和、先惠、先恭、先慎四人），苟有可采，靡不兼收。其後集解范書則黃（山）、柳（從辰）效其勞，經緯五洲則曹（典球）、王（達）分其役。乃至兩唐合注，《元史》拾補，亦多依郇廬（湘鄉陳毅）之成說，據古微（邵陽魏源）之新編。菲菲不遺，洪纖悉記。彌尊往哲，復畏後生。求有裨於高深，益足徵其識量。此有功於楚之史學也。九流之學，楚士號精，兩王有衍莊之書，魏、易（佩紳）傳解老之業；曹鏡初造《墨子箋解》，易石甫有《淮南新疏》。網發經生，最精蘭陵之書（湘潭胡元儀子威）；孟純文人，亦有釋莊之集（湘陰郭慶藩子靜）。而其先則曾太傅能言其大（太傅嘗言：諸子皆可師），李布政（元度）能知其深（次青嘗言：曾公自苦等於禹墨，持法則用申韓，善處功名之際則用黃老）。先生集解《荀子》多采大胡之言，繼釋莊書又承小郭之後。用心各有疏密，義例不無略詳（劉申叔之《荀子校釋》、馬其昶之《莊子故》，多能拾先生之遺）。然其後陳治仲為《墨子正義》、蘇阜康校《晏子春秋》、羅庶丹為《呂覽詮言》、楊遇夫撰《老子古義》，溯其原始，啟自先生。前哲之醖釀既宏，後進之慕效自廣。近時資濱戴子倡名學於麓山（益陽戴潤珂有《諸子概論》，其縣人羅潤泉有《墨子解義》），漣浦譚君振玄風於江漢（湘鄉譚戒甫著《形名墨辯》諸書，其師顏昌嶢著《管子校義》，顏則葵園門人也），大湖南北，厥道益光。此有功於楚之子學也。在昔靈均見放，傳騷賦於湘南；羣玉善詩，標英聲於唐代。明有西涯之樂府，清有陶園之新詩。益洗蠻風，登諸華琰。而耦耕經世之集不錄文人，湘鄉雜鈔之編未嚴義法。先生於是續蒙穀之類纂，示古文之準繩，錄求闕、桦湖之粹，采南村壯學之英。孫集蒼篋，取其說虎。三十九人

之內，湘中著錄五家。茲編既出，羣士知歸。其後黎庶昌之續纂，異實同名；蔣瑞藻之補編，錄新遺舊。而坊賈注釋，巨繆百生（中華書局王文濡注本批繆最多），滋可痛也。又先生類纂驪文，以補王聞修之《法海》、李申耆之《類鈔》。《雕龍》則論贊分門，《史通》則全書入錄；傅毅則移漢入晉，袁序（吳穀人《袁簡齋壽序》）則有目無文。尋其例條，小有歧異，然而取裁豐贍，斷制精嚴。而選師伏之序賦殆將百首，錄湘綺之頌贊亦且廿篇。自餘周／郭之詞（自庵、玉池）、蔡（枚功）／孫（芝房）之制皆加甄集，大振湘文。而阜康被錄，翊雲見遺，豈由阿好之私，蓋實擇詳之慎。至於詩餘之作，選輯六家，湘雨振其風流，桐華飛其麗藻，尤足振新聲於湖外，傳逸響於江潭。幼學尋途，作家輩起，而先生刻思益、養知之集，梓碉東、西垣之詩。復修先德遺書，刊行詩義標準。是皆本源忠孝，發抒性靈。當代奉為宗工（湘綺云：益吾自命宗工），前輩服其史筆（郭筠老見先生所補《明史忠正傳》，歎為范蔚宗一流人）。其詩亦清真精湛，卓爾名家。惟儷體僅見四六之弁言、駢纂之序例，亦能究義神之窔奧，判雅俗於毫芒，矧艘森然，芥滄與歎（見長沙黃吏部兆枚所為《郭編修家傳》）。此有功於楚之文學也。綜茲四部，集諸一身。纂述鴻編，發揚巨業。其名馳於域外，其書傳於寰中。湘國靈光，皕年寡兩。而考其自譜，則先生弱而失怙，困至傭書。迨雅步於玉堂，乃專精於青簡，始由纂錄之業，上窺著作之林。出掌文衡，入為祭酒，比牒早登宰相，門徒多至大官。使先生久宦京華，迴翔臺閣，固當班躋公輔，官軼瞿張。而先生抗疏劾奸，拂衣歸隱，辟葵園於北郭，主鹿苑之經壇。門無俗客，惟停問字之車；業不他紛，雅意藏山之策。虛懷取善，樂受人言。友朋賴以成名，善類蒙其庇護。屬舊新之交會，或譏刺之相乘，而先生飾巾待終，幃堂講業。煙舟避地，猶編詩義之書；涼塘伏居，日校蔚宗之史。克全晚節，挺為貞儒，用能張大楚風，集成清學。惟盛業必傳百世，史書列傳儒林，生大儒不為一鄉，同里先蒙其教澤。敬書夙感，用質同岑。先生身後，清史列傳儒林。吳慶坻曾為銘幽，黃兆枚為表墓。先生有自編年譜，詳敘生平。此篇因其生日設祭，其嗣子屬為之耳。余於生前未嘗一見先生，第喜讀其所著書，以為有裨於始學，嘉惠於寒畯，為一時前輩所不及。其晚年節行，羣士尤同尊之。亡友羅焞庶丹挽先生云：「週末諸子，荀卿最為老師，若論勝國耆儒，惟有先生推祭酒；長沙二王，葵園克全晚節，竊本念庵遺意，止稱後學拜陽明。」今年公祭，余撰文云：「湖湘開闢，玄黃判剖，堂堂文宗，肇此祭酒。玉池此贊，言大非誇，猗若我公，撰述成家。上箋群經，下證國史，旁論文章，用逮

諸子。四十餘年，楚學生光，長沙大師，並稱二王。湘綺通玄，行同莊列，公則守常，克全晚節。宗風既詭，學脈分流，門徒誦義，蕭若嚴秋。梁（鼎芬）、陳（毅）、吳（慶坻）、黃（兆枚），為世佚老，厥修曷由，師訓是保。嗟余後學，知讀公書，生朝設奠，懷德崇儒。湘水澄波，學林在巷，秋雲在天，公靈來降。」

◎《虛受堂文集序》卷首陳毅序：昔姚惜抱以理學名儒，類纂古文辭，主張後進，海內翕然奉為圭臬。粵寇之亂，厥學寖微。吾師長沙祭酒，怒焉而憂，以學術之盛衰，引為有心世道君子之責。於是裒采乾、嘉、道、咸諸名人集，按類編次，續姚之書，而所自為各體古文，一以姚氏宗旨為歸，而進求合乎先儒義理之學。先生固不欲以文名，而文必如先生，乃可謂獨精者。先生之言曰：「乾嘉鉅儒立漢學之名，詆宋儒言義理為不足述，獨惜抱以義理、攷據、詞章三者不可一闕，義理為幹而後文有所附、攷據有所歸，故其為文原流兼賅，粹然一出於醇雅。」夫先生於經、史、諸子、國朝掌故，皆嘗鉤稽參訂，著有成書。固非不能以考據名世，而必若世之儱離僞靃、襲取宋學為高者，然而其揚榷惜抱立言如此，則先生之自任斯文，實重且遠，而所以探討義理、發之於古文辭者，皆吾黨小子所得而略言之矣。

◎徐世昌《晚晴簃詩匯》：葵園精擘古學，著述閎深。早歲作詩，蒼涼沈鬱，雅近少陵。晚學東坡，益見變化。余在京師，無一日之雅，而心欽其人。

◎趙爾巽《清史稿》列傳二百六十九《儒林》三：先謙歷典雲南、江西、浙江鄉試，搜羅人才，不遺餘力。既涖江蘇，先奏設書局，仿阮元《皇清經解例》，刊刻《續經解》一千四百三十卷。南菁書院創於黃體芳，先謙廣籌經費，每邑拔取才士入院而督教之，誘掖獎勸，成就人材甚多。開缺還家，歷主思賢講舍，嶽麓、城南兩書院，其培植人才，與前無異。三十三年，總督陳夔龍、巡撫岑春蓂奏以所著書進呈，賞內閣學士銜。宣統二年，長沙饑民闈圍撫署，衛兵開槍擊斃數人，民情愈憤，匪徒乘之放火燒署。省城紳士電請易巡撫，以先謙名首列，先謙不知也。總督瑞澂奏參，部議降五級。同鄉京官胡祖蔭等以冤抑呈遞都察院，亦不報。國變後，改名遯，遷居鄉間，越六年卒。著有《尚書孔傳參正》三十六卷、《三家詩集義疏》二十八卷、《漢書補注》一百卷、《荀子集解》二十卷、《日本源流考》二十二卷、《外國通鑒》三十卷、《虛受堂詩文集》三十六卷等。

◎支偉成《清代樸學大師列傳・提倡樸學諸顯達列傳第二十五・王先謙》：初學為古文詞，師曾文正，已益氾濫群籍，頗識制度名物。同治乙丑成進士，

散館授編修，歷官國子監祭酒。督江蘇學政，踵阮文達後，輯刊《續皇清經解》，凡二百十種，一千四百三十卷。所收雖不如文達之精萃，而有清一代漢學家經師經說每賴以傳，所遺者或寡矣……治經循乾嘉遺軌，趨重考證；而小學弗深，且釋名物不克貫通三代禮制，以此視文達終有上下床之別。惟《尚書孔傳參正》，辨析詳確，較他書為醇。復用考據以校讎諸史地志，成《漢書補注》一百卷、《水經注合箋》四十卷，亦多薈集群言，自為發明者少。獨《荀子集解》二十卷，用高郵王氏《讀書雜志》例，取諸家校本，參稽考訂，補正楊注凡數百事，可謂蘭陵功臣。

　　◎王先謙（1842～1917），字益吾，號葵園。湖南長沙人。同治四年（1865）進士。欽點翰林院庶吉士。七年（1868）授職編修，八年（1869）充國史館協修，十一年（1872）補國史館纂修。光緒元年（1875）充實錄館協修，五年（1879）陞補翰林院侍講，充日講起居注官，轉補翰林院侍讀。光緒六年（1880）充會試同考官，陞補國子監祭酒。十一年（1885）六月補授國子監祭酒，八月任江蘇學政，十一月開設南菁書院。光緒二十年（1894）主講嶽麓書院。著有《尚書孔傳參正》三十六卷、《詩三家義集疏》二十八卷、《春秋左氏傳古注》六卷、《新舊唐書合注魏徵列傳》一卷、《鮮虞中山國事表疆域圖說》一卷、《魏書校勘記》一卷、《唐書魏鄭公傳注》一卷、《天命以來十朝東華錄》四百十九卷、《荀子集解》二十卷、《漢書補注》一百卷、《水經注合箋》四十卷、《虛受堂文集》十五卷、《虛受堂詩集》十八卷、《日本源流考》二十二卷、《虛受堂書劄》二卷、《莊子集解》八卷、《五洲地理志略》三十六卷、《後漢書集解》百二十卷、《元史拾補》十卷、《蒙古通鑑長編》、《外國通鑑》三十三卷、《歷代高僧傳》、《近科館課分韻詩鈔》二卷、《近科分韻館詩》十八卷、《王益吾文鈔》一卷、《虛受堂詩節抄》一卷、《王益吾尺牘》、《蒙古史》、《蒙古回部表》、《湖南全省掌故備考》三十五卷、《水經注》四十卷首一卷附錄二卷、《漢鐃歌釋文箋正》一卷，輯《漢事會最》二十四卷、《王益吾所刻書》、《皇清經解續編》一千四百三十卷、《南菁書院叢書》四十四種一百四十五卷、《續古文辭類纂》三十四卷、《葵園校士錄存》不分卷、《駢文類纂》四十四卷、《五言古體詩鈔》、《七言古體詩鈔》不分卷、《雜文存覽》。

王心敬 豐川春秋原經 十六卷 存

　　北大、湖南藏乾隆豐川王氏刻本

　　南京藏乾隆二年（1737）潯衙刻本（四卷）

◎提要〔註35〕：是編不載經文，亦不及經中所書之事，惟泛論孔子之意。分為四篇：一曰《講讀八法》，二曰《通論》，三曰《原春秋之由作》，四曰《諸儒論春秋》。其大旨本孟子之言以尊王抑伯為主，持論甚正。其謂孔子不以一字為褒貶，亦足以破諸家紛紜轇轕之陋。而矯枉過直加以懸揣臆斷不顧事理之安，至謂《左傳》事蹟皆聖人之所刪不當復存其說。考古者左史記言右史記事，《尚書》者左史類也，《春秋》者右史類也。劉知幾作《史通》，敘述源流至為明析。心敬乃援《尚書》為例，謂：「事蹟之可存者聖人必存，如典謨訓誥是也；事蹟之不可存者聖人必刪，如《左傳》所載是也。」因而盡廢諸傳，惟以經解經。不思經文簡質非傳難明。即如「鄭伯克段於鄢」一條，設無傳文，則段於鄭為何人，鄭伯克之為何故，經文既未明言，便據此六字之文，抱遺經而究終始，雖聖人復生沉思畢世，無由知其為鄭伯之弟，以武姜內應作亂也。是開卷數行已窒礙不行，無論其餘矣。況自有六經以後歷漢至今，通儒輩出，其失經意者固多，得經意者亦不少。心敬乃一概排斥，謂孔子之後惟孟子能知，孟子之後直至心敬乃能知。甚至謂「孔門諸子未見《春秋》，故《論語》無一字及之。子思亦未見《春秋》，故《中庸》亦無一字及之。至孟子搜闕里，始見本經」，揆以事理，豈其然乎？

◎《浙江採集遺書總錄・乙集・經部・春秋類》：《豐川春秋原經》四十卷（刊本），右國朝王心敬撰。謂《左傳》非丘明之筆，次非親見孔子之人，公、穀非子夏弟子，《三傳》義例均有未安，因為推原聖經而作此。

◎趙爾巽《清史稿》卷一百四十五志一百二十《藝文》一：《春秋原經》二卷，王心敬撰。

◎王心敬，字爾緝（輯），號豐川。西安鄠縣人。受業於二曲先生。乾隆元年（1736）薦舉賢良方正，以老病不能赴京而罷。著有《豐川易說》十卷首一卷、《豐川春秋原經》十六卷、《豐川集》、《關學編》。

王心翼 春秋經世 佚

◎康熙《安慶府志》卷十九《人物志・文學》：著有《朱註輯要》《春秋經世》若干卷。

◎民國《潛山縣志》卷十四《人物志》四《文苑》：著有《四子輯要》《春秋經世》等書。

〔註35〕著錄作《春秋原經》二卷。

◎民國《潛山縣志》卷二十七《藝文志‧書目》：《春秋經世》（清王心翼著）。

◎王心翼，歲貢生。安徽太湖人。家貧力學。理宗宋儒，文追先正。操選正者十餘年。著有《春秋經世》、《朱註輯要》（一名《四子輯要》）。

王萱齡 周秦名字解故補 一卷 存

聚學軒叢書第五集本

畿輔叢書本（題周秦名字解故坿錄）

叢書集成初編本

嚴一萍選輯百部叢書集成影印畿輔叢書本

◎序：辛巳秋，讀伯申先生《周秦名字解故》一書，究聲音之統貫，察訓詁之會通，有裨經學，良非淺鮮。後坿三十一事，以為古訓不可周知，姑闕所疑，以俟達者。輒為疏通證明，其間穿鑿傅會，在所不免，雖違蓋闕之義，聊為獻疑之請，仍復就正先生，用備采取焉爾。

◎龔自珍《說昌平洲》：州之人才，漢有盧植，唐有劉蕡，今有王萱齡。王萱齡者，好積書，豐然長者，以孝廉方正徵，授牘禮部，則奮筆言當世事。其言有曰：「今士習尤嘩囂，喜小慧，上宜崇樸學以勵下。」仁和龔自珍以此言為然也。

◎王萱齡，字北堂。順天昌平（今屬北京）人。道光元年（1821）副貢，旋舉孝廉方正。嘗充實錄館謄錄，任新安、柏鄉教諭。好積書。從王引之遊，精訓詁，《經義述聞》中時引其說。著有《周秦名字解故補》一卷、《軍都考》。

王學勤 春秋集解 佚

◎嘉慶《涇縣志》卷二十六《藝文》：王學勤《春秋集解》（錢、鄭二《志》）。

◎王學勤，安徽涇縣人。著有《春秋集解》。

王訓 左傳節文 佚

◎孫葆田《山東通志》卷百二十七《藝文志》第十：訓見經部四書類。是編見《安邱新志‧藝文考》。

◎王訓，字敷彝，一字念泉，號悔齋。山東安丘人。順治四年（1647）進士。官萬泉知縣。著有《詩讀》、《左傳節文》、《論語日知編》二卷、《學庸思辨錄》二卷、《孟子七篇指略》七卷。

王延年 讀左傳詩 不分卷 存

復旦藏清抄本

◎王延年，字介眉。浙江錢塘人。潛心經籍，精於史學。雍正四年（1726）舉人。乾隆元年（1736）舉博學鴻詞。後官至國子監學正。十七年（1752）會試，以年逾耄耋，擢司業，加翰林院侍講銜。晚年嘗進呈所撰書。嘗與修《浙江通志》。著有《讀左傳詩》不分卷、《補通鑒紀事本末》。

王延釗 春秋列女圖考 一卷 存

國圖、山東大學藏宣統二年（1910）排印如諫果室叢刊本

◎《續修四庫全書提要》：陳厚耀《春秋集義》，於各國興廢、姓名、譜系，考之綦詳。延釗以《春秋》褒貶，如文姜孫齊、伯姬歸宋，亦有關係，補輯列女譜系，為《圖考》一卷。書中如謂「魯戴己，莒女，公孫敖妻，文伯母，見文七年。《列女傳》季敬姜亦名戴己。《左傳》係孟孫氏婦，《列女傳》季孫氏婦」、「《穀梁傳》晉獻公伐虢得驪姬，與《左氏》戎女之說異。小戎子，允姓之戎女，生夷吾，見莊二十八年。《史記·晉世家》云係大戎狐姬女弟。狐姬為大戎，乃唐叔之後。此為允姓之戎，似非同族。所云女弟，當仍是娣媵之稱」、「楚季芊畀我，平王女，妻鍾建，見定四年。《世族譜》謂季芊、畀我係二人。服虔云：畀我即季芊之字」、「郱公姑姊，魯女，季武子以妻郱大夫庶其，見襄二十一年。《左傳》杜注以為姑、姊係二人。或曰一人，《列女傳》有義姑姊，梁有節姑姊，《曲禮》云姑姊妹，似姑姊迺女子之通稱，不必定為魯君之親屬。觀其稱公，且下云以姬氏妻之，或魯國公族之女，如宗女」之說，亦間有攷訂也。

◎王延釗，字鏡航。山東濟寧人。著有《春秋列女圖考》一卷。

王言 春秋經文異同畧 一卷 存

上海藏稿本（清王同跋）

王灝 春秋王氏義 十五卷 佚

◎王其淦、吳康壽光緒《武進陽湖縣志》卷二十三《人物·文學》：楊峒谷字麗中，歲貢生，善治經。性至孝，侍親疾及喪祭皆本禮法，童稚習而能之。同時王灝字瑤舟，貢生，博綜羣書，求其指歸，尚論經術必先明小學通訓詁；治《易》謂象數之旨具于十翼，而《說卦傳》尤精；治《春秋》一以

比事屬辭取義；治三禮得說數萬言。張榛字廷選，貢生，為鳳臺訓導，名亞于瓛。

◎王其淦、吳康壽光緒《武進陽湖縣志》卷二十八《藝文》：王瓛《春秋王氏義》十五卷（存）。

◎劉聲木《桐城文學撰述考》卷三「王鑫撰述」：《周易半古本義》八卷、《周易象纂》一卷、《周易圖膡》二卷、《周易辯占》一卷、《春秋王氏義》（兼採高澍然說）、《周易校字》二卷。

◎王鑫，字瑤舟。江蘇毘陵（今江蘇常州）人。嘉慶諸生。以教讀終其身。治經學不輕於立異，著書則以纂輯前人之說為主。著有《學易五種》（《周易半古本義》八卷、《周易辯占》一卷、《周易圖膡》二卷、《周易象纂》一卷、《周易校字》二卷）、《讀國風》一卷、《春秋王氏義》、《墨池殘沈》四卷、《黎雲閣詩鈔》六卷、《黎雲閣雜文》二卷。

王掞 張廷玉等 欽定春秋傳說彙纂 三十八卷 首二卷 存

國圖、北大、中科院、故宮、天津、南京、遼寧、上海、復旦、華東師大、安徽、江西、湖北、湖南省社科院、吉林、大連、嘉興藏康熙六十年（1721）內府刻御纂七經本

四庫本

四庫全書薈要本

國圖、北師大、上海、遼寧、復旦、南京、浙江藏同治六年（1867）浙江書局刻御纂七經本

國圖藏同治九年（1870）浙江撫署刻本

國圖、北大、瀋陽、南京、湖北藏同治十年（1872）湖北崇文書局刻本

北大、上海、復旦、湖北、香港、中大藏同治十一年（1872）江西書局刻御纂七經本

吉林社科院藏光緒四年（1878）廣州翰墨園刻本

國圖、北大、南京、遼寧、長春、山東藏光緒十四年（1888）戶部刻御纂七經本

國圖、浙江、黑龍江藏光緒十四年（1888）上海點石齋刻袖珍御纂五經本

湖北藏光緒十九年（1893）湖南漱芳閣刻本

浙江藏光緒二十六年（1900）煥文書局石印本

國圖、北大、天津、遼寧、湖北、上海藏光緒湖北崇文書局刻本

北大、北師大、天津、遼寧、上海、南京藏光緒江南書局刻御纂七經本

北大、上海、復旦藏光緒上海鴻文書局石印御纂七經本

國圖黑龍江藏清尊經閣刻本

遼寧、錦州、撫順、瀋陽魯迅美院、黑龍江、湖北藏清覆刻尊經閣本

清華藏清抄本

南京藏日本刻本

◎目錄：卷首上綱領一論春秋經傳源流、綱領二論春秋大旨經傳義例、綱領三論傳注得失及讀春秋之法。卷首下王朝世表、列國年表、王朝列國世次、王朝列國興廢說、列國爵姓、列國地圖、王朝地名、列國地名。卷一至三隱公。卷四至六桓公。卷七至十莊公。卷十一閔公。卷十二至十六僖公。卷十七至十八文公。卷十九至二十一宣公。卷二十二至二十四成公。卷二十五至二十八襄公。卷二十九至三十三昭公。卷三十四至三十五定公。卷三十六至三十八哀公（附錄經傳）。

◎聖祖仁皇帝御製春秋傳說彙纂序：六經皆孔聖刪述，而孟子特言孔子作《春秋》。左氏、公羊、穀梁三家各述所聞以為傳。門弟子各衍其師說，末流益紛以一字為襃貶，以變例為賞罰，微言既絕，大義弗彰。至於災祥讖緯之學興，而更趨於怪僻，程子所謂炳若日星者，不因此而反晦乎？迨宋胡安國進《春秋解義》，明代立於學官，用以貢舉取士，於是四傳並行，宗其說者率多穿鑿附會，去經義逾遠。朕於《春秋》獨服膺朱子之論，朱子曰：「《春秋》明道正誼，據實書事，使人觀之以為鑒戒，書名書爵亦無意義。」此言真有得者，而惜乎朱子未有成書也。朕恐世之學者牽於支離之說而莫能悟，特命詞臣纂輯是書，以四傳為主，其有舛于經者刪之；以集說為輔，其有畔於傳者勿錄。書成，凡四十卷，名之曰《傳說彙纂》。夫《春秋》之作，以游夏之賢不能贊一詞，司馬遷稱七十子之徒口授其傳旨而人人異端，當時已無定論，後之諸儒欲於千百年後懸斷聖人筆削之指，不亦難乎？！是書之輯，亦唯擇其言之當於理者，雖不敢謂深於《春秋》，而辨之詳、取之慎，於屬辭比事之教或有資焉。是為序。康熙六十年夏六月朔。

◎提要：康熙三十八年奉敕撰。初胡安國作《春秋傳》，張栻已頗有異議。朱子編《南軒集》存而不刪，蓋亦以栻說為然。至元延祐中復科舉法，始以安國之《傳》懸為功令，而有明一代因之。故元吳澄作俞皋《春秋集傳序》稱：

「兼列《胡氏》，以從時尚。」明馮夢龍作《春秋大全凡例》稱：「諸儒議論，盡有勝《胡傳》者，然業以《胡傳》為宗，自難並收以亂耳目。」豈非限於科律，明知其誤而從之歟？欽惟聖祖仁皇帝道契天經，心符聖義，於尼山筆削洞鑒精微，雖俯念士子久誦《胡傳》，難以驟更，仍綴於三傳之末，而指授儒臣，詳為考證，凡其中有乖經義者一一駁正多所刊除。至於先儒舊說，世以不合《胡傳》擯棄弗習者，亦一一采錄。表章闡明古學，蓋以聖人之德居天子之位，故能蕩滌門戶辯別是非，挽數百年積重之勢而反之於正也。自時厥後能不為《胡傳》所錮者，如徐庭垣之《春秋管窺》、焦袁熹之《春秋闕如編》，響然並作不可殫數。袞鉞之義遂皦若三光，維風維草之效誠有自來矣。臣等繕校之餘，為《春秋》幸，尤為天下萬世讀《春秋》者幸也。

◎《皇朝文獻通考》卷二百十五《經籍考》五：欽定《春秋傳說彙纂》四十卷，康熙三十八年大學士王掞等奉敕撰。聖祖仁皇帝御製序曰：「六經皆孔聖刪述，而孟子特言孔子作《春秋》。左氏、公羊、穀梁三家各述所聞以為傳。門弟子各衍其師說，末流益紛以一字為褒貶，以變例為賞罰，微言既絕，大義弗彰。至於災祥讖緯之學興，而更趨於怪僻，程子所謂炳若日星者，不因此而反晦乎？迨宋胡安國進《春秋解義》，明代立於學官，用以貢舉取士，於是四傳並行，宗其說者率多穿鑿附會，去經義逾遠。朕於《春秋》獨服膺朱子之論，朱子曰：『《春秋》明道正誼，據實書事，使人觀之以為鑒戒，書名書爵亦無意義。』此言真有得者，而惜乎朱子未有成書也。朕恐世之學者牽於支離之說而莫能悟，特命詞臣纂輯是書，以四傳為主，其有舛于經者刪之；以集說為輔，其有畔於傳者勿錄。書成，凡四十卷，名之曰《傳說彙纂》。夫《春秋》之作，以游夏之賢不能贊一詞，司馬遷稱七十子之徒口授其傳旨而人人異端，當時已無定論，後之諸儒欲於千百年後懸斷聖人筆削之指，不亦難乎？！是書之輯，亦唯擇其言之當於理者，雖不敢謂深於《春秋》，而辨之詳、取之慎，於屬辭比事之教或有資焉。是為序。」臣等謹按：是書卷首二卷，曰《綱領》、曰《王朝世表》《列國年表》《王朝列國世次》及《興廢說》《列國爵姓／地圖》《王朝地名》《列國地名》。自隱公迄哀公，分三十八卷，通四十卷。獲麟後附錄經傳。書成，恭呈欽定。凡其中與經旨違戾者，詳加駁正，於訂釋之內寓予奪之公，而後尼山筆削之旨粲然如日月經天矣。

◎錢泰吉《甘泉鄉人稿》卷七《曝書雜記》上：近時揚州鮑氏所刻監本《四書五經》，字大可便誦讀，《四書》及四經視汲古閣及崇道堂所刻不甚相懸，沿

訛之字亦未能盡正。《春秋》則錄三傳並恭錄《欽定春秋傳說彙纂》，較之十笏堂（亦揚州本也）所刻為詳密，不知出何人之手。表弟吳公謹鐵琴所贈也（鮑刻四書五經）。

◎趙爾巽《清史稿》卷一百四十五志一百二十《藝文》一：《春秋傳說匯纂》三十八卷，康熙三十八年，王掞等奉敕撰。

王曜南 春秋繹義 十四卷 首一卷 存

上海、湖北、吉林藏咸豐元年（1851）務本堂刻本

臺中縣文聽閣圖書有限公司 2010 年晚清四部叢刊第一編影印咸豐元年（1851）務本堂刻本

◎汪正元、吳鶚光緒《婺源縣志》卷二十四《人物志・學林》：鄉闈三薦未售，乃潛心經學，綜覈漢唐以來注疏及宋五子書，剖晰異同，數十年寒暑不輟。晚復融貫百家，獨抒心得，鈎元提要，簡括詳明，胥折衷紫陽及汪、江兩先生矩矱……著有《禮書條考》十五卷、《樂律條考》五卷、《春秋繹義》十二卷、《春秋總說》四卷、《十二公時事略》二卷及《務本堂制藝》三集均已梓行，其《詩經集義》九卷、《毛詩採要》四卷、《禹貢水道釋圖》二卷、《儀禮省要》四卷、《離騷集註》二卷、《務本堂文集》六卷藏於家。

◎汪正元、吳鶚光緒《婺源縣志》卷五十五《藝文志・典籍》：王曜南著（《禹貢水道圖釋》《讀禮條考》《樂律條考》《春秋總說》《十二公時事略》《春秋繹義》《毛詩採要》《儀禮省要》《詩經集義》《離騷集註》《務本堂集》）。

◎王曜南，字燦文，號敬齋。婺源（今江西婺源）中雲人。廩貢生。道光乙酉纂修邑志，咸豐元年詔舉孝廉方正，固辭不就，主講紫陽衡文。著有《詩經集義》九卷、《毛詩採要》四卷、《禹貢水道釋圖》二卷、《儀禮省要》四卷、《禮書條考》十五卷、《樂律條考》五卷、《春秋繹義》十二卷、《春秋總說》四卷、《十二公時事略》二卷、《務本堂制藝》三集、《離騷集註》二卷、《務本堂文集》六卷。

王一清 春秋左類聯 四卷 存

湖北藏清刻本

◎光緒《貴池縣志》卷四十一《藝文志》：《三禮便讀》六卷、《春左列國類編》、《半農吟》（俱見本集）。

◎劉世珩《貴池先哲遺書》卷首《貴池先哲遺書待訪目》「王一清」：《三禮便讀》六卷、《春左列國類編》、《半農吟》（俱見本集）。

王一清 春左列國類編 未見

◎光緒《貴池縣志》卷四十一《藝文志》：《三禮便讀》六卷、《春左列國類編》、《半農吟》（俱見本集）。

◎劉世珩《貴池先哲遺書》卷首《貴池先哲遺書待訪目》「王一清」：《三禮便讀》六卷、《春左列國類編》、《半農吟》（俱見本集）。

王寅 春秋自得編 佚

◎毛奇齡《西河文集》序六《春秋自得編序》：《春秋》為經世之書，而意旨通微，義例麗贖，隨所解會，悉得以觸類達志，窺見大略。而究其指趣，則初無確然之見可葆不易。故漢初四家互為抵掎，而最後《左氏傳》出，則各守師說而迄不相下。雖至劉駿通經、趙匡闢傳，猶不足以發墨守而起錮疾，宜乎胡子文定一舉而盡祛其說也。顧文定是書，道在乎匡經而志存乎悟主，以彼其時，南北勢成，往可與周之東西相比發者，故一偏之旨，原不無有傳無傳并有傳無經之慮。而後之為《春秋》者，既飾傳作經，復裂經就傳，而《春秋》亡矣。向與甲庵論《春秋》，每喜其發凡新穎，起義開闢，嘗以為能出儕識必其能發秘義者。今讀其書，知其得之深而見之大也。甲庵據程氏所言：「《春秋》者猶法律之有斷例」，又引邵子云：「《春秋》，夫子之刑書也」，因謂《春秋》者有貶而無褒，有非而無是，有懲罰而無勸賞。間固疑之，暨觀其大旨，則以《春秋》首五伯，而五伯為三王罪人，經所見者罪焉耳，故齊桓稱人，與眾分之，殺其罪也；晉侯則甚矣，正譎之辨，較之甚明。而其他列國名卿大夫，苟為聖人所稱許，經勿及焉。管子之才、子產之賢，詎無一事可記述與？且命卿，其任政固久也。平仲與聖人交，伯玉為聖人所夙好，曰犯以仁親見稱，又伯功也。柳下季秉直受黜，為後世惜。凢若而人，寧難假義例相及？而是書泯泯焉，必其人無與于閱實之數者也。乃吾則又有進者，甲庵所據者程、邵語耳，然而程氏作傳，兩列功罪，即程氏之先，杜預五例，亦以第五為懲勸。即范寧註《穀梁》，猶曰臧否不同、褒貶殊致，而甲庵盡反之。吾讀《孟子》矣，《孟子》有以《春秋》為比例者，晉《乘》、楚《檮杌》是也。夫晉《乘》不可考矣；檮杌，惡獸也，故前古以目不才，而楚史是名，則必其書本飭惡者，故或

曰乘者治也，治罪之書也，《春秋》固一例也。有以《春秋》為比義者，抑洪水與戮飛廉驅猛獸是也。洪水之割，固無不惡其淬洞者也。幾見虎豹犀象驅而遠之為褒賞者乎？《春秋》猶是也。夫古稱疾惡者莫如《孟子》，其稱善讀《春秋》者亦莫如孟子。乃以孔子之懲惡而見之于經，以孟子之疾惡而見之于讀《春秋》，以甲庵之為善去惡而見之于學《孟子》與作《春秋》之註，此其自得為何如也乎？況其句解而字釋者，非依倚者也。

◎朱彝尊《經義考》卷六十五《周易自得編圖說》條：毛奇齡曰：寅字甲庵，蕭山人，錢塘生員，入本朝，高隱不出，常流寓淮安，著《易／春秋自得編》。

◎毛奇齡《春秋毛氏傳》卷十：予鄉王甲庵名寅，精於經學。

◎王寅，號甲庵。浙江蕭山人。精於經學。著有《周易圖註》、《周易自得編》十一卷、《周易自得編圖說》一卷、《春秋自得編》。

王引之 春秋名字解詁 二卷 存

經義述聞本（卷二十二至二十三）

國圖出版社 2009 年賈貴榮宋志英輯春秋戰國史研究文獻叢刊影印光緒十六年（1890）湖南船山書局刻皇清經解本

◎敘〔註36〕：名、字者，自昔相承之詁言也。《白虎通》曰：「聞名即知其字，聞字即知其名。」蓋名之與字，義相比附。故叔重《說文》屢引古人名、字，發明古訓，莫著於此。觸類而引申之，學者之事也。夫詁訓之要在聲音不在文字，聲之相同相近者義每不甚相遠。故名、字相沿，不必皆其本字，其所假借今韻復多異音。畫字體以為說，執今音以測義，斯於古訓多所未達，不明其要故也。今之所說，多取古音相近之字以為解，雖今亡其訓，猶將罕譬而喻，依聲托義焉。爰考義類，定以五體：一曰同訓，予字子我、常字子恒之屬是也；二曰對文，沒字子明、偃字子犯之屬是也；三曰連類，括字子容、側字子反之屬是也；四曰指實，丹字子革、啟字子閭之屬是也；五曰辨物，鍼字子車、鱣字子魚之屬是也。因斯五體，測以六例：一曰通作，徒字為都、籍字為鵲之屬是也；二曰辨譌，高字為克、狄字為秋之屬是也；三曰合聲，徐言為成然、疾言為旃之屬是也；四曰轉語，結字子蒍、達字子姚之屬是也；五曰發聲，不狃

〔註36〕又見於王引之《王文簡公文集》卷三，題《春秋名字解詁敘》。王引之《王文簡公文集》目錄（卷三）：《春秋名字解詁序》（舊刻無）。

為狃、不畏為畏之屬是也；六曰並稱，乙喜字乙、張侯字張之屬是也。訓詁列在上編，名物分為下卷。眾著者不為贅設之詞，難曉者悉從闕疑之例。上稽典文，旁及謠俗，亦欲以究聲音之統貫、察訓詁之會通云爾。至於解釋不明，援引鮮當，大雅宏達其有以教之矣。

◎王引之《與陳碩甫書》〔註37〕：碩南大兄先生經席：連奉手書二函及手校《荀子》全部，感頌不可言喻。蕘圃先生所記異同，得大兄先生細錄一過，行款字句悉依原本，洵可照此重刊。汪宅所藏宋本原書，如尚未借鈔，或已借而未鈔，則以中止為妙。若業已鈔寫，則不能中止，只可託黃君倩人鈔完矣。統望大兄代為斟酌是幸。尊校《荀子》案語，確為精采，家君不謀而合者頗多。所謂德不孤也，佩服之至。老伯母大人貴恙定已勿藥，有喜氣，體康彊如舊，鳥祝鳥慰。拙刻《經義述聞》三傳甫畢，尚有《爾雅述聞》及《春秋名字解詁》《太歲攷》、《述聞統論》剖劂未竟。茲先將已刻之二十卷託令姪寄呈左右，務希從實指摘，俾茅塞頓袪。幸甚幸甚。率泐數行，布達謝悃，並候箸安。

◎趙爾巽《清史稿》卷一百四十五志一百二十《藝文》一：《春秋名字解詁》二卷，王引之撰。

◎張之洞《書目答問》卷一《經部》：《春秋名字解詁》二卷（王引之。自刻本，附《經義述聞》後）。

◎葉德輝《郋園讀書志》卷一「惠定宇先生《尚書考》下卷」（原稿本）：惠定宇先生《尚書考》下卷，原稿經篇俱全，惟無上卷通考耳。舊刻有乾隆末年讀經樓本，以校此稿，此略而彼詳殆後有所增補。阮文達《皇清經解》本亦然。古人著書必數易稿，既見下筆之矜慎，又覘劬學之精勤。余藏有戴東原《詩考》初稿，王伯申《經義述聞，周秦人名字解詁》初刻，均視阮刻《經解》本及自刻《全書》本詳略不同，且有通行改易者。《周秦人名字解詁》後更名《春秋名字解詁》，附《經義述聞，春秋》後，考證益見精深。日知其所亡，月毋忘其所能，鳥學之道，固應如此。讀先生諸書，愈以見其家法矣。宣統庚戌六月伏日德輝。

◎葉德輝《郋園讀書志》卷二「《周秦人名字解詁》二卷」（王氏家刻本）：此《春秋名字解詁》原本也。蓋初題是名，後入《經義述聞》，屬之《春秋》。其中文義詳略各有不同，名字亦有出入增刪之處。案先生《經義述聞》一刻于

〔註37〕摘自舒懷、李旭東、魯一帆輯校《高郵二王合集・王引之文集・書札・與陳碩甫書》九通之五。

嘉慶二年丁己，其書凡四冊，不分卷，祇五經義，孫伯淵觀察于嘉慶十五年庚午刻《祠堂書目》所收之本是也。一刻于嘉慶二十一年丙子，書分十五卷，前有阮文達序，凡《易》、《書》、《詩》、《周官》、《儀禮》、《大戴記》、《禮記》、《左傳》、《國語》、《公羊》、《穀梁》、通說十二類，即江西南昌阮刻《十三經》時盧旬宣并以付刻之本是也。一刻于道光七年丁亥，增入《春秋名字解詁》、《爾雅》及《爾雅太歲考》，凡三十二卷，道光九年嚴杰編《皇清經解》刪併為二十八卷所據之本是也。是書之成，當在嘉慶丙子以後、道光丁亥以前。就其書之繁簡異同，可以見先生學問深淺長進，非獨為藏書家未有之本為足珍也。光緒辛丑十月癸巳朔，長沙葉德輝記。

◎羅繼祖主編《羅振玉學術論著集》第十一集《本朝學術源流概略》第四章《本朝學者之研究方法》：五曰類考。本朝學者治經史多分類考究，茲舉經部示例，約為六目：一天文曆象，有盛百二《尚書釋天》，陳厚耀《補春秋長曆》，姚文田《春秋傳朔閏考》，施彥士《春秋經傳朔閏表發覆》，吳守一《春秋日食質疑》，陳懋齡《經書算學天文考》，秦蕙田、方觀承《觀象授時》。二地理，有蔣廷錫《尚書地理今釋》、焦循《毛詩地理釋》、高士奇《春秋地名考略》、程廷祚《春秋地名辨異》、江永《春秋地理考實》。三典制，有惠棟《禘說》，毛奇齡《郊社禘祫問》、《大小宗通釋》，任啟運《肆獻祼饋食禮纂》，程瑤田《宗法小記》，沈彤《周官祿田考》，王鳴盛《周禮軍賦說》，胡匡衷《儀禮釋官》，程廷祚《春秋職官考略》。四氏族姓名，有李超孫《詩氏族考》、陳厚耀《春秋世族譜》、王引之《春秋名字解詁》、高士奇《左傳姓名同異考》、程廷祚《左傳人名辨異》。五宮室輿服，有程瑤田《釋宮小記》、洪頤煊《禮經宮室答問》、胡培翬《燕寢考》、阮元《車制圖考》、鄭珍《輪輿私箋》、任大椿《弁服釋例》。六考工，有戴震《考工記圖》、程瑤田《考工創物小記》。其關於史者，已略見前編中，不更及。此研究之法五。

◎錢馥〔註38〕《周秦名字解故書後》〔註39〕：始馥讀許氏《說文解字》，至古人名嘉字子孔、名仉字游諸處，知古人名字有可以為聲音文字之證者，遂畱意于斯。讀書遇古人名字，則必深思其故。有不得其解者，時往來于心而不能去。而其自謂得之者，穿鑿傅會，知所不免。每欲纂為一編，就正有道。賤

〔註38〕錢馥，字廣伯，號幔亭、綠窗。浙江海寧人。通小學，深受錢大昕、盧文弨輩推重。年甫四十而卒。
〔註39〕錄自光緒二十一年（1895）刻錢馥《小學庵遺書》卷三《周秦名字解故識疑》。

性疏懶，因循未果。友人陳仲魚知馥之好是也，持高郵王君《周秦名字解故》見示，展卷欣然。既喜王君與我同心，又凡愚所求其故而不得者，竝已疏通證明之。錫我百朋，豈是過載！顧馥所推測，有與王君解釋不同者，籤識簡端，聊以相質。而為王君所未說者數人，錄垀卷末。昔鄭康成欲注《春秋傳》未成，行與服子慎遇，聽服與人說所注傳意多與己同，盡以所注與之，遂為服氏注。今馥與王君雖夙有同心，自慚蕪薉，不堪持贈也。海寧錢馥。

◎顧廷龍《顧廷龍全集・文集卷上冊・周秦名字解故跋》：《周秦名字解故》，清高郵王文簡公撰。卷上百七十八人，卷下百二十九人，闕疑音三十一人，命名之義不相比屬者十二人，某指為某未知其審者七人，似異而實同者五人。書中未記撰刊歲月，不知何時始行於世。半葉十行，行二十字。惟昌平王萱齡撰《周秦名字解故附錄序》云：「辛巳秋，伯申先生《周秦名字解故》一書，究聲音之統貫，察訓詁之會通，有裨經學，良非淺鮮，後附三十一事，以為古訓不可周知，姑闕所疑以俟達者。」於是知是書當刊於嘉道之間，初係單刻單行，疑萱齡獲見之年，即其刊行之時，是則道光元年也。此本曾經文簡手自增損，副墨再三，加訂體例，實為寫定《春秋名字解詁》之底本。迨道光七年重刊《經義述聞》，列於卷二十二至二十三，不復單行，而單刻之本遂絕流傳。定本改動甚多，今校兩本，有刪去者，有入闕疑者，亦有闕疑續得其解者，有兩卷移置者，有增補者，惟引諸《家語》者則均以為不可信而別列其名附於卷末。續解闕疑撰於萱齡所著之後，絕未甄引，無不自抒心得，覃研邃密，非後人可及。名字解詁之學一創，周秦古義研索有途，繼此業者，萱齡之後，有俞樾《春秋名字解詁補義》、胡元玉《駁春秋名字解詁》、陶方琦《春秋名字解詁補誼》、洪恩波《聖門名字纂詁》、今人于省吾《春秋名字解詁商誼》、郭沫若《彝銘名字解詁》等著，各有所得。

王榮緒 春秋闢謬 二十冊 佚

◎一名《春秋集說闢謬》。

◎道光《諸城縣續志》六《藝文考》：王榮緒《四書遵註》二十六冊、《周易合參》十六冊、《書經講義》六冊、《詩經遵序》四冊、《春秋闢謬》二十冊、《禮記》二十冊、《徵實錄》四冊、《古文集／續集》共二十一冊。

◎孫葆田《山東通志》卷百二十七《藝文志》第十：是書見《府志》。

◎王鉽緒（1713～1784），字成祉，號希仁、天馥，又號蓮峰、五蓮山人、二所亭。山東諸城王璊村人。博學能文，性方品正。乾隆元年（1736）舉人，乾隆二十二年（1757）進士。授鄞都縣知縣。乾隆四十二年（1777）陞石硅廳直隸同知。再陞南雄府知府。誥授奉政大夫，戊子科四川鄉試同考官。以足疾告歸，卒於四川成都，咸豐朝入祀名宦祠，鄉諡文定先生。著有《周易合參》、《書經講議》、《尚書徵實錄》、《詩經講義》（或著錄作《詩經講議》）、《詩經遵序》、《朱子昏禮》、《禮記徵實錄》、《春秋闕謬》、《四書講議》、《四書遵註》、《石柱廳志》、《成祉府君自著年譜》和《詩文集》，又輯有《諸葛忠武侯集》。

王瀅 左氏傳補解 佚

◎孫葆田《山東通志》卷百二十七《藝文志》第十：是書見《採訪冊》。

◎民國《福山縣志稿》卷六《藝文志》：王瀅《春秋左氏傳補解》□卷（據採訪簿目錄入）。

◎王瀅，福山（今山東福山）人。著有《左氏傳補解》。

王又樸 春秋繁露求雨止雨考定 一卷 存

國圖藏乾隆刻詩禮堂全集本

◎周矩考訂。

◎劉聲木《桐城文學撰述考》卷一「王又樸撰述」：《易翼述信》十二卷、《史記七篇讀法》二卷、《大學原本說略》一卷、《大學原本讀法》一卷、《大學綱目》一卷、《中庸總說》一卷、《中庸讀法》一卷、《孟子讀法》十五卷、《詩禮堂雜詠》七卷、《詩禮堂雜纂》二卷、《明辨錄》□卷、《論語廣義》□卷、《春秋繁露求雨止雨考定》一卷、《泰州纖堤說略》一卷、《介山時文》三卷、《介山時文續刊》一卷、《介山自訂年譜》一卷、《繼配馮恭人實錄》一卷、《聖諭廣訓衍》二卷、《鄉會試朱卷》一卷。

◎王又樸（1681～1763），原名日柱，字從先，號介山。原籍江蘇揚州，後遷居天津。少以古文受知於桐城方苞，許以力追秦漢。與王己山、張曉樓同榜，稱莫逆交。文名甚高，與同里張塤有「二山」之稱。雍正元年（1723）進士，授編修。兩權河東鹽運司運同。中以事被劾，補陝西鳳翔府通判。告病歸。乾隆四年（1739）再至陝，權西安同知、補漢中通判。後調江南，權泰州雲判，廬州同知；又權知池州、徽州等府。所至皆有政聲，尤明於水利。又請興復三

取書院，延師訓課。晚年精於易學。著有《易翼述信》十二卷、《春秋繁露求南止雨考定》一卷、《孟子讀法》十四卷附錄一卷、《史記七篇讀法》二卷、《論語廣義》、《大學原本說略》一卷、《大學原本讀法》一卷、《大學綱目》一卷、《中庸總說》一卷、《中庸讀法》二卷、《詩禮堂古文》五卷、《詩禮堂詩》七卷（一名《詩禮堂雜詠》）、《詩禮堂雜纂》二卷、《河東鹽法志》十二卷、《泰州纖堤說略》一卷、《明辨錄》、《介山時文》三卷、《介山時文續刊》一卷、《介山自訂年譜》一卷、《繼配馮恭人實錄》一卷、《聖諭廣訓衍》二卷、《順天鄉試朱卷》一卷、《恩科會試朱卷》一卷。

王元穉 讀左隨筆 一卷 存

上海藏光緒三十年（1904）鉛印本

1917 年鉛印無暇逸齋叢書本

◎讀左隨筆弁言：

中學堂以《左傳》課士，欽定章程所遵守也。或謂《左傳》議論與今社會多不相近，殆以迷信神權，多成敗勢利之見歟？余謂子不語怪力亂神，《左》適相反，此左氏浮夸所以見譏於韓子也。惟春秋時人才最盛，治亂得失亦最足資考鏡，故魏叔子有《左傳經世鈔》，近人有《左傳公法》之作。求經學史學文章經濟之學能兼備者，舍《左》將奚屬乎？！吾人讀書，善信誠不如善疑，余讀《左傳》，綜其前後，參攷注疏，並及各家，有所見即有所疑，輒筆錄之。恭讀欽定《春秋傳說彙纂》，亦多自抒己見不尚雷同。又謹案欽定《學堂章程》，中學堂學科程度，第四節云：「講《左傳》，宜解說其大事與今日世界情形相同者。」故於比附史事之餘，間參時務掌故也。惟勦襲陳言，素所深恥，異日讀書益多，見聞益廣，隨時皆當審訂，此作誠未為定本。書此以告同學。時光緒戊申春分節也。王元穉識於宣南順天高等學堂。

是為承乏順天學堂教員之作，原名《講義》，今改《隨筆》，蓋紀實也。以勿為監督所喜而僅止於僖公，所惜者京師善本，儲藏最富，同學多好學之士，《左氏》下半冊詳吳越，尤需彙集他書參考，弗克卒業，重可惜也。元穉濫竽順天足五年，講《左傳》全文凡三過。丁巳小暑前一日，王元穉自識。

◎附錄友人吳翼庭中翰、嚴幼陵觀察來函：

少樵老伯大人閣下：承賜書辱以大作見示，並令之獻其所知。京師人海之地，不乏通才，乃付之數千里外謭陋無知之人，令人慚感交並。展讀一過，議

論名通，淹貫古今，反覆比互，獨出胸臆，與向來治經之家，墨守章句者，夐然不同，敬佩無任。謹以管蠡所及，注在上方，非敢妄作聰明，亦欲故人知其荒落已甚，而思有藥之也。祺所編歷史已至第七卷，尚少一卷，大約明年三四月間可以竣事。將來貽笑方家，決所不免。然既為之，正為箭在弦上不得不發耳。肅此，敬請箸安，並希垂鑒。姪吳增祺頓首。

少樵老兄大人講席：一昨惠枉飫聆偉倫，復承不棄鄙陋，示以《左傳講義》二卷。去後弟適感寒發熱，不能出戶。披讀大箸，具見表裏。伏惟吾國古書，有同屮石中涵至寶，而沙礫亦多，所賴學者善知識取而分別之，而後不受古書之纇。至於《左傳》一書，其文書奧博，國粹所在，不待論矣。所載諸侯交際，往往開近世公法之先。他若夷吾子僑諸公，其所號召措施，輒與此時所謂憲法之精旨無所異，此真百二十國寶書之精要耳。我公講義，於此等處，最具隻眼。後生開此，將知不獨讀《左傳》宜然，乃至一是古書，其宣究之法，莫不應爾。此真無窮寶藏之鑰匙也。所惜鄙人即日南下，不克細加繙帋詳為批釋。畧綴數語，以見傾倒之私而已。手此敬誦，貺安不宣。弟嚴復頓首。

◎王元穉（1843～1917），字師徐，號少樵。浙江杭州人，占籍福建閩縣（今福州市）。嘗入學致用書院。光緒十年（1884）任臺灣府儒學訓導。光緒十五年（1889）中副榜。著有《無暇逸齋叢書十四種》，括《讀左隨筆》一卷、《五代史隨筆》一卷、《甲戌公牘鈔存》諸書）。

王原 春秋呭聞 佚

◎王昶《春融堂集》卷六十四《王原傳》：原壯而力學，老而不倦。早年受業於平湖陸隴其，已從睢陽湯斌問學，精研理道，一以濂洛為宗。年至八十四卒。生平著作繁富，詩有《短檠／北鄉／閩海／寒竿／過嶺／潘州／惠陽／岫雲／銅江／鸞臺／滄江／都蔗／南牕》諸集，經學有《學庸正譌》《論孟釋義》《春秋呭聞》，史志有《歷代宗廟圖考》《明食貨志》，譜錄有《深廬剳記》、《深廬集》、《訓終制雜說》、《雞柘集》、自著年譜、古文若干卷。

◎嘉慶《松江府志》卷七十二《藝文志》一《經部》：《春秋呭聞》（國朝王原令貽著）。

◎光緒《青浦縣志》卷二十七《藝文》上《書目・經部》：《春秋呭聞》（王原著。自序謂：「余讀《春秋》而有疑，于中必求其解。先儒之說未備者申繹之，難從者訂正之。私有剳記，久而成書，凡與傳說同者十九，異者十一。」）

◎光緒《青浦縣志》卷二十七《藝文》上《書目‧經部》：《春秋咫聞》（王原著。自序謂：「余讀《春秋》而有疑，于中必求其解。先儒之說未備者申繹之，難從者訂正之。私有劄記，久而成書，凡與傳說同者十九，異者十一。」）

◎王原，初名深，字仲深，一字令詒，號學庵，晚號西亭。松江府青浦縣（今屬上海）人，後遷蘇門。生八九歲，能辨四聲。康熙二十七年（1688）進士，未及用，從刑部尚書徐乾學修《一統志》於包山。康熙三十三年（1694）選廣東茂名縣，頌聲大作，移署信化。三十五年（1696）以解犯脫逃解任，未幾弋護，復官。三十八年（1699）補貴州銅仁，大治。四十一年（1702）行取，試授工科給事中，後以劾文選司郎中陳汝弼姦貪牽連降級以歸。著有《春秋咫聞》《學庸正譌》《論孟釋義》《歷代宗廟圖考》《明食貨志》《深廬劄記》《深廬集》《訓終制雜說》《雞柘集》《短檠集》《北鄉集》《閩海集》《寒竿集》《過嶺集》《潘州集》《惠陽集》《岫雲集》《銅江集》《鸞臺集》《滄江集》《都蔗集》《南牕集》。

王源 春秋宗孟 不分卷 存

北大藏乾隆抄本

◎王源（1648～1710），字崑繩，一字或庵。順天大興（今北京大興區）人。康熙三十二年（1693）舉人。曾講學於洞庭山。豪俠尚氣，喜談兵，《明史稿‧兵志》實出其手。從寧都魏禧遊，晚歲師顏元，學禮甚篤。遊四方，客死山陽（今江蘇淮安淮陰區），姪壻蔣衡葬之於金壇。著有《易傳》十卷、《文章練要》、《或庵評春秋三傳》三卷、《平書》十卷、《兵論》二卷、《兵法要略》二十二卷、《莊子評》、《孟子評》、文集二十卷等。

王源 公穀合刊 二卷 存

遼寧藏雍正八年（1730）程茂刻本

王源 公羊評 不分卷 存

國圖、清華、上海、南京、湖北、遼寧、福建、天津藏康熙五十五年（1716）漣水程茂柳衣園刻本（王源評訂，程茂參正）

四庫存目叢書影印康熙五十五年（1716）漣水程茂柳衣園刻本

◎目錄：隱公：元年春王正月，紀履緰來逆女，癸未葬宋繆公，秋翬帥師會宋公陳侯蔡人衛人伐鄭。桓公：宋督弒其君與夷及大夫孔父，公會齊侯

陳侯鄭伯于稷以成宋亂，有年，春正月己卯烝，宋人執鄭祭仲。莊公：公及齊人狩于禚，宋萬弒其君接及其大夫仇牧，冬公會齊侯盟于柯，大夫宗婦覿用幣，公子牙卒。閔公：元年春王正月，齊公子來盟。僖公：齊師宋師曹師次于聶北救邢，虞師晉師滅夏陽，九月戊辰諸侯盟于葵丘，春王正月戊申朔霣石于宋五、是月六鷁退飛過宋都，楚人使宜申來獻捷，晉人執衛侯歸之于京師，晉人及姜戎敗秦于殽。文公：毛伯來求金，晉人納接菑于邾婁弗克納。宣公：春王正月郊牛之口傷改卜牛牛死乃不郊猶三望，晉趙盾衛孫免侵陳，楚子圍鄭、夏六月乙卯晉荀林父帥師及楚子戰于邲晉師敗績，宋人及楚人平，初稅畝。成公：六月癸酉季孫行父臧孫許叔孫僑如公孫嬰齊帥師會晉郤克衛孫良夫曹公子手及齊侯戰于鞌齊師敗績秋七月齊侯使國佐如師己酉及國佐盟于袁婁。襄公：吳子使札來聘，叔弓如宋葬共姬。昭公：齊高偃帥師納北燕伯于陽，夏五月戊辰許世子止弒其君買、冬葬許悼公，曹公孫會自鄸出奔宋，公孫于齊次于揚州、齊侯唁公于野井，黑弓以濫來奔。定公：蔡侯以吳子及楚人戰于伯莒楚師敗績，盜竊寶玉大弓。哀公：齊陽生入于齊、齊陳乞弒其君舍，西狩獲麟。

◎程茂序：或菴先生所評《文章練要》，《左傳》為六宗之首，《公》《穀》為百家之首。先生曰：「六經文章之祖，六宗文章之宗，《左氏》首接六經，別子為祖、繼別為宗者也。」往讀先生《左傳評》，請曰：「《左氏》六經之首固矣，然三傳並傳，《公》《穀》不可繼《左傳》而亦為一宗乎？」先生曰：「不然。《公》《穀》，《左氏》之支流也，經義然，文章亦然。《公》《穀》斂神奇於短簡之中，如輸班之巧鏤人物於須彌芥子，而見者驚猶鬼神。然而《左氏》又何所不包乎？雖然盡變左氏門戶而獨出手眼心裁，與左氏並傳，一事並肖一情，千古而下，讀者其欣喜悲恨如見其人如聞其聲。若較之《左傳》而尤足以感人之深者，其情詞跌宕，又何其神妙無方耶！巍巍乎百家之首矣。」既請先生所評六宗百家之全讀之，先生曰：「余評之素矣，然未得間，鮮成書也。今且從事焉。」乃未數月而先生逝，於戲，天其靳六宗百家之全也乎！先生令嗣隆川，耳先生之言而繼先生之業者也，出先生《公》《穀》評本讀之，《公穀》之神傳又如斯也。先生《左傳》，余叔風衣既已刊行，今茂復刊此本，而述先生之言弁之首端，讀六經百家之首，而六經百家旁而通之，不亦可乎！雖然，余猶于隆川觀其全也。康熙丙申九月，後學漣水程茂識。

王源 公羊傳評 二卷 存

康熙五十五年（1716）漣水程氏刻本

雍正信芳齋刻文章練要本

王源 穀梁評 不分卷 存

清華、天津、上海、南京、湖北、遼寧藏康熙五十五年（1716）漣水程茂
柳衣園刻本

雍正信芳齋刻文章練要本

◎一名《穀梁傳評》。

◎目錄：

隱公：元年春王正月，鄭伯克段於鄢，春王二月己巳日有食之，武氏子來
求賵。

桓公：元年春王正月，夏五，秋八月壬申御廩災乙亥嘗。

莊公：公及齊人狩于郜，齊人取子糾殺之，臧孫辰告糴于齊，齊人伐山戎。

僖公：虞師晉師滅夏陽，齊侯宋公江人黃仁會于陽穀，齊人執陳袁濤塗，
公及齊侯宋公陳侯衛侯鄭伯許男曹伯會王世子于首戴、秋八月諸侯盟于首戴、
禘于太廟用致夫人，晉殺其大夫里克，春王正月戊申朔隕石于宋五、是月六鶂
退飛過宋都。

文公：逆婦姜于齊，晉殺其大父陽處父，晉人納接菑于邾弗克納。

宣公：初稅畝，公地叔肸卒。

成公：六月癸酉季孫行父臧孫許叔孫僑如公孫嬰齊帥師會晉郤克衛孫良
夫曹公子手及齊侯戰于鞌齊師敗績、秋七月齊侯使國佐如師己酉及國左盟于
爰婁，梁山崩，九月辛丑用郊。

襄公：莒人滅鄫，晉士匄帥師侵齊至穀聞齊侯卒乃還，大饑。

昭公：楚子蔡侯陳侯許男頓子胡子沈子淮夷伐吳執齊慶封殺之，秋蒐于
紅。

定公：九月大雩，冬十月隕霜殺菽。

哀公：公會晉侯及吳子于黃池。

◎劉聲木《桐城文學撰述考》卷四「王源撰述」：《文章練要》十卷（即《評
點左傳》）、《評點公羊傳》一卷、《評點穀梁傳》一卷、《評點孟子》□卷。

王源 或庵評春秋三傳 無卷數 存

國圖藏清抄本

康熙居業堂刻本

◎一名《春秋三傳評訂》。

◎提要：是書本名「文章練要」，分六宗、百家。六宗以《左傳》為首，百家以《公羊傳》、《穀梁傳》為首。然六宗僅《左傳》有評本，百家亦惟評《公羊》、《穀梁》二傳而已。經義文章雖非兩事，三傳要以經義傳，不僅以文章傳也。置經義而論文章，末矣；以文章之法點論而去取之，抑又末矣。真德秀《文章正宗》始錄《左傳》，古無是例，源乃復沿其波乎？據其全書之例當歸總集。以其僅成三傳，難以集名，姑仍附之《春秋》類焉。

◎王源《居業堂文集》卷首附武進管繩萊撰《王崑繩家傳》：晚歲交蠡縣李塨，相與師事博野顏元講理學，盡辟程朱陸王，而述顏元之言曰：「格物者大學之始事也，程朱之釋格物也，上極於性天，下極於草木鳥獸，非高遠則汗漫。陽明意在良知，其釋格物也，一以為正事物，一以為去物欲，非脩身之事，則誠意之功，總於格物之義無當。物非他，即大司徒教萬民而賓興之之三物也；格物非他，即學習六藝以成其德與行也。蓋德行之實事皆在六藝，而六藝總歸一禮，故孔子謂『非禮不動』，所以脩身，教顏子以克己復禮為仁；又曰『為國以禮』，故學禮即格也、致也，約禮即誠正脩也、齊治平也。小學大學，由淺入深，師以此教、弟以此學也，士以此造、才以此取也，士大夫之學出於此，君相之學亦出於此也。明明德親民由於此，止至善即由於此也。」源既祖顏元習禮之說，終日整衣冠，對僕御無所苟且。其生平向學之旨皆散見所為文中，文多記明人逸事，以故其文多悲慨侘傺。桐城侍郎方苞稱其有《易傳》十卷、《平書》一卷、《兵論》一卷，皆不可得。惟古文三十卷、詩十卷。年六十餘客死。子兆符，康熙辛丑進士，有詩若干卷並藏於家。

王源 左傳評 十卷 存

華東師範大學藏康熙五十五年（1716）刻本

美國芝加哥大學、普林斯頓大學東亞圖書館、國圖、北大、清華、人大、南京、北師大、山西、勉縣藏乾隆九年（1744）居業堂刻本〔註40〕（題文章練要左傳真本）

〔註40〕潁州寧世簪、桐城戴名世閱，歙縣程城參正。

重慶市北碚、重慶市黔江區藏宣統二年（1910）啟渝公司鉛印啟渝叢書本〔註41〕

1915年四存學校活字印行居業堂原本〔註42〕

1932年四存中學排印本

1937年四存學校重印行居業堂原本〔註43〕

1979年新文豐出版股份有限公司排印本

◎王氏《文章練要》之一，故一名《文章練要左傳評》。錄文一百四十五篇。

◎文章練要左傳評目錄：卷之一：鄭伯克段於鄢（隱公元年）、宋公和卒（隱公三年）、衛石碏諫寵州吁（隱公三年）、公矢魚于棠（隱公五年）、夏四月取郜大鼎於宋戊申納於大廟（桓公二年）、蔡人衛人陳人從王伐鄭（桓公五年）、楚子侵隨（桓公六年）、子同生（桓公六年）、楚子伐隨（桓公八年）、楚圍鄾（桓公九年）、鬭廉敗鄖師（桓公十一年）、楚屈瑕伐羅（桓公十三年）、辛伯殺周公黑肩（桓公十八年）、齊無知弒其君諸兒（莊公八年）、公敗齊師於長勺（莊公十年）、宋大水（莊公十一年）、鄭厲公反國（莊公十四年）、陳人殺其公子御寇（莊公二十二年）、驪姬亂晉（莊公二十八年）。卷之二：齊人救邢（閔公元年）、晉侯作二軍（閔公元年）、狄入衛（閔公二年）、晉侯使太子帥師（閔公二年）、齊侯歸蔡姬（閔公三年）、盟于召陵（僖公四年）、盟于甯母（僖公七年）、會于葵丘（僖公九年）、晉獻公卒（僖公九年）、晉侯改葬共太子（僖公十年）、晉侯及秦伯戰于韓獲晉侯（僖公十五年）、公伐邾（僖公二十二年）、晉公子重耳出亡（僖公二十二年）。卷之三：狄伐鄭（僖公二十四年）、鄭殺子臧（僖公二十四年）、晉侯納王（僖公二十五年）、秦晉伐鄀（僖公二十五年）、齊人伐我北鄙（僖公二十六年）、楚子圍宋（僖公二十七年）、晉侯齊師宋師秦師及楚人戰于城濮楚師敗績（僖公二十八年）、晉人敗狄于箕（僖公三十三年）、晉侯及秦師戰于彭衙秦師敗績（文公二年）、八月大事于太廟躋僖公（文公二年）、楚人滅六（文公五年）、晉郤缺請歸衛地（文公七年）、叔孫得臣敗狄于鹹（文公十一年）。卷之四：齊人歸公孫敖之喪（文公十五年）、齊侯侵我西鄙遂伐曹入其郛（文公十五年）、楚人秦人巴人滅庸（文公十六年）、宋華元帥師及鄭公子歸生帥師戰于大棘宋師敗績獲宋華元（宣公二年）、晉趙盾

〔註41〕南宮周宏蔭鈔。安平張斌注。

〔註42〕蠡縣齊樹楷驥齋／李九華裏繪、高陽李曉泠瀑泉校閱。

〔註43〕蠡吾李九華、武陟王樹藩仝校。

弒其君夷皋（宣公二年）、楚子伐陸渾之戎（宣公三年）、鄭伯蘭卒（宣公三年）、楚殺其大夫越椒（宣公四年）、晉荀林父帥師及楚子戰于邲晉師敗績（宣公十二年）、楚子滅蕭（宣公十二年）。卷之五：晉侯使鞏朔獻齊捷于周（成公二年）、梁山崩（成公五年）、吳伐郯（成公七年）、吳入州來（成公七年）、晉侯使韓穿來言汶陽之田歸之于齊（成公八年）、晉侯獳卒（成公五年）、晉侯使郤犨來聘（成公十一年）、晉侯使呂相絕秦（成公十三年）、僑如以夫人婦姜氏至自齊（成公十四年）、宋殺其大夫山（成公十五年）、晉侯及楚子鄭伯戰于鄢陵楚子鄭師敗績（成公十六年）、晉殺其大夫郤錡郤犨郤至（成公十七年）、晉悼公即位（成公十八年）。卷之六：叔孫豹如晉（襄公四年）、宋災（襄公九年）、同盟于戲（襄公九年）、遂滅偪陽（襄公十年）、衛侯出奔齊（襄公十四年）、宋子罕卻玉（襄公十五年）、宋華臣出奔陳（襄公十五七年）、邾庶其以漆閭丘來奔（襄公二十一年）、晉欒盈出奔楚（襄公二十一年）、齊州綽論殖綽郭最（襄公二十一年）、晉人徵朝于鄭（襄公二十二年）、楚殺其大夫公子追舒（襄公二十二年）、晉欒盈復入于晉入于曲沃（襄公二十二年）、臧孫紇出奔邾（襄公二十三年）、叔孫豹如晉（襄公二十四年）、楚子伐鄭（襄公二十四年）。卷之七：齊崔杼弒其君光（襄公二十五年）、蔡聲子復楚伍舉（襄公二十六年）、晉偽封烏餘（襄公二十六年二十七年）、盟于宋（襄公二十七年）、公如楚（襄公二十八年）、吳子使札來聘（襄公二十九年）、晉用絳縣老人（襄公三十年）、鄭子皮授子產政（襄公二三十年）、鄭伯如晉（襄公三十一年）、衛北宮佗聘鄭（襄公三十一年）、鄭子產論尹何為邑（襄公三十一年）、衛侯在楚（襄公三十一年）。卷之八：鄭伯享晉趙武（昭公元年）、晉荀吳敗狄于大鹵（昭公元年）、晉侯有疾（昭公元年）、鄭游吉如晉送少姜之葬齊侯使晏嬰請繼室于晉（昭公三年）、齊公孫竈卒（昭公三年）、叔孫豹卒（昭公四年）、公如晉（昭公五年）、晉韓起如楚送女（昭公五年）、鄭子產聘于魯（昭公七年）、石言于晉（昭公八年）、單子會晉韓起于戚（昭公十一年）、楚子以棄疾為蔡公（昭公十一年）、鄭伯嘉卒（昭公十二年）、公子憖出奔齊（昭公十二年）、楚子伐徐（昭公十二年）。卷之九：楚公子比自晉歸于楚弒其君虔于乾谿（昭公十三年）、同盟于平丘（昭公十三年）、晉殺邢侯（昭公十四年）、蔡朝吳出奔鄭（昭公十五年）、晉荀躒如周（昭公十五年）、晉韓起聘鄭（昭公十六年）、夏六月甲戌朔日有食之（昭公十七年）、郯子來朝（昭公十七年）、有星孛于大辰（昭公十七年）、宋衛陳鄭災（昭公十八年）、葬曹平公（昭公十八年）、盜殺衛侯之兄縶（昭公二十年）、鄭子產卒（昭公二十年）、齊晏嬰論和同（昭公二十年）、天王鑄無射（昭公二十一年）。卷之十：

吳敗頓胡沈蔡陳許之師于雞父（昭公二十三年）、楚人城郢（昭公二十三年）、會于黃父（昭公二十五年）、齊晏嬰論禮（昭公二十六年）、晉殺祁盈及楊食我（昭公二十八年）、晉魏舒為政（昭公二十八年）、吳伍員謀楚（昭公三十年）、黑肱以濫來奔（昭公三十一年）、葬我君昭公（定公元年）、齊侯衛侯次于五氏（定公九年）、公會齊侯於夾谷（定公十年）、桓宮僖宮災（哀公三年）、楚子軫卒（哀公六年）、齊陳乞弒其君荼（哀公六年）、宋公伐鄭（哀公九年）、楚勝殺公子申生公子結（哀公十六年）、越子伐吳（哀公十七年）。

◎左傳評序〔註44〕：古之傳《春秋》者五家，今惟《公羊》《穀梁》《左氏》並行，《公》《穀》二家皆深明經恉，而《穀梁》之出較晚，其大端皆取之《公羊》，而時以私意增損之，為說雖稍密，而閎識眇旨顧不逮《公羊》遠甚。《左氏傳》非一人所為，其解釋經義尤膚淺，類後儒妄屬。然其為書閎博識體要，凡史實之紀載、私家之箸述，靡不搜採而網維以己意，橫軼旁出，不離其宗。匪惟聖人筆削之意賴以粗明，而唐虞三代數千載之流風遺俗與夫列國之行政文物、世族之成敗廢興、賢士大夫之奇謀至計嘉言懿行，燦然具備。綜其本末而察其要歸，皆足為成學治國聞之助。夫豈《公》《穀》二傳所能及歟？自西學浡興，論者病中國文字之深奧難於普及，乃務為淺近便俗之說以矯之。而後生新學，於文事遂以日荒。漢唐以降名家之文已不復能讀，至詞理深隱如周秦作者之書，其能通曉者尤鮮。雖有一二深識之士力圖挽救，而風會所趨，亦歸於空言而無補。往者吳摯甫先生遊日本，見其校師說《左氏傳》，深以其淺陋為譏。今中國學校講授《左氏傳》者所在多有，而淺陋與日本無以異。無他，以左氏書文義至深，不能究極微眇，徒規規焉傳其故訓記其事實，無當也。世儒見歐美語言文字之無別，輒用為中國古學訴病。豈知希臘、羅馬之詩歌、歷史、哲學諸書，其奧衍難明不下周秦，而西國學校或列之常科，或以為專門，其歷世葆守，固未之敢忽也。左氏書之於中國，視希臘、羅馬舊學之於歐美，其為用尤切，而顧以暗於文義之故，致令古人精微之旨若存而若亡，不亦重可惜哉！周子樾宏蔭，與予家有內外姻連，少從予問文法。嘗歎其才高而志遠，以近日古學之日衰，深以斯文廢墜為憂。爰取大興王或庵先生所評點《左氏傳》印而行之，名為《左傳文法講義》，以牖迪初學，並屬剛己為之序。剛己惟評點之學於古無有，施之經史尤多為世所譏笑。然若歸氏之於《史記》、姚氏之於《漢書》及所纂《古文辭》，實為

〔註44〕又見於李剛己《李剛己先生遺集》卷二，題《左傳文法講義序》。

有識者所寶貴。左氏之書惟方望溪氏評點為最精，或庵嘗從望溪遊，而平生師友如魏叔子輩亦皆以撰著知名。其於文事，蓋確有淵源。此書雖未能方駕望溪，然學者誠潛心研誦，於左氏為文義法固可以窺見其端緒焉。夫《左氏》在古書為最難，讀《左氏》明而他書無難類推。然則此書之裨益初學，豈可量也哉！宣統庚戌，南宮李剛己序。

◎自序：予幼讀《左氏傳》，疑之，疑其美句字焉已爾。讀諸家評，疑愈甚，句字焉已爾。草木蟲魚，化育也，盡化育乎？一器一役之微，兵法所備也，盡兵法乎？司馬遷曰：「自非好學深思心知其意，難為淺見寡聞道。」于是而乃爽然曰：古人蓋有意在。天之道，生而已，生則不窮，窮則變，變則生，生不已而愈無窮，持此以讀《左氏》，其庶乎！雖然，曷易言矣。百千其狀不可名，百千其意不可辨，倒之顛之，錯之綜之，離之亂之，即其詞義上下不相通者什八九，紛紜繆戾，孰為意孰為非意，烏乎知之，烏乎知其意與非意而一以貫之？箕子曰：「思曰睿，睿作聖」，孟子曰：「心之官則思，思則得之，不思則不得也。」聖人通神明之德，類萬物之情，思而已。天之高、星辰之遠，測之者思而已。鬼神之幽，千百世上下接之者思而已，遇者情，觧者神，貞于一者不在象與迹，而況有文字之可傳乎！吾于《左氏》不得其意者思之，思之不得又重思之，得一意焉以為是矣非也，又得一意焉以為是矣又非也。何以知其非也？不能貫也。廢食寢累日夜，忽得一意焉曰是矣，反覆思之曰是矣。何以知其是也？曰貫矣。貫則無不貫，光明瑩徹，窅冥洞達，引伸觸類，久之如登九霄觀日月，如置身六合外指點造化之迹。風雷水火不過天地之一端，何況一草一木？嗚乎，心知其意，殆如是乎！龍門，我師也。自知之，自樂之，烏可與不知者說夢而增其嗤哉！于是隨所得而識之，卒業而藏之，以待天下後世之好學深思心知其意者。北平學人王源識。

◎文章練要序：《文章練要》，王或菴先生所訂也。分六宗百家，六宗者，曰《左傳》、曰《孟子》、曰《莊子》、曰《楚辭》、曰《戰國策》、曰《史記》。百家之類三：《公》《穀》《管》《韓》諸家一也，漢唐以下諸史二也，漢魏諸名家集三也，六朝而下不與焉。簡練精要以為規矩準繩，詳而說之，以盡乎文之變无方也、无體也、變而通之盡乎神也。自來文章家未嘗有，天將使先生盡抉其秘以覺人乎？先生嘗謂六經者文之祖，六宗者別子為祖，而各立門戶以為宗，百家不能出六宗範圍，六宗不能出六經範圍，而究莫出乎一陰一陽不可測之道。城每聽先生論文，如淮陰侯登壇，蕭、曹為之屏息；如吳札觀周樂，見

微而知清濁；如宣尼贊易，盡三極之道，高明廣大而不外乎中庸。且夫人之所以貴者，神明耳，論人不知其神明而僅觀其貌，且略其貌而僅識其衣冠，近代論文何以異此？城幸得觀《文章練要》於先生，欲公之天下，而全書浩繁未能梓。先刊其《左傳》十卷行世。語曰：「人之好善，誰不如我」，識者自有同心，而其視鹿門、月峰諸家高下，必有能辨之者。昔伊川序《易傳》，門人以為泄天機，不知聖人作易，元以發乾坤之蘊，天地未嘗秘，聖人未嘗秘，傳者何泄焉？先生不惜舉宇宙之奧以示人，城等敢秘以自私而不以公之天下？茲刻之後，行將與同志盡刊六宗並百家之全，使斯道煥然光昭乎今古。造物其忌焉否乎！吾又不知斯世之幸不幸何如矣！後學程城序。

◎凡例：

一、《左傳》編年之書，每年按時月雜記列國之事，無分題分篇之體，但有段落耳。其以經為題，無經即以其事為題者，後人所為也。然段即可為篇，欲論文，必分篇而章法乃易見。且擇而取之，故不得不從時，以便讀者，要亦無悖于古耳。

一、傳有有經者，有無經者。無經者，後人以附錄別之。不知無論有經無經，或一事為一段，或合數事為一段，具有章法存焉。不論章法而概以一事為一段，不知文者也，烏可與論《左氏》哉！茲所節者，多不與時本同，一以章法為斷，讀者詳之。

一、傳元以翼經，《左氏》之不合經義者，先儒駁之詳矣，茲皆不論，特論文耳。或評中亦偶及之，不以掩其文也。

一、文以載道，固矣。然所載者不必盡仁義道德之言而後為道也。但其文有陰陽不測之神，皆道也。又何疑于《左氏》哉？俗儒之論概不取。

一、序事之文全看序法，不論事之善否。今人往往以事之善即認為文之善。不知文之善有在事中者，有不在事中者，論史論文，可相溷乎？熟讀茲編，便知其故。

一、凡入選者俱有心得之妙。若徒見辭華美贍，即世久傳誦之文，概不之錄。

一、評語皆抉作者之意，知其意而後知其章法，知其章法而後知其文之妙。皆苦心嘔血而得之者，非若近人徒贊其如何好如何好，而毫無得于古毫無益于今者比也。讀者須詳觀而熟玩之，若誇一目十行之能，如諺所謂走馬看山者，則大負評者苦心矣，不必讀可也。

一、評語皆作文竅妙，一篇可旁通千百篇而無窮，非僅為此一篇說法也，讀者毋忽。

一、捻評于後，又細評于中，唯恐有負良工苦心微言妙緒。然先秦文字，如觀山海，終古不能盡，敢謂其蘊之無遺哉！讀者引伸以會其餘可也。

一、文章之妙全在無字句處。近代作者、論者，皆不過于字句求之，所以去古人日遠，而古道幾乎熄。茲編全不求之字句間，但欲得古人真面目真精神而已，可以近人觀宋文之目觀之乎？須一洗陋習方可讀此，否則不讀可耳。

一、凡名賢之見有相合者，即引入而著其人，不敢竊為己有。或愚論有為他家不棄而偶取以為續貂之用者，觀者自能辨也。

一、文有主意有眼目，其段落有大小，其序事有案有結，其詞語有精彩有閒情，有點綴有句法有字法，俱一一標出。凡主意用雙鉤∥，眼目用大圈○，大段落用大畫—，小段落用半畫～，案用聯虛點ヽヽヽ或單虛點ヽ，精彩與奇變處用聯圈ooo、次單圈o，閒情點綴句法用聯點、、、，字法用雙點ヾ。

◎劉聲木《桐城文學撰述考》卷四「王源撰述」：《文章練要》十卷（即《評點左傳》）、《評點公羊傳》一卷、《評點穀梁傳》一卷、《評點孟子》□卷。

◎百花洲文藝出版社 2021 年有顧明佳《清代王源〈左傳評〉研究》可參。

王越恆 左傳分部 二十卷 存

山東、山東師範大學藏乾隆二十五年（1760）自刻本（題春秋左傳分部定本）

◎王越恆，字仲超。山東博山八陡人。歲貢生。著有《左傳分部》二十卷、《左傳質疑》一卷。

王越恆 左傳質疑 一卷 存

山東、山東師範大學藏乾隆二十五年（1760）刻本

王運樞 左傳彙編 佚

◎尋霖、龔篤清編《湘人著述表》著錄。

◎王運樞，字區木。湖南寧鄉人。王文清子。乾隆四十三年（1778）恩貢生。著有《左傳彙編》、《石岡詩剩》、《沐舫錄》。

王照 讀左隨筆 一卷 存

民國刻水東集初編本

◎王照（1859～1933），字黎青、小航，號水東、蘆中窮士。直隸寧河（今屬天津）人。光緒十七年（1891）舉人、二十年（1894）進士。光緒二十一年（1895）由庶吉士改任禮部主事。曾與徐世昌在京創立八旗奉直第一號小學堂。戊戌變法敗後逃亡日本，回國後仿日文假名編官話合聲字母，創辦拼音官話書報社，任讀音統一會副議長。後隱居著述。著有《讀易隨筆》一卷、《官話合聲字母》、《官話字母字彙》、《官話字母義塾叢刊》、《三體石經時代辨誤》、《讀左隨筆》、《表章先正正論》、《方家園雜詠紀事》、《小航文存》、《水東集》等。

王者佐 春秋擬言 四卷 存

國圖藏抄本

◎一名《志學堂春秋擬言》。

◎乾隆《崇明縣志》卷十五《人物志》一《文苑》：有《四書擬言》、《大易 / 春秋 / 孝經 / 禮記擬言》等書。

◎林達泉、譚泰來、曹文煥等主修，李聯琇等纂修光緒《崇明縣志》卷之十六《藝文志》：王者佐《四書擬言》十卷、《大易擬言》六卷、《春秋擬言》四卷、《禮記擬言》十卷、《孝經擬言》一卷。

◎王者佐，字佑君。江蘇崇明（今屬上海）人。王錦裳子。諸生。行誼敦篤，苦志力學，所論著皆切近足以津逮來學。乾隆元年（1736）舉孝廉方正，以老疾辭，未幾卒，年八十餘。四年（1740）詔開館纂輯《三禮》，徧徵故老遺書，子諸生大賓上父所著《禮記擬言》十卷於朝。著有《大易擬言》六卷、《禮記擬言》十卷、《春秋擬言》四卷、《四書擬言》十卷、《孝經擬言》一卷。

王箴輿 春秋意存 佚

◎同治《續纂揚州府志》卷二十二《藝文志》上：《春秋意存》（王箴輿撰）。

◎王箴輿，字敬倚，號孟亭。江蘇寶應人。王式丹孫。康熙五十一年進士。官衛輝知府。工詩，與袁枚交善。著有《春秋意存》《夢婷編年詩》。

王振基 麟經指掌 佚

◎康熙《江南通志》卷四十七《人物・王振基》：所著有《伊洛薪傳》、《麟經指掌》等書，遠邇傳誦。

◎王振基，字函玉。安徽潛山人。與弟揚基並以才名著。著有《麟經指掌》、《伊洛薪傳》。

王振聲 春秋左傳校勘記補正 一卷 存

稿本王文村遺著本

◎王振聲（1799～1865），字寶（保）之，人稱文村先生。昭文（今江蘇常熟）滸浦文村人。道光八年（1828）副榜、十七年（1837）舉人。曾三試禮部，歸益勤於講習，從學者百餘人。藏書室名魚雅堂，又名仙屏書屋、播琴山館、守一處和之室。經史百家、小學語錄無不涉獵。於校勘、音韻之學尤貫穿精審。曾館於瞿氏鐵琴銅劍樓，與季錫疇同編《鐵琴銅劍樓藏書目錄》二十四卷。晚主遊文書院，與學者討論經籍，日草數千言，邑中推耆獻焉。著有《讀易剳記》、《讀書剳記》、《春秋左傳校勘記補正》一卷、《公羊注疏校勘記補正》一卷、《公羊傳剳記》、《切韻指掌圖校勘記》、《十三經校勘記補正》、《復古編校勘記》、《讀韓子剳記》、《雜記》、《小學考目錄補正》二卷、《歸文考異》、《魚雅堂全集》、《文村雜稿》、《播琴山館雜錄》等。

王振聲 公羊注疏校勘記補正 一卷 存

稿本王文村遺著本

王振聲 公羊傳剳記 佚

◎劉聲木《桐城文學撰述考》卷四「王振聲撰述」：《公羊傳剳記》□卷、《復古編校勘記》□卷、《十三經校勘記補正》□卷、《切韻指掌圖校勘記》□卷、《讀書剳記》□卷、《讀韓子剳記》□卷、《鐵琴銅劍樓書目》廿四卷（季錫疇同編）、《小學考目錄補正》二卷、《讀易剳記》□卷。

王振聲 宋余仁仲本公羊經傳解詁校記 一卷 存

稿本王文村遺著本

王拯 讀左漫錄 佚

◎朱琦《怡志堂文初編》卷六《跋讀左漫錄》：此定甫農部從征粵寇時所著書也。其中兵機甚精，言外有無窮微意，特藉讀左發之耳。定甫料敵多中，倖得之矣，而機屢失，豈天為之耶？而使厚其毒以至今而未已也！君子論人

事，以定甫之才而當事者不能盡其才，而僅託空文以見也，其天為之也？然定甫論晉悼則云「事之隆替在乎得人與否」，又於子國請丞曰「丞而不丞，率而不以為丞，上下皆失矣」，讀此尤嗚咽不能已云。丙辰仲春既望。

◎劉聲木《桐城文學撰述考》卷三「王拯撰述」：《讀左漫錄》一卷、《王氏族譜》一卷、《歸方評點史記合筆》六卷。

◎王拯（1815～1876），初名錫振，字定甫，號少鶴（和），別署懺甫、懺庵、龍壁山人、茂陵秋雨詞人。廣西馬平人。道光二十一年（1841）進士。授戶部主事，充軍機章京。在京師時，從梅曾亮遊，又與朱琦、龍啟瑞友善，與彭昱堯、龍啟瑞、蘇汝謙、龍繼棟並稱「嶺西五家」。兼善詩詞、書畫。太平軍興，隨大學士賽尚阿督師廣西，感時多難，慷慨思有所建白。咸豐間陞大理寺少卿。同治三年（1864）遷太常寺卿，署左副御史，擢通政使。以直言降職歸鄉，主講桂林榕湖經舍、秀峰講舍。著有《讀左漫錄》、《歸方評點史記合筆》、《龍壁山文集》八卷、《龍壁山詩集》十七卷、《茂陵秋雨詞》、《瘦春詞》等。

王之槐　春秋左傳折衷　八卷　存

廣元、綿竹〔註45〕藏清刻本

◎王之槐，字與山。著有《春秋左傳折衷》八卷、《春秋左傳折衷便讀》八卷。又編有《小學詩》。又與王之楠等撰《王氏族譜》一卷。

王之槐　春秋左傳折衷便讀　八卷　存

陝西師範大學〔註46〕藏同治三年（1864）刻本

王芝蘭　春秋會意解　佚

◎乾隆《嵩縣志》卷二十八《列傳‧藝林》：著有《大易夢見》《句讀質疑》《八卦圖解》《圖書說》《詩／書／春秋會意解》《詩經彝鼎》《闕里樂志》《爾雅繹》《兩晉地年表》、《西銘圖解》《曆法求故》《南華推見》諸集若干卷。

◎《中州藝文錄》卷二十四：著有《大易夢見》《八卦圖解》《圖書說》《句讀質疑》《詩節》《詩經彝鼎》《春秋會意解》《闕里樂志》《爾雅繹》《兩晉地年表》《南華推見》《西銘圖解》《曆法求故》。

〔註45〕題槐與山編集《新訂春秋左傳折衷》八卷首一卷。
〔註46〕題王與山編。

◎王芝蘭，字吉人。河南嵩縣人。康熙歲貢，官新野縣訓導。卒年七十。著有《八卦圖解》、《大易夢見》、《易經會意解》無卷數、《圖書說》、《詩經會意解》、《詩經彝鼎》、《書經會意解》、《春秋會意解》、《爾雅繹》、《句讀質疑》、《闕里樂志》、《兩晉地年表》、《西銘圖解》、《曆法求故》、《南華推見》等。

王芝藻 春秋類義折衷 十六卷

◎提要：是書以《左氏》、《公羊》、《穀梁》、《胡傳》為主，亦間採程子及臨川吳氏、廬陵李氏諸家以為之注。其自出己見則加「臆解」二字以別之。後附總論二十條。書成於康熙三十五年。自序稱「《公羊》襲取《穀梁》之書而續為之」，其說不知所據。大旨謂《左傳》可信者十之四不可信者十之六，《公羊》亦多繆戾，惟《穀梁》猶不失聖門之舊。前有自題口號云：「自讀《春秋》四十年，只如群動對青天。邇來深考流傳義，始覺先儒多誤傳。」其命意所在可槩見矣。

◎《皇朝文獻通考》卷二百十五《經籍考》五：《春秋類義折衷》十六卷，王芝藻撰。芝藻見易類。芝藻自序署曰：《公羊》襲取《穀梁》之書而續為之，亦多繆戾；《左傳》可信者十之四，不可信者十之六；惟《穀梁》猶不失聖門之舊。

◎嘉慶《重刊江寧府志》卷之四十《人物》七《文苑》：著《周易／周禮／春秋類義折衷》《史學提要》《六曹政典》諸書。

◎光緒《溧水縣志》卷十三《人物志》：讀書鄙章句，以闡明經義為己任。坐小樓，寒暑不下。五經皆有注疏。乾隆三十八年，朝廷博採遺書，以所著《周禮／周易／春秋類義折衷》《史學提要》《六曹政典》進。子國偉、國佐、國俊、國倫、國儀、國倚分治一經，各有著述。諸孫十二人，皆讀書敦行，不墜家聲。立字于宣，芝藻所著書皆命立手錄，故立亦深於經學。

◎王芝藻，字荇友，號淇瞻。江蘇溧水（今南京）人。順治十一年（1654）舉人。康熙十三年（1674）授婺源教諭，後補泗州學正，陞邵陽知縣。著有《大易疏義》五卷、《周易類義折衷》、《周禮類義折衷》、《春秋類義折衷》、《史學提要》、《六曹政典》、《春秋類義折衷》十六卷。

王鍾泩 分類左氏編珠 四卷 佚

◎孫葆田《山東通志》卷百二十七《藝文志》第十：是書見《採訪冊》。
◎民國《福山縣志‧藝文》：據採訪原鈔本錄入。

◎王鍾澍，字香海。福山（今山東福山）人。繩矩孫。道光二十五年（1845）進士。歷官西河知縣。著有《分類左氏編珠》四卷。

王鍾毅 左氏始末 佚

◎乾隆《婁縣志》卷十二《藝文志・經部・經傳》：《詩經比興全義》《左氏始末》（俱王鍾毅撰。《全義》專取詩中比興，詳繹其義。而《左氏始末》則就春秋列國事，聯綴成書，以便考核）。

◎嘉慶《松江府志》卷七十二《藝文志》一《經部》：《左氏始末》（國朝王鍾毅著）。

◎王鍾毅，字遠生。松江府婁縣（今上海松江）人。王明時孫。幼為徐鴻洲所器重，妻以女孫。讀書敦行，力求實學。游其門者，如張安茂、起麟先後捷南宮，而鍾毅屢薦不售，泊如也。順治十八年（1661）恩貢。需次為學官。著有《詩經比興全義》（一名《毛詩比興全義》）、《禮記周禮類編》、《左氏始末》、《學庸講義》。

王舟瑤 穀梁逸禮考證 一卷 未見

◎吳茂雲、鄭偉榮編著《台州古籍存佚錄》卷四《經部五・春秋類》：《穀梁逸禮考證》一卷，黃巖王舟瑤撰，稿藏於家，今未見。

◎王舟瑤（1858～1925），字星垣，一字玫伯，號默庵、潛園、牆東居士。台州黃巖（今浙江黃岩區）人。少讀書於九峰書院。清光緒七年（1881）補縣學生，旋食廩。十一年（1885）入杭州詁經精舍，為俞樾賞識。十四年（1888）以優行貢於朝，十五年（1889）中舉。先後應福建督學沈源深、江蘇督學龍湛霖聘校文字。二十一年（1895）還里纂修府志。嘗主講九峰書院、黃岩清獻書院、臨海縣東湖書院、路橋文達書院。二十六年（1900），經禮部侍郎文治薦舉，賞內閣中書銜。二十八年（1902），受上海南洋公學聘，教授特別班，又任京師大學堂師範館經史教習。二十九年（1903）與喻長霖創辦黃岩公學，後赴粵襄辦學務，任職兩廣學務處，監督兩廣師範學堂。三十三年（1907）赴日考察。宣統元年（1909）任禮部顧問官。辛亥革命後，辭歸黃巖城東，築「王逸民廬」「後雕草堂」，以藏讀為樂，有「後雕草堂」「默庵五十以後所作」諸藏印。著有《穀梁逸禮考證》一卷、《讀經剳記》、《群經大義述》、《中國學術史》、《後雕草堂日記》、《默庵藏書目》一卷、《默庵集》、《默庵居士自定年譜》，

編纂《臺州府志》、《天臺仙居水道考》，輯《臺詩四錄》、《臺州文獻隨見錄》、《臺州先哲遺書》、《天臺三集》、《臺詩外錄》等。

王祖畬 讀左質疑 四卷 首一卷 存

國圖、中科院、上海、吉林、吉林大學、中央民族大學藏 1918 年太倉唐氏茹經室刻本

文聽閣圖書有限公司 2009 年民國時期經學叢書第四輯影印 1918 年太倉唐氏茹經室刻本

◎唐文治《茹經堂文集》二編卷五《讀左質疑跋》（戊午）：右先師王紫翔先生《讀左質疑》五卷，文治謹刊行之。襄助校字者，朱君叔子朱文熊、李君頌侯也。殺青告竟，距先師之歿蓋七閱月矣。手澤如新，不禁流涕之浪浪也。漢司馬遷云：「孔子明王道，干七十餘君莫能用，故西觀周室，論史記舊聞，興於魯而次《春秋》，以制義法，王道備，人事浹。魯君子左丘明懼弟子人人異端，各安其意，失其真，故因孔子史記具論其語，為《左氏春秋》。」然則宣聖義法，丘明蓋熟聞之矣，而今按其書，類多浮夸之辭，甚且索隱行怪，遠離道本，何哉？殆有二故焉。《論語》曰：「巧言令色足恭，左丘明恥之。」意其為人必磊落瑰奇，講求氣節，故其書馳騁萬有，涵蓋古今，寫其胸中之蘊蓄，而不規規於經，故昔人謂丘明之傳非以說經，猶子長之文非以作史，此其故一也。後人好改經傳，《左氏》離厄尤甚。六國既盛，田氏有竄入者，如「懿氏卜妻敬仲」之類；魏氏有竄入者，如「畢萬之後必大」之類；趙氏有竄入者，如「越境乃免」之類；秦燔而後，劉氏有竄入者，如「處者為劉氏」之類。西漢時，《公羊》先立於學官，緣飾讖緯。治《左氏》者傚之，亦竄入符瑞之說。下逮王莽之世，劉歆奮其私筆，任意增改，謬誤可疑之處，乃孳乳而浸多，其最謬者如《襄九年傳》：「季武子謂國君十五而生子，冠而生子，禮也。」而魯襄且以十二歲而冠，重誣古禮，莫斯為甚。此其故二也。先師燭茲二端，爰成此書，名曰《質疑》，意以存《左》之真，非以攻《左》難《左》也。嗟乎！春秋之世，君不君、臣不臣、父不父、子不子，孔子明德討罪，惇典庸禮，以正二百四十餘年南面之權，所謂「撥亂世反之正」者，意在於斯。然而「載諸空言，不如見諸行事之深切著明也」。手無斧柯，奈龜山何？大道之行，三代之英，有志未逮，甚矣吾衰，聖人之情，屢見乎辭矣。先師之志在於扶綱常、正人心、明禮義、賤功利、善善惡惡、崇正黜邪，而乃時丁否塞，運會元黃，

亦徒纂空言於荒江寂寞之濱。殷宮禾黍，既鬱結於平居；周代典章，復縈繞乎夢寐。嗚呼！深足悲矣。然後世學者儻能讀其書，知其人，於《春秋》之旨，所謂撥亂反正者，隱居以求之，行義以達之，更相與光大而昌明之，則吾先師在天之靈，其亦可稍稍慰矣乎！

◎《年譜》戊午五十四歲：冬，刻王文貞師《讀左質疑》。先生著作甚夥，其《文集》《年譜》已由世兄慧言名保刊刻。而《讀左質疑》一書，於劉歆所竄入者，摘抉精詳，余為刊行之，謹作跋於後。

孫殿起《販書偶記》卷二：《讀左質疑》四卷首一卷，鎮洋王祖畬撰。民國戊午茹經室唐氏刊。

◎王祖畬（1842～1918），字歲三，一字紫翔，號漱山，門人私諡文貞。鎮洋（今江蘇太倉）人。光緒九年（1883）進士，改庶吉士，散館選授山西崞縣知縣，以親老改授河南湯陰知縣。逾年調署中牟，未赴，丁父憂歸，遂不復出。歷主邑中三書院及宿遷、崇明、寶山各書院講席。辛亥後憂傷而死。著有《經籍舉要》二卷、《禮記經注校證》二卷、《讀左質疑》四卷卷首一卷、《讀孟隨筆》二卷、《孟子讀本》一卷、《孟子讀本校語》一卷、《王文貞集》（《文貞文集》十卷、《文貞別集》四卷、《文貞制義》一卷）、《溪山詩存》二卷、《溪山老農年譜》二卷續一卷、民國《鎮洋縣志》十一卷卷末一卷附錄一卷、宣統《太倉州志》二十八卷卷首一卷卷末一卷、《丹陽縣續志》二十四卷、《丹陽縣志補遺》二十卷等。

韋際明 左傳選〔註47〕一卷 佚

◎乾隆《泉州府志》卷五十四《文苑‧明文苑》三：所選有《唐詩》二卷、《淮南子》二卷、《東／西漢書》二卷、《世說新語》一卷、《南華經》一卷、《儒道釋考》三卷、《八大家》六卷、《東萊博議》一卷、《詩韻字考》一卷、《宋李劉駢語》一卷、《方孩未集》一卷、《徵獻錄》一卷、《官制考》一卷、《明文十六名家》四卷，俱注釋丹鉛，節批總評；其自著有《駢語》十六卷、《燕遊詩集》三卷、《粵吟》二卷、《洞遊記》一卷、《經書講義》十二卷、《四書賓岱日賤》八卷、《易解》四卷、《鏡世編》六卷、《寶善編》二卷。又選古文，自《檀弓》、《公》、《穀》、諸子、秦漢六朝、唐宋及明王李共三卷、《左傳》一卷、《史記》一卷。

〔註47〕書名據擬。

◎韋際明，字聖俞，號彭野。福建晉江人。性剛侃，不能趨承。天啟辛酉副榜，授欽州判。升粵省布政司理問，竟棄歸。甲申後，杜門不出。唐王時，起中書科中書舍人，轉戶部主事，以病告歸。著有《易解》四卷、《四書賓岱日賤》八卷、《經書講義》十二卷、《駢語》十六卷、《詩韻字考》一卷、《燕遊詩集》三卷、《粵吟》二卷、《洞遊記》一卷、《鏡世編》六卷、《官制考》一卷、《寶善編》二卷、《儒道釋考》三卷，選有《左傳》一卷、《史記》一卷、《唐詩》二卷、《淮南子》二卷、《東／西漢書》二卷、《世說新語》一卷、《南華經》一卷、《八大家》六卷、《東萊博議》一卷、《宋李劉駢語》一卷、《方孜未集》一卷、《徵獻錄》一卷、《明文十六名家》四卷。

衛道凝 春秋傳舉要 佚

◎衛道凝（1762～1823），字煥之，號橙園。四川郫縣人。乾隆五十一年（1786）鄉試解元。五赴京試皆落第，退而講身心性命之學。歷主岷江、崇陽、八旗書院，所在皆有著述。嘉慶二十二年（1817）考選一等，補南江縣訓導。卒於任。精考據，嘗摘錄先聖先賢先儒語錄集為《敬信錄》，著有《周易集注》六卷、《春秋傳舉要》、《六經精義》、《補注大常朝踐禮》一卷、《楊子雲蜀都賦注解》、《蜀編年志》、《忠讜遺音》二卷、《橙園草》、《謹獨篇》二卷、《金川經聞》一卷、《諸子精醇》、《橙園文集》、《橙園詩集》。

衛天鵬 春秋曆譜 佚

◎光緒《山西通志》卷一百五十六《文學錄》下：其說經多新意，間為詩歌及隸草篆刻，皆有逸趣。鮑華潭撫部見其書，奇之，欲選刊未果。及曾忠襄公撫晉，遇以國士，延纂《山右金石志》……著有《四書說》《易圖學》《周易釋例》《周易中爻表》《爻象說卦》《八卦消長》《左易占》《學易稿》《今文尚書五續》《禹貢錐末》《說詩錄》《孔孟詩說》《詩韻提要》《春秋曆譜》《左氏辨誣》《孝經章句》《爾雅考正》《九經遺義》《囊室經繹》《談經瑣記》《讀經》《句讀最目》《三雅最目》《古音表》《性理通》《稽古歷元》《地理考》《囊室日記》及詩文集。

◎衛天鵬，字莊游。山西曲沃人。咸豐八年（1858）舉人。從鄉里張伯喬受經學，從王筠問六書。少聰穎，書過目輒丁了，為詩文下筆有奇氣。從鄉先生張伯喬喬受經學。年二十，安邱王筠攝令曲沃，從問六書義，學益進。歷主

鄉寧、翼城、霍州書院。自負才略，慨然思有濟於世。既無所遇，乃壹意著述。而性傲兀不羈，喜以氣陵人，卒坐此觸眾忌，羣目為狂。選授五臺教諭，鬱鬱不得志。踰二年，以疾卒。著有《易圖學》、《周易釋例》一卷、《周易中爻表》、《爻象說卦》、《八卦消長》、《左易占》、《學易稿》、《禹貢錐末》一卷、《今文尚書五續》、《說詩錄》、《孔孟詩說》、《詩韻提要》、《南風豳雅頌五讀》一卷、《春秋曆譜》、《左傳辨誣》、《四書說》、《孝經章句》、《爾雅考正》、《句讀最目》、《三雅最目》、《古韻提要》一卷、《古音表》、《九經遺義》、《囊室經繹》二十卷、《談經瑣記》、《讀經》、《性理通》、《稽古歷元》、《地理考》、《囊室日記》。

衛天鵬 左傳辨誣 佚

◎光緒《山西通志》卷八十七《經籍記》上：《左傳辨誣》，衛天鵬撰。

◎光緒《山西通志》卷一百五十六《文學錄》下：其說經多新意，間為詩歌及隸草篆刻，皆有逸趣。鮑華潭撫部見其書，奇之，欲選刊未果。及曾忠襄公撫晉，遇以國士，延纂《山右金石志》……著有《四書說》《易圖學》《周易釋例》《周易中爻表》《爻象說卦》《八卦消長》《左易占》《學易稿》《今文尚書五續》《禹貢錐末》《說詩錄》《孔孟詩說》《詩韻提要》《春秋曆譜》《左氏辨誣》《孝經章句》《爾雅考正》《九經遺義》《囊室經繹》《談經瑣記》《讀經》《句讀最目》《三雅最目》《古音表》《性理通》《稽古歷元》《地理考》《囊室日記》及詩文集。

魏朝俊 春秋精華 十三卷 存

湖北、開封、香港中文大學藏光緒二十五年（1899）桂湖魏氏古香閣刻本
◎魏朝俊，字青士，號古香閣主。四川新都（今成都新都區）人。著有《書經精華》、《詩經精華》、《春秋精華》十三卷、《春秋左傳精義旁訓》十八卷、《選批左傳》十六卷、《唐詩選》。

魏朝俊 春秋左傳精義旁訓 十八卷 存

重慶、徐州、廣元藏光緒十年（1884）新都魏氏古香閣魏朝俊墨耕堂刻本
臺中縣文聽閣圖書有限公司 2010 年晚清四部叢刊第三編據光緒十年（1884）新都魏氏古香閣魏朝俊墨耕堂刻本影印本
◎目錄：卷一隱公。卷二桓公。卷三莊公。卷四閔公。卷五僖公一。卷六僖公二。卷七文公。卷八宣公。卷九成公。卷十襄公一。卷十一襄公二。卷十

二襄公三。卷十三昭公一。卷十四昭公二。卷十五昭公三。卷十六昭公四。卷十七定公。卷十八哀公。

魏朝俊　選批左傳　十六卷　存

南京大學、西南大學、天津師範大學藏光緒十四年（1888）新都古香閣魏朝俊墨耕堂刻本

◎目錄：卷一隱公。卷一下桓公。卷二莊公。卷二下閔公。卷三僖公一。卷四僖公二。卷五文公。卷六宣公。卷七成公。卷八襄公一。卷九襄公二。卷十襄公三。卷十一昭公一。卷十二昭公二。卷十三昭公三。卷十四昭公四。卷十四下昭公五。卷十五定公。卷十六哀公。

◎選批左傳說：《左氏》之傳，傳《春秋》也。前漢張蒼、賈誼、尹咸、劉歆，後漢鄭眾、賈逵、服虔、許惠卿等，乃各為訓詁以傳《左氏》。晉世杜預元凱作《左氏集解》，而晉宋傳授以至於唐，為義疏者更多。沈文阿、蘇寬、劉炫輩，傳復有傳，解復有解，推崇《左氏》幾與經等，云何容於選，又誰敢云批？然人讀其傳而胥慕其文，自來言古文者必選，選必有批，然謂文莫古於此亦莫善於此，可選在文，亦可批在文耶？！歲丙戌，有客攜盩厔路氏閏生抄本來，慫慂付梓。批誠抉《左氏》之奧，而選似未免過簡。因附以孫氏月峯、韓氏慕廬舊本，繕寫合刻，顏曰《選批左傳》。其選皆三家所選，其批集諸家之批。初未敢僭妄從事，鄙見稍參，意惟取益寡衷多、人俱能讀，亦且度盡金鍼足為鴛鴦繡法云爾。若云《左氏》全傳自在天壤，今亦有如兩漢晉宋諸儒之於《左氏傳》者乎？！神而明之，存乎其人矣。古香閣主人魏朝俊謹識。

魏承樾　左傳便讀　八卷　存

上海、安徽師範大學、紹興藏同治十年（1871）樹德堂刻本（六卷）

光緒十二年（1886）刻本

臺中縣文聽閣圖書有限公司 2010 年晚清四部叢刊第四編影印同治十年（1871）刻本（六卷）

◎各卷卷首題：衡陽魏承樾蔭亭甫選訂，男慶熙、綬先、綸先、網、學恆、汝弼、慶祺校字。

◎魏承樾，字蔭亭。湖南衡陽人。嘉慶十二年（1807）舉人。著有《左傳便讀》八卷、《性怡齋詩草》行世。

魏近光 春秋考畧 二卷 存

貴州藏咸豐三年（1853）刻本

魏荔彤 春秋正箋 三十三卷 存

國圖藏清抄本

◎魏荔彤，字賡虞，號念庭，一號淡菴。直隸柏鄉（今屬河北邢臺）人。大學士裔介子。官至江蘇常鎮道。與孫奇逢、魏象樞、熊賜履、申涵光、郝浴、張能鱗等有交，名弟子有徐乾學、曹禾。是編乃其罷官後所作。嘗自云：「手注九經，道窺一貫」，其自負如此。著有《大易通解》十五卷卷首一卷附錄一卷、《易通》四卷、《春秋正箋》三十三卷、《金匱本義》、《傷寒論本義》、《懷舫集》三十六卷、《註釋南華／道德／素問》等。

魏綸先 春秋三傳 十六卷 首一卷 存

上海、廣西壯族自治區藏同治三年（1864）浙江撫署刻本

上海藏光緒二年（1876）衡陽魏氏刻本

◎魏綸先，字溫雲。湖南衡陽人。精洋務。嘗入李鴻章幕。著有《春秋三傳》十六卷首一卷。

魏樞 春秋管見 無卷數 未見

◎提要：是書雜采《春秋三傳》及《胡傳》之文，亦以己意附注於後。然大抵用意苟深不出胡氏之門徑。其自出新意者尤往往乖舛。如《春秋》魯史以魯紀年，故正月書王以明有統。樞乃擅改經文，以周紀年以魯附注。是但知竊襲《通鑒綱目》之例而不知以周紀年，則正月書王為複，與偽本《元經》既書某帝年又書帝正月者同一失矣。哀公十四年春西狩獲麟，自當以獲麟為重。樞乃謂「冬獵曰狩。經雖絕筆於十四年之春，而實則十有三年之冬。不沒其春者，所以奉正朔而大一統之尊。必終於冬者，所以明天道而順四時之序。蓋隱寓行夏時之意」，是又節外生枝，屈孔子以就己說矣。如斯之類比比而然，皆不足為訓也。

◎《纂修四庫全書檔案》一七《奉天府尹博卿額等奏購訪遺書情形並開呈書目折》：茲據訪求得承德縣雍正庚戌科進士、原任永平府教授魏樞，曾於乾隆元年纂修《盛京通志》，家藏抄本，自著《東易問》一部、《春秋管見》一部。

◎金毓黻主編《遼海叢書》之《瀋故》卷二「呈進遺書」：乾隆三十七年，令直省督撫、學政搜訪遺書，於是開四庫全書館。計內務府所藏暨各省所進十

六萬八千餘冊，以浙江、兩淮所進為最多。奉天府尹採進者，祇《東易問》《春秋管見》二種，皆魏樞所撰。樞字又弼，一字慎齋，承德人。雍正庚戌進士，官永平府學教授，乾隆元年薦舉博學鴻詞，未及試而卒。國朝兩次特科，盛京廮薦者，祇此一人。《盛京通志》即樞所修。

　　◎魏樞（～1736），字又弼，號慎齋。直隸奉天承德（今瀋陽）人。魏良臣父。雍正八年（1730）進士，官永平府教授。乾隆元年（1736）薦舉博學鴻詞，未及試而卒。著有《東易問》八卷、《春秋管見》無卷數，嘗纂修乾隆《盛京通志》四十八卷圖一卷。

魏廷獻　春秋攷畧　二卷　存

　　湖北、陝西、西南大學藏咸豐三年（1853）刻本
　　◎魏廷獻，著有《夏書禹貢攷畧》一卷、《春秋攷畧》二卷。

魏禧　兵法入門集要　三卷　存

　　天津藏咸豐十年（1860）望雲草廬刻本
　　◎魏禧（1624～680），字冰叔（一作凝叔），號裕齋、知非子，人稱叔子先生。際瑞弟。與汪琬、侯方域並稱清初三家。尤深於史，舉數千年治亂興衰得失消長之故，窮究而貫通之，而又驗之人情參之物理，本胸中所積而發之於文。著有《兵法入門集要》三卷、《左氏兵法》一卷、《左氏兵謀》一卷、《左氏兵謀兵法》二卷、《左氏兵謀論》一卷、《左氏韜鈐》二卷、《左傳經世鈔》二十三卷、《左傳經世鈔約選》四卷、《兵跡》十二卷、《魏叔子文集》二十二卷、《魏叔子日錄》三卷、《魏叔子詩集》八卷。

魏禧　左氏兵法　一卷　存

　　湖北、天津藏咸豐十年（1860）望雲草廬刻左氏兵謀兵法本

魏禧　左氏兵謀　一卷　存

　　湖北、天津藏咸豐十年（1860）望雲草廬刻左氏兵謀兵法本

魏禧　左氏兵謀兵法　二卷　存

　　湖北、天津、新疆維吾爾自治區藏咸豐十年（1860）望雲草廬刻本
　　◎一名《魏勺庭先生左氏兵謀兵法》。

魏禧 左氏兵謀論 一卷 存

抄本

魏禧 左氏韜鈐 二卷 存

抄本

魏禧 左傳經世鈔 二十三卷 存

臺灣東海大學藏抄本

國圖藏康熙易堂刻本（九卷）

國圖、北大、清華、復旦、南開、吉林、中科院、雲南大學、臺灣東海大學、華東師範大學藏乾隆十三年（1748）夏邑彭氏聯墨堂刻本（彭家屏〔註48〕參訂）

浙大藏光緒三十四年（1908）鉛印本

線裝書局 2020 年何俊主編左傳評注文獻輯刊影印清刻本

◎目錄：卷一（隱公）：鄭伯克段于鄢（元年）、宋穆公立與夷（三年）、石碏大義滅親（四年）、鄭敗燕師于北制（五年）、翼人納鄂（六年）、鄭敗戎師（九年）、鄭取三師（十年）、滕薛爭長（十一年）、鄭伯入許（十一年）、鄭息有違言（十一年）、羽父弒隱公（十一年）。卷二（桓公）：宋督弒殤公（二年）、曲沃伐翼（二年）、齊侯送姜氏于讙（三年）、繻葛之戰（五年）、楚子侵隨（六年）、鄭忽辭昏（六年）、子同生（六年）、楚及隨平（八年）、鄾人宵潰（九年）、享曹太子（九年）、虞叔伐虞公（十年）、楚敗鄖師（十年）、楚伐絞伐羅（十二十三年）、祭仲殺雍糾（十五年）、壽急爭死（十六年）、戰于奚（十七年）、高渠彌弒昭公（十七十八年）、辛伯殺周公黑肩（十八年）。卷三（莊公閔公）：楚武王荊尸（四年）、紀侯大去其國（四年）、鄧侯不殺楚子（六年）、衛惠公殺二公子（六年）、弒齊襄公（八年）、桓公入齊鮑叔薦管仲（九年）、曹劌論兵（十年）、魯敗宋師于乘丘（十年）、臧孫知宋之興（十一年）、宋萬弒閔公（十二年）、鄭厲公殺原繁（十四年）、楚子入蔡（十四年）、王命曲沃伯為晉侯（十六年）、鬻拳兵諫（十九年）、鄭虢納王（二十二十一年）、陳敬仲奔齊（二十二年）、士蒍謀殺羣公子（二十三四五六年）、士蒍諫伐虢（二十七年）、驪姬出羣公子（二十八年）、神降于莘

〔註48〕彭家屏（1692～1757），字樂君，號青原。河南夏邑（今河南夏邑）人。康熙六十年（1721）進士。授刑部主事，累遷郎中。雍正八年（1730）任山西道御史，乾隆六年（1741）任江西布政使。事跡具《清史稿》。

（三十二年）、季友誅叔牙（三十二年）、齊人救邢（閔元年）、齊人復季友（元年）、士蒍知太子不立（元年）、舟之僑奔晉（二年）、晉獻公使太子帥師（二年）、慶父弒閔公（二年）。卷四（僖公一）：虢公敗戎（二年）、齊桓服楚（二三四年）、晉殺申生（四年）、晉滅虞（五年）、夷吾奔梁（六年九年）、鄭殺申侯（七年）、齊桓公辭鄭子華（七年）、子魚讓國（八年）、齊桓拜胙（九年）、荀息不食言（九年）、惠公殺里克（十年）、改葬共世子（十年）、仲孫湫聘周（十三年）、晉敗于韓（十三十四年）、陰飴甥謀復晉侯（十五年）、晉惠公殺慶鄭（十五年）、震夷伯之廟（十五年）、齊桓公卒孝公立（十七十八年）。卷五（僖公二）：邢狄伐衛（十八十九年）、秦晉遷戎于伊川（二十二年）、富辰請召子帶諫伐鄭（二十二二十四年）、魯敗升陘（二十二年）、宋敗于泓（二十一二十二年）、狐突不召二子（二十三年）、重耳出亡復國（二十四年）、寺人披豎頭須（二十四年）、趙姬以叔隗為內子（二十四年）、介之推不言祿（二十四年）、鄭殺子臧（二十四年）、禮至仕邢（二十四十五年）、晉侯納王（二十五年）、秦晉伐鄀（二十五年）。卷六（僖公三）：展喜犒師（二十六年）、楚滅夔（二十六年）、晉文公霸諸侯（二十七二十八年）、寧武子復衛（二十八年）、曹伯獳貨筮史（二十八年）、燭以武退秦師（三十年）、殽之役（三十二三十三年）、先軫死狄（三十三年）。卷七（文公）：楚商臣弒成王（元年）、狼曋死彭衙（二年）、躋僖公（二年）、秦伯三用孟明（三年）、甯嬴知陽處父之敗（五年）、晉人立靈公（六年）、秦晉戰于河曲（十二年）、晉人復士會（十三年）、邾文公遷繹（十三年）、穆伯卒（七年八年十四五年）、楚滅庸（十六年）、宋襄夫人殺昭公（十六年）、鄭子家以書貽宣子（十七年）、叔仲惠伯之死（十八年）。卷八（宣公）：華元自鄭歸宋（二年）、趙穿弒靈公年（二年）、王孫滿對楚子（三年）、鄭子家弒靈公（四年）、鄭襄公將去穆氏（四年）、越椒之難（四年）、楚復封陳（九年十年十一年）、楚伐鄭許平（十年至十二年）、晉敗于邲（十二年）、楚圍宋（十四十五年）、晉滅潞敗秦（十五年）、會于斷道（十七年）、歸父奔齊（十八年）。卷九（成公一）：臧宣叔備齊（元年）、鞌之戰（二年）、楚共王不錮巫臣（二年）、楚歸知罃（三年）、季文子不叛晉（四年）、晉遷于新田（六年）、欒書從眾（六年）、巫臣通吳晉（七年）、莒潰（八年九年）、晉歸鍾儀（九年）、公孫申更立君（九年十年）、呂相絕秦（十三年）。卷十（成公二）：衛定姜（十四年）、曹子臧辭國（十五年）、華元殺蕩澤（十五年）、三郤害伯宗（十五年）、晉敗楚于鄢陵（十五六七年）、聲伯請季孫于晉（十六年）、齊殺國佐（十七十八年）、晉殺三郤（十七年）、晉人迎立悼公（十八年）、楚納魚石于彭城（十八年）。卷十一

（襄公一）：齊姜薨（二年）、城虎牢（二年）、晉為吳合諸侯（三年五年）、祁奚舉善（三年）、魏絳上書（三年）、穆叔拜鹿鳴（四年）、匠慶用蒲圃之檟（四年）、魏絳和戎（四年十一年）、季文子卒（五年）、莒滅鄫齊侯滅萊（六年）、穆子請立韓起（七年）、鄭侵蔡從楚（八年）、宋災（九年）、穆姜論占（九年）、子囊論晉不可伐（九年）、晉及諸侯伐鄭盟于戲（九年）、晉悼公息民（九年）。卷十二（襄公二）：晉滅偪陽（十年）、子產攻盜于北宮（十年）、荀罃逃楚（十年）、焚載書（十年）、瑕禽屈王叔（十年）、范宣子讓德（十三年）、子囊謚共王（十三年）、楚人歸鄭良宵（十三年）、戎子對范宣子（十四年）、季札辭國（十四年）、晉伐秦（十四年）、衛人出君（十四年）、吳人要擊楚師（十四年）、楚子囊卒（十四十五年）、向戌尤室（十五年）、師彗激子罕（十五年）、子罕辭玉（十五年）、子罕分謗（十七年）、晏恒子卒（十七年）、平陰之戰（十八十九年）。卷十三（襄公三）：鄭殺子孔（十八十九年）、季武子作林鐘（十九年）、齊崔杼立莊公（十九年）、臧武仲不詰盜（二十一年）、楚蒍子馮辭令尹（二十一年）、晉欒盈入于絳（二十一二三年）、叔向不謝祁奚（二十一年）、御叔飲酒（二十二年）、子產對晉徵朝（二十二年）、黑肱歸邑（二十二年）、蒍子馮為令尹（二十二年）、子展立太叔（二十二年）、臧武仲出奔（二十三年）、華周不受賂（二十三年）、臧武仲辭齊田（二十三年）。卷十四（襄公四）：穆叔論不朽（二十四年）、子產論重幣（二十四年）、張輔致楚師（二十四年）、蒍子諫伐舒鳩（二十四五年）、然明論降階（二十四五年）、晏子不死莊公之難（二十五年）、鄭伐陳獻捷（二十五六年）、巢射諸樊（二十五年）、叔向黜子朱（二十六年）、衛獻公復入（二十六年）、秦歸印堇父（二十六年）、伊戾殺太子痤（二十六年）、復椒舉（二十六年）、子產不禦小寇（二十六年）、偽封鳥餘（二十六七年）、免餘殺甯喜（二十七年）。卷十五（襄公五）：諸侯為會于宋（二十七年）、慶封殺崔氏（二十七年）、子產知蔡侯不終（二十八年）、子產不為壇（二十八年）、慶封奔吳（二十八年）、公冶致邑（二十九年）、閽弒餘祭（二十九年）、鄭宋賑饑（二十九年）、晉城杞（二十九年）、女叔齊治杞田（二十九年）、季札歷聘（二十九年）、子產論駟良（三十年）、趙孟謝絳縣老人（三十年）、壇淵之會（三十三十一年）、鄭殺伯有（三十年）、子皮授子產政（三十年）、立昭公（三十一年）、子產毀晉垣（三十一年）、子產使能（三十一年）、子產不毀鄉校（三十一年）、子產論尹何為政（三十一年）。卷十六（昭公一）：子產辭圍逆女（元年）、叔孫豹不賄樂桓子（元年）、子產逐子南（元年二年）、秦后子奔晉（元年）、中行穆子敗狄（元年）、子產論實沈臺駘（元年）、公子圍城犨櫟郟（元

年）、晏子叔向論齊晉之衰（三年）、晉侯賜伯石州田（三年七年）、罕虎賀晉夫人（三年）、復放盧蒲嫳（三年）、椒舉如晉求諸侯（四年）、申豐論雨雹（四年）、楚子戮齊慶封（四年）。卷十七（昭公）：子產作丘賦（四年）、穆子死昭子殺豎牛（四年五年）、女叔齊論魯君不知禮（五年）、薳啟彊論晉不可辱（五年）、蹶由對楚（五年）、子產鑄刑書（六年）、華合比奔衛（六年）、楚棄疾過鄭（六年）、申無宇斷王旌執人于王宮（七年）、子產立公孫洩（七年）、孟僖子屬子學禮于仲尼（七年）、師曠論石言（八年）、王使桓伯讓晉（九年）、屠蒯請佐尊（九年）、齊逐欒高氏（十年）、葬晉平公（十年）、叔向論楚克蔡（十一年）、棄疾為蔡公（十一年）、葬鄭簡公（十二年）、南蒯叛（十二年）、子革對楚王（十二年）。卷十八（昭公三）：費叛南氏（十三年）、楚平王即位（十三年）、叔向論平王有國（十三十四年）、叔向數叔魚之惡（十三十四年）、惠伯待禮（十三年）、南蒯奔齊（十四年）、費無極去朝吳（十五年）、荀吳克鼓（十五年二十二年）、子產不與宣子環（十六年）、郯子論官（十七年）、吳光取餘皇（十七年）、子產不禳火鄭災（十七十八年）、閔子馬論學（十八年）。卷十九（昭公四）：許悼公卒（十九年）、齊師入紀（十九年）、馹氏立子瑕（十九年）、楚城州來（十九年）、鄭龍鬥（十九年）、楚殺伍奢伍員奔吳（二十年）、衛齊豹之亂（二十年）、晏子論祝詛和同（二十年）、子產論寬猛（二十年）、宋華氏之亂（二十一二年）、魯取邾師（二十三四年）、吳敗楚于州來（二十三年）、楚子常城郢（二十三年）、子大叔言周難（二十四年）、楚亡二邑（二十四年）。卷二十（昭公五）：叔孫婼聘宋（二十五年）、樂祁論季氏（二十五年）、子大叔論禮（二十五年）、魯昭公伐季平子（二十五年）、宋齊謀納昭公（二十五六年）、子西辭國（二十六年）、晏子論彗星陳氏（二十六年）、吳光弑僚楚殺郤宛（二十七年）、晉殺祁盈伯石（二十八年）、魏獻子舉賢（二十八年）、魏獻子辭梗陽人（二十八年）、蔡墨論龍（二十九年）、伍員病楚（三十三十一年）、邾黑肱以濫來奔（三十一年）。卷二十一（定公）：昭公之喪至（元年）、吳敗楚于豫章（二年）、蔡侯叛楚（三年）、合諸侯于召陵（四年）、吳伐楚入郢（四年）、文子諫追魯師（六年）、子西遷都（六年）、晉執樂祁（六年）、衛侯叛晉（八年）、陽虎作亂（八年）、夾谷之會（十年）、趙鞅殺邯鄲午（十年十三四年）、馹赤走侯犯（十年）、墮三都（十二年）、史鰌言戍亡（十三年）、越敗吳闔廬（十四年）、子貢論執玉（十五年）。卷二十二（哀公一）：吳許越成（元年）、公子郢讓國（二年）、鐵之戰（二年）、桓僖宮災（三年）、季康子即位（三年）、晉執蠻子畀楚（四年）、王生薦張柳朔（五年）、陳乞謀去高國（五十八年）、鄭

殺駟秦（五年）、楚昭王卒（六年）、吳征百牢（七年）、邾成于以茅叛吳伐魯（七年八年）、季札救陳（十年）、轅頗出奔（十一年）、子胥懼越（十二年）、孔子不對田賦（十一年）。卷二十三（哀公二）：子貢說吳（十二年）、吳晉爭長（十三年）、子路辭要言（十四年）、陳恒弒簡公（十四年）、宋桓魋之亂（十四年）、齊人歸成（十五年）、仲由死孔悝（十五年）、白公作亂（十六年）、越滅吳（十七年）、楚滅陳（十七年）、哀公以妾為夫人（二十四年）、衛輒出奔（二十五年）、宋逐大尹（二十六年）、齊人救鄭（二十七年）。

◎左傳經世鈔敘：莊周有言：「《春秋》經世先王之志，聖人議而不辨」，儒者有取焉。程子亦云：「《春秋》，制事之權衡，揆道之模範也」。左氏之《內傳》本《春秋》而作，《春秋》以二百四十餘年之行事該於一萬六千餘言之中。言高則旨遠，辭約則義微，非邱明身為國史，躬覽載籍，廣記而備著之，則聖人微而顯、志而晦、婉而成章之精意不可得而明，故左氏者，傳《春秋》經世之法者也。古今解《左傳》者無慮百家，其最著者無如杜元凱。然元凱立例以釋傳，因傳以釋經，於傳之例有不合，反疑經有闕文，後之論者有遺議焉。夫聖人之言如化工之妙萬物，當時游夏高弟親承指授猶不能贊一辭，則知邱明於此固亦有不能盡達其意而傳於後者矣。又況聖遠言湮，僅得於掇拾散軼之餘者乎！雖然，即《左氏》以求作經之意，其離合誠未可知；因《左氏》以觀二百四十餘年之紀載，其間奇人偉士權奇倜儻之用與天時人事之變故亦幾備矣。後世之變，皆前代之所已經。士大夫平日尚論古人，不能遠稽近考，核其成敗是非之由以求其設心措置之委曲，一旦當大疑任大事，危難震撼之交乘，張皇迴惑，莫展一籌。儒術之迂疏，世遂以羣相詬病，豈非不善讀書之過哉！此寧都魏叔子氏《左傳經世》之編所為作也。余得其書讀之，選擇精慎，議論證據馳騁上下古今，其大旨見於自序。公餘之暇偶有所觸，間綴數語於後，原有凡例亦稍為增訂。因舊刻僅九卷，且日久漸就漫漶，迺從其孫淏得全本重為剞劂，成完璧焉。大凡讀書，存乎所見，亦視其所用。舉燭之說本郢人誤書，遂為燕相之碩畫；不龜手之藥或以裂地而封，或不免於洴澼絖，則所見於所用之各異也。夫先王經世之志，左氏猶不能盡其意，是編也，遂謂足盡左氏之意乎！然士君子誠有志近裏著已之學，不徒事記誦詞章之末，即塗言巷議觸於耳、警於心，皆可引為身心德性之助與因應服物之宜，矧《左傳》也哉，矧《左氏》以外遙遙數千載之紀傳載記也哉？則是編也固猶讀書者之嚆矢也夫！乾隆十三年歲在戊辰七月望後，夏邑彭家屏樂君書於西江官署之石翠山房。

◎左傳經世自敘〔註49〕：讀書所以明理也，明理所以適用也。故讀書不足經世，則雖外極博綜內析秋毫，與未嘗讀書同。經世之務莫備於史，禧嘗以為《尚書》史之太祖、《左傳》史之太宗，古今治天下之理盡於《書》，而古今御天下之變備於《左傳》。明其理達其變，讀秦漢以下之史猶入宗廟之中，循其昭穆而別其子姓，瞭如指掌矣。嘗觀後世賢者，當國家之任，執大事，決大疑，定大變，學術勳業爛然天壤。然尋其端緒求其要領，則《左傳》已先具之。蓋世之變也，弑奪烝報傾危侵伐之事至春秋已極，身當其變者，莫不有精苦之志、深沉之畧、應猝之才、發而不可禦之勇、久而不回之力，以謹操其事之始終，而成确然之效。至於兵法奇正之節，自司馬穰苴、孫吳以下不能易也。禧少好《左氏》，及遭變亂，放廢山中者二十年，時時取而讀之。若於古人經世大用、左氏隱而未發之旨薄有所會，隨筆評註，以示門人。竊惟《左傳》自漢晉至今歷二千餘年，發微闡幽、成一家言者不可勝數，然多好其文辭篇格之工，相與論議而已。唐崔日用工左氏學，頗用自矜。及與武平一論三桓七穆不能對，乃自憇曰：「吾請北面」。徐文遠從沈重質問《左氏》，久之辭去，曰：「先生所說，紙上語爾。」禧嘗指謂門人，學《左氏》者，就令三桓七穆口誦如流，原非所貴；其不能對，亦無足慚。此蓋博士弟子之務，非古人讀書之意。善讀書者，在發古人所不言而補其未備，持循而變通之，坐可言、起可行而有效，故足貴也。《左氏》好紀怪誕，溺功利禍福之見，論時駁而不醇。然如石碏誅吁厚、范宣子禦欒盈、陰飴甥爰田州兵之謀、晏嬰不死崔杼、子產焚載書及子皮授子產政諸篇，皆古今定變大畧，而陰飴甥會秦伯王城、燭之武夜縋見秦伯、蔡聲子復伍舉，則詞命之極致，後之學者尤當深思而力體之也。寧都易堂魏禧書。

◎姜希轍序：先漢以還，治《春秋》者，率宗三氏，其博士家互相詆訶。及宋陳氏則云：「《公》《穀》守經，《左氏》通史」，兩言頗得其概。仲尼雖修魯史，而丘明蒐討列國，非一官之載，其所援引皆古先哲王之常典，而後世人事之變略盡其中，足資有國家者之勸戒。故班固氏亦曰：「丘明據行事、仍人道，因興以立功，就敗以成罰。」其所諄諄者，在乎審成敗、決事機。而考亭氏乃極貶之，謂其以成敗論是非，不本諸義理之正，而一乎功利之說，殆與作

〔註49〕又見於魏禧《魏叔子文集》卷八，題《左傳經世敘》，末有評語云：郭仲輝曰：朱紫陽謂《左傳》為衰世之文，亦其時勢然也。惟當衰世，故能盡後世之變。此文見得事理透切二十分，故言之斬斬如此。

者之意大秦越矣。夫成敗本乎人情，前事已然者，率中乎人情之至，苟與之合，鮮有不效。如己巳之役，郟邸踐阼，而北轅遄返。此與立公子瑕而衛鄭歸國何異？二百四十年中之事，其復見於後世者何可勝數？舉其當者蹠而行之，抑亦智者之效也。冰叔魏氏因采前史所載，與《左氏》比類而並陳之，且考論其得失。若杜元凱所言原始要終、尋其枝葉、究其終窮，以之應猝然之變，謀大事、斷大疑，若操券而得也。豈惟左氏之功臣哉，抑亦謀國者之典要矣！昔董江都引經斷獄，作《春秋決事比》，論者譏其浮華經術，開張湯酷吏之漸；宋人亦云孫復所學《春秋》商君法耳。古之大儒尚有此議，著書立說亦何容易？乃如魏子之上下數千百年，不以私家曲說支離牽合，賓賓一先生之言。其申懷平允，審辨曲當，使覽古者人人厭足其意。遇事宰割，鏡乎先幾，而及時施救，各識其方，誠有益於當塗而不病來學。命之曰《經世》，良不誣哉！康熙丁巳，會稽姜希轍定庵氏題。

◎凡例：

一、《左傳》每篇應各冠以經文，蓋經綱也、傳目也。程子謂以經可證傳之誤，第是編評論《左傳》僅三百餘篇，分冠以經，恐有割裂罣漏之嫌。細玩篇內嚴邪正、別賢奸，無不與聖人筆削之意大相發明，則《左傳》之全本在是，而經之全體亦可類推矣。

一、向來評《左傳》者多不論事而論文。然論文者僅資學人之咀茹，何如論事者開拓萬古之心胃？是編專主論事，原取其有關於世務。舊抄本中尚有一二涉于選《左》餘緒者，茲槩從刪削，俾知經世之大猷，不得視為古文之糟粕。

一、《杜林合註》舊為讀《左》善本。然切實了當，林不得與杜並。原編訓釋多取二家，而倒置錯雜處頗多。茲則分杜先林後，仍各刊姓氏以別之，庶不失古人遺意。

一、句讀或差則文義隨舛，《左傳》中地理、國名、姓氏、時月、支干連上搭下，初學者每以段落難分病之。茲則於每句之下加一小圈，逐篇閱去，心通意適，較為簡便。至於每傳文或連圈、或單圈、或密點、或旁加直畫，各就論事中指其精思之所存，不得拘為一律。

一、字義音釋悉遵陸德明原註，或直音、或反切，俱註於本字本句之下，示點發之便也。至於地名沿革今昔不同，又照方輿訂定註明，學者不出戶庭而可周知形勝，於此可小補焉。

一、《春秋》程子、朱子俱無全書，而諸儒論述皆足發明聖人之旨。篇中不得全登者，以《經世》名篇而別之也。舊本中每誤列先儒於魏氏之後，俱逐一改正。屏意有所得，竊附篇末，以存就正之意。

一、諸書所載評語，例以眾人評居前，編書者評居後，其門人子弟輩則又居後。魏氏此編，有因門人子姪所評從而賡續發明者，又有已所評而朋友相與論難印證者。若拘以舊例，則原委不清。故名次多視文義編列，其前後不能畫一焉。

◎曾燦《魏叔子文集序》：叔子又自言：「吾于《史》《漢》敘事法未能得其要領，而最好《左氏》，間發其微言大義，成《左傳經世》一書。」余從遠方歸，每出示數則，怳然如震雷暴起于左方，驚魂動魄。既而深思，則又如饑得食如寒得衣，心安而體順，始嘆此書蓋自有《左氏》數千餘年之所絕而僅有者也。

◎魏禧《魏叔子文集》卷五《答汪舟次書》：禧二十年來殫心《左傳》，成《左傳經世》一書，嘗就正有道，謬許為二千餘年所僅有。此書非數百金不克登板。足下交游廣，多好古有力之士，其亦不待百數十年而有穆伯長乎？足下客吉安，相去甚近，諸論幸批削疵謬，以不虛來書繾綣之意。

◎魏禧《魏叔子文集》卷六《復都昌曹九萃書》：然禧生平竊好左氏之文，十年殫心評註，具成《左傳經世》一書，有所謂《黑肱辭邑》者，其論旨與足下約畧相似，敬抄一通附函內。足下覽之，其亦有當於心，抑或逆億得之者，不如其身親閱歷而得之，則足下當有以還教我也……禧于《左氏》之文，以為足致實事者十常七八，故篤好而深嗜。《黑肱》一篇，亦全豹之一文也。足下稱謂過謙，謹璧謝。

◎吳德旋《初月樓聞見錄》卷六：氷叔所著書甚具，而其尤著者曰《左氏經世》，曰《日錄》、《日錄三編》，曰《裏言》，曰《雜說》，曰《史論》。氷叔既以古文教授弟子，著錄者恆數十人，而其弟和公為之冠。

◎秦瀛《己未詞科錄》卷五：著有《左傳經世》二十卷、《叔子文集》二十二卷、《詩集》八卷、《日錄》三卷。

◎許瑤光修，吳仰賢等纂光緒四年《光緒嘉興府志》卷六十一《列傳十二·桐鄉縣》：葉良球，字夔諧。諸生。居青鎮，弱歲好游歷，肆力古文，遠法葉水心，近學魏叔子。熟明季事實，論史至不平處，鬚髯戟張。與人交，抑強扶弱，挺任勞怨。奉《左傳經世》為指南，雖檣危馬駼不釋手。晚歸自南通州，自築壽藏，號亦客居士（唐琦《亦客居士生壙志》。新纂）。

◎上海古籍出版社 2015 年《續修四庫全書總目提要・春秋類》「《左傳經世鈔》二十三卷」：是書凡二十三卷，以彭家屏敘、魏禧自敘、凡例、目錄冠於卷首。魏氏逢明亡之亂，隱居翠微峰二十年，常取《左傳》讀之，於經世大用、《左傳》未發之旨薄有所會，故隨筆評注，以示門人。以為善讀書者，在發古人所不言，而補其所未備，持循而變通之。是書以此為旨，意在以論事發隱義，經世致用，闡說君臣大義，人生哲理。是書評編《左傳》「鄭伯克段于鄢」、「石碏大義滅親」、「宋穆公立與夷」等凡三百五十八篇，恐割裂經文，且依傳可推經之大體，故未列經文於前。主於論事，訓釋多取杜、林，字義音釋悉依陸德明音義，諸儒論說不得全登者，以經世名篇而別之。所載評語出魏禧之外，以門人子侄居多，依文義而編次，前後不能畫一。句讀段落皆以小圈間隔，至於傳文，或連圈，或單圈，或密點，或旁加直畫，各就論事中指其精意之所存，不得拘為一律。時任江西布政使彭家屏原有是書舊刻九卷，餘暇讀之，偶有所觸，從魏禧之孫淶處得全本，參訂重刻二十三卷。原有凡例稍為增訂，舊抄本中尚有一二涉於選左餘緒者，茲概從刪削，杜、林訓釋倒置錯雜處頗多，今先杜後林，各刊姓氏以別之。至於地名、沿革今昔不同，照方輿訂定。舊本中誤列先儒於魏氏之後，今俱改之，意有所得亦附於後。魏氏以為讀書所以明理也，明理所以適用也，而士大夫多不善讀書，以至讀古書論是非，一旦當大疑、任大事之交，張皇迴惑，莫展一籌，彭氏以是書旨在經世，故猶讀書者之嚆矢。魏禧志於發左氏隱而未發之義，卷二十三「仲由死孔悝」，仲由之死人或以為傷勇，而魏氏以為子路賢於結纓赴難，而失於孔悝家臣。彭氏對吳越之爭等事件之總結亦頗為獨到。是書在一定程度上呈現出清初學者在以論事求義理的道路上所獲成績。此本據上海圖書館藏清乾隆間刻本影印。（潘華穎）

魏禧 左傳經世鈔約選 四卷 存

中共天津市委黨校藏清刻本

國圖藏 1932 年周學熙師古堂選輯刻經傳簡本五種本（題左傳經世抄約選）

魏彥 重刊宋紹熙公羊傳注附音本校記 一卷 存

暨南大學、嘉興藏道光四年（1824）揚州汪氏問禮堂影刻宋紹熙本

福建藏同治二年（1863）金陵書局刻十三經讀本本

國圖、遼寧、溫州、暨南大學藏光緒二十一年（1895）金陵書局刻本

清末李光明莊刻本

1916 年上海大成書局石印本（春秋公羊穀梁傳合刻附）

1922 年上海錦章圖書局石印本

◎卷末云：此揚州汪氏重刊宋紹熙辛亥余仁仲刊《公羊傳注》坿音本，阮氏《校勘記》才校數條，侣未見者而多與阮所據校之鄂州本同，大勝明閩本。今目閩本對校一過，目閩本本出宋本也。並目通志堂本《釋文》校音一過，重印數十部，並刊記坿行。助予讀者，仁和龔君橙也。同治二年十月邵陽魏彥，時在上海。

◎魏彥（1834～1893），字槃仲。湖南邵陽人。魏源姪。官江蘇直隸知州。嘗入江南提督李朝斌幕。治漢學。擅行隸書。著有《重刊宋紹熙公羊傳注附音本校記》一卷。

魏翼龍 春秋滕薛杞越莒邾許七國統表 六卷 存

上海、南京、浙江、天津、寧波市天一閣博物館藏道光十三年（1833）蕭山魏氏存問堂刻本

◎一名《春秋七國統表》。

◎各卷卷首題名：蕭山魏翼龍際雲編輯，男玉山校。

◎目錄：

卷之一世次：滕世次、薛世次、杞世次、越世次、莒世次、邾世次（小邾世次附）、許世次。

卷之二年表：始周平王元年辛未終赧王三十四年庚辰。

卷之三考證：滕始封考、滕侯毅至隱公考、滕定公文公考、宋滅滕考、薛始封至惠公考、齊滅薛考、唐書薛世系與春秋不符考。

卷之四考證：杞始封至武公考、杞靖公至桓公考、杞孝公至僖公考、杞稱伯稱子考、杞湣公至簡公楚滅杞考、越始封考、越封爵考、越無壬至允常考、越稱王考、越勾踐在位之年考。

卷之五考證：越鼫至王翁考、越王翳至無疆考、楚滅越考、越絕書吳越春秋所載勾踐以下世次考、越有羋姓之說考、莒始封考、莒茲平公至郊公狂考、莒敖公考、楚滅莒。

卷之六考證：邾始封至儀父考、邾儀父入春秋至公子何考、邾考公穆公考、楚滅邾考、小邾考、許始封至許男斯考、許元公考、楚滅許考。

◎序：蕭山魏際雲先生，博雅君子也，於經史諸書靡不研究。辛卯秋安硯宛陵郡齋，適榮亦廁延醴仙太守幕，得以晨夕過從。間嘗繙閱篋中書籍，中有疑義輒諮詢之。先生但為道其源流，明辨以晰。由是交相友善，先生因出所著《春秋滕薛杞詽莒邾許七國統表》示榮，囑榮序之，將梓以問世。榮性魯鈍，於考據之學素未究心，曷敢妄贅一辭。重以諈諉，伏而讀之，其紀年始周平王元年，終赧王三十四年，而以七國之存亡會盟諸事蹟挨次記於其下，編為世次年表而各加以考證。其所攷證皆博採群書，斷以己意，必求有所依據而一衷於確不可易。蓋以補史記之闕也。糸稽精覈，用心良苦，非平日績學功深，烏能成此？是書一出，吾知讀《春秋》《史記》者爭先覩為快已！道光十三年歲次癸巳孟春月，金陵愚弟金悥榮謹序。

◎序：予幼時讀《春秋左傳》，喜編列國世系，後讀《史記》，見杞越二國有世家而不列於年表，其滕薛杞越莒邾許諸國史記俱無世家，世次多無可考。宋林氏堯叟編《列國紀年》於《春秋》十二公之首，滕薛杞越莒邾許等國一例《紀年》。時予年幼無知，妄取《春秋左氏》所載事蹟暨孔氏《正義》所引杜預《氏族譜》及《竹書紀年》《通鑑前編》所載越句踐以下各君之年，併包少東《孟子年譜》所載滕文之年，倣《史記》年表式，始自春秋訖於戰國，編《滕薛杞越莒邾許七國表》一袟考證一袟，存之書篋。迨弱冠僥弟子員後，三躓鄉闈，以科名難以倖獲，遂棄舉子業，從先叔父遊幕安徽，習申韓之業，已三十餘年不復覩是袟矣。丁亥歲，予歸省親，因課子檢書篋，見所編《七國表》多附會舛錯，因不欲棄幼時記問摭拾之勞，復購從前未見之書，並於戚友處借觀藏書，詳加參考，將舊時所編增刪改易為世次一卷、年表一卷、考證四卷。其表始於周平王元年，終於赧王三十四年，因起於春秋前訖於春秋後，名曰《春秋滕薛杞越莒邾許七國統表》，爰倩梓人付之梨棗。自知謭陋必為博雅君子所譏，聊為後人覆瓿之用云爾。道光十三年歲次癸巳孟春上浣，蕭山魏翼龍際雲氏自序。

◎凡例：

一、《七國統表》次序，先滕者，周之同姓也。以下均以爵之尊卑為序，故次薛、次杞，終春秋皆伯爵也。次越、次莒、次邾，子爵也。許，男爵也。

一、《統表》起於周平王元年，以有許文公可紀也。訖于周赧王三十四年，以是年邾尚未滅也。後此則無可考，故不紀。至越祀之絕，雖至秦始皇二十五年降越君而止，第《史記》至無疆稱越以此散，《經世》《通鑑》均于周顯王三十五年書楚滅越，故無疆以後表內不復紀也。

　　一、各國世次有《春秋》經傳可考者，以《春秋》經傳為正，其餘以《史記》《紀年》《世族譜》《索隱》《外紀》《大紀》《大事記》《分記》《通志》《通考》《通鑑》諸書為據。其羣書有可採者，亦均錄入，俱於考證內載明，以見表之所本，不敢妄紀也。

　　一、考證內所引書名有相類者則書著書姓名以別之。至未見原書而於他書內錄入者，則載明由某書錄入於上，不敢以未見原書為見也。

　　◎孫殿起《販書偶記》卷二：《春秋七國統表》六卷，蕭山魏翼龍撰。道光十三年蕭山存問堂刊。卷一世次，卷二年表，卷三至卷六考證。

　　◎趙爾巽《清史稿》卷一百四十五志一百二十《藝文》一：《春秋七國統表》六卷，魏翼龍撰。

　　◎魏翼龍，字際雲。浙江蕭山人。縣學生。著有《春秋七國統表》六卷。

魏元曠 春秋通議 一卷 未見

　　◎魏元曠（1856～1935），系名鑲烜，原名煥章，號潛園，又號斯逸、逸叟。江西南昌人。光緒二十二年（1896）進士。歷任刑部主事，民政部署高等審判廳推事。辛亥後歸里，應胡思敬約，校勘《豫章叢書》。曾任《南昌縣志》六十卷總纂首一卷附文徵二十四卷，又編纂《西山志》六卷。著有《讀易考原校勘記》一卷、《券易苞校勘記》一卷、《易學變通校勘記》一卷、《易纂言外翼校勘記》一卷、《易言隨錄》一卷、《詩徵》五卷、《易獨斷》一卷、《春秋通議》一卷、《離騷逆志》一卷、《史記達昌》一卷、《類編》二十四卷、《述古錄》、《酌酌古論》四卷、《潛書》四卷、《賸言》一卷、《書法》一卷、《學說》一卷、《或說》一卷、《書牘》七卷、《雜編》二十二卷、《堅冰志》一卷、《光宣僉載》一卷、《三臣傳》一卷、《黨日》一卷、《南宮舊事》一卷、《西曹舊事》一卷、《都門懷舊記》一卷、《都門瑣記》一卷、《居東記》一卷、《蕉庵詩話》一卷、《蕉庵隨筆》六卷、《審判稿》一卷，多收入《潛園全集》、《魏氏全書》。輯有《潛園友朋書問》十二卷、《百大家名賢手札》十二卷。

魏源 春秋公羊古微 八卷 未見

　　◎一名《公羊古微》、《公羊春秋微》。或著錄六卷。

　　◎《邵陽魏氏族譜·魏源傳》：有《海國圖志》、《聖武記》、《元史新編》、《皇朝經世文編》、《易象微》六卷、《書古微》八卷、《詩古微》八卷、《春秋公羊古微》六卷、《大戴禮微》五卷、《兩漢經師今古文家法考》四卷、《明代

食兵二政錄》八十卷、《古微堂文稿》十四卷、《古微堂四書》、《清夜齋詩文》、《孔子年表》、《孟子年表》、《高子學譜》、《論學文選》、《老子／墨子／春秋繁露／說宛／六韜／孫子／吳子注》、《地理綱目》、《支隴承氣論》各若干卷。

◎《碑傳集補‧魏默深先生傳》：年十五補諸生，乃究心王陽明氏學，尤好讀史。嘉慶十九年以拔貢入都，復從胡先生承珙問漢儒學、姚先生學塽問宋儒學，又別受《公羊》學於劉先生逢祿，詩古文詞則與董君桂敷、龔君自珍相切劘。蕭山湯公金釗雅重之，嘗造其寓。先生出迓，鬢髮如蓬，湯公盱眙。既知訂《大學古本》，歎曰：「吾子深造乃若是邪！」尋兩中副榜，道光二年舉順天鄉試。此外尚有《書古微》《詩古微》《公羊古微》《曾子發微》《子思子發微》《高子學譜》《孟子年表》《小學古經》《大學古本》《兩漢今古文家法考》《明代食兵二政錄》《春秋繁露／老子／墨子／說苑／六韜／孫子／吳子注》及詩文集各若干卷，或行於世，或藏於家。

◎《國朝先正事略‧魏源》：所著有《曾子章句》二卷、《聖武記》十四卷、《海國圖志》六十卷、《詩古微》二十卷、《書古微》十卷、《公羊微》十卷、《春秋繁露注》十二卷、《清夜齋文集》二十卷，選《皇朝經世文編》及《論學文選》如干卷。

◎《清代樸學大師列傳‧魏源》：其學最精史地，故推《聖武記》《海國圖志》稱佳構。治經好求微言大義，於書專申《史記》伏生大傳及《漢書》所載歐陽、夏侯、劉向遺說以難馬、鄭，作《書古微》十七卷。於《詩》表章魯、韓墜緒以匡傳箋，撰《詩古微》二十二卷。其餘尚有《公羊古微》《春秋繁露注》《曾子／子思子章句》等十餘種，多不傳。後之論者詆其空疏少實，蓋考據非其所擅，而新理解則時出也。雜文自編為《古微堂內外集》十卷。

◎葉衍蘭、葉恭綽《清代學者象傳‧魏源》：所著有詩文集、《聖武記》《海國圖志》《書古微》《詩古微》《公羊古微》《曾子發微》《子思子發微》《高子學譜》《孝經集傳》《孔子年表》《孟子年表》《小學古經》《大學發微》《兩漢今古文家法考》《皇朝經世文編》《論學文選》《明代食兵二政錄》及《春秋繁露／老子／墨子／說苑／六韜／孫子／吳子注》各若干卷。

◎同治《續纂揚州府志》卷八《宦迹‧魏源》：著書十數種，羣經皆有發微。

◎光緒《續纂高郵州府志》卷三《秩官志‧魏源》：著書十數種，發明羣經，有《詩古微》《書古微》《公羊古微》等書。

◎光緒《邵陽縣志》卷九《人物上‧政學》：所著有《聖武記》十六卷、《海國圖志》三十二卷、《淮南鹽法輕本敵私議》一卷、《明代兵食錄》八十卷、《曾子章句》一卷、《易象微》六卷、《書古微》八卷、《詩古微》八卷、《公羊春秋微》六卷、《大戴記微》五卷、《清夜齋史集》二十卷、《春秋繁露注》十二卷、《兩漢經師今古文考》四卷、《古微堂初稿／二稿／三稿》、《古微堂詩選》、《皇朝經世文編》及《論文學選》〔註50〕各若干卷。

◎光緒《湖南通志》卷二百四十六《藝文志》二：《公羊春秋微》八卷，邵陽魏源撰（《行述》）。

◎《盍山文錄‧邵陽魏先生傳》：所著《聖武記》《海國圖志》《明代兵食二政錄》《皇朝經世文編》《書古微》《詩古微》《公羊古微》《曾子發微》《子思子發微》《高子學譜》《孝經集傳》《孔子年表》《孟子年表》《小學古經》《大學發微》《兩漢經師今古文家法考》《論學文選》《元史新編》《古微堂內外集》及《春秋繁露／老子／墨子／說苑／六韜／孫子／吳子注》各如干卷。

◎《射鷹樓詩話‧古微堂詩鈔》：默深經術湛深，讀書淵博，精於國朝掌故。海內利病瞭如指掌。著有《書古微》《詩古微》《春秋公羊古微》，專闡西漢今文之學，博而能精。

◎魏源（1794～1857），譜名遠達，字漢士，一字良圖，號默深。湖南邵陽金潭（今屬隆回）人。與龔自珍友善。曾入江蘇布政使賀長齡幕，代輯《皇朝經世文編》一百二十卷，又入江蘇巡撫陶澍、兩江總督裕謙幕。嘉慶十八年（1813）拔貢，二十四年（1819）順天副榜。道光五年（1825）遵例捐授內閣中書。道光二十四年（1844）進士，以知州即用，分發江蘇，知興化、東臺，署理海州通判，議敘補缺後，以同知直隸州即用。咸豐元年（1851）授高郵知州。同治七年（1868）奉旨祀江南名宦祠，光緒十三年（1887）奉旨祀湖南鄉賢祠。著有《易象微》六卷、《書古微》十二卷（一本八卷）、《禹貢說》二卷、《詩古微》二十卷、《詩比興箋》四卷、《公羊春秋微》六卷、《公羊春秋古微》八卷、《大戴禮微》五卷、《大學古本》二卷、《古微堂四書》（含《大學古本發微》、《孝經集注》、《孝經集傳》、《曾子發微》、《小學古經》）、《論語孟子類編》、《兩漢經師今古文家法考》四卷、《籌鹺篇》、《籌漕篇》、《淮北票鹽志略》十四卷、《湖南苗防錄》、《漢碑跋》、《曾子章句》一卷附錄一卷、《孫子集注》、《蠶桑圖說合編》一卷、《老子本義》二卷、《元史新編》九十五卷、《聖武記》

〔註50〕周按：疑當作《論學文選》。

十四卷、《道光洋艘征撫記》一卷、《海國圖志》一百卷（一本六十卷，又一本五十卷）、《淨土四經》四卷、《遼史》、《說文儗雅》二十卷、《職官因革》十卷、《皇朝經世文編》凡例著錄。《淮南鹽法輕本敵私議》一卷、《蒙雅》一卷、《清夜齋詩稿》一卷、《無量壽經會譯》一卷、《佛說摩訶阿彌陀經衷論》一卷、《龔自珍魏源手批簡學齋詩》、《簡學齋清夜齋手書詩稿合印》、《清夜齋詩文》、《魏默深集》一卷、《魏默深敘傳》一卷、《古微堂詩集》十卷、《聖武記拔萃》四卷、《英吉利國志》三卷、《俄羅斯國志》二卷、《元史稿》七十六卷、《古微堂內集》二卷、《古微堂外集》八卷、《古微堂文集》十四卷、《古微堂文稿》十四卷、《孔子年表》、《孟子年表》一卷、《高子學譜》、《論學文選》、《地理綱目》、《支隴承氣論》、《子思章句》、《墨子章句》、《吳子注》、《六韜注》、《春秋繁露注》二卷、《會典提綱》十卷、《古微堂內篇》、《默觚》，輯有《四書後編》、《明代食兵二政錄》八十卷、《御書印心石屋詩文薈》十卷首一卷、《歐北五國志》，譯有《佛說摩訶阿彌陀經論》一卷。

魏源 董子春秋發微 七卷 佚

◎魏源《古微堂外集》卷一《董子春秋發微序》〔註51〕：《董子春秋發微》七卷何為而作也？曰：所以發揮《公羊》之微言大誼，而補胡母生《條例》、何邵公《解詁》所未備也。《漢書・儒林傳》言董生與胡母生同業治《春秋》，而何氏注但依胡母生《條例》，於董生無一言及。近日曲阜孔氏、武進張氏皆《公羊》專家，亦止為何氏拾遺補缺，而董生之書未之詳焉。若謂董生疏通大詣，不列經文，不足頡頏何氏，則其書三科九旨燦然大備，且宏通精淼，內聖而外王，蟠天而際地，遠在胡母生、何劭公章句之上。蓋彼猶泥文，此則優柔而饜飫矣；彼專析例，此則曲暢而旁通矣。故抉經之心、執聖之權、昌天下之道者，莫如董生。今以本書為主，而以劉氏《釋例》之通論大義近乎董生附諸後，為《公羊春秋》別開闔域，以為後之君子亦將有樂於斯。至《繁露》者首篇之名，以其兼撮三科九旨，為全書之冠冕，故以《繁露》名首篇。後人妄以《繁露》為全書之名，復妄移《楚莊王》一章於全篇之首，矯誣之甚。故今仍以《繁露》名首篇，其全書但曰《董子春秋》，以還其舊。至其《三代改制質文》一篇，上下古今，貫五德五行於三統，可謂窮天人之絕學，視胡母生《條例》有大巫小巫之歎。況何休之偏執，至以叔術妻嫂為應變，且自謂非常可憙

〔註51〕又見於蘇輿《春秋繁露義證》卷首《春秋繁露攷證》。

之論，玷經害教，貽百世口舌者乎！今分七卷，臚列其目於前，以詔來學：繁露弟一，張三世例，通三統例，異內外例。俞序弟二，張三世例。奉本弟三，張三世例。三代改制質文弟四，通三統例。爵國弟五，通三統例。符瑞弟六，通三統例。仁義弟七，異內外例（附）公始終例。王道弟八，論正本謹微兼譏貶例。順命弟九，爵氏字例（尊尊賢賢）。觀德弟十，爵氏字例（尊尊親親）。玉杯弟十一，予奪輕重例。玉英弟十二，予奪輕重例。精華弟十三，予奪輕重例。竹林弟十四，兵事例（戰伐侵滅入國取邑表）。滅國弟十五，邦交例（朝聘會盟表）。隨本消息弟十六，邦交例。度制弟十七，禮制例（譏失禮）。郊義弟十八，禮制例（譏失禮）。二端弟十九，災異例。天地陰陽弟二十，災異例。五行相勝弟二十一，災異例。陽尊陰卑弟二十二，通論陰陽。會要弟二十三，通論《春秋》。正貫弟二十四，通論《春秋》。十指弟二十五，通論《春秋》。

◎《清史列傳·魏源》：源經術湛深，讀書淵博。初崇尚宋儒理學，後發明西漢人之誼。於書則專伸《史記》伏生大傳及《漢書》所載歐陽、夏侯、劉向遺說以難馬、鄭，撰《書古微》十二卷。於《詩》則謂《毛詩》晚出，顧炎武、閻若璩、胡渭、戴震皆致疑於毛學，而尚知據三家古義以證其源，因表章魯、韓墜緒以匡傳箋，撰《詩古微》二十二卷。於《春秋》則謂《漢書·儒林傳》言董生與胡母生同業治《春秋》，而何休注但依胡母生條例，於董生無一言及，近日曲阜孔廣森、武進劉逢祿皆《公羊》專家，亦止為何氏拾遺補缺，而董生之書未之詳焉。若謂董生疏通大義不列經文，不足頡頏何氏，則其書三科九旨燦然大備，且宏通精渺，內聖而外王，蟠天際地，遠在胡母生、何休章句之上。撰《董子春秋發微》七卷。他所著有《庸易通義》《說文擬雅》《兩漢經師今古文家法考》《論語孟子類篇》《孟子小記》《小學古經》《大學古本》《孝經集傳》《曾子章句》《明代食兵二政錄》《老子本義》《孫子集注》《元史新編》，多未成，其例目見集中。

魏源　公羊春秋論　存

中華書局 1976 年魏源集本

魏周琬　春秋餘論　一卷　存

國圖康熙刻充射堂集本

◎一名《充射堂春秋餘論》。

◎同治《續纂揚州府志》卷二十二《藝文志》上：《春秋餘論》（魏周琬撰）。

◎魏周琬，原名周琬，字旭棠。揚州府興化（今泰州興化市）人，寄籍江都。雍正元年（1723）進士。授善化知縣，官至湖北巡撫。工詩。著有《大易餘論》一卷、《春秋餘論》一卷、《充射堂集》。

魏宗衡　左傳人物考　佚

◎同治《長沙縣志》卷二十三《人物》一：性行端方，學有源本，稽古宏博，手不釋卷。經史疑義隨處訪釋，《孝經衍義》校正特詳。康熙丁丑，嶽麓書院選建齋長，學博胡聽巖公薦，敦請，固辭不出，閉門著述。有《移菴隨筆》《小學人物考》。

◎同治《長沙縣志》卷三十五《藝文》二《編輯藝文目錄》：《左傳人物考》《移庵隨筆》（魏宗衡著。宗衡又著有《孝經衍義》。有傳）。

◎魏宗衡，字二矼。湖南長沙人。著有《左傳人物考》《孝經衍義》《小學人物考》《移庵隨筆》。

文自炳　春秋心解　佚

◎尋霖、龔篤清編《湘人著述表》著錄。

◎文自炳，字虎章。湖南攸縣人。乾隆貢生。著有《春秋心解》《東洲文稿》。

翁長庸　春秋寶筏　十二卷　存

上海藏清抄本

洛陽藏清刻本

◎翁長庸（1616～1683），一名賡，本姓鄒，字子虛；更字玉宇，號山愚、憛安、若晚、蓼野等。江蘇常熟東始莊人。翁憲祥侄，翁大中父。順治四年（1647）進士。初任戶部山東司主事，榷蕪湖鈔關。後任山東濱樂分司運同，十六年（1659）遷長蘆鹽運使。著有《春秋寶筏》十二卷。

翁方綱　春秋分年繫傳表　一卷　存

國圖藏稿本

北京燕山出版社 2019 年李永賢祁飛主編翁方綱文獻輯刊影印稿本

◎卷末牌記：書有誤，寧改污，勿挖補。

◎卷首云：杜氏序云「分經之年與傳相附比」，蓋古者經傳各為卷，自杜氏始取傳文分繫於經文下以便讀者。此視後之讀《易》者分象傳於爻辭下，意雖同而例微異：易象傳分屬爻下，必逐條增「象曰」字以隔之；《春秋傳》則無此也，無一字之增，但分附以便讀者，何害乎？然亦有所不可者，或傳文未終而以經文橫截之，是其失又甚於分象傳者矣，今摘出表於左。

◎卷末云：客問於方綱曰：「子於杜氏分年繫傳之文，舊繫於前者必移於後，獨不思杜氏原有注曰『此為後傳張本』耶？」方綱應之曰：「正為杜氏知其為後傳張本，而不知其即是後傳之文也。知其即為後傳之文，則無所庸其張本之云矣。亦有必繫於前一年者，則注云『為後傳張本』宜也。今以本應連在後者而隔之使居前，乃增多一張本之語，可乎？且同一前後連文之傳而隔為二文，乃斤斤於前云為後傳張本，且又於後傳注之云『此以終前傳也』，是何其好為紛紛也。獨不顧經文之在何年乎？學者讀是經，但以經為歸耳，豈以杜為歸乎？」客曰：「杜氏之書行之千餘年矣，子獨辨而非之，可乎？」方綱曰：「予之為此者，所以欲存杜也。昔讀《易》者之樂於便也，分繫象傳於爻下，今則講明而知其非矣，雖讀者仍依之，而皆知其不當連也，徒使讀者受其便而議其後耳。今杜氏之書，人皆受其便而未有言及此者，一旦有人言及於此，將必以經合經以傳歸傳，得杜注之益而議其後焉，不則姑仍為讀之，則更受其便而議其後焉，此豈其愛之也哉！莫若攷之既明則表而出之、改而正之，使人無復可議者，則於杜氏之分年繫傳益可以無過矣。昔敖氏為《儀禮集說》曰《易》『《文言》《彖》《象》之辭可以附於每卦每爻之下，此朱子猶且正之，而況此記之文有不可盡入於本篇每條之下者乎』，愚今日而為此分年繫傳之表，亦猶是爾，夫豈好辨正之謂哉！」

◎趙爾巽《清史稿》卷一百四十五志一百二十《藝文》一：《春秋分年繫傳表》一卷，翁方綱撰。

◎翁方綱（1733～1818），字正三，號覃溪，因景仰蘇軾，晚自號蘇齋。直隸順天大興（今屬北京）人。乾隆十七年（1752）進士，翰林院編修。歷任江西、湖北、江南、順天鄉試副考官，廣東、江西、山東學政，造就甚多。累官至詹事府少詹事、內閣學士。以朱珪、紀昀等為友，劉臺拱、凌廷湛、孔廣森、王聘珍等皆出其門。學問瞻博，精考訂，謂考訂之學以衷於義理為主。通金石，善書法，工詩文。著有《易附記》十六卷、《周易劄記》五卷、《春秋分

年繫傳表》一卷、《春秋附記》十五卷、《春秋校記》不分卷、《春秋目》一卷、
《春秋三傳立學考》一卷、《兩漢金石考》、《經義考補正》、《復初齋詩文集》
等。

翁方綱 春秋附記 十五卷 存

浙江藏稿本（九卷）

上海古籍出版社 2006 年伯克利加州大學東亞圖書館稿抄校本叢刊・翁方
綱經學手稿五種〔註52〕影印柏克萊加州大學東亞圖書館藏翁氏手稿本

◎翁方綱《翁氏家事略記》：專心將數十年來溫肄諸經所記，條件分卷寫
稿，共得《易附記》十六卷、《書附記》十四卷、《詩附記》十卷、《春秋附記》
十五卷、《禮記附記》十卷、《大戴禮附記》一卷、《儀禮附記》一卷、《周官禮
附記》一卷、《論語附記》二卷、《孟子附記》二卷、《孝經附記》一卷、《爾雅
附記》一卷。

◎周一良《翁方綱羣經附記殘稿跋》〔註53〕：《附記》雖始作於嘉慶初年，
而中間屢加修改。《易附記》《春秋附記》前題凡復核三次。

翁方綱 春秋校記 不分卷 存

國圖藏稿本

北京燕山出版社 2019 年李永賢祁飛主編翁方綱文獻輯刊影印稿本

◎跋：大興翁先生，其學術文章久行海內，茲不贅述，著有《復初齋詩文
集》，金石考據家也。生於清世宗憲皇帝雍正十一年癸丑八月十六日戌時。明
武宗正德年由莆田入籍順天。十二歲補附學生，十五歲中舉，二十歲中二甲進
士，充翰林庶吉士，授鴻臚寺卿，卒年八十有五。精力過人，書法名世。此稿
本真跡為建庵先生所藏，若能影印以傳，益莫大焉。丙子閏三月上浣，豐潤了
雲陳之駟識於津沽之韜盧。

翁方綱 春秋目 一卷 存

浙江藏稿本

〔註52〕括《易附記》十六卷（存卷一至卷十一）、《書附記》十四卷、《詩附記》十卷
（存卷一至卷七）、《禮記附記》十卷（存卷四至卷六）、《春秋附記》十五卷
（存卷一至卷六、卷八、卷十至卷十五）。
〔註53〕《近代著名圖書館館刊薈萃》第 4 冊《燕京大學圖書館報》。

翁方綱 春秋三傳立學考 一卷 存

浙江藏稿本

翁漢麐 春秋備要 三十卷 佚

◎提要〔註54〕：其書以《胡傳》為主，亦節錄《左氏》以明事之本末。至於書之上闌標破題，下闌標合題，則全非詁經之體矣。

◎《皇朝文獻通考》卷二百十五《經籍考》五：《春秋備要》三十卷，翁漢麐撰。

◎翁漢麐（1604～1656），字子（仔）安。江蘇常熟人。憲祥子。崇禎舉人。天啟間嘗疏請革弊。明清之際築東田書屋歸隱。後授江西南安府推官。著有《春秋備要》三十卷。

吾祖望 春秋繁露註 佚

◎許瑤光修，吳仰賢等纂光緒四年《光緒嘉興府志》卷五十七《列傳八・海鹽縣》：著《春秋繁露註》《方言考略》《捫蝨軒詩文集》（伊《志》）。

◎吾祖望，字渭徵。浙江海鹽人。乾隆四十三年（1778）進士。歷官戶部郎中。精《九章算法》，為戶曹倚重。尋罷歸。著有《春秋繁露註》《方言考略》《捫蝨軒詩文集》。

吳保泰 春秋經義聯珠 佚

◎同治《通城縣志》卷十五《人物》上：集有《學庸銘義》、《四書銘義》、《周易觀光》、《易經解》、《春秋經義聯珠》、《玩齋詩文稿》。

◎吳保泰，字際來。湖北通城在坊里人。乾隆五十四年（1789）舉人。揀選知縣，改就教職，任郎西縣教諭。學問深邃，掌教青陽書院。著有《易經解》、《周易觀光》、《春秋經義聯珠》、《學庸銘義》、《四書銘義》、《玩齋詩文稿》。

吳炳文 春秋左傳彙輯 四十卷 存

國圖、北大、中科院、浙江、湖北、臺灣大學、紹興藏乾隆四十八年（1783）南麓軒刻本

四庫未收書輯刊影印乾隆四十八年（1783）南麓軒刻本

〔註54〕江蘇周厚堉家藏本。

◎目錄：

卷一天文門：天道、日月、星辰、風、雲（氣附）、雨、雪、霜露、雷電、雹、時序、晝夜。

卷二輿地門：地、山、海、川、澤、封疆、關、田、祿邑、陵、谷、泉、井（竈並見）、池、梁、墓。

卷三人才門：聖門：孔子、南容、琴張、子路、子貢、澹臺滅明、有子、冉子、樊遲、司馬牛、子羔。古帝王：堯、舜（瞽瞍並見）、禹、啟、桀、湯（契並見）、大甲（伊尹並見）、紂、文王、武王、厲王、幽王。古聖賢：后稷、皋陶、大伯（虞仲並見）、周公（管蔡並見）、召公、大公、箕子、微子、魯公。古國君：鯀、后羿。古臣子：周任。古勇力：澆（《論語》作奡）。

卷四人才門：魯臣：三家、孟孫、叔孫、季孫、臧文仲、柳下惠、季文子、孟獻子、臧武仲、孟莊子、孟公綽、孟懿子、季桓子、叔孫武叔、子服景伯、季康子、孟武伯、孟之反、陽虎、公山不狃（《論語》作弗擾）。

卷五人才門：衛臣：甯武子、蘧伯玉（公子荊附）、尹公佗（《孟子》作之他）、史魚、公叔文子、孔文子、祝佗、彌子瑕、王孫賈。晉臣：三卿、趙氏、韓氏、魏氏、舅犯、趙簡子、師曠、王良。鄭臣：子都、子產、游吉、行人子羽、裨諶。

卷六人才門：齊臣：公子糾、管仲、召忽、崔子、晏子、陳文子、華周杞良、陳恆、易牙。楚臣：令尹子文、孫叔敖、子西、葉公。宋臣：宋朝、向魋。虞臣：宮之奇。婦人：邑姜、吳孟子、男子、杞梁妻。

卷七統緒門：王朝、魯（防費武城莒父附後）、蔡、曹。

卷八統緒門：衛、滕、晉（中牟附後，匡附後）。

卷九統緒門：鄭、吳、燕、齊（嬴高唐附後）。

卷十統緒門：秦、楚、宋、杞、陳、薛、虞（附）、虢（附）、越（附）、顓臾（附）。

卷十一倫常門：君臣、君德、君道、王后（媵妾附）、諸侯夫人（媵妾附）。

卷十二倫常門：臣道、賢臣、忠臣、父母、父子、母子。

卷十三倫常門：父道、子道、孝子、王子（王世子并）、諸侯世子、公子、王姬、子女、婦姑、諸父、姑。

卷十四倫常門：夫婦、婦道、賢婦、兄弟、立後、嫡庶、姊妹、妯娌、妾、帑、子孫、宗族、世系、姻戚、師弟、朋友。

卷十五人品門：誕生、命名、男女、美男、婦人、美婦、女子、身體、形貌、聲音、笑、儀容、年齒。

卷十六人品門：智識、才能、幼穎、廉介、勇力、義士、勇士、寵嬖、僕從、宦官、豎、宮人、百工、商賈、巫、醫、優人。

卷十七國是門：封建、立國、立君、攝位、讓國、復國、國祚、政治。

卷十八國是門：官制、職官、世職、薦舉、黜陟、職守、祿。

卷十九國是門：強弱、交鄰、智謀、居守、質、平、降。

卷二十國是門：功勳、勸賞、賚子、豐年、異徵、災荒、賑貸、訟獄、伏罪、伐、赦宥。

卷二十一國是門：遷徙、興作、城郭、逃竄、出奔、歸國。

卷二十二人事門：仕進、致仕、隱逸、好賢、惡惡、農功、恩惠、施捨、仇怨、報施、節儉、汰侈、僭竊、遊覽、疾病、夢、卜筮、御、奕、淫亂、盜竊。

卷二十三典禮門：禮制、郊、社、祭祀、告廟、巡狩、朝、聘、會、盟、遇。

卷二十四典禮門：禮數、禮儀、班列、冠禮、昏姻、媵、郊勞、宴享、饋問、投壺。

卷二十五典禮門：喪、葬、鬼神、邪祟、祈禳、粢盛、犧牲。

卷二十六音樂門：樂舞、樂、舞、鐘、鼓、琴瑟、磬。

卷二十七文辭門：文字、書法、隱諱、闕文、錫命、謚法、書、文告、辭令。

卷二十八文辭門：諷諫、賦詩、引。

卷二十九文辭門：繇辭、言語、隱語、銘、箴、誓、歌、謳、誦、誄、諺、童謠、謗、讚懇、詛、詢。

卷三十武備門：將帥、士卒、田獵、勤王、討、伐。

卷三十一武備門：侵、襲、次、入、圍、救患、戰。

卷三十二武備門：克、敗、殿、取（獲掠附）、俘馘、執、武畧。

卷三十三武備門：軍旅、射、彈、征戍、金鼓、甲、冑、劍、刀、戟、弓矢、弓、矢、戈、雜軍器。

卷三十四飲食門：飲食、胙（脤附）、五穀、餼牢、肉、酒、菜、鹽、瓜果。

卷三十五忠烈門：殉葬、殉難、從軍、戰沒、敵傷、鬭斃、盜刺、自戕。

卷三十六：五行門：五行、水、冰、火、炭、草木、草、木、竹、花、金、土、石、藥。

卷三十七貨寶門：珪璋、璧、珍寶、貢賦、幣帛（玉帛并）、珠玉、錦、絲麻、布（綿并）、皮草、貨財、賄賂、富貴。

卷三十八宮室門：宗廟、宮殿、居室、門牆、官舍、倉廩、府庫、園囿、臺榭、廄廁。

卷三十九服物門：重器、大鼎、鼎俎、籩豆、衣冠、衣服、冠、裘、帶、佩、履、轄、旌旗、舟車、器、用。

卷四十物類門：龍、鱗、鳳、龜、鳥獸、羣、鴻雁、雉、雞、羣鳥、象、虎、熊、馬、牛、羊、麋鹿、犬、豕、狐、羣獸、黿、魚、蜃蛤、蛇、鼠、昆蟲。

◎序：著書非難，著書而有益於實用者難。《左氏》一編，注釋編纂者不下數十百家，而以魏叔子《左傳經世》為宗，以其所見者大，而有益於實用也。其次詞章之學，分門別類，使讀者開卷瞭然，隨所取擇，挹注不窮，厥功懋焉。向惟宋東萊呂氏有其書，惜所傳弗廣，操觚之士良用為憾，蓋書缺有間矣。今天子右文稽古，憫海內末學專己守殘、眇見寡聞之陋也，爰出中秘所藏，更詔求天下遺書，廣開四庫全書館，分命儒臣編纂校讎，次第進御以備觀覽，擇其尤者錄為《薈要》。特蒙恩旨總校其事。自愧譾薄，才識迂疎，不克推廣聖天子嘉惠士林之至意。爰咨訪名流經學淹貫者，與之鉤稽校錄，更覓善本，參互考訂。自拜命至今，一易寒暑而功將竣，皆同人之力也。新安吳梓園先生好讀書，夙有聲譽，來遊京師，一見如平生驩。乙未夏，延至邸舍課猶子業。丙申設書局，資襄贊焉。因得盡窺其素抱，益知其為篤志之士。暇日出其《左傳分類》一卷示余，余讀之，井井如也，其意蓋師東萊呂氏之意而為之者，而有益於舉業，則用心良苦矣。學者讀此書而知為有本之文章，更由此讀魏叔子之《左傳經世》，而進為有用之事業，則豈不美哉！余為序其顛末，並請壽之剞劂氏。時乾隆四十二年歲次丁酉春正月既望，賜進士出身特授翰林院庶吉士前國子監監丞海陵侍朝拜撰。

◎例言：

《左氏》豔而富，昔人所稱。豔則可讀而知，富必條析乃見。宋呂東萊先生所撰《左傳類編》善矣（書六卷，分十九門。宋陳氏振孫《書錄解題》載之），然其書迄今坊間少覯。予師其意輯為是編，為門亦一十有九，為類四百六十有奇，

卷分四十。上自天文地理，下至昆蟲草木，無所不該，特未知有當於先賢之旨否也。

《左傳》之文，有言約而備者，有辭博而麗者，故或一事而兼數門，或一語而統數類，則兼收並錄，不厭其繁；或委婉以曲暢，或浩瀚以稱雄，則累幅連行，不唯其簡；其詳畧互異，去取不同，以全文不能多載，各隨其類而摘錄。金精玉屑，無不宜人。融會之自可繹其鴻章，節取焉罔非提其要妙，其不列于編者幾希。

傳所以明經，是編兼採經文，參互列入，首冠經字以別之，不敢背經也。經下接書傳者，則空一字，使展卷暸然。篇內摘錄前後文氣不貫者，亦空一字以間之。有經無明文而諸說不同者，如紀子帛或以為裂、繻字或以為闕文、城小穀或以為魯地或以為齊地等類，則並存其說，博雅自有采擇。傳內若此者亦然。

春秋時列國一百二十有四，蘇氏之圖可考。顧《大全》載其興廢者，王朝以下列國二十有三，而虞虢紀三國，欽定《傳說彙纂》以其早亡而刪之。是編取其為《四書》之參證者，故二十國之內如莒邾小邾許，惟散見於各門；其餘十六國謹遵《彙纂》所定次序，分國彙載，而以虞虢及於越、顓臾附於後，以備參考。春秋時人才多矣，茲亦取其見於《四書》者，自往古以迄當時，分人彙輯，餘不另載。

事有不能盡載者，是編以王朝列國為綱領，則凡事皆屬之國也。顧遇事悉載，則此門大繁。茲除細故，只列本門。外如朝聘會盟、祭葬昏姻等事，雖非細故，亦屬浩繁，特取其有他故並見者兼入本國，餘則否焉，所以省繁就簡。

事有不能不並載者，伏罪一條，所以重國法也。故典型而外，如魯之共仲、晉之里克等固屬因討而自裁；若楚之莫敖，雖國法尚未及加，亦自知罪之不可倖逃也，此事異而類同者也。

王子公子，大半皆屬職官。茲惟取其關於倫常大故者列焉。餘如聘會侵伐等事各有表見，此類從節。

列國職官，不勝載矣。茲以仕進、薦舉、黜陟三分之登此類者，庶無繁冗。其先後次第依傳順編，不以尊卑為次。

辭令類載其有關君國大故、得失榮辱者。至子貢、子產諸人之辭，其全文具見於諸人本類，茲特節錄其端，讀者按人而稽之，無滲漏焉。

軍旅之事，除國君親臨外，皆受命將帥也。茲於某某侵伐、某某而無將帥名目，及行陣之有可紀者，自見於侵伐等類，而將帥從節，以歸簡約。

魯邑如防／費／武城／莒父、晉邑如中牟、齊邑如贏，俱見於《四書》，故為別載而附於本國之末。若匡則前後兩屬衛鄭，今附於八卷之末。

注釋俱宗杜氏，謹摘其精要者注於本門之下。偶參他說，則標明某某。至截去前後文，或其人其地其事間有不明者，則注以數字，使文義顯然。字音亦主陸氏《釋文》，而注其要者于字下，以從簡便。

◎民國《歙縣志》卷十五《藝文志·書目》：《春秋左傳彙輯》四十卷（吳炳文）。

◎吳炳文，字梓園。安徽歙縣歙西人。潛研經術，尤好《左傳》。著有《春秋左傳彙輯》四十卷。

吳朝贊 春秋左傳備旨萃精 十二卷 首一卷 存

吳江區藏同治十二年（1873）拜庚山房刻本

◎吳朝贊，著有《易經備旨萃精》七卷、《書經備旨萃精》七卷首一卷、《禮記備旨萃精》十一卷首一卷、《春秋左傳備旨萃精》十二卷首一卷。

吳陳琰 春秋三傳異同考 一卷 存

上海、貴州博藏清鄭珍抄本

黑龍江藏康熙張潮輯刻昭代叢書本

黑龍江藏康熙三十六年（1697）起詒清堂刻本

嘉慶吳氏刻藝海珠塵本

國圖藏 1919 年重修道光吳江沈氏世楷堂沈廷鏞刻昭代叢書本

國圖藏清末抄本（節抄）

中華書局 1991 年版叢書集成初編據藝海珠塵本排印本

◎春秋三傳異同考題辭：朱子于他經皆為之註，獨于《春秋》有所未敢。蓋以義例或同或異，而三傳又自有其同異，不能較若畫一，且所謂經者，多從《左傳》中摘出，未必盡孔子當日之原文，是以付之不議不論之列，亦朱子之所無可如何耳。夫以朱子之不能釋然于中者，而後人欲從而論定之，多見其不知量矣。然則治《春秋》者當如何？亦惟就三傳以考三傳已耳。至于聖人筆削褒貶之精義，雖游夏且不能贊一辭，復何從置喙耶！武林吳子寶崖作《三傳異

同考》，所考者非經也，傳也。以經為主，其同于經者則謂之同，異于經者則謂之異。又或《公》同于《左》而異于《穀》，或《穀》同于《左》而異於《公》，條分縷析，州次部居，不偏是《左氏》而非《公》《穀》，亦不偏是《公》《穀》而非《左氏》，誠可云詳而核、公而允已。或者曰：「所考者，人名地名之屬為多，或筆畫之微譌，或聲音之近似，初無關于褒貶之大。」不知夏五郭公，聖人尚不欲變其辭，且有取于史之闕文，則人名地名之異未可忽為細故，況進而求之，或有不僅乎此也。新安張潮題。

◎卷首云：《春秋》魯史也，而實經也；《左氏》《公羊氏》《穀梁氏》，釋經者也，故名傳也。傳以釋經，而三家互有異同，何也？蓋孔子作《春秋》，筆削一出自己斷，親炙如游夏不能贊一辭，何惑乎傳聞者之互有異同也。有異同斯有得失矣，或謂孔子當定、哀間，多微詞，復祕不以教人，故諸弟子言人人殊，或謂公、穀自云得之子夏，左氏則得之親見，故紀事尤詳。愚竊謂孔子未嘗祕《春秋》，特知者寡耳。三家親見與傳聞不可知，大抵三傳始皆口授，自學者著為竹帛，遞相傅會，迺愈多異辭，總以合於經者為得，其不合者均失焉。昔朱子刻《春秋》於臨漳郡，止用《左氏》經文，而曰《公》《穀》二傳所以異者，類多人名地名，而非大義所繫，故不能悉。然人名地名之異，或由語音字畫之訛，壹從《左氏》，宜矣。其中亦有《左氏》非、《公》《穀》是者，且有一字殊而大義俱乖者，又烏得略而不論乎！

◎卷末云：攷據詳核，非精於經學者不能道隻字。其條分縷析逐段章法變幻，自是曠世逸才（王頲菴先生評）。

◎跋：《春秋》一經，最為難治。即「春王正月」一語已不勝聚訟矣，何論其他。予謂讀《春秋》者當以孟子讀《武成》之法讀之，止得其褒貶之大意而已。若三傳則各有短長，其為同為異，固不妨詳考之以為博雅之助云。心齋張潮。

◎提要〔註55〕：其書取三傳人名、地名相異及事之不同者各著於篇。又辨別三傳義例得失而斷以己意。

◎趙爾巽《清史稿》卷一百四十五志一百二十《藝文》一：《春秋三傳異同考》一卷，吳陳琰撰。

◎李慈銘《越縵堂讀書記全編》同治元年十二月「《檀几叢書》《昭代叢書》」：初七日，夜閱張山來（潮）、王丹麓（晫）新輯《檀几叢書》，及山來所

〔註55〕題《春秋三傳同異考》。

輯《昭代叢書》。國朝叢書之刻，此兩書實繼毛氏《津逮秘書》而起，為開一代風氣之先。惜所收者自閻百詩《毛朱詩說》《孟子考》、毛西河《三年服制考》、吳陳炎《春秋三傳異同考》、黃梨洲《歷代甲子考》數書外，半係村書小說。宋人沈作喆所謂非要而著書者。他若王漁洋《隴蜀餘聞》、宋牧仲《漫堂墨品》、汪堯峰《答喪禮問》、魏叔子《日錄》等，則各家全集久已風行，張氏采掇單零，不足觀也。

◎耿文光《萬卷精華樓藏書記》卷八《經部五・春秋類》：《春秋三傳異同考》一卷（國朝吳陳琬撰），《珠塵》本。前有自序。《函海》有《三傳比》二卷，可參看。吳氏自序曰：「傳以釋經，而三家互有異同，何也？蓋孔子作《春秋》，筆削一出自己斷，親炙如游、夏不能贊一辭，何惑乎傳聞者之互有異同也。有異同斯有得失，三家親見與傳聞不可知，大抵三傳始皆口授，自學者著為竹帛，遞相傅會，迺愈多異辭，總以合於經者為得，其不合者均失焉。昔朱子刻《春秋》於臨漳郡，止用《左氏》經文，而曰《公》《穀》二傳所以異者，類多人名地名，而非大義所繫，故不能悉。然人名地名之異，或由語音字畫之訛，壹從《左氏》，宜矣。其中亦有《左氏》非、《公》《穀》是者，且有一字殊而大義俱乖者。三家之失，自歐陽永叔、鄭夾漈屢辨之矣。昔馬融著《三傳異同說》，《唐志》有李鉉《春秋三傳異同》十一卷、李氏《三傳異同例》十三卷、馮沆《三傳異同》三卷，今皆不存。趙氏又嘗考其舛謬，凡一百六十條。陸氏《纂例》，三傳經文舛謬凡二百四十一條，自言考校從其有義理者，然往往亦多言『未知孰是，兼恐舛謬，不止於此』，故先儒惜其與奪未能悉當，欲更為釐定焉。愚皆未見其書，今祇以居嘗辨正者，略著於篇。大約三傳不可盡信，不可并存，學者當思未有傳以前《春秋》之旨安在，而後三傳皆可備折衷，其諸讀書能觀大意者歟？」

◎上海古籍出版社2015年《續修四庫全書總目提要・春秋類》「《春秋三傳異同考》一卷」：此書取通說議論之體，與逐條說經之作不同。吳氏以為，三傳之異，不特人名地名之別、語音字畫之譌而已，亦有關乎大義者。故其書先列三傳稱人、稱地之互異，而後攻三傳之失。其論三傳之失：一者，《春秋》闕文，而三傳發「何以不書」之怪問，求之過深；二者，《春秋》有教戒，書法以垂教，書事以垂戒，三家不明教戒之說，而但以褒貶為說；三者，《春秋》雖有義例，要非字字有義，如三傳所云。陳琰又論三傳互有得失。要之，此著簡短，似不得謂之成書。其論三傳異同，但略舉而已，不及諸儒之詳，亦無精

深處，非於經學有專門造詣者。然清初經學方興，吳氏能以文人而留心藝文及《春秋》學，實可褒獎。此本據上海辭書出版社圖書館藏清嘉慶吳氏刻《藝海珠塵》本影印。（谷繼明）

◎吳陳琰，字寶崖，號芋町。浙江錢塘（今浙江杭州）人。舉人。官山東荏平知縣。著有《春秋三傳異同考》一卷、《曠園雜志》二卷、《通元觀志》。

吳從周 春秋心印 佚

◎道光《徽州府志》卷十一之三《人物志・儒林續編》：尤以講學明道為務。所著有《易經明訓》、《春秋心印》、《語錄會編》諸書。

◎道光《徽州府志》卷十五《藝文志》：吳從周《春秋心印》、《左傳纂》四卷。

◎汪正元、吳鶚光緒《婺源縣志》卷十九《人物志・名賢》：著有《易經明訓》、《春秋心印》、《語錄會編》諸書。

◎汪正元、吳鶚光緒《婺源縣志》卷五十五《藝文志・典籍》：吳從周著（《易經明訓》《春秋心印》《語錄會編》）。

◎吳從周，字文卿，號平沙，學者稱平沙先生。婺源（今江西婺源）莒溪人。孝友樸誠，學問淹博。萬曆中貢生，以明經就選授教皖城，尋歷太學學正。後授杭州通判，署篆錢塘，通郡有吳青天之謠。崇禎年間崇祀鄉賢。著有《易經明訓》、《春秋心印》、《左傳纂》四卷。

吳從周 左傳纂 四卷 佚

◎道光《徽州府志》卷十五《藝文志》：吳從周《春秋心印》、《左傳纂》四卷。

吳大光 左傳別解 十卷 佚

◎道光《徽州府志》卷十二之六《人物志・隱逸》：所著有《離騷致幽集》《左傳／史記／莊子別解》諸書。

◎道光《徽州府志》卷十五《藝文志》：吳大光《左傳別解》十卷。

◎民國《歙縣志》卷十《人物志・士林》〔註56〕：著有《離騷致幽集》《左傳／史記／莊子別解》諸書。

〔註56〕吳大光作吳大先。

◎吳大光，字維則。安徽歙縣澄溪人。安貧自樂，著述言行不苟。著有《左傳別解》《史記別解》《莊子別解》《離騷致幽集》諸書。

吳亶明 春秋公羊解補正 二卷 佚

◎民國《全椒縣志》卷十五《藝文志》：《春秋公羊解補正》二卷（吳亶明著）。

◎吳亶明，安徽全椒人。著有《春秋公羊解補正》二卷。

吳鼎 春秋四傳選義 佚

◎梁錫璵《易經揆一》卷首上諭：內閣傳上諭，臣吳鼎恭進《象數集說》一部、《集說附錄》一部、《易問》一部、《春秋四傳選義》一部、《易堂問目》一部、《考律緒言》一部；臣梁錫璵恭進《易經揆一》一部，由閣恭呈御覽。

吳非 春秋說夢 佚

◎劉世珩《貴池先哲遺書》卷首《貴池先哲遺書待訪目》「吳非」：《石城筆耕》二卷（見舊志）、《池事未盡錄》四卷（見舊志）、《遊大樓山集》一卷、《仁至錄》三卷、《何堪集》四十三卷、《三梁系譜》四卷（俱見《通志》）、《二十一史目例異同》一卷、《經史辨畧》十二卷、《說說文引經》十三卷、《續丙丁龜鑑》一卷、《離離錄》九卷、《程正公後傳考》一卷、《夢史》二十卷、《池州書畫記》二卷、《無居詩話》六卷、《蟲弋》十八卷、《蟲弋廣》十卷、《讀書跋屬》二十七卷、《吳氏人倫》十二卷、《甲申甲詩》六十卷、《春秋說夢》、《明經拾遺》、《歷代紀年異同》、《耕史》、《史復仇》、《耕餘詩話》、《耕餘詩諧》、《金石屑》、《八十尚友錄》、《武兵畫記》（以上均見舊志續編）。

◎光緒《貴池縣志》卷四十一《藝文志》：吳非《石城筆耕》二卷（見舊志。皆傳記考辯之文，備漢石城縣以後故實）、《池事未盡錄》四卷（見舊志。錄《池州志》、劉氏《雜記》、李氏《拾遺》之所未盡者，曰方事、曰官事、曰兵事、曰人事，分為四卷）、《遊大樓山集》一卷、《仁至錄》三卷、《三唐傳國圖譜》一卷（均見《通志》）、《春秋說夢》、《明經拾遺》、《何堪集》四十三卷（均見《通志》）、《楚漢帝月表》一卷（見舊志續編）、《三梁系譜》四卷（俱見《通志》）、《三唐編年》五卷、《三十一史目例異同》一卷、《歷代紀年異同》、《經史辨畧》十二卷、《說說文引經》十三卷、《續丙丁龜鑑》一卷、《離離錄》九卷、《程正公後傳考》一卷、《耕史》、《夢史》二十卷、《池州書畫記》二卷、《無居詩話》六卷、

《耕餘詩話》、《史復仇》、《耕餘詩諧》、《蠱弋》十八卷、《蠱弋賡》十卷、《讀書跋厲》二十七卷、《金石屑》、《吳氏人倫》十二卷、《八十尚友錄》、《甲申甲詩》六十卷、《武兵畫記》（以上均見舊志續編）。

◎吳非，原名應筵，字山寶；家近黃山古牛岡，自號古牛耕者；詩文聱詰，讀者或不能句，以為澀，故又自號澀齋。安徽貴池人。吳應箕從弟。嘗一應童子試，不合有司程尺，遂棄去，專肆力於古。總督于成龍聘修《江南通志》。工鐵筆，兼善畫。著有《春秋說夢》、《經史辨署》十二卷、《說說文引經》十三卷、《明經拾遺》、《石城筆耕》二卷、《池事未盡錄》四卷、《遊大樓山集》一卷、《仁至錄》三卷、《三唐編年》五卷、《三唐傳國圖譜》一卷、《金石屑》、《何堪集》四十三卷、《楚漢帝月表》一卷、《三梁系譜》四卷、《二十一史目例異同》一卷、《歷代紀年異同》、《續丙丁龜鑑》一卷、《離離錄》九卷、《程正公後傳考》一卷、《耕史》、《夢史》二十卷、《池州書畫記》二卷、《無居詩話》六卷、《耕餘詩話》、《史復仇》、《耕餘詩諧》、《蠱弋》十八卷、《蠱弋賡》十卷、《讀書跋厲》二十七卷、《吳氏人倫》十二卷、《八十尚友錄》、《甲申甲詩》六十卷、《武兵畫記》。

吳鳳來 春秋集義 五十八卷 首一卷 末二卷 存

哈佛、國圖、北大、清華、人大、天津、中科院、北師大藏乾隆五十四年（1789）浦陽吳氏小草廬刻本

四庫未收書輯刊影印乾隆五十四年（1789）浦陽吳氏小草廬刻本

◎引用姓氏〔註57〕：國朝：李氏（光地厚菴）、朱氏（軾可亭）、何氏（焯屺瞻）。

◎卷首一卷綱領：綱領一論春秋經傳源流，綱領二論春秋大旨經傳義例，綱領三論傳注得失及讀春秋之法。卷末二卷，附錄經傳、王朝世次、王朝興廢略、本支圖。

◎目錄：卷首凡例、目錄、姓氏、綱領。卷之一隱公元年至二年。卷之二隱公三年至五年。卷之三隱公六年至八年。卷之四隱公九年至十一年。卷之五桓公元年至三年。卷之六桓公四年至六年。卷之七桓公七年至十年。卷之八桓公十一年至十四年。卷之九桓公十五年至十八年。卷之十莊公元年至四年。卷之十一莊公五年至九年。卷之十二莊公十年至十四年。卷之十三莊公十五年至

〔註57〕此處僅節錄清朝部分。

二十一年。卷之十四莊公二十二年至二十六年。卷之十五莊公二十七年至三十二年。卷之十六閔公。卷之十七僖公元年至四年。卷之十八僖公五年至九年。卷之十九僖公十年至十四年。卷之二十僖公十五年至十八年。卷之二十一僖公十九年至二十三年。卷之二十二僖公二十四年至二十七年。卷之二十三僖公二十八年至二十九年。卷之二十四僖公三十年至三十三年。卷之二十五文公元年至五年。卷之二十六文公六年至八年。卷之二十七文公九年至十三年。卷之二十八文公十四年至十八年。卷之二十九宣公元年至三年。卷之三十宣公四年至九年。卷之三十一宣公十年至十三年。卷之三十二宣公十四年至十八年。卷之三十三成公元年至二年。卷之三十四成公三年至七年。卷之三十五成公八年至十一年。卷之三十六成公十二年至十五年。卷之三十七成公十六年至十八年。卷之三十八襄公元年至七年。卷之三十九襄公八年至十二年。卷之四十襄公十三年至十七年。卷之四十一襄公十八年至二十二年。卷之四十二襄公二十三年至二十五年。卷之四十三襄公二十六年至二十八年。卷之四十四襄公二十九年至三十一年。卷之四十五昭公元年至三年。卷之四十六昭公四年至七年。卷之四十七昭公八年至十一年。卷之四十八昭公十二年至十五年。卷之四十九昭公十六年至十九年。卷之五十昭公二十年至二十三年。卷之五十一昭公二十四年至二十六年。卷之五十二昭公二十七年至三十二年。卷之五十三定公元年至四年。卷之五十四定公五年至九年。卷之五十五定公十年至十五年。卷之五十六哀公元年至六年。卷之五十七哀公七年至十四年。卷之五十八附傳。卷末之上列國世次便考圖。卷末之下本支圖。

◎凡例：

一、是書專講經義，故經文逐條標目。其三傳經文不同處，遵欽定《彙纂》、御纂《直解》二書。定本下註某字某傳作某以別之。

一、《春秋》事實以《左氏傳》為依據，故照真西山舊本分段附經。其先經以起事、後經以終義、錯經以合義者，皆關經義之原委，別為附錄于年月之次。間有紀事與經無涉及立論與經不符者，悉遵欽定之本裁之，期經義畫一，忍而割愛也。

一、講明書法始於《公》《穀》二傳，比《左氏》依經辨理之處尤為詳審。故江都《繁露》本于《公》、文定之傳半從《穀》，洵求義者之津梁也。爰備列二傳，而依欽定之本節之，猶左氏也。

一、《胡傳》本經筵進講之書，欲引經以匡主，每因時而立論，證以經文，其迂闊而偏泥者，十之中不無三四。雖久為治是經者之宗主，不得不衷諸經以裁之。

一、是經自漢以來至於國朝，說義者奚翅數十百家。徐健菴先生所輯《經解》尚多遺漏，固陋如余，敢蹈林唐翁所譏「繪天地畫日月」者之不知量哉？！然先正有云：「《春秋》以周法當世之天下，惟熟誦經文，然後參以所及見諸儒說，于以想像文、武、成、康之典禮，與同學相質而已。

一、書名《集義》，非妄參臆說也，但欲學者易于成誦，須字順而文從。故先儒之自成一說者，皆以某氏曰集之，其眾說之大同者約為數語以集之，敢掠美哉？期于明其義耳。

一、是經為格物窮理之書，脩身治世之道備焉。必用知人論世之法讀之。先設身以處其地，于以求其心。斷以周法，合眾論以衷諸經旨，乃為得之。余于此敢言千慮之一得？聊藉是以冀同志者之訂貶云。

一、說是經者互相攻詰，幾成聚訟。茲一除其習，間存某說非也處，全為經義發明，非矜才辨，閱者諒之。

一、《左氏》《公》《穀》三傳，其註疏、音義、地理、人物各有成書，不及備集。今就其中必須解釋者，從兒輩所錄存其一二。

一、三傳本以釋經，而後來作者恆奉為文詞之祖，故錄有明以來批點，以為操觚者之一助。

一、文刻圈點，明季陋習也。然標明眉目，為初學頗稱有益。故一概從俗，知必為達士所嗤。

一、此書專為初學之嚆矢，未足污通人之目也。且自丙午至己酉，自粵而楚而豫復反楚，僕僕舟車，僅取童年讀本而增損成卷耳。茲徇同人之請，赧顏付梓，蓋滋之愧云。

◎畢沅序：《春秋集義》五十八卷綱領一卷姓氏圖一卷，吾友象州知州浦江吳君之所著也。自唐以前治《春秋》者求之於傳而已，雖三傳之學不相通也。至趙匡、啖助出，始舍傳而求經。孫復、劉敞繼之，於三傳或從或違，或別立一義以求合於聖人，胡氏、張氏之書遂立於學宮，《春秋》之學，蓋有觀其會通者焉。宋南渡以後，諸儒矯王氏之失多治《春秋》，東萊呂氏父子兄弟咸以其學名。呂氏僑居金華，是曰婺學。其後金氏、許氏遞相傳習，其流風遺俗猶有存者。後之學者，師友淵源家世聞見所得為多。當元之季，吳淵穎先生負文

學重名，以《春秋》領鄉薦，今其遺說世或不傳。象州為淵穎裔孫，蚤歲與予同舉於禮部，英年氣銳，遇事敢為，然敦尚儒術，誠篤不欺，同人以是愛而敬之。筮仕廣西，明慎折獄，豪猾潛蹤，四樂民業，一時頌曰神君。退食之暇，愛好文藝，未嘗一日去書不觀，而於是經尤勤。既去官，主講鄴下，宿留祥符、江夏，舟車南北，編摩不輟，迄用有成。仕優而學，長大而好書，於象州見之矣。抑君子之學期於有用也，象州年力方強，當事諸公知其才略治行而樂為之推轂，異日以經術飾吏事，董仲舒、雋不疑之治迹將於象州望之。然則是書也，固非徒博士一家之學受授於講堂者也。若其編錄之體、著述之意，已於凡例詳之，故不復云。乾隆五十四年五月，鎮洋畢沅書。

◎于鼎序：孔子曰：「我欲載於空言，不如見諸行事之深切著明也。」先儒謂五經猶醫書，《春秋》為臨症之方，乃窮理之至要，則《春秋》之義之不可不講也明矣。漢世三傳出，《春秋》始著於天下，厥後何氏休、范氏寧、杜氏預各為註釋，自是說《春秋》而申其義者不下數百家。宋胡文定公會萃為傳，蓋大備矣。然《左》詳於事而或以為誇，《公》明其法，《穀》暢其義，而或涉於讖緯。胡約眾說而精之，而亦專主於開悟世主，切指時事，不知者至以為迂。是傳以明經，而各泥一傳恐有時於經義不甚明也。歲丙午，余視學西粵，得見九成吳老先生於桂林。讀其所著《春秋集義》，博採古今儒者之說而條貫之，於前三傳裁其所為誇而讖緯者，於《胡氏傳》去其所為迂者，其義一本於欽定《彙纂》、御纂《直解》之旨而詳明之，以期與聖人之經相符合。美而備，詳而不繁，深而不晦。古稱左氏為聖人功臣，是書也不又為諸傳功臣乎哉？！蔚然炳然，洵大觀矣。亟命子若姪錄而珍之，且將謀諸梓人，以加惠於諸生。未幾是秋先生攜稿北行，余慕是書之詳以精也，愧先生之眂余而未有以報也，爰書是以為贈。先生其勿私為家藏哉！先生曰：「吾將欲集自來諸傳，使學者知古作者之所以佳；并集諸家之說，使成文便誦耳已。」余曰：夫文則猶人之所共見者也，是書也又云爾乎！乾隆五十一年秋七月，廣西督學使者年家眷弟于鼎書。

◎《春秋集義・氏族圖小引》[註58]：左圖陳曙峰先生諱厚耀之所作也，因《氏族譜》之舛訛，本孔氏《正義》，旁參諸經傳註，圖為一峽。王雪樵先生所稱「如聚米為山、數螺於掌，沾丐後學非細」者也。謹依原本刻於卷末以備考訂之資。先生著書甚富，《春秋》一經猶有《長曆》六卷、《左傳地名》四冊。惜旅次難覓原刻，無以公諸同好，姑俟諸他日云。浦陽後學吳鳳來識。

[註58] 錄自咸豐五年（1855）渭南德裕堂刻趙權中訂補《春秋世系》卷首。

◎孫殿起《販書偶記》卷二：《春秋集義》五十八卷首一卷末二卷，浦陽吳鳳來撰。乾隆五十四年小草廬刊。

◎吳鳳來，浙江浦陽（今浦江）人。象州知州。著有《春秋集義》五十八卷首一卷末二卷、《春秋世系》不分卷、《小草廬文稿》。

吳浩 春秋大全字疑 一卷 佚

◎提要：後附《春秋大全》、《禮記大全》各一卷，二書為胡廣陋本，何足訂正？且坊本歧出，校此一本之誤而他本之誤又不相同，欲盡校之，是畢世莫殫之功也，尤敝精神於無用之地矣。

◎嘉慶《松江府志》卷七十二《藝文志》一《經部》：《十三經義疑》十二卷（按《婁志》作《十三經疑義》，今遵《四庫全書提要》校正）、《三傳三禮字疑》六卷、《春秋大全字疑》一卷、《禮記大全》一卷（以上四部俱國朝吳浩著。按：《婁志》作《三禮疑字》、《三傳疑字》，分作兩載，又失卷數。及《春秋禮記字疑》并譌書名，今遵《四庫全書存目》校正）。

◎吳浩，松江府婁縣（今上海松江）人。著有《禮記大全》一卷、《春秋大全字疑》一卷、《三傳三禮字疑》六卷、《十三經義疑》十二卷。

吳浩 三傳三禮字疑 六卷 佚

◎乾隆《婁縣志》卷十二《藝文志・經部・經傳》：《三傳疑字》《三禮疑字》《十三經疑義》（俱吳浩撰。考核極有根據。《十三經疑義》，今文淵閣著錄）。

◎嘉慶《松江府志》卷七十二《藝文志》一《經部》：《十三經義疑》十二卷（按《婁志》作《十三經疑義》，今遵《四庫全書提要》校正）、《三傳三禮字疑》六卷、《春秋大全字疑》一卷、《禮記大全》一卷（以上四部俱國朝吳浩著。按：《婁志》作《三禮疑字》、《三傳疑字》，分作兩載，又失卷數。及《春秋禮記字疑》并譌書名，今遵《四庫全書存目》校正）。

吳匏翁 左翼 不分卷 存

國圖藏道光二十六年（1846）抄本

吳楫 春秋本義 十二卷 存

南京藏清末翁長森家抄本

國圖、天津、浙江、北大藏 1915 年鉛印金陵叢書乙集本

◎序：《春秋》者，聖人之微言也。《左氏傳》者，發明聖人之微言者也。非聖人復生，不能舍傳而明經。然聖人既生，亦必不據經而疑傳。其疑於傳者，皆其不能明經者也。合經與傳而一以貫之，而《春秋》之本義悉明。嗚乎，《春秋》之義不明於天下，於今數千年矣，非聖人之經必不可明，乃俗儒師心臆斷、妄鑿牆垣而植蓬蒿者有以害之也。余年十八而治古文，即知左史之中凡文義淺近受人攻擊者，皆其用意極深不可輕忽者也。既乃得夫不傳之緒於遺書，而左史以下諸大家之文無不渙然冰釋以達於六經，然於《春秋》猶未敢以註釋自任也。今年復理《左氏》緒言，其大經大法固已昭析無疑，而其參伍錯綜神而明之者亦悉為箋注。於是喟然歎曰：聖人之微言固若是乎！由是求之，則雖後生小子有志經訓者，皆得以洞見其表裏，而凡昔之背乎《左氏》而為言者，非特疑誤後學，實聖經之蟊賊、賢傳之蟊螣也。夫《左氏》者《春秋》之功臣也，余為此書亦《左氏》之功臣。異說糾紛，得吾言而膠解。嗚乎，微《左氏》，吾烏乎測聖人之微言哉！道光元年季冬十一月，江浦後學吳楷川南氏書於雙桐書屋。

◎例言：

太史公曰：孔子明王道，干七十餘君莫能用，故西觀周室，論史記舊聞，興於魯而次《春秋》，上記隱，下至哀之獲麟，約其辭文，去其煩重，以制義法。王道備，人事浹，七十子之徒口受其傳指，為有所刺譏褒諱挹損不可以書見也。魯君子左邱明，懼弟子人人異端，各安其意失其真，故因孔子史記，具論其語，成《左氏春秋》。

班孟堅曰：古之王者，左史記言，右史記事。事為《春秋》，言為《尚書》。周室既微，仲尼思存前聖之業，以魯周公之國，禮文備物，史官有法，故與左邱明觀其史記，據行事，仍人道，因興以立功，就敗以成罰，假日月以定曆數，藉朝聘以正禮樂，有所褒諱貶損不可書見，口授弟子，弟子退而異言。邱明恐弟子各安其意以失其真，故論本事而作傳，明夫子不以空言說經也。《春秋》所貶損大人當世君臣有威權勢力，其事實皆形於傳。是以隱其書而不宣，所以免時難也。及末世口說流行，故有《公羊》《穀梁》之傳。

又曰：宣帝時，詔劉向受《穀梁春秋》。及歆校秘書，見《春秋左氏傳》，歆大好之，引傳文以解經，轉相發明，由是章句義理備焉。歆以為左邱明好惡與聖人同，親見夫子，而公羊、穀梁在七十子後，傳聞之與親見之，其詳畧不同。歆數以難向，向不能非也。

房元齡注《管子》云：《春秋》，周公之凡例，而列國之舊史也。

韓退之曰：《春秋》謹嚴，《左氏》浮夸（浮夸者，即事物以闡其名理，使人愛慕其文詞，而理即因以不廢，《易》所謂故與顯諸才藏諸用也，諸經之奧美並稱，而卓然於《莊》《騷》《太史》之上，使稍有不滿之意，則韓子以起衰之才，何為必欲法之以為閫中肆外之助？且韓子嘗謂當春天地爭奢華、將桃李之煩盛亦造物之缺陷邪？子思子云道為知者傳，其是之謂邪）。

蘇子瞻曰：《春秋》自有妙用，學者罕能領會。雖邱明識其妙用，然不肯盡談，微見端兆，欲使學者自得之。

愚案《左氏》既非《公》《穀》可比，而《春秋》妙用絕少窺尋。自宋儒胡氏肆其胸臆，穿鑿支離以罔聾瞽，而《春秋》之本義為其所蔽晦者五百年矣。我朝高宗純皇帝時，廢《胡傳》不用，然後偏說頓熄而微旨未彰，修而明之，實成學治古文者之責。昔文中子云：「三傳作而《春秋》散」，以《左氏》與《公》《穀》並稱，已不分黑白。又以為澆漓散樸，則謬益甚矣。夫《春秋》者聖人之斷案也，《左氏》者具載當時之案，使後世知聖人所由斷也。不審案何以知斷？予取本傳參伍錯綜以觀其會通，而屬詞比事之教自明。妄作之譏，吾知免矣，不識古人有作，以我為克闡聖心否？願與嗜學之士政之。

◎跋：右《春秋本義》十二卷，江浦吳川南先生箸。孔子之脩《春秋》也，筆則筆削則削，游夏不能贊一辭，況從數千載之後，欲上窺聖人之心，豈易易哉。然篇籍具存，未經秦火，如使數千載之後，聖人之心終不可見，又何以為聖人之言？所惜學者畧其根本彫其枝葉，篤信本師之說，說經愈紛，去經益遠，而聖人之心愈晦。先生憂之，惟以經證經，不必繁稱博引，其義已見。又以左邱明受經於孔子，六朝以前未有異議，即以左氏之傳發明本義，於杜征南《釋例》外又推而廣之，於杜注強經就傳之失多所匡正。所最注重者為天澤之分、夷夏之防、諸侯大夫干政之漸，履霜堅冰，垂戒深遠，議論亦平正通達，無勝心客氣雜於其間。殆以人師自居，不屑與經師爭短長也。鄉後學蔣國榜跋。

◎吳楫，字川南，號秋艇。江寧府江浦（今江蘇江浦）人。著有《毛詩砭愚》、《春秋本義》十二卷、《古文發源》、《桐窗讀書記》、《談藝錄》、《秋艇雜俎》、《秋艇集》，輯有《大山詩集》七卷。

吳靜安 春秋地名解詁補 未見

◎吳靜安（1915～），江蘇儀徵人。伯父遐白、父粹一均從學於劉氏門下。著有《春秋地名今釋》、《春秋地名解詁補》、《春秋左氏傳舊注疏證續》、《廣春秋世族譜》、《三傳徵禮》、《世本集解》、《紀年集解》。

吳靜安 春秋地名今釋 未見

吳靜安 春秋左氏傳舊注疏證續 存

東北師範大學出版社 2005 年排印本

◎東北師範大學出版社 2005 年排印本目錄：第一冊襄公六年至三十一年。第二冊昭公元年至十六年。第三冊昭公十七年至三十二年。第四冊定公元年至十五年、哀公元年至二十七年。後記。

◎李學勤序：

東北師範大學出版社即將出版南京教育學院吳靜安教授撰著的《春秋左氏傳舊注疏證續》，實在是古籍整理出版工作中一件值得稱道的盛舉。

《春秋左氏傳》是中國傳統文化最重要的典籍之一，作者傳為及見孔子的魯國人左丘明，其後有曾申、吳起、吳期、鐸椒、虞卿、荀況等遞相授受，見於劉向《別錄》，在群經流傳中最有典據。經歷秦火以後，《左傳》為曾受學荀子的張蒼所獻，即《漢書・藝文志》所載《春秋》古經十二篇、《左氏傳》三十卷。

《左傳》與《公羊》、《穀梁》等傳，觀點、體例都有不同，從而在漢初出現之後，備受持《公》、《穀》家說學者的排擠。西漢末，劉歆移書太常博士，對當時「謂《左氏》為不傳《春秋》」作了申辯。其後研習《左傳》的學人漸多，如鄭興、賈逵等都很著名。東漢晚期，鄭玄欲注《左傳》未成，讓予服虔，服虔作《春秋左氏傳解誼》行世。到魏晉時，《左傳》之學地位遠過《公羊》、《穀梁》，人稱有「《左傳》癖"杜預著《春秋經傳集解》，逐漸取代服注，唐孔穎達為作《正義》，後來列入《十三經注疏》。

不管歷代學者環繞《左傳》有怎樣的議論辯爭，《左傳》這部書的重大學術價值是沒有人能夠否認的。研究中國古代歷史文化的任何方面，《左傳》都是不可離開的依據。

一九八一年初版，一九九〇年出修訂本的楊伯峻先生的《春秋左傳注》，是當前大家閱讀和使用《左傳》時最通行的本子。楊先生這部書功力深厚，博

采前說而又能善作裁斷，裨益後學實非淺顯，不過書的體裁屬於讀本，未能在種種問題上展開論述，對於想深入探討的讀者仍難滿足需要。很多學者在研究時查閱清代有關著作，希望得到像孫詒讓《周禮正義》那樣廣徵博引、豐富詳贍的成果。

迄今為止，很多人用的是洪亮吉《春秋左傳詁》。過去中華書局編《四部備要》，其間「清人《十三經注疏》」為洪書；近期中華印「《十三經》清人注疏」，於《左傳》仍是採用洪書。這種情形是不難理解的，因為洪亮吉的注是《左傳》清代注疏中完整而又較佳的一種。其實，大家都知道，更值得注意的是劉文淇的《春秋左氏傳舊注疏證》。

劉文淇，江蘇儀徵人，生於乾隆五十四年（一七八九年），卒於咸豐四年（一八五四年）。他自少專攻《左傳》，曾有《左傳舊疏考正》之作。傳說道光八年（一八二八年），劉文淇赴省應試，與劉寶楠、梅植之、包慎言、柳興恩、陳立等相約編著新的經疏，他所分擔的便是《左傳》。為此，他以多年精力編纂了長編，等到晚年著手作疏，只能完成一卷，就辭世了。其子毓崧繼承父業，可惜享壽不永。劉壽曾做了更多工作，也僅活到四十五歲。壽曾的兒子就是清末民初著名的學者劉師培，仍承襲《左傳》研究，學識過於祖父，但未暇續著新疏，其於一九一九年逝世時不過三十五歲。劉文淇一家四世傳習《左傳》，是學術史上罕有的美談，但《春秋左氏傳舊注疏證》直到劉壽曾，還僅寫至襄公五年為止。

一九五九年，科學出版社出版了《春秋左氏傳舊注疏證》，是當時中國科學院歷史研究所的幾位學者根據稿本整理標點的。整理者投入了巨大精力，成績顯著，但限於當時條件，存在一些有待校正的問題，書的印數也很少。該書沒有能在學術界起較大作用的一個更重要的原因，是如上面所說，原稿只到襄公五年，沒有《左傳》全書後面差不多一半的內容。

吳靜安先生多年以來，矢志補足《春秋左氏傳舊注疏證》遺留的缺憾。他在困難的環境條件下，以驚人的毅力，數易其稿，終能將襄公五年以後悉數補足，完遂了劉文淇等世代的心願。「文革」過後，吳先生將續書文稿送交出版社，曾有夏鼐等先生審讀，我也參加推薦，然而未能付梓。他為保存文稿，複製過一部送到中國社會科學院歷史研究所。前幾年，在中國先秦史學會的會議上，我與曾任東北師範大學副校長後兼出版社總編輯的詹子慶先生談及此事，詹先生深為扼腕，隨即與出版社商量，決定將《春秋左氏傳舊注疏證續》出版。

我認為，這是對學術界的一一項重要貢獻，我們應當對詹先生和東北師範大學出版杜表示敬意和感謝。

有一點須要在這裏提醒讀者，就是《春秋左氏傳舊注疏證》和清代許多著作一樣，不能擺脫門戶之見的局限。當時學者風氣崇尚漢學，劉文淇接續了沈欽韓《左傳補注》，力求返回賈、服，貶斥杜預，這是不夠公正的。其實，杜解於漢注之上多有發展，歷史的功績不容抹殺。至於吳靜安先生的續書，時代背景全然不同，便沒有這種有失客觀的弊病了。二○○四年十二月十五日於清華荷清苑。

吳靜安　廣春秋世族譜　未見

吳靜安　三傳徵禮　未見

吳毅　春秋世系圖考　二卷　佚

◎道光《涇縣續志》卷三《人物‧文苑》：試輒冠軍，屢挫省闈，遂留心著述，考究經傳，手自抄錄。著有《春秋世系圖考》二卷、《氏族通考》一卷、《重校竹書紀年》二卷（《採訪冊》）。

◎道光《涇縣續志》卷九《藝文》：吳毅《增訂春秋世系圖考》，後附《氏族通考》。

◎吳毅，字連璧。安徽涇縣茂林都人。歲貢生。任滁州訓導。工詩文。年八十三卒。著有《春秋世系圖考》二卷、《氏族通考》一卷、《重校竹書紀年》二卷。

吳闓生　左傳微　十二卷　存

國圖、上海、浙大藏 1923 年北平文學社刻本

國圖、遼寧藏 1923 年北平文學社刻 1924 年重修本

復旦、遼寧藏中國書店 1990 年影印 1923 年北平文學社刻本

臺北新興書局 1969 年印本

臺灣育民出版社印本

黃山書社 1995 年安徽古籍叢書白兆麟校注本〔註59〕

文聽閣圖書有限公司 2008 年民國時期經學叢書第二輯影印本

〔註59〕2014 年第 2 版有白兆麟撰再版前言、弁言。

◎序：古之聖賢何為而著書乎？彼其傲睨萬物，秕糠塵濁，豈常有生命文采之見存？然其抱絕俗負異之資、悲天憫人之旨，其心固未嘗一日忘世，感激憤發，無所於泄，思垂空文以自見。當世雖莫之知，庶幾千載後有窺見微旨所在，深思而詳說，以昭來世者。此自羲、文以來，仲尼所刪述、莊列所論議、屈原之《離騷》、相如／子雲之賦、司馬遷／班固之史、韓柳之文章、李杜之詩歌，皆有為而作，卓然與天地同其不朽者也。而自來注家，臆測盲斷，壞亂失真，蓋不一而足矣。學識不能垂千古則不足以著書，非有洞貫千古之才尤不足以發明而昭後。相需雖殷，相值則難，此千古所同慨也。《左氏》一書，傳孔門微言，為百世文章宗祖，其晦亂否塞于諸書為尤甚。經生家之言曰：「《左氏》傳經者也，其義在書法。」自征南以下，家自為說人自為例，其不可通又

別例之，支離牽附其晦愈甚，而經生以為不如是不足以尊經也。治史者之言曰：「《左氏》，編年之祖也。」年表首事，以時繫年，以月繫時，以日繫月，事不備首尾而以歲月次，《通鑒》《綱目》踵用其法，序則序矣，若記簿然，寧能動人觀覽、興其勸懲哉？而史家以為非是無以訂史也。為文章者之言曰：「《左氏》，善敘事以文采見者也。」則刺取一二單篇零簡，朝夕研稽，以為精華萃此矣，贊頌雖不容口，破碎割裂究無當於大旨，而文家又以為非是無以論文也，務細而遺大，得一而失二。自昌黎為曠代文雄，且不能盡識其意而目為浮誇，其它則又何說？是其書雖家弦戶誦，若日月經天、江河行地，而其玄微之旨沉伏九幽、暗而不彰者，蓋二千歲于茲矣。自非好學深思之士默契淵微，孰能得其意之所在？此吾師北江先生《左傳微》之所以作也。蓋《左氏》義法，方、姚首窺，梅、曾繼起，略有發明。太夫子摯父先生引緒未申，而先生乃沈潛專到，窮探冥索，抉摘搜剔，豁露無餘。雖起邱明自道其秘，當亦無以過。而克端獲侍講席，窺聞緒論，始知《左氏》以微言諷喻，推見至隱，釋經則異于《公》《穀》，實錄則高於《史》《漢》，至其俶詭譎變之旨、連犿離奇之觀，又悉出於行文之妙，曠古今絕無儔對者也。先生批郤導窾，窮奧極微，講說之頃，神采奮動，幾若坐吾黨於周秦魯衛間，與邱明相上下其議論也。嗚乎，文章之衰也有日矣！自唐以來，士不識古人立言之旨，不能追古人最高之境而從之，惟取歐蘇以下之文、元白以下之詩是則是傚。人樂其易學，則轉相稗販，而文學益荒，士不悅學，固矣，亦未始非無先覺之詔之也。今先生秉承家學，不惜以數十年獨得之秘表而傳之，授諸及門，佈諸天下，昭然如揭皦日而行，其氣味相感，有不能自已者存，抑傷悼世衰文敝，欲使有志之士得門循徑，以自造於高明之境，復返三代兩漢之盛邪？斯則吾黨所不敢望，而又不敢不勉赴其的，庶無負先生垂教之苦心者也。同門賈君獻庭、王君文燦司校刊既成，克端因本其蠡測所及而序之。民國十二年夏六月，門下士閩侯曾克端謹序。

◎例言九則：

一、聖門之學，有微言有大義，《左傳》一書，於大義之外，微辭眇旨尤多。此編專以發明《左氏》微言為主，故名為《左傳微》。

二、太史公以《左氏春秋》與《虞氏春秋》《呂氏春秋》並稱，漢儒謂「《左氏》不傳《春秋》」，是其書不名為《傳》甚明。今本既與經文別行，尤不必襲用《傳》名，而仍目之為《左傳》者，以習稱已久，姑從俗而名之也。

三、左氏著書，其文章必自具首尾，不能盡與經文相附。其分傳以隸於經者，乃漢之經師之所為，以非如此則《左氏》不得為《春秋》傳而與二傳並立於學官也。原其初，亦推尊左氏之意，而左氏之文因以割裂不完，歷二千年於茲矣。其解釋經文及為之條例，如所謂五十凡者，尤為經師附益之確證。今編以文義為主，每事自為一篇，雖不能遽還《左氏》舊觀，而《左氏》之文至是乃始可讀。至經師之所附益，未便徑行刪薙，一仍其舊錄之，惟讀者當心知其意耳。

四、此編畫分章卷，以馬驌《左傳事緯》為藍本，而稍為之更定。馬氏以事為主，今以文為主，事具則文之本末亦具焉，故不能大有違異也。至於講明義法、詮說文字，大率自具創見，前無因襲，而馬氏之說不與焉。姚仲實先生永樸見之，亟加賞嘆，謂其犁然當於人心之公，媿未能副爾。

五、全書於《左氏》原文無一字增損，但為之移易次第，分別聯綴而已。讀者取通行《左傳》本參互觀之，其義益明。若夫訓注疏釋，古今諸家已詳，不更贅及，以遵簡易。

六、往者姚仲實先生以所譔經學書見示，且曰：「所說未敢自信，然摭引必有根據，無一字臆撰也。」僕因以《左傳》稿還質之，且曰：「所說亦未敢自信，然語必出自心裁，未嘗有一字蹈襲也。」論者聞而兩善之。蓋體裁各殊，知姚書之艱者，當亦知鄙著之不易爾。

七、先大父於《左傳》嘗有寫定本，書成寄蕭敬孚先生穆，欲在滬刊行，遂並元稿失去。時闓生尚幼，未及見也。別有評騭校勘諸本，今皆敬謹遵錄，以餉學者。唯圈識本已由正志學校印傳，與此本間有異同，茲不更載。

八、此書初稿係宣統初元與同學劉君宗堯培極所合著。今鄙說既多所更定，劉說之善者亦仍錄存之。經者，天下公物，固非一人之所得私也。

九、此書由及門諸人集資刊行，卷帙既繁，觀成匪易。其提倡號召，則南宮李葆光子建、邯鄲李鉞秉威、冀縣張慶開心泉／賈應璞獻廷／王雙鳳文燦數君之力為多，而徐端甫總裁世章、李右周同學景濂均於此書多所匡助。附記以誌謝忱。

民國十二年秋八月，闓生記。

◎與李右周進士論左傳書〔註60〕：惠君以《左傳》為問。僕失學久，近者鬱無所發，偶取《左傳》讀之，聊以自為娛耳，何足就正有道。向嘗謂《左氏》

〔註60〕《左傳微》附。

文章之奇，太史公遠不能及。張獻羣不以為然。《左氏》要為長於紀事，苦編集者割截本文，以散入於經，使雄章鉅制不得具其首尾，此實尊經者之過。漢太常博士與劉歆力爭，謂「《左氏》不傳《春秋》」，殆為此也。今有文書百餘篇於此，而撓亂其次第，日剌取其二三策以相間而讀之，華離柧析，終不獲覩其全。此事復何可耐？今之讀《左傳》者何以異此？而《左氏》之文猶赫然如列日星，學者無愚智皆知讀而好之者，則以其淵深奧美，雖一鱗一爪之偶現，而其光精猶足以自存也。僕頃得一坊本，以每事相貫，各為一篇，共得百餘篇，其間頗復舛謬，又為之整齊排比，於是《左氏》之大指較然出矣。恨讀劣不深入，粗有所見，為兄陳之。蓋《左氏》記事之能，其最長者在綜挈列國時勢，縱橫出入，無所不舉。故其局勢雄遠，包羅閎麗，止百餘篇文字而二百餘年天子諸侯盛衰得失具見其中，芒粒無漏失。其體格蓋與《尚書》同法。自史公立為紀傳，但記一人一事，而此體寖絕不可復見矣。至其文法之奇，總其大要約有數端：一曰「逆攝」。吉凶未至輒先見敗徵，此猶其易識者已。至城濮之役猶未戰也，而蔿買質責子文以痛子玉之敗；三郤之難猶未兆也，而范文子怒逐其子以憂晉國之亡。此皆憑空特起，無所附著，蕩駭心目，莫此為尤。故重耳之奔走流離，一亡公子耳，而所如皆有得國之氣；楚靈、夫差方其極盛，踔厲中原，而勢已不能終日。若此者，皆其逆攝之勝也。一曰「橫接」。必然之勢無可避免，而語意所趨未嘗徑落。惠公之擒也先之以小駟，齊侯之敗也先之以輮蛇，共王之傷也先之以射月，督戎之死也先之以焚丹書，必有所藉而後入，必有所附而後伸。若此者，皆其橫接之勝也。一曰「旁溢」。蹇叔哭師，知其敗之必於崤耳，而二陵風雨、后皋之墓，翠然有憑高弔古之思焉。徐關之入，勉保者以慎守耳，而女子之辟、銳司徒之問，殷然有家人父子之誼焉。推之華元皤腹之謳以著其雅量，叔展麥麴之問以極其艱窮，叔儀佩蕊之歌以彰其匱竭，皆假軼事小文肆為異采，則其橫溢而四出者也。一曰「反射」。莊公之不子則以潁考叔之孝形之，齊豹之不臣則以公孫青之謹形之，季孟之怯愞縱敵則以冉有之義、公孫務人／林不狃之節形之，臧孫紇之無罪則以東門遂、叔孫僑如之盟首形之。推之崔、慶、欒、高之亂齊而以晏子正君臣之義，昭公之亡國而以子家、子主反正之策。言出於此，意涉於彼，如湯沃雪，如鏡鑒幽。若此者，皆其相反而益著者也。要之，寄意於幽微，託趣於綿邈；或旁擊側映以縈之，或多方駢枝以亂之，無一滯義，無一莊語，惟其聖於立言，故極其縱橫排闔之才，以抒其悲天憫人之識。興會所集，往往遐瞻遠矚，獨有千古，固不止

矜奇於文句間也。日者古愚見過，與論《左氏》微旨，日昃不倦。僕告之曰：「《左氏》之意易溷耳，凡其所推崇襃大者皆必有所不足，其所肆情詆毀者必有所深惜者也。一言以蔽之，曰：正言若反而已矣。是故齊桓、晉文、秦穆、楚莊之盛，而《左氏》皆有微詞；至於宋襄顧獨若有所推重者。」古愚曰：「子於何見之？」僕對曰：「此不難知也。齊桓，五霸之盛也，今讀《左氏》，未見其所以盛者：入國之始，滅譚滅遂，已非字小之義矣；召陵之役起於蕩舟，尤誅及隱微之論也；名為尊王，而王有閒言矣；名為恤小，而小國甚病矣；救許不能，救徐不克，城鄆而不果。計齊之功，不足稱其業也。故於宰孔之言深致其譏姍之意曰：齊侯固不務德而勤遠略者也。其於晉文也，則請隧之斥、倉葛之呼、介子推上下相蒙之論、仲尼以臣召君之誅盡之矣。其於秦穆也則曰『無法以遺後嗣』，其於楚莊也則曰『暴而不戢』、『無德而強爭諸侯』。皆各如其量以斷之，而其文旁見間出，各不相襲，不如《史記》之必自為之論也，斯其所以詭也。若夫宋襄之霸，去四國遠矣，《左氏》乃獨惜之，若曰：『蠻夷方張，中國不振，宋雖不量輕弱，其志固未可非也。』故即位之始則嘗美之曰『能以國讓』，此莫大之仁也。於其爭盟也，則嘆『棄商之久』；於其軍敗也，則稱『亡國之餘』。事雖不終，其意態抑何雄桀也。」以此推之，則知所嘗詆毀如子玉、先縠、賈季、郤至諸人，皆其所甚惜者也；其所嘗襃美如鄭莊、宣姜之徒，皆其所深訶斥而極之於不堪者也。何則？周綱之墜，鄭伯罪之首也，曰「周鄭交質」、「周鄭交惡」，其傷之至矣；重之曰「君子結二國之信」、「君子不欲多上人」，尤所以極之於不堪者也。晉伯之衰，趙盾罪之首也，曰「亡不越境，反不討賊」，其責之備矣；重之曰「良大夫也，惜也越境乃免」，尤所以極之於不堪者也。雖然，此猶即其事而訶斥之者也。又有隱其端而不易察者。衛文之滅邢也，師興而雨，若合於天意矣，而綴禮至之銘以終之，曰「余掖殺國子，莫余敢止」，其詞之悍然無忌如此，非譏禮至也，譏大夫同姓之滅而莫之救也。於陳桓之禦鄭，則曰「長惡不悛，從自及也」，非譏其禦鄭也，謂其不能除五父也。於魯莊之用幣，則曰「男女之別，夫人亂之」，非譏其用幣也，謂其不能制哀姜也。然此猶於其事未遠也，又有遠於此者。宋昭公之死，文公昵比襄夫人而弒之耳，傳之所載，一則曰「昭公無道」，再則曰「君無道」；至述其將死之詞，則曰「不能其大夫至于君祖母以及國人，諸侯誰納我」，視太子申生、郤至之言無以異，何其慈良而溫厚也。文公之篡也，華元實戴之，傳未嘗有所刺也；至於文公既死，乃借其厚葬之失而痛斥華元之不臣，責其不能伏死而爭，

此豈為厚葬言之哉？襄仲之亂固質敘其事矣，而亦未嘗有所刺也，至於歸父之聘齊，乃假晏桓子之言以痛斥之，曰「謀人，人亦謀己。一國謀之，何以不亡」，其切齒如此，此豈為歸父言之哉？積忿於襄仲而發之於其子也。齊懿侵魯，季文子責其「反天」；魯宣平莒，君子稱其「以亂」，皆與譏厚葬同意。襄仲之逆也，行父實縱之，傳就諫納莒僕發之，曰「先大夫臧文仲教行父事君之禮，奉以周旋，弗敢失隊」，若曰此固嘗受教於臧文仲者也。又曰「雖未獲一吉人，去一凶矣，於舜之功，二十之一也。」若曰賴此一舉，聊以解嘲耳。考其用意，大率委婉深曲如此，宜其微詞眇旨奄遏餘二千年而未嘗發其覆也。是故鄭子駟，弒君之賊也，尉止等起而討之，賢矣，傳不明言，而寄其意於師慧，所謂「千乘之相」者，司臣諸人也，而說者乃以為子產。王子朝之當立，此易知者也，傳不明言，但於東王、西王、王人、劉人等詞微寄之，而發其指於子朝之告諸侯。其述閔馬父之言詭詞也，而說者乃以為良然。烏乎，作者之不求人知也久矣！魏獻子分羊舌、祁氏之田以封其子。《史記》載之，以為六卿分晉之始。方望溪云：「《左傳》於此乃嘆美獻子之賢」，識不逮史公遠甚。姚姬傳亦以為言，至疑為吳起祖魏之詞。今考傳文固云：「吾與戌也縣，人其以為黨乎？」答之者曰：「武王克商，光有天下，姬姓之國四十，皆舉親也。故襲天祿，子孫賴之。主之舉也，所及遠哉！」其言之深切著明如此。此諛辭乎，抑諷刺乎？猶以為未足也，復綴以閻歿、女寬之諫，望其「屬厭而已」。立意措詞，蓋亦工絕矣。望溪、姬傳號為明習《左傳》義法，而於此猶不能知，然則《左氏》之意，淹沒於滯拘檮昧者之耳目間者，豈可勝道哉！且又有不著一字而隱其意於語言之表者，有少露其倪而亟以他語亂之者。舅犯之勳，其子不保，讀其事未有不嘆惜之者。而傳固不見此意，則其撡幽蔽於語言之外，而潛喻後之學者，使感悟而自得之者，其於文為尤隱也，故曰「狐趙之勳不可廢也」、曰「請復賈季由舊勳」，它無所云，而斤斤於臾駢之送帑、荀伯之規友，皆所以茹鬱其指而惜狐氏之不終也。其稱「趙盾，夏日之日」者，見賈季材下，畏盾之甚，是其所以亡耳。賈季亡而趙盾之悖逆成矣。萇宏之終於周，忠耿奇人也，志事不遂，《左氏》蓋深惜之矣。曰「萇叔違天，天之所廢，不可興也」，此痛之之詞也；而間以「高子違人」，則所以亂之也。孔子之聖不用於魯，《左氏》所深惜者矣，曰「生不能用，死而誄之」，其責其不用，此痛之之詞也；而間以「誄之非禮，稱一人非名」，則所以亂之也。唯文字之精微不可以著見也，支離其詞以誤之，其厚自蓋覆，若此其深密也。夫其深切著明者世尚不能盡察，又況

其隱焉者乎？吾是以知作者之不求知於人也。史公論議之文，憤鬱激宕，極擅其勝；至紀事則差若平易，未足配左氏也。唯《文帝紀》所稱「天子在也，足下何為者而入」、《酈生陸賈傳》所稱「使我居中國，何渠不若漢」，此等風致殊似《左氏》。退之《誌孟東野》記孟簡子之言曰「生吾不能舉，死吾知恤其家」，意責其不舉，與向所稱孔子者同法。先大夫《銘許淑人》曰「一室失賢兮，吁其謂何」，言「一室」者，譏其志之不在天下也；《銘左文襄》曰「課所以施，威謀孰當」，言其所已施者不可盡信也；《銘袁文誠》曰「世其孝忠，以永不亡」，意若曰忠孝有懈，則覆亡可憂也。皆茹鬱不盡其詞。《左傳》曰：「君子以齊人之殺哀姜也為已甚矣。女子，從人者也」，其法與此同也。意之所至，縱筆及之。古今文家其宗此者希矣。歐公《五代史》有所用意，輒津津自言之，何其急自見耶？蓋自退之論《左氏》而取其浮誇，浮誇未足以盡《左氏》也。吾未嘗不疑退之之於《左氏》，猶為未得其深也。唐宋以下文章之日降也，豈無故然哉？吾兄精專而好學，以鄙說考之，必有更造於微者，而茲之所陳，猶其粗迹也已。宣統紀元十月日，闓生再拜。

◎跋：吾國紀事典籍，首推《左傳》。其摹寫政治、軍事、旌別、淑慝，奇謫光怪，震駭心目；治亂得失，粲如指掌列眉。而文法尤為神妙。惟千古流誦，率為經師割截之本。左氏原書久已不可復見，使奇文奧旨，凌歷紊錯，學者白首研窮，莫能領悟。是誠可為浩歎者也。今吾師北江先生，仰承家學，參以心得，就馬氏《事緯》所次，使各自為篇。而於文之奧突詳勘細發，豁露無遺，《左氏》微言祕旨，乃得昌明於世。應璞每侍几杖，敬聆斯義，為之歎絕。知往者之於《左傳》為未嘗讀，讀之自今日始也。列國並爭，仁義陵遲，子弒父、臣弒君，世道衰頹已極，孔子憂之，作《春秋》，而亂臣賊子懼。左氏繼起，循經釋義，褒貶之效益彰。方今天下多故，世道之衰甚於往昔，學者苟取斯書而究研之，庶幾治國之道明，衰危之局不難復振，不其盛歟！此先生慇懃講貫之本惒也。冀縣張君心泉 / 王君文燦、南宮李君子建與應璞有鑒於此，乃約同志之士二十餘人，集議梓而行之。既成，應璞承先生命，謹記其緣起於後。民國十二年七月，冀縣賈應璞。

◎劉聲木《桐城文學撰述考》卷四「吳闓生撰述」：《周易大義》二卷、《詩經大義》、《左傳微》十二卷。

◎孫殿起《販書偶記》卷二：《左傳微》十二卷，桐城吳闓生撰。民國癸亥文學社刊。

◎吳闓生（1877～1950），號北江（先生）。安徽樅陽人。吳汝綸子。曾留學日本。清末任度支部財政處總辦。北洋時任教育部次長、國務院參議，又嘗任奉天萃升書院教授、北京古學院文學研究員。著有《周易大義》二卷、《尚書大義》二卷、《詩義會通》四卷、《北江先生詩集》五卷、《左傳微》十二卷、《左傳文法讀本》八卷、《孟子文法讀本》七卷、《吳門弟子集》十四卷、《北江先生文集》七卷、《漢碑文範》四卷、《晚清四十家詩抄》三卷、《古文範》二卷、《古金文錄》等書。

吳麗生 左氏駢語經義質疑 佚

◎民國《續丹徒縣志》卷十八《藝文》：吳麗生《讀易一斑》二卷（光緒□年刻本）、《左氏駢語經義質疑》（並《縣志摭餘》）。

◎吳麗生，字淦泉。江蘇丹徒人。著有《讀易一斑》四卷、《左氏駢語經義質疑》、《輿地撮要》、《卮言瑣記》、《修月山房詩鈔》一卷。

吳亮明 春秋表微 十二卷 佚

◎民國《全椒縣志》卷十五《藝文志》：《春秋表微》十二卷（吳亮明著）。

◎吳亮明，安徽全椒人。著有《春秋表微》十二卷。

吳龍見 春秋約旨 佚

◎王其淦、吳康壽光緒《武進陽湖縣志》卷二十八《藝文》：吳龍見《春秋約旨》（存）。

◎吳龍見，著有《春秋約旨》。

吳懋濟 春秋左氏傳土地名集釋 不分卷 存

北大藏稿本

◎吳懋濟，武進（今江蘇常州）人。著有《春秋左氏傳土地名集釋》不分卷、《羣經通詁》五十卷、《兩漢書地志集證》二十五卷。

吳敏樹 春秋補注 佚

◎劉聲木《桐城文學撰述考》卷一「吳敏樹撰述」：《孟子別鈔》、《方望溪文別鈔》、《詩國風原旨》、《孟子考義發》、《周易注義補象》五卷、《春秋三傳義求》、《春秋補注》、《論語大學中庸考異別鈔》八卷、《孝經章句》、《柈湖

詩話》一卷、《湖上客談年譜》一卷、《巴陵縣志》三十卷、《筵郤倡和詩》一卷。

◎吳敏樹（1805～1873），派名道杠，字筆如，又字本琛（深），號南屏（坪），晚號樂生翁、柈湖漁叟。湖南巴陵人。道光十二年（1832）舉人。官瀏陽縣訓導，旋辭歸。曾國藩延請入幕、薦任兩廣鹽運使，皆辭不就。與張文虎交善。著有《周易注義補象》五卷、《春秋三傳義求》、《春秋補注》、《論語考義別鈔》、《中庸考義別鈔》一卷、《大學考義別鈔》一卷、《國風原指》二卷、《孝經章句》一卷、《論語考義發》二十卷、《孟子考義發》七卷、《孟子別鈔》、《史記別鈔》二卷、《柈湖文錄》十二卷首一卷、《柈湖詩錄》六卷首一卷、《柈湖詩話》一卷、《湖上客談年譜》一卷、《釣者風》一卷、《吳敏樹詩稿》、《東遊草》一卷、《鶴茗詞鈔》一卷，與纂同治《巴陵縣志》三十卷首一卷，編有《震川文別鈔》二卷、《方望溪文別鈔》、《湘輶叢刻》十三卷、《筵郤倡和詩》一卷。

吳敏樹 春秋三傳義求 二十六卷 佚

◎序〔註61〕：《孟子》曰：「王者之跡熄而《詩》亡，《詩》亡然後《春秋》作，晉之《乘》、楚之《檮杌》、魯之《春秋》，一也。其事則齊桓晉文，其文則史，其義則孔子取之。」竊嘗以謂《春秋》之學惟《孟子》獨得其傳，故其言如此。惜乎其不為書也，則又竊意孔氏之門，其受經於聖人者，必得魯史本書與經文並傳之。聖人刪削筆正之義可即讀而知也，而其條目必亦無多。雖以相講授，未嘗別為之書，《孟子》《春秋》之學，其或如此者耶。漢時傳《春秋》之學五家，騶氏無書、夾氏未有書，不知騶、夾之學何如者也。其三家若公羊氏、穀梁氏，遇文說義，都若不知有本文者。左氏習於史矣，而其所得魯之舊簡，見於隱元年費伯帥師城郎之類，及獲麟後續經諸條，而詳核傳中。又似左氏所見僅在於此，而實未見其全也，此《春秋》之學所以至今紛紛也。蓋嘗論之唐以前三傳分而蔽於專家之說，唐以後三傳合而亂於鑿空之言，此經之所以難知也。往時胡氏立在學官，人皆排議而欲黜之，而矯其失者，或欲盡反唐宋人之解，或以左氏史書信之太過，而又非也。獨桐城方侍郎所著《通論》《直解》之書，比較經文，頗多通曉，而疏於左氏，每失事情，是欲以經知經而亦不能也。夫三傳者經之所自傳也，而左氏者事之所主也，於今既莫知經義之所

〔註61〕錄自吳敏樹《柈湖文錄》卷三，題《春秋三傳義求序》。

定取矣，則豈得簡略以為之哉？凡經之有其文者，不可謂其無與於義而不之察也；凡傳之有其事者，不可謂其無與於經而不之詳也。詳之察之，苟心知其故矣，則事之宜於其文者吾則知之，而其所以異同者吾且見之，則聖人之意其可得言乎！雖有陳義甚高，按之事與文而未見其果有以然者，傳者之言，學者之所熟聞也，吾猶不謂之義矣；其或微旨奧旨，傳之所不言，時索而得之，卒未嘗不證之於傳，以知經之所由然，則於求義斯近之矣。夫功令主左氏者，以其陳事之多而主於史也，其書善讀之可以多通於經。而公羊、穀梁氏之所以言經者，人或徒辨去之，而未能得其意也。余竊不自量，而欲切究於斯。會來瀏陽為學官，學中師弟子講習之事久廢，余愧弗能舉，用其日月，撰具是書，名曰《春秋三傳義求》。蓋今學者而欲知《春秋》者，其人鮮矣。余之為此，亦古博士文學修治章句之職云爾。然而通人達士，必當有取爾也。道光庚戌夏五月，瀏陽縣學訓導巴陵吳敏樹序。

◎孫殿起《販書偶記》卷二：《春秋三傳義求》二十六卷，巴陵吳敏樹撰。底稿本。

◎吳敏樹《柈湖文集》卷首《吳先生傳》：少與同里方稼軒兵部同治經學，頗主其說。著有《論語／大學／中庸／考義別鈔》《春秋三傳義求》《孟子考義發》《詩國風原旨》及《柈湖詩話》《湖上客談年譜》諸書藏於家。

◎劉聲木《桐城文學撰述考》卷一「吳敏樹撰述」：《孟子別鈔》、《方望溪文別鈔》、《詩國風原旨》、《孟子考義發》、《周易注義補象》五卷、《春秋三傳義求》、《春秋補注》、《論語大學中庸考異別鈔》八卷、《孝經章句》、《柈湖詩話》一卷、《湖上客談年譜》一卷、《巴陵縣志》三十卷、《筵邰倡和詩》一卷。

◎光緒《湖南通志》卷二百四十六《藝文志》二：《春秋三傳義求》，巴陵吳敏樹撰（《柈湖文錄》。有自序）。

吳模 左國類典詳注 六卷 存

山西、湖北、雲南藏乾隆五十二年（1787）餘慶堂刻本

◎吳模，字偉人。雲南大姚人。乾隆二十五年（1760）舉人。歷知高苑、鄉寧等縣。著有《左國類典詳注》六卷。

吳鼐 春秋修注 四卷 佚

◎王鎬等修、華希閔等纂乾隆《無錫縣志》卷三十九《著述》：《易象約言》二卷（吳鼐）、《洪範集注》一卷（吳鼐）、《儀禮集說》一卷（吳鼐）、《春秋修註》

四卷（吳鼐）、《朱門授受錄》十卷（吳鼐）、《未發質疑》五卷（吳鼐）、《律呂源流》十二卷（吳鼐）、《十家易說》（吳鼐）。

◎王欣夫《蛾術軒篋存善本書錄‧庚辛稿》卷三《朱門授受錄》十卷（六冊）：

清金匱吳鼐編。舊鈔稿本。

吳鼐，字大年，號容齋。乾隆元年楊名時以經學薦，會於是年成進士，授工部主事。以父憂歸。尋卒。弟鼎，字尊彝。乾隆十五年與顧棟高、陳祖范、梁錫璵同舉經學，尤有名。鼐著有《易象約言》二卷、《洪範集注》二卷、《儀禮集說》二卷、《春秋修注》四卷、《未發質疑》五卷及是書，見光緒《無錫金匱縣志‧藝文》，皆未刊。

◎吳鼐（1696～1747），字岱岩（大年），號容齋。江蘇金匱（今無錫）人。幼而嗜學，穿穴宋元明儒之書，而沈酣六經，深於易禮。與同縣秦蕙田、蔡德晉、龔燦及仲弟鼎為秦氏味經窩五子談經會。雍正十三年（1735）尚書楊名時以經學薦，未受官。乾隆元年（1736）進士。授工部虞衡司主事。著有《十家易說》、《易象約言》二卷、《周易大衍辨》一卷、《洪範集注》一卷、《儀禮集說》一卷、《春秋修注》四卷、《三正考》二卷、《未發質疑》五卷、《朱門授受錄》十卷、《老子解》、《老子別錄》、《律呂源流》十二卷、《考工申略》一卷、《三江九河考》一卷、《醉古軒隨記》一卷等。

吳鼐 三正考 二卷 存

四庫本

道光刻璜川吳氏經學叢書本

◎卷前有《三正考改時改月圖》，云：「夏正建寅商正建丑周正建子秦正建亥及太初正曆之後追改秦曆原委合為一圖。」

◎目錄：

卷一：造曆之初建子。唐虞建寅。夏正建寅。商正建丑。周正建子。三代改時之證。三代改月之證。冬不可為春辨。商周分至不繫時。三正通於民俗。秦正建亥。

卷二：邵公之誤。河南之誤。武夷之誤。九峰之誤。永嘉之誤。四明之誤。九峰之誤。涇野之誤。

◎鄒炳泰《午風堂叢談》卷六：三正之說紛然，顧氏棟高即經文之最顯然者以證蔡氏「周不改時改月」之說。如隱九年三月大雨雪震電，若夏正則震電

不為災矣；桓十四年春正月無冰，若夏正則無冰不足異矣。其間有一二用夏正者，如隱六年冬宋人取長葛，而傳書秋，劉氏敞謂邱明作書雜取當時諸侯史策，有用夏正者有用周正者，故致與經錯異。此說最為簡確。吳大年鼎作《三正攷》，辨說頗精。顧復為之序，可以息一切紛紜之說。序云：「春王正月」之義，後人所累千言而不能解者，左氏以一字盡之曰春王周正月。晉唐以前諸儒並從《左氏》，自河南有「假天時以立義」之說，而武夷遂謂夫子以夏時冠周月，然猶以為改月不改時也。九峯又因之，以為時月皆不改。自是而後，或以周正建子本改月不改時，魯史僭竊建寅，而又時月皆改也；或以周正建子本時月皆不改，魯史僭竊建寅而又時月皆改也；或以魯史本從周正冬十一月為歲首，而孔子於每年截去子丑月事移在前一年，而以周之春正月為始也。每主一說，輒旁引曲證，累幅不休，而終無以合乎人心之所不言而同然。元泰定間，張志道名以寧者，深知其說之非，著《春王正月考》二卷，首卷採取九經三史以証三代之改時改月，次卷作《冬不可為春辨》而雜論曲說之謬誤，唯其用心苦而奏功偉矣。明嘉靖間，李川父濂作《夏周正辨疑》四卷首二卷，載先儒謬誤之說，末二卷則正說也。讀二書始曉然於胡氏、蔡氏之謬，而《左氏》釋經所謂春正周正月者，真足一言以蔽之也。然於商書兩十二月之說，張氏得之。而李氏則取趙東山之說，謂《古文尚書》為不足信，終無以塞夫不改月之口。且於冬十月，《漢書》注顏師古以為太初歷，後追改前代正月為冬十月之說。吳淵穎以為難信，而李氏無所是正，張氏又畧而不言，則終無以塞夫不改時之口，而武夷、九峯之說終不可破。武夷、九峯之說不可破，而《左氏》春王周正月之說終不可得而明。吳子大年因作《三正考》二卷，集張氏、李氏兩家之長而刊其繁冗，又益以近儒之緒言而補其所未備，而春王正月之義，其亦可以煥然冰釋也。

　　◎提要：《春秋》以周正紀時，原無疑義。唐劉知幾始有「《春秋》用夏正」之說，至宋儒泥「行夏之時」一言，遂是非蜂起。元李濂著《夏周正辨疑》、明張以寧著《春王正月考》，而經義始明。鼎復取兩家之說，節其繁冗，益以近儒所論補所未備，駁胡氏、蔡氏「改月不改時」及諸儒「時月俱不改」之說，以明《左氏》「王周正月」之旨。辨證極有根據，其中「三正通於民俗」一條所引陳廷敬、蔡德晉諸說，三代諸書所紀年月差互之處一一剖其所以然，更足以破疑似之見。雖篇帙無多，而引證詳明，判數百年紛紜輇輠之論，於經學亦為有功矣〔註62〕。

────────────

〔註62〕庫書提要「亦為有功矣」作「實深有功焉」。

◎李慈銘《越縵堂讀書記・經部・春秋類》：閱吳大年《三正攷》，分上下兩卷，大約據元儒張氏以寧、明儒李氏濂之說，參取諸家，以駁胡武夷、蔡九峰之謬論。而於元儒則引趙氏汸，國朝則引顧氏炎武、陳氏廷敬、蔡氏德晉說為多。上卷條列三代以前建朔及改時改月之證、冬可為春之辨、商周分至不繫時之辨、三正通於民俗之說，下卷條駁何邵公、程伊川、胡康侯、蔡季默、陳止齊、程敬叔（端學）、呂涇野說之誤，皆疏通證明，言簡而覈，誠如《四庫提要》所言「篇帙無多，而引證詳明，判百年紛紜轇轕之論，於經學深有功焉。」惟信《偽古文尚書伊訓／大甲篇》，申明其兩十二月之說，而反以李川父疑之為非。又以唐虞為皆建寅，而以鄭康成謂堯正建子，舜正建丑為無據。案《尚書正義》引鄭注堯正建丑、舜正建子，蓋三正為寅丑子迭嬗，故孔沖遠推鄭意，以為女媧建丑、神農建子、黃帝建寅、少皥建丑、顓頊建子、帝嚳建寅；而馬融注《甘誓》「怠棄三正」，云建子建丑建寅，則以堯為建子、舜為建丑，似違其次，不若鄭說為愜。吳氏既誤以馬說為鄭說，又以唐虞夏為皆不改朔，殊為失攷耳。吳名鼎，無錫人，乾隆丙辰進士，官工部主事。顧棟高序。同治壬申正月二十一日。

◎趙爾巽《清史稿》卷一百四十五志一百二十《藝文》一：《三正考》二卷，吳鼎撰。

吳培元 春秋錦囊 十四卷 存

徐州藏光緒八年（1882）書業德記刻本

◎吳培元，號善堂。山東穀城人。著有《周易錦囊初集》二卷、《禮記錦囊》、《周禮錦囊》、《左傳春秋錦囊》初集四卷次集二卷、《增補苞經錦囊》初集二卷二集二卷三集四卷四集四卷、《新刻詩經錦囊》二卷，註《詳批註釋松秀山房試帖》四卷《次集》四卷。

吳培元 左傳春秋錦囊 二十四卷 存

貴州藏光緒七年（1881）善成堂刻本

光緒八年（1882）文莫堂刻本（穀城吳善堂先生手輯，博陵楊公瑞先生改定）

◎計八集。

◎目錄：

　　初集：卷之一春秋類（上）、春秋類（下）、魯君類（上）、魯君類（下）。卷之二魯臣類（上）、魯臣類（下）。卷之三齊君類（上）、齊君類（中）、齊君類（下）。卷之四齊臣類（上）、齊臣類（中）、齊臣類（下）。

　　次集：卷之一衛君類（一）、衛君類（二）、衛君類（三）、衛君類（四）、衛臣類（一）、衛臣類（二）、衛臣類（三）、衛臣類（四）。卷之二晉君類（上）、晉君類（中）、晉文公、晉君類（下）、晉文公、晉君類（四）、晉君類（五）、晉臣類（上）、晉臣類（下）。

　　三集：卷之一鄭君類（上）、鄭君類（中）、鄭君類（下）。鄭為命類（一）、鄭為命類（二）、鄭為命類（三）、鄭為命類（四）。卷之二鄭子產類（一）、鄭子產類（二）、鄭子產類（三）、鄭子產類（四）。卷之二鄭臣類（一裨諶）、鄭臣類（二世叔）、鄭臣類（三子羽。附行人）、鄭臣類（四）。

　　四集：卷之一秦君臣類（一）、秦君臣類（二）、秦君臣類（三）、楚君臣類（一）、楚君臣類（二）、楚君臣類（三）、楚君臣類（四）。卷之二宋君臣類（一）、宋君臣類（二）、宋君臣類（三）、宋君臣類（四）、陳君臣類（一）、陳君臣類（二）、陳君臣類（三）、陳君臣類（四）、陳君臣類（五）。

　　五集：卷之一杞國類（上）、杞國類（下）、蔡國類（上）、蔡國類（下）。卷之二滕薛類（上）、滕薛類（下）、虞虢類（上）、虞虢類（下）。卷之三吳越類（上）、吳越類（中）、吳越類（下）。卷之四春秋人品（一）、春秋人品（二）、春秋人品（三）、春秋人品（四）。

　　六集：卷之一聖賢部孔子類（一）、孔子類（二）、孔子類（三）。卷之二子貢類（上）、子貢類（下）、子路類（上）、子路類（下）。卷之三冉有樊遲類（一）、冉有樊遲類（二）、南容高柴類、司馬牛琴牢類。卷之四雜人部葉公類、大宰類、師曠類、子都類。

　　七集：卷之一倫常部君德類（上）、君德類（中）、君德類（下）。卷之二臣道類（上）、臣道類（中）、臣道類（下）。卷之三春秋君臣類（一）、春秋君臣類（二）、春秋君臣類（三）、春秋君臣類（四）。卷之四父道類（上）、父道類（中）、父道類（下）。

　　八集：卷之一子道類、儲貳類、世子類、春秋母子類（上）、春秋母子類（下）、春秋父子類（上）、春秋父子類（下）。卷之二春秋兄弟類（下）、春秋兄弟類（中）、春秋兄弟類（下）、君夫人類（上）、君夫人類（下）、春秋嫡妾類、閨閣類。

◎左傳春秋錦囊序：吾友吳君研心經弄有素矣，昨適弄館，淹留數日，談及崇經為邇來數科要訣，其擢高第者枚不勝舉。吾友以《左傳春秋錦囊》出示於輔，取而閱之，見其分門別類，上下各八集，崇取麟經杜庫。自晉元凱後，何嘗復有《左》癖乎！且古今妙文，推《左氏》筆法句法字法為新穎第一，每於鍊聯後取《左氏》之新詞麗句、膾炙人口者，不能割愛，詳為註明，以便考核，以便誦讀。是誠崇《左》者之一善本也。因勸以付諸剞劂，以公同好。輔因誌其顛末如此云。崇光緒六年歲次庚辰仲冬上浣，沈濱李作輔夢巖氏敘於聽泉山房之東窗下。

◎自敘：向有《詩／書／周易錦囊》之刻，而猶慮五經之未備也。因於課徒之暇，復取《左傳》《春秋》彙為一帙。先分列國君臣，其於《四書》命題尤屬習見者，不惜搜羅之苦。次將天文地理人物分門別類，各有著明，亦不辭考訂之勞。迄成帙後，即命及門受業諸子分派鈔輯，且於《左氏》佳文膾炙人口者不能割愛，是以恢之而彌廣，多多而益善如此。蓋《左氏》一書本自浩乎無際、沛乎無涯者也，取之不盡，用之不竭。殫百日之勤劬，成一集之錦繡。經數年之研求，窮五經之蘊奧。邇來廿有餘年于茲矣。倘有博雅君子，匡所不逮，則何幸如之，何幸如之！時維光緒七年歲次辛巳新春上浣，穀城吳培元善堂氏謹識。

吳佩孚 春秋正議證釋 四卷 存

山東省博物館、浙江藏 1923 年黃氏石印本

國圖藏春秋學會 1940 年排印蓬萊吳佩孚先生遺著本（卷前有遺像、小傳）

文聽閣圖書有限公司 2009 年民國時期經學叢書第四輯影印本

◎刊書誌實：《春秋正議證釋》一書，為吳江二主教抉微闡幽之作，時評論之綦詳無庸贅述，茲略述刊書之經過，並將工料等費一一具載，雖事嫌細微，聊以備將來續刊時有所依據焉耳。查全書四卷，凡五百九十頁，都三十二萬二千一百五十二言（刻價每百字五角五分，書中之○、等，每兩箇折算為一字。共如上數，合洋一千七百七十一元），寶麟承乏校刊，自愧不敏，然以玉帥夫子之命，又不容辭，遂覓由文華齋刻書處承辦。因手續煩瑣，致出版稽遲，費時達十有三月之久。蓋謄版時由寶麟擔任初校，由津市公署教育處處長李革癡君擔任覆校，往返寄遞，不免耽延。又以刻字工人因營業不振多數歸鄉，頗感困難。故自客歲戊寅四月初間付梓，直至十二月杪始行刻竣。迨經將紅樣本印來，檢閱

其中，仍有誤刊之處，當即詳為校修，復送由會員曹靜波君覆加校正，陸續修版。迄至今歲已卯暮春，板始完全修竣，覆閱後交該處，趕即先印五百部（僅一閱月全數印齊，計工料總共合洋二千六百六十元），現裝訂成書，公諸於世，志《春秋》者手置一編以資參攷，或可作他山之一助焉。倪寶麟謹識。

◎刻書再誌：昔左思賦《三都》洛陽紙貴，今是書一出，即為世所重，而燕京紙貴矣。此次續印千部，距前印時僅三閱月，而紙價飛漲，較前貴加一倍，且紙料缺乏，購買不易。尋覓數家，始湊得七十八簍以符應用（按每一簍紙計十五刀，每刀九十五張，每張裁六張計，每一部用紙六百十三頁，一千部計共六十一萬三千頁），至印刷裝訂及書套等項，較前價高三成，前後比較，相差遠甚。為便於異日刊印攷核計，不憚煩瑣而記之，亦可謂一段刊印小史。況現印千部已全數售罄，行見此書將風行於全國也。且不啻風行於全國已也，蓋以其能鍼砭人心，固深有裨於世教也。是為誌。已卯仲秋，倪寶麟誌。

◎緒言：竊謂治《春秋》者，讀經即不能不兼讀傳，而讀傳則必以《左氏》為宗。何也？蓋他傳如《公》《穀》者流，由來尚矣，然皆出諸私淑之手，各稟師承之說，傳聞異辭，是非莫定。而況其餘諸家，處千載之後，尚論千載以前，徒憑斷文殘句，欲於字裏行間求窺當時聖人秉筆之初衷，謂即此為大義微言之所在，戞乎其難矣。惟左氏者，身為魯史，又復即生師事聖門，其於宣聖作經之時，用意所存，當然有所授受，非同揣測。況其於正史之外，特為作傳以補充其事蹟，而宣明經義之微，使言簡意賅、辭嚴義正之經文，得如日月經天，千古不磨，歷久彌顯，其功偉矣。而其所傳，或先經以始事，或後經以終義，或依經以辨理，錯經以合義，隨義而發，顯微闡幽，夫豈他家注疏望文生義者所得同日而語者哉！觀於杜元凱氏作《春秋左氏傳序》所云「孔子因魯史之成文，刊而正之，以示勸戒。左邱明受經於仲尼，因而為之傳，將令學者原始要終，尋其枝葉，究其所窮」，諸如言書言稱，咸依舊起新，謂之變例。又謂發傳之體有三，而為例之情有五，微而顯、志而晦、婉而成章、懲惡而勸善，推此以尋經傳，觸類而長之，王道之正、人倫之紀備矣。於是而知左氏作傳之用心，蓋深得經訓之旨者也。至於《春秋》，文雖舊史，經則聖言，有史不如是書而經作如是云者，若春王正月之類是。有史不稱是而經作是稱者，若鄭伯克段之類是。其在經文，只寥寥數字而已，然或特出以見義，或易稱而正名，必須得傳以發明之。抑為之傳者，若非出於親聆聖訓，默契懿旨之人，則作經者之苦心，將終古莫由昭示，徒令千載而下，

讀其書者如盲人摸象，誰得窺見大義微言於萬一也乎！謹就開端伊始，宣告後學以讀經讀傳，不可兩離，不可偏廢，不可存門戶之見，不可為注疏家所迷，而庶幾乎可與治《春秋》。

◎《春秋正義證釋》，明經學會會長智玄吳佩孚講著正義兼餘義，副會長慧濟江朝宗餘義，會員悟真王錦渠贊義，會員性直田步蟾附解，會員大靜沈抱淑附解，會員太溶曹靜波附解，會員明光蘇熊詔校正，會員真明倪寶麟校刊，會員陽原李泰棻覆校。

◎重刊《春秋正義證釋》跋：《春秋正義證釋》者，已故孚威上將軍吳公子玉所著，錦藻贊注以行諸世者也。其宗旨一猶是宣尼安內攘外、崇正黜邪之志也。顧世運有遞嬗，形勢有推移，人情有變幻，居今之世有未盡同於古昔者。吳公之意，欲正其名、擴其義，抉摘古人智術之純駁，與今人譎詐之必不可恃者，昭示於斯世，使引以為炯戒，則變亂之事將日少，和平之基將日固矣。世運遞進，疆域日廣，今日之東亞實即昔日之東夏也，今日之唇齒國家實即昔日之周魯晉鄭也，必也先有以奠東亞唇齒之安，然後可以漸期於大同，是又《春秋》之義所不容不明於今。所謂推擴義旨以期其效於古也，是其所以為文者也。孚威既歸道山，錦藻收其所手著與孚威傳人劉家驤重梓而行之，意亦欲崇篤公之素志，以其奠安東亞者，蘄安乎世界而已。公在日已立春秋學會，劉君與余皆隸焉。書既鋟，即以學會為其發鋼之始。嗚呼！公欲實施和平於東亞，未及而身歿，獨其所以施行和平者則具見於是書。有志者要當精研而默識之，則公身雖死，公之學術經濟，終有推行光大之一日，是劉君與學會同人重刊是書之微意也已。中華民國二十九年六月，悟真王錦藻謹跋。

◎摘錄《蓬萊吳佩孚先生遺著》本卷前小傳：

民國二十一年秋，吳入救世新教，主持教務。以人倫實踐為工夫，以仁義濟世為功用，並著《春秋證釋》。《春秋證釋》者，以天治為本，以禮教為用，匡世救俗，糾正人心，欲弭戰禍於未來之無量世也。自是年至吳歿，七年中凡成全經什分之三。自民國二十六年蘆溝橋變起，吳時時以和平息戰為念。迨民國二十八年夏京都人士劉家驤等肦立春秋學會，丐吳主持，吳自是專以講學行教為事，每曰「宣聖本欲兼善，及道不行，乃刪《詩》《書》、定《禮》《樂》、作《春秋》，欲垂教於萬世。余文宗宣聖，武師關岳，亦欲明教講學，證釋《春秋》，以稍求畀益於今世也」云云。民國二十八年十二月四日因牙疾牽動夙恙，遽爾逝世，年六十有四歲。國內外莫不同聲震悼。

公弱冠為學，即本內聖外王之道，仗義行仁，躬自實踐，敬天尊王，而大居正。蓋得力於《春秋》者深也。每謂「世亂由於聖道不明、禮教廢墜。《春秋》筆削褒貶，禮意至嚴。《左傳》典訓昭垂，禮文至備。皆據亂世以漸進升平太平，是非功罪，赫然可鏡，而莫能逃其奸。亂臣賊子孰敢逞乎？吾是以詳加證釋，欲以此實施禮治，遏抑禍亂，救斯民於澆薄之末世。不僅以兵畧戰術，效關岳之讀書也」云云。知此，則知公以禮教行聖道，即以《春秋》證禮教。自公入救世新教後，尤致力於教中《三禮》明經論說，於是宅心益公，施教益遠，漸弭國界種界之見，凡能息爭救民，不惜委曲求全，降志克己，以期其慈祥測怛之實效。故其晚年呼籲和平，不避是非毀謗，坦然為之弗輟。蓋猶是其昔夙仗義行仁、通電主和之素志也。不過見於積極者為統一為救民，見於消極者為禮讓為和平耳。名雖略殊，而其道德主義則一貫而來，固未嘗稍有屈撓變易於其間也。觀其易簀之際，猶殷殷以禍難未息為憂，足以知公之心矣。悠悠之徒，或以佞佛求仙誣公，或以好道參玄目公，皆不足以知公者也。知公者，其務於公之張維禮教、證釋《春秋》、實施和平工作之一貫主義窺之，則自見其真矣。今公之《春秋》著作俱在，世有慕公而欲學之者，亦惟學此而已矣〔註63〕。

◎吳佩孚（1874～1939），字子玉。山東蓬萊人，祖籍江蘇常州。北洋軍閥。擅長楷草。著有《易箴》一卷、《春秋正議證釋》四卷、《春秋左傳淺解》不分卷、《詳注軍中必要續集》、《吳佩孚書牘全編》、《吳佩孚先生詩稿》、《吳佩孚政書》、《吳佩孚軍略書牘合編》、《大丈夫論》、《循分新書》等，又與閻錫山合編《政治全集》。

吳佩孚 江朝宗 春秋左傳淺解 不分卷 存

天津藏清稿本

1935 北平最新印書社排印本

◎存隱公一至十一年桓公一至六、十一至十八年莊公一至九、十四至二十年。

◎江朝宗（1861～1943），行名世堯，原名雨丞，字宇澄，道名慧濟，號大中，齋名四勿軒。安徽旌德江村人。1912 年任北京步軍統領，晉封迪威將軍。1915 年任職袁世凱登極大典籌備處。1917 年任代理國務總理，簽署解散

〔註63〕 此段原低一格。

國會令即卸任。1918 年後任正黃旗滿洲都統。1928 年後隱居北京。1937 年「七七」事變後任中華民國臨時政府委員兼北京特別市市長、華北政務委員會委員。著有《女教箴規》《救世新教教經》，與吳佩孚合著有《春秋左傳淺解》不分卷。

吳傌 春秋公羊經傳劄記 二卷 佚

◎錢儀吉《衍石齋記事續稿》卷十《粵海堂諸子課業評》：吳傌《春秋公羊經傳札記》，治《公羊春秋》札記二卷，獨抒心得，銳入淵微。其通貫前後以求經旨，深得屬辭比事之義。議論筆力精悍，亦足自成一子。惟《公羊》家謂聖人黜周王魯、以《春秋》當新王，竝以獲麟為劉氏之瑞，近孔巽軒氏即據《公羊》駁之，謂其說不見於本傳。然此是漢代經師相承舊說，今既專治是經，亦可置之不議，但無庸更揚其波。如篇內「《春秋》王春秋」等說，語似奇創，實即《春秋》當新王之義，無甚懸殊。至謂隱公之不書即位見春秋之無位，則意近文巧，非治經質實之體矣。《公羊》自魏晉以來，服習者罕，今之作者當推巽軒，若劉禮部號為顓門，然其義多偏駁，蓋一則求通聖人之經，故其詞必慎；一則欲駕昔人之上，故其旨未醰。用心攸殊，即成業所由判也。生所箸有深湛之思，有果毅之力，正其趨向，如對聖賢，虛心切己，日就月將，辟邵公之奧鍵，補巽軒之遺闕，不難耳。而學問之道，求之過高者，其流弊亦深，智者所當於發軔之始，超然先見，怵然為戒也，試繹思之。

◎吳傌，廣東鶴山（今高鶴）人。著有《春秋公羊經傳札記》二卷、《說文假借例釋》一卷。

吳啟昆 春秋臆說 四卷 佚

◎方苞《望溪先生文集》卷十二《吳宥函墓表》：所著《春秋 / 周易臆說》行於世。

◎雷夢水《販書偶記續編》卷二《經部・春秋左傳類》：《春秋臆說》四卷（清江寧吳啟昆撰。康熙五十九年懷新閣精刊）。

◎丁日昌《持靜齋書目》卷一《經部》五《春秋類》：《春秋臆說》四卷（康熙五十九年《自序》刊本），國朝吳啟昆撰。

◎莫友芝《持靜齋藏書記要》卷之上《明刊本（附近刊佚書）・經部》：《春秋臆說》四卷，國朝吳啟昆撰，康熙五十九年刊（未收）。

◎吳啟昆（1660～1733），字宥函。江南江寧（今江蘇南京）人。康熙六十年（1721）進士。官翰林院編修，改江西道監察御史。書法有名於時。著有《索易臆說》二卷、《春秋臆說》。

吳勤邦 春秋隨筆 一卷 存

國圖、中科院藏道光二十七年（1847）烏程吳氏刻秋芸館〔註64〕全集本
國圖藏同治八年（1869）烏程吳氏刻秋芸館全集本
◎吳勤邦，曾任四川內江知縣。著有《春秋隨筆》一卷、《素書輯注》。

吳任臣 春秋正朔考辨 佚

◎趙爾巽《清史稿》列傳二百七十一《文苑》一：著《周禮大義》、《禮通》、《春秋正朔考辨》、《山海經廣注》、《託園詩文集》，而《十國春秋》百餘卷尤稱淹貫。其後如謝啟昆之《西魏書》、周春之《西夏書》、陳鱣之《續唐書》，義例皆精審，非徒矜書法類史鈔也。

◎秦瀛《己未詞科錄》卷三：著有《周禮大義》、《禮通》、《春秋正朔考辨》、《十國春秋》、《山海經廣注》、《字彙補》、《託園詩文集》。

◎吳任臣，字志伊，一字爾器，初字征鳴，號託園。浙江仁和人。廩生。志行端愨，強記博聞，為顧炎武所推。以精天官、樂律試鴻博，由內閣中書王穀振諫舉，入翰林，授檢討，承修《明史》曆志。著有《周禮大義》、《禮通》、《春秋正朔考辨》、《字彙補》、《十國春秋》、《山海經廣注》、《託園詩文集》。

吳汝綸 評點公羊傳 未見

◎劉聲木《桐城文學撰述考》卷四「吳汝綸撰述」：《易說》二卷、《尚書故》三卷、《寫定尚書》一卷、《尚書讀本》二卷、《深州風土記》二十二卷、《夏小正私箋》一卷、《古文讀本》十三卷（常堉璋私加增損）、《古文讀本前後編》二卷、《寫定左傳》、《太史公所錄左氏義》三卷、《點勘史記讀本》一百三十卷附初校本點識一卷各家史記評語一卷、《文選》□卷（錄司馬長卿、太史公、揚子雲、班孟堅、韓退之五家文，編定未刊）、《李文忠公事略》一卷、《古詩選》（編定未刊）、《節本天演論》一卷、《學古堂文集》二卷（張裕釗同編）、《東遊叢錄》四卷、《漢魏六朝三百家集》（選七十二卷）、《韻學》、《評點四書》四卷、

〔註64〕秋芸館為吳勤邦室名。

《評點詩經》二卷、《評點書經》二卷、《評點易經》四卷、《評點左傳》十二卷、《評點禮記》一卷、《評點穀梁傳》一卷、《評點公羊傳》、《評點大戴禮》、《評點國語》二十一卷、《評點老子》一卷、《評點戰國策》三十三卷、《評點管子》二十四卷、《評點墨子》十六卷、《評點莊子》十卷、《評點荀子》二十卷、《評點韓非子》二十卷、《評點太玄》十卷、《評點淮南子》二十一卷、《評點呂氏春秋》二十六卷、《評點楊子法言》、《評點說苑》、《古文辭類纂校勘記》二卷評點一卷附諸家評識一卷、《評點孔叢子》、《評點文子》、《評點三國志》、《評點漢書》二卷（附姚鼐、張裕釗評點）、《評點後漢書》□□卷（附賀濤評點□卷）、《評點晉書》、《評點宋書》、《評點齊書》、《評點梁書》、《評點陳書》、《評點隋書》、《評點魏書》、《評點新唐書》、《評點新五代史》七十卷（附梅曾亮評點□卷）、《評點通鑒》、《評點明史稿》、《史記讀本》、《漢書讀本》、《評點蔡中郎集》、《評點陳思王集》、《評點陶淵明集》、《評點徐孝穆集》、《評點庾子山集》、《評點韓文公集》一卷、《評點柳柳州集》一卷、《評點李習之集》一卷、《評點皇甫持正集》一卷、《評點孫可之集》一卷、《評點李長吉集》四卷外集一卷、《評點李義山集》、《評點杜牧之集》、《評點郭翰林集評註》三卷、《評點香奩集》三卷補遺一卷、《評點歐陽永叔集》一卷、《評點蘇明允集》一卷、《評點蘇東坡詩集》二卷、《評點王荊公集》二卷、《評點曾子固集》一卷、《評點黃山谷詩集》一卷、《評點儀禮》、《評點周禮》、《評點晏子春秋》、《評點靈樞》、《評點素問》、《評點抱樸子》、《淮南子讀本》、《評點杜子美集》、《評點李太白集》、《評點李元賓集》、《評點唐諸家集》七卷、《評點晁叔用集》、《評點宋諸家詩集》一卷、《評點元遺山詩集》一卷、《評點歸震川集一集》、《評點方望溪集》一卷、《評點姚惜抱集》一卷、《評點張皋文集》一卷、《評點梅伯言集》一卷、《評點曾文正公集》一卷、《評點張濂亭集》一卷、《評點晁具茨詩集》一卷、《評點阮步兵集》、《評點謝康樂集》、《評點鮑參軍集》、《評點江醴陵集》、《六家文鈔》（錄司馬子長、司馬長卿、楊子雲、王子淵、班孟堅、韓退之）、《評點楚詞》、《評點文選》、《評點全唐文》、《評點宋文鑒》、《評點古文約選》、《評點歷朝詩約選》、《評點經史百家雜鈔》一卷、《評點十八家詩鈔》三卷、《評點駢體文鈔》、《評點漁洋古詩選》、《古詩鈔》廿卷附目四卷、《評點唐詩鼓吹》十八卷、《評點瀛奎律髓》四十五卷、《吳先生日記》十六卷、《矮楷居文》□卷。

　　◎吳汝綸（1840～1903），字摯甫（摯父、至父）。安徽桐城人。同治四年（1865）進士，授內閣中書。先後入曾國藩、李鴻章幕，任深州、冀州知州。主講蓮池書院，以五品卿銜充京師大學堂總教習。創辦桐城學堂。著有《評點易經》四卷、《易說》二卷、《周易點勘》不分卷、《尚書故》三卷、《寫定尚書》（《吳氏寫本尚書》）一卷、《尚書讀本》二卷、《尚書故》四卷、《評點書經》二卷、《評點詩經》二卷、《評點禮記》一卷、《評點大戴禮》、《夏小正私箋》一卷、《評點儀禮》、《評點周禮》、《評點左傳》十二卷、《寫定左傳》、《太史公所錄左氏義》三卷、《評點穀梁傳》一卷、《評點公羊傳》、《評點四書》四卷、《韻學》、《古文讀本》十三卷、《古文讀本前後編》二卷、《點勘史記讀本》一百三十卷附初校本點識一卷各家史記評語一卷、《文選》、《李文忠公事略》一卷、《古詩選》、《節本天演論》一卷、《東遊叢錄》四卷、《深州風土記》二十二卷、《漢魏六朝三百家集》、《評點國語》二十一卷、《評點老子》一卷、《評點戰國策》三十三卷、《評點管子》二十四卷、《評點墨子》十六卷、《評點莊子》十卷、《評點荀子》二十卷、《評點韓非子》二十卷、《評點太玄》十卷、《評點淮南子》二十一卷、《評點呂氏春秋》二十六卷、《評點楊子法言》、《評點說苑》、《古文辭類纂校勘記》二卷評點一卷附諸家評識一卷、《評點孔叢子》、《評點文子》、《評點三國志》、《評點漢書》二卷、《評點後漢書》、《評點晉書》、《評點宋書》、《評點齊書》、《評點梁書》、《評點陳書》、《評點隋書》、《評點魏書》、《評點新唐書》、《評點新五代史》七十卷、《評點通鑒》、《評點明史稿》、《史記讀本》、《漢書讀本》、《評點蔡中郎集》、《評點陳思王集》、《評點陶淵明集》、《評點徐孝穆集》、《評點庾子山集》、《評點韓文公集》一卷、《評點柳柳州集》一卷、《評點李習之集》一卷、《評點皇甫持正集》一卷、《評點孫可之集》一卷、《評點李長吉集》四卷外集一卷、《評點李義山集》、《評點杜牧之集》、《評點郭翰林集評註》三卷、《評點香奩集》三卷補遺一卷、《評點歐陽永叔集》一卷、《評點蘇明允集》一卷、《評點蘇東坡詩集》二卷、《評點王荊公集》二卷、《評點曾子固集》一卷、《評點黃山谷詩集》一卷、《評點晏子春秋》、《評點靈樞》、《評點素問》、《評點抱樸子》、《淮南子讀本》、《評點杜子美集》、《評點李太白集》、《評點李元賓集》、《評點唐諸家集》七卷、《評點晁叔用集》、《評點宋諸家詩集》一卷、《評點元遺山詩集》一卷、《評點歸震川集一集》、《評點方望溪集》一卷、《評點姚惜抱集》一卷、《評點張皋文集》一卷、《評點梅伯言集》一卷、《評點曾文正公集》一卷、《評點張濂亭集》一卷、《評點晁具茨

詩集》一卷、《評點阮步兵集》、《評點謝康樂集》、《評點鮑參軍集》、《評點江醴陵集》、《六家文鈔》、《評點楚詞》、《評點文選》、《評點全唐文》、《評點宋文鑒》、《評點古文約選》、《評點歷朝詩約選》、《評點經史百家雜鈔》一卷、《評點十八家詩鈔》三卷、《評點駢體文鈔》、《評點漁洋古詩選》、《古詩鈔》廿卷附目四卷、《評點唐詩鼓吹》十八卷、《評點瀛奎律髓》四十五卷、《吳先生日記》十六卷、《矮梧居文》、《吳摯甫文集》四卷、《吳摯甫詩集》一卷、《吳摯甫尺牘》七卷，與張裕釗編《學古堂文集》二卷。歿後一年，子闓生合刊為《桐城吳先生全書》，續有《桐城吳先生日記》、《尺牘續編》、《吳摯甫先生函稿》、《李文忠公事略》、《桐城吳先生遺書》多種行世。今人有整理本《吳汝綸全集》。

吳汝綸 評點穀梁傳 一卷 未見

◎劉聲木《桐城文學撰述考》卷四「吳汝綸撰述」：《易說》二卷、《尚書故》三卷、《寫定尚書》一卷、《尚書讀本》二卷、《深州風土記》二十二卷、《夏小正私箋》一卷、《古文讀本》十三卷（常堉璋私加增損）、《古文讀本前後編》二卷、《寫定左傳》、《太史公所錄左氏義》三卷、《點勘史記讀本》一百三十卷附初校本點識一卷各家史記評語一卷、《文選》□卷（錄司馬長卿、太史公、揚子雲、班孟堅、韓退之五家文，編定未刊）、《李文忠公事略》一卷、《古詩選》（編定未刊）、《節本天演論》一卷、《學古堂文集》二卷（張裕釗同編）、《東遊叢錄》四卷、《漢魏六朝三百家集》（選七十二卷）、《韻學》、《評點四書》四卷、《評點詩經》二卷、《評點書經》二卷、《評點易經》四卷、《評點左傳》十二卷、《評點禮記》一卷、《評點穀梁傳》一卷、《評點公羊傳》、《評點大戴禮》、《評點國語》二十一卷、《評點老子》一卷、《評點戰國策》三十三卷、《評點管子》二十四卷、《評點墨子》十六卷、《評點莊子》十卷、《評點荀子》二十卷、《評點韓非子》二十卷、《評點太玄》十卷、《評點淮南子》二十一卷、《評點呂氏春秋》二十六卷、《評點楊子法言》、《評點說苑》、《古文辭類纂校勘記》二卷評點一卷附諸家評識一卷、《評點孔叢子》、《評點文子》、《評點三國志》、《評點漢書》二卷（附姚鼐、張裕釗評點）、《評點後漢書》□□卷（附賀濤評點□卷）、《評點晉書》、《評點宋書》、《評點齊書》、《評點梁書》、《評點陳書》、《評點隋書》、《評點魏書》、《評點新唐書》、《評點新五代史》七十卷（附梅曾亮評點）□卷）、《評點通鑒》、《評點明史稿》、《史記讀本》、《漢書讀本》、《評點蔡中郎集》、《評點陳思王集》、《評點陶淵明集》、《評點徐孝穆集》、《評點庾

子山集》、《評點韓文公集》一卷、《評點柳柳州集》一卷、《評點李習之集》一卷、《評點皇甫持正集》一卷、《評點孫可之集》一卷、《評點李長吉集》四卷外集一卷、《評點李義山集》、《評點杜牧之集》、《評點郭翰林集評註》三卷、《評點香奩集》三卷補遺一卷、《評點歐陽永叔集》一卷、《評點蘇明允集》一卷、《評點蘇東坡詩集》二卷、《評點王荊公集》二卷、《評點曾子固集》一卷、《評點黃山谷詩集》一卷、《評點儀禮》、《評點周禮》、《評點晏子春秋》、《評點靈樞》、《評點素問》、《評點抱樸子》、《淮南子讀本》、《評點杜子美集》、《評點李太白集》、《評點李元賓集》、《評點唐諸家集》七卷、《評點晁叔用集》、《評點宋諸家詩集》一卷、《評點元遺山詩集》一卷、《評點歸震川集一集》、《評點方望溪集》一卷、《評點姚惜抱集》一卷、《評點張皋文集》一卷、《評點梅伯言集》一卷、《評點曾文正公集》一卷、《評點張濂亭集》一卷、《評點晁具茨詩集》一卷、《評點阮步兵集》、《評點謝康樂集》、《評點鮑參軍集》、《評點江醴陵集》、《六家文鈔》（錄司馬子長、司馬長卿、楊子雲、王子淵、班孟堅、韓退之）、《評點楚詞》、《評點文選》、《評點全唐文》、《評點宋文鑒》、《評點古文約選》、《評點歷朝詩約選》、《評點經史百家雜鈔》一卷、《評點十八家詩鈔》三卷、《評點駢體文鈔》、《評點漁洋古詩選》、《古詩鈔》廿卷附目四卷、《評點唐詩鼓吹》十八卷、《評點瀛奎律髓》四十五卷、《吳先生日記》十六卷、《矮楷居文》□卷。

吳汝綸 評點左傳 十二卷 未見

◎劉聲木《桐城文學撰述考》卷四「吳汝綸撰述」：《易說》二卷、《尚書故》三卷、《寫定尚書》一卷、《尚書讀本》二卷、《深州風土記》二十二卷、《夏小正私箋》一卷、《古文讀本》十三卷（常堉璋私加增損）、《古文讀本前後編》二卷、《寫定左傳》、《太史公所錄左氏義》三卷、《點勘史記讀本》一百三十卷附初校本點識一卷各家史記評語一卷、《文選》□卷（錄司馬長卿、太史公、揚子雲、班孟堅、韓退之五家文，編定未刊）、《李文忠公事略》一卷、《古詩選》（編定未刊）、《節本天演論》一卷、《學古堂文集》二卷（張裕釗同編）、《東遊叢錄》四卷、《漢魏六朝三百家集》（選七十二卷）、《韻學》、《評點四書》四卷、《評點詩經》二卷、《評點書經》二卷、《評點易經》四卷、《評點左傳》十二卷、《評點禮記》一卷、《評點穀梁傳》一卷、《評點公羊傳》、《評點大戴禮》、《評點國語》二十一卷、《評點老子》一卷、《評點戰國策》三十三卷、《評點

管子》二十四卷、《評點墨子》十六卷、《評點莊子》十卷、《評點荀子》二十卷、《評點韓非子》二十卷、《評點太玄》十卷、《評點淮南子》二十一卷、《評點呂氏春秋》二十六卷、《評點楊子法言》、《評點說苑》、《古文辭類纂校勘記》二卷評點一卷附諸家評識一卷、《評點孔叢子》、《評點文子》、《評點三國志》、《評點漢書》二卷（附姚鼐、張裕釗評點）、《評點後漢書》□□卷（附賀濤評點□卷）、《評點晉書》、《評點宋書》、《評點齊書》、《評點梁書》、《評點陳書》、《評點隋書》、《評點魏書》、《評點新唐書》、《評點新五代史》七十卷（附梅曾亮評點）□卷）、《評點通鑒》、《評點明史稿》、《史記讀本》、《漢書讀本》、《評點蔡中郎集》、《評點陳思王集》、《評點陶淵明集》、《評點徐孝穆集》、《評點庾子山集》、《評點韓文公集》一卷、《評點柳柳州集》一卷、《評點李習之集》一卷、《評點皇甫持正集》一卷、《評點孫可之集》一卷、《評點李長吉集》四卷外集一卷、《評點李義山集》、《評點杜牧之集》、《評點郭翰林集評註》三卷、《評點香奩集》三卷補遺一卷、《評點歐陽永叔集》一卷、《評點蘇明允集》一卷、《評點蘇東坡詩集》二卷、《評點王荊公集》二卷、《評點曾子固集》一卷、《評點黃山谷詩集》一卷、《評點儀禮》、《評點周禮》、《評點晏子春秋》、《評點靈樞》、《評點素問》、《評點抱樸子》、《淮南子讀本》、《評點杜子美集》、《評點李太白集》、《評點李元賓集》、《評點唐諸家集》七卷、《評點晁叔用集》、《評點宋諸家詩集》一卷、《評點元遺山詩集》一卷、《評點歸震川集一集》、《評點方望溪集》一卷、《評點姚惜抱集》一卷、《評點張皋文集》一卷、《評點梅伯言集》一卷、《評點曾文正公集》一卷、《評點張濂亭集》一卷、《評點晁具茨詩集》一卷、《評點阮步兵集》、《評點謝康樂集》、《評點鮑參軍集》、《評點江醴陵集》、《六家文鈔》（錄司馬子長、司馬長卿、楊子雲、王子淵、班孟堅、韓退之）、《評點楚詞》、《評點文選》、《評點全唐文》、《評點宋文鑒》、《評點古文約選》、《評點歷朝詩約選》、《評點經史百家雜鈔》一卷、《評點十八家詩鈔》三卷、《評點駢體文鈔》、《評點漁洋古詩選》、《古詩鈔》廿卷附目四卷、《評點唐詩鼓吹》十八卷、《評點瀛奎律髓》四十五卷、《吳先生日記》十六卷、《矮檐居文》□卷。

吳汝綸　太史公所錄左氏義　三卷　未見

　　◎吳汝綸《記太史公所錄左氏義後》〔註65〕：太史公錄《左氏書》可謂多矣，然往往雜采他說，與經傳小異，至其事同者，其辭亦頗有變易，又或一事

〔註65〕錄自光緒三十年本《桐城吳先生文集》。

分散數篇而辭各不同，蓋古人之言，無取相沿襲也。往時吾縣方侍郎極稱《左氏》齊無知弒襄公篇，以為使太史公為之，且將增益數十百言。余考之，《左氏》大篇，史公蔽以數言者亦眾矣。文如金玉錦繡，施用各有宜稱，豈可以繁約多少高下之與？班氏之錄《史記》，其文能變易者蓋寡，好事者猶列其辭異同為書，承學之士有取焉。若太史公書變易《左氏》，尤可觀省，非班書比也。今依十二公年月，掇拾《史記》為三卷，藏於家。昔者嘗怪子長能竄易《尚書》及《五帝德》《帝系姓》之文成一家言，獨至《戰國策》則一因仍舊文，多至九十餘事，何至乖異如是？及紃察《國策》中若趙武靈王、平原、春申君、范睢、蔡澤、魯仲連、蘇秦、荊軻諸篇，皆取太史公《敘論》之語而並載之，而曾子固亦稱《崇文總目》有高誘注者僅八篇。乃知劉向所校《戰國策》亡久矣，後之人反取太史公書充入之，非史公盡取材於《戰國策》，決也。惜乎吾不得知言之士與論此耳。光緒十年十一月，汝綸記。

◎劉聲木《桐城文學撰述考》卷四「吳汝綸撰述」：《易說》二卷、《尚書故》三卷、《寫定尚書》一卷、《尚書讀本》二卷、《深州風土記》二十二卷、《夏小正私箋》一卷、《古文讀本》十三卷（常堉璋私加增損）、《古文讀本前後編》二卷、《寫定左傳》、《太史公所錄左氏義》三卷、《點勘史記讀本》一百三十卷附初校本點識一卷各家史記評語一卷、《文選》□卷（錄司馬長卿、太史公、揚子雲、班孟堅、韓退之五家文，編定未刊）、《李文忠公事略》一卷、《古詩選》（編定未刊）、《節本天演論》一卷、《學古堂文集》二卷（張裕釗同編）、《東遊叢錄》四卷、《漢魏六朝三百家集》（選七十二卷）、《韻學》、《評點四書》四卷、《評點詩經》二卷、《評點書經》二卷、《評點易經》四卷、《評點左傳》十二卷、《評點禮記》一卷、《評點穀梁傳》一卷、《評點公羊傳》、《評點大戴禮》、《評點國語》二十一卷、《評點老子》一卷、《評點戰國策》三十三卷、《評點管子》二十四卷、《評點墨子》十六卷、《評點莊子》十卷、《評點荀子》二十卷、《評點韓非子》二十卷、《評點太玄》十卷、《評點淮南子》二十一卷、《評點呂氏春秋》二十六卷、《評點楊子法言》、《評點說苑》、《古文辭類纂校勘記》二卷評點一卷附諸家評識一卷、《評點孔叢子》、《評點文子》、《評點三國志》、《評點漢書》二卷（附姚鼐、張裕釗評點）、《評點後漢書》□□卷（附賀濤評點□卷）、《評點晉書》、《評點宋書》、《評點齊書》、《評點梁書》、《評點陳書》、《評點隋書》、《評點魏書》、《評點新唐書》、《評點新五代史七十卷附梅曾亮評點》□卷、《評點通鑒》、《評點明史稿》、《史記讀本》、《漢書讀本》、《評點蔡

中郎集》、《評點陳思王集》、《評點陶淵明集》、《評點徐孝穆集》、《評點庾子山集》、《評點韓文公集》一卷、《評點柳柳州集》一卷、《評點李習之集》一卷、《評點皇甫持正集》一卷、《評點孫可之集》一卷、《評點李長吉集》四卷外集一卷、《評點李義山集》、《評點杜牧之集》、《評點郭翰林集評註》三卷、《評點香奩集三卷補遺》一卷、《評點歐陽永叔集》一卷、《評點蘇明允集》一卷、《評點蘇東坡詩集》二卷、《評點王荊公集》二卷、《評點曾子固集》一卷、《評點黃山谷詩集》一卷、《評點儀禮》、《評點周禮》、《評點晏子春秋》、《評點靈樞》、《評點素問》、《評點抱樸子》、《淮南子讀本》、《評點杜子美集》、《評點李太白集》、《評點李元賓集》、《評點唐諸家集》七卷、《評點晁叔用集》、《評點宋諸家詩集》一卷、《評點元遺山詩集》一卷、《評點歸震川集一集》、《評點方望溪集》一卷、《評點姚惜抱集》一卷、《評點張皋文集》一卷、《評點梅伯言集》一卷、《評點曾文正公集》一卷、《評點張濂亭集》一卷、《評點晁具茨詩集》一卷、《評點阮步兵集》、《評點謝康樂集》、《評點鮑參軍集》、《評點江醴陵集》、《六家文鈔》（錄司馬子長、司馬長卿、楊子雲、王子淵、班孟堅、韓退之）、《評點楚詞》、《評點文選》、《評點全唐文》、《評點宋文鑒》、《評點古文約選》、《評點歷朝詩約選》、《評點經史百家雜鈔》一卷、《評點十八家詩鈔》三卷、《評點駢體文鈔》、《評點漁洋古詩選》、《古詩鈔》廿卷附目四卷、《評點唐詩鼓吹》十八卷、《評點瀛奎律髓》四十五卷、《吳先生日記》十六卷、《矮橁居文》□卷。

吳汝綸 寫定左傳 未見

◎劉聲木《桐城文學撰述考》卷四「吳汝綸撰述」：《易說》二卷、《尚書故》三卷、《寫定尚書》一卷、《尚書讀本》二卷、《深州風土記》二十二卷、《夏小正私箋》一卷、《古文讀本》十三卷（常堉璋私加增損）、《古文讀本前後編》二卷、《寫定左傳》、《太史公所錄左氏義》三卷、《點勘史記讀本》一百三十卷附初校本點識一卷各家史記評語一卷、《文選》□卷（錄司馬長卿、太史公、揚子雲、班孟堅、韓退之五家文，編定未刊）、《李文忠公事略》一卷、《古詩選》（編定未刊）、《節本天演論》一卷、《學古堂文集》二卷（張裕釗同編）、《東遊叢錄》四卷、《漢魏六朝三百家集》（選七十二卷）、《韻學》、《評點四書》四卷、《評點詩經》二卷、《評點書經》二卷、《評點易經》四卷、《評點左傳》十二卷、《評點禮記》一卷、《評點穀梁傳》一卷、《評點公羊傳》、《評點大戴禮》、《評點國語》二十一卷、《評點老子》一卷、《評點戰國策》三十三卷、《評點

管子》二十四卷、《評點墨子》十六卷、《評點莊子》十卷、《評點荀子》二十卷、《評點韓非子》二十卷、《評點太玄》十卷、《評點淮南子》二十一卷、《評點呂氏春秋》二十六卷、《評點楊子法言》、《評點說苑》、《古文辭類纂校勘記》二卷評點一卷附諸家評識一卷、《評點孔叢子》、《評點文子》、《評點三國志》、《評點漢書》二卷（附姚鼐、張裕釗評點）、《評點後漢書》□□卷（附賀濤評點□卷）、《評點晉書》、《評點宋書》、《評點齊書》、《評點梁書》、《評點陳書》、《評點隋書》、《評點魏書》、《評點新唐書》、《評點新五代史七十卷附梅曾亮評點》□卷、《評點通鑑》、《評點明史稿》、《史記讀本》、《漢書讀本》、《評點蔡中郎集》、《評點陳思王集》、《評點陶淵明集》、《評點徐孝穆集》、《評點庾子山集》、《評點韓文公集》一卷、《評點柳柳州集》一卷、《評點李習之集》一卷、《評點皇甫持正集》一卷、《評點孫可之集》一卷、《評點李長吉集》四卷外集一卷、《評點李義山集》、《評點杜牧之集》、《評點郭翰林集評註》三卷、《評點香奩集三卷補遺》一卷、《評點歐陽永叔集》一卷、《評點蘇明允集》一卷、《評點蘇東坡詩集》二卷、《評點王荊公集》二卷、《評點曾子固集》一卷、《評點黃山谷詩集》一卷、《評點儀禮》、《評點周禮》、《評點晏子春秋》、《評點靈樞》、《評點素問》、《評點抱樸子》、《淮南子讀本》、《評點杜子美集》、《評點李太白集》、《評點李元賓集》、《評點唐諸家集》七卷、《評點晁叔用集》、《評點宋諸家詩集》一卷、《評點元遺山詩集》一卷、《評點歸震川集一集》、《評點方望溪集》一卷、《評點姚惜抱集》一卷、《評點張皋文集》一卷、《評點梅伯言集》一卷、《評點曾文正公集》一卷、《評點張濂亭集》一卷、《評點晁具茨詩集》一卷、《評點阮步兵集》、《評點謝康樂集》、《評點鮑參軍集》、《評點江醴陵集》、《六家文鈔》（錄司馬子長、司馬長卿、楊子雲、王子淵、班孟堅、韓退之）、《評點楚詞》、《評點文選》、《評點全唐文》、《評點宋文鑒》、《評點古文約選》、《評點歷朝詩約選》、《評點經史百家雜鈔》一卷、《評點十八家詩鈔》三卷、《評點駢體文鈔》、《評點漁洋古詩選》、《古詩鈔》廿卷附目四卷、《評點唐詩鼓吹》十八卷、《評點瀛奎律髓》四十五卷、《吳先生日記》十六卷、《矮楮居文》□卷。

吳汝綸校訂 左傳讀本 十二卷 附錄一卷 存

國圖、吉林大學、湖北、南開藏 1918 年都門書局鉛印吳闓生輯桐城吳先生群書點勘本

吳善繼　春秋日月時例　一卷　存

上海藏稿本

吳善繼　馬氏左氏釋例　一卷　存

上海藏稿本（廖平批）

吳省蘭　春秋地名辨異　三卷　存

暨南大學藏清刻本（存卷上至中）

◎吳省蘭（1738～1810），字泉之。南匯（今屬上海）人。吳省欽弟。乾隆二十八年（1763）舉人，考取咸安宮官學教習，為和珅師。四十三年（1778）賜同進士出身，四十五年（1780）授編修，歷官文淵閣校理、南書房直閣事，擢湖北、順天、浙江提學使、工部侍郎，降補侍講，陞侍讀學士。嘉慶四年（1799）因和珅事降為編修，未幾去職。富藏書，歸田後有藏書樓「聽彝堂」。著有《春秋地名辨異》三卷、《文字辨譌》一卷、《聽彝堂文稿》、《聽彝堂偶存稿》二十一卷、《五代宮詞》、《續通志謚略》、《十國宮詞》一卷、《河源紀略承修稿》六卷、《楚南隨筆》（一名《楚南隨筆》）一卷、《楚峒志略》一卷、《稷堂試體賦》二卷、《皇上七旬萬壽千字文》一卷，嘉慶中又輯刊《藝海珠塵》叢書八集收書一百三十六種（婿錢熙輔輯壬癸二集四十二種），輯《地理秘訣隔山照》、《倭情屯田議》一卷。

吳守一　春秋日食質疑　一卷　存

會稽徐氏初學堂羣書輯錄本（稿本）
嘉慶十三年（1808）虞山張氏刻借月山房彙抄本
國圖藏道光四年（1824）上海陳氏刻澤古齋重鈔・第一集本
國圖藏道光十一年（1831）六安晁氏木活字學海類編・經翼本
指海本

◎提要：是書推考歲差加減，以證《春秋》所載日食之誤。《春秋》日月以長曆考之，往往有訛，見於杜預釋例。此更詳其進退遲速以求交限，末附《詩》、《書》日食考二條，以互相參證。但其云隱公三年春王二月己巳朔日有食之，當是三月己巳朔。書二月者，晦朔之誤。桓公三年秋七月壬辰朔日有食之，當是五月癸丑朔。書三月者，或夏正之訛。近者陳厚耀作《春秋長曆表》，以為隱公元年以前非失一閏，乃多一閏。退一月就之，隱公元年正月為庚辰朔，

較長曆實退兩月。推至僖公五年止，以閏月小建為之遷就，則隱、桓三年日食更不必疑矣。僖公十五年夏五月日有食之，守一以為當是三月甲戌。而顧棟高《春秋長曆拾遺表》以為當是四月癸丑朔。襄公二十四年七月、八月遞食，守一與棟高皆從大衍曆，以為八月無食。其他守一、棟高說亦多同，而皆不及厚耀之密。生數千載之後，必欲求歲差於秒忽之間，亦未見其悉得，姑存其說焉可矣。

　　◎民國《歙縣志》卷十五《藝文志・書目》：《春秋日食質疑》一卷（吳守一）。

　　◎道光《徽州府志》卷十五《藝文志》：吳守一《春秋日食質疑》一卷。

　　◎趙爾巽《清史稿》卷一百四十五志一百二十《藝文》一：《春秋日食質疑》一卷，吳守一撰。

　　◎張之洞《書目答問》卷一《經部》：《春秋日食質疑》一卷（吳守一。《指海》本。借月山房本）。

　　◎上海古籍出版社 2015 年《續修四庫全書總目提要・春秋類》「《春秋日食質疑》一卷」：是書推考歲差加減，以證《春秋》所載日食之誤。據馮澂《春秋日食集證・自序》稱，《春秋》三十七日食，世言多殊。其不知者，若杜預《春秋釋例》、顧棟高《春秋長曆拾遺表》之類，徒以《春秋》之經、傳日月以求，經誤傳誤，相去略近，不無乖錯云云。此更詳其進退遲速，以求交限。末附《書》、《詩》日食考二條，以互相參證。是書收入《四庫全書總目》春秋類存目，提要謂是書所載《春秋》三十七日食事，昔人以為其中多有訛誤，引陳厚耀《春秋長曆表》、顧棟高《拾遺表》作為參照，舉例若干，以為守一與棟高皆從《大衍曆》。生數千載之後，必欲求歲差於秒忽之間，亦未見其悉得，姑存其說焉可矣云云。此本據浙江圖書館藏清嘉慶十三年刻《借月山房彙鈔》本影印。（諶衡）

　　◎吳守一，字萬先。安徽歙縣人。著有《春秋日食質疑》一卷。

吳壽暘 公羊經傳異文集解 二卷 殘

　　國圖藏稿本（存卷上）

　　國圖藏清抄本（存卷上。吳壽陽訂補）

　　續修四庫全書影印國圖藏稿本（存卷上）

　　◎國圖藏清抄本卷首有簽條云：此冊失錄《十三經音略》各條，須補入另鈔。

◎國圖藏清抄本卷首尺牘：

槎客七兄大人：初五日寄小函，後隨接到賜札，並領令嗣大著一冊。盥讀之下，佩服好學深思。因念漢儒通經，多守家法，如歐陽夏侯皆是也。此足徵淵源庭訓，行見平、地、敢、壽之傳永永勿替矣。拙著蕪陋，亦蒙收錄，得以坿存，尤為忻幸。承命悉心校閱，偶有愚笁，謹粘簽并別楮兩張藉政，祈俯鑒錫蘐，諒恕其疎率也。

自序融貫全經，大有郭恕先、賈文元筆意，非時人所能也。

愚弟周春頓首。

◎公羊異文集解序：《公羊經傳異文集解》二卷，吳子嵋臣〔註66〕撰。坦卒讀而為之序曰：《春秋》定於孔子，而《公羊》獨多異文，非好為異也，大率古字通假、古音通轉耳。發其覆而通之者，自國朝惠徵君定宇始。吳子采輯漢唐以來文字聲音訓詁及諸儒傳說，參互發明，條繫目舉，而補其闕畧，俾讀者心悟神爽，疑義盡釋，其精審為何如耶！蓋得諸庭訓者為多也。坦曩時曾撰《春秋異文箋》，叢雜破碎，不若是書之善，於是知學識之不相及也有如此。抑坦更有請焉者，漢世傳《公羊》學莫若董江都，其闡晰經義，邃而明、衍而奧、醇而彌光，不束于傳不背於經，其睿敏殆有出何邵公上者。嘗欲取《繁露》一書分繫於經傳之下，掇拾經史中微言剩義附益之，以備《公羊》古義。鈍於質，鶩於他事逐逐焉，有志未能也。吳子亦有意否乎？坦將策其駑陋以相與從事於斯也。嘉慶十六年四月日，學弟仁和趙坦拜手序。

◎吳壽暘序：子公羊子業受西河，師尊尼父，百二十國之寶書既備，三十萬字之記載綦詳。傳明于例，體辨以裁，論復讐則有功聖經，譏喪娶則長于左氏。東漢鄒、夾之學既已無傳，西京齊、魯之經衰然稱首。然而瑕丘申議未免吶言，江都治術猶嫌涉緯。迄乎何氏，乃作《解詁》。紹述顏、嚴，撮諸家之精要；稟承敢、壽，循五傳之淵源。信墨守之彌堅，詎賣餅而可誚。顧其經由口授，文雜齊言，登來往黨，踊為筍將。累恍如之訓既殊，昉梧胆之義亦判，苟非審厥音聲，奚以明其旨趣？矧夫經典留貽，師讀各異，古音通轉，假借為多。考舊文則包浮犁黎並合，沿隸省則兒郳御禦相承，祊之與邴為一字，曲之于區為同聲，壬臣等于王臣，世室猶之大室，廧牆同用，叝堅本通，識古文之為芅，則陳侯之弟可辨；讀年字以如寧，則天王之弟曷疑。若斯之類，難以殫述，蓋非惟蔑昧嶔唫荼舍東朱之異而已也。他如甯俞甯速之字、召伯毛伯之文

〔註66〕「嵋臣」一本作「蘇閣」。

（文五年）、犀丘實作畱丘、雨雪本書雨雹（昭四年），賈景伯多見古本，徐仙民篤信遺編。一字之殊蓋有根源，一音之別必有從來。詎為岐途而異說，遂乃絀此而信彼也哉？！西河毛氏實刊簡書，以《左氏》為得聖經，譏《公羊》多近里市。顧尹氏書卒，足袪君母之疑；衛侯稱名，尤補簡策所闕。雖云作異，詎可全非？茲舉竹帛圖讖之遺，合以《左氏》《穀梁》之舊。丘明所述既辨，厥不同元始之書，復鉤其互異。至若全傳字體之別，與夫石經舊本之殊，非合二家有可互參，故于本書未遑悉錄。多慚樗昧，未廣見聞。肄誦所經，義訓咠綴。等諸寸莛之響，譬猶一臠之嘗。聊用袪夫曲說，或少發其惷愚。三科五始之旨既無當矣，二類六輔之條亦何補焉！是為序。嘉慶六年四月朔日，海寧吳壽暘書於拜經樓。

◎又一本吳壽暘序：子公羊子業受西河，師尊尼父，百二十國之寶書咸在，三十萬字之記載皆詳。傳明于例，體辨以裁，論復讐則有功聖經，譏喪娶則長于左氏。漢初鄒、夾之學學官特立，西京江都之術讖緯奚疑。迄乎何氏，乃作《解詁》。先有顏、嚴，早精傳述。洵墨守之非虛，詎賣餅而可誚？顧其經由口授，文雜齊言，登來往黨，踊為筍將。累怳如之訓既殊，昉桮脰之義亦判，苟非審厥音聲，蓋無以明其旨趣也。更有進者，古訓留貽，師讀各異，古音通轉，假借為多。考經典則包浮犁黎並合，證金石則兒郳御禦相承，羊之與祥為一字，詭之于佹無二音，壬臣等于王臣，世室猶之大室，廥牆同用，臤堅本通，釋古文之為芃，則陳侯之弟可辨；讀佞字以為年，則天王之弟曷疑。若斯之類，難以殫述，蓋非惟蔑昧嶔唅娓舍東朱之異而已也。他如甯俞甯速之字、召伯毛伯之文（文五年）、犀丘實作畱丘、雨雪本書雨雹（昭四年），賈景伯多見古本，徐仙民篤信遺編。一字之殊蓋有根源，一音之別必有從來，詎可信今非古泝流忘源也哉？！間從誦習之餘，隨識文字之異，體可辨之許書，音得參之陸氏，稽諸家義訓之精，袪曲說拘牽之陋，爰為纂輯，用備遺忘。庶幾音訓可徵，不疑紀錄之誤，斯豈有當于三科九旨之一端，或聊以備二類六輔之餘事也夫！是為序。嘉慶六年歲在重光作噩，海寧吳壽暘書于拜經樓。

◎上海古籍出版社 2015 年《續修四庫全書總目提要・春秋類》「《公羊經傳異文集解》二卷（存卷上）」：是書前有吳氏自序，以為《春秋》三傳口授文雜，師讀各異，古音通假轉借文字多有。一字之殊，蓋有根據，一音之別，必有從來，故欲辨明今古，正流清源云云。本書依《春秋》十二公為序，遍羅三傳異文，列《公羊》文字於先，《左》、《穀》異文於後，又廣采《說文》、《釋

文》、《九經古義》、《五經異義》、《黃氏日抄》、《春秋本義》、《十三經音略》諸家，引據博洽，考證精確，如包浮犁黎並合，兒郳御禦相承，羊之與祥為一字，詭之於佹無二音，壬臣等於王臣，世室猶之大室，廧牆同用，旣堅本通。稽諸家義訓之精，祛曲說拘牽之陋，以求窮盡。自唐啖助、趙匡始，《春秋》學者或兼取三傳，流遁失中；或盡舍三傳，直究聖經。至清常州學派，守顓門家法，《公羊》之統紀遂正。壽暘生逢其時，以《公羊》為依準，辨析三傳文字差異，斯豈有當於「三科九旨」之一端，或聊以備二類六輔之餘事也。此書未刊刻，抄本流傳亦不廣，公私書目罕見著錄。國家圖書館藏有吳氏稿本，前有仁和趙坦序，略云：「《春秋》定於孔子，公羊獨多異文，非好為異也，大率古字通假，古音通轉耳。發其覆而通之，自惠定宇徵君始。吳子采輯漢唐以來文字、聲音、訓詁及諸儒傳說，參在發明，條系目舉而補其闕略，俾讀者心悟神爽，疑義盡釋，其精審為何如耶！」國圖另有清抄本一部，天頭眉批及正文塗抹改正處甚多，查眉批字體與正文一輒，亦似作者語氣，蓋吳氏手批訂補其底稿。此本殆《公羊經傳異文集解》之初稿本，早於趙坦序本。國家圖書館、《中國古籍善本書目》、《中國古籍總目》皆著錄此書為二卷，吳氏訂補本卷首亦題「公羊經傳異文集解卷上」，然有卷上而無卷下，且卷上始隱公終哀公，是為全帙，蓋吳時本意欲分上下，後以字數無多，遂不復分。此本據國家圖書館藏吳壽暘訂補本影印。（王磊）

◎吳壽暘（1771～1835），字虞（嵎）臣，一字周官，號蘇閣。海寧（今浙江海寧）人。吳騫次子。歲貢生。富藏書，有「拜經樓藏書印」、「蘇閣之藏」、「周之史官珍藏」諸印。著有《公羊經傳異文集解》二卷、《拜經樓藏書題跋記》五卷補遺一卷、《後漢書注校》、《蘇閣吟卷》、《蘇閣詞卷》、《蘇閣詩稿》、《蘇閣文稿》、《富春軒雜著》等。

吳偉業 春秋地理志 十六卷 存

廣東藏清抄本

◎顧師軾《梅村先生年譜》卷三：先生所著有《春秋地理志》《春秋氏族志》《綏靖紀聞》《復社紀事》《秣陵春樂府》《梅村詩話》《鹿樵紀聞》諸書（又有《臨春閣》《通天臺》兩種樂府）。

◎《吳詩集覽》卷首顧湄撰《吳梅村先生行狀》：先生之學，博極羣書，歸於至精。有問經史疑難、古今典故，與夫著作原委，旁引曲証，洞若指掌，多先儒之所未發。詩文炳燿鏗鏜，其詞條氣格，皆足以追配古人。而虛懷推分，

不務標榜，尤人所難。自□□〔註67〕沒後，先生獨任斯文之重，海內之士，與浮屠老子之流，以文為請者，日集於庭，麾之弗去。一篇之出，家傳人誦，雖遐方絕域亦皆知所寶愛。雅善書，尺蹏便面，人爭藏弄以為榮。所著《梅村集》四十卷、《春秋地理志》十六卷、《春秋氏族志》二十四卷、《綏寇紀畧》十二卷，又《樂府雜劇》三卷。

　　◎吳偉業（1609～1672），字駿公，號梅村，別署鹿樵生、灌隱主人、大雲道人。蘇州府太倉（今江蘇太倉）人。崇禎四年（1631）進士，任翰林院編修、左庶子等職。崇禎十年嘗從黃道周學易。順治十一年（1654）授秘書院侍講，後陞國子監祭酒。順治十三年（1656）底乞假南歸，遂不復仕。與錢謙益、龔鼎孳並稱江左三大家。著有《易經聽月》六卷圖說一卷、《春秋地理志》十六卷、《春秋氏族志》二十四卷、《綏寇紀略》十二卷、《梅村家藏稿》五十八卷、《梅村集》四十卷、《梅村詩餘》、《秣陵春》、《通天台》、《臨春閣》、《樂府雜劇》三卷。

吳偉業　春秋氏族志　二十四卷　佚

　　◎《吳詩集覽》卷首顧湄撰《吳梅村先生行狀》：所著《梅村集》四十卷、《春秋地理志》十六卷、《春秋氏族志》二十四卷、《綏寇紀畧》十二卷，又《樂府雜劇》三卷。

吳蔚光　春秋去例　四卷　佚

　　◎法式善《存素堂文集》卷四《例授奉直大夫禮部主事吳君墓表》：君所著有《易以》二卷、《洪範音諧》二卷、《毛詩意見》四卷、《春秋去例》四卷、《讀禮知意》四卷、《求閒錄》十卷、《方言考據》二卷、《閒居詩話》四卷、《駢體源流》一卷、《杜詩義法》八卷、《唐律六長》四卷、《詩餘辨偽》二卷、《姜張詞得》二卷、《素修堂文集》二十卷、《古金石齊詩》前集四十五卷後集十五卷、《小湖田樂府》前集十卷續集四卷、《寓物偶為》二卷。

　　◎道光《休寧縣志》卷十二《人物志‧文苑》：著有《易以》二卷、《洪範音諧》一卷、《毛詩臆見》四卷、《春秋去例》四卷、《讀禮知意》四卷、《求閒錄》十卷、《方言攷據》二卷、《閒居詩話》四卷、《駢體源流》一卷、《杜詩義法》八卷、《唐律六長》四卷、《詩餘辨偽》二卷、《姜張詞得》二卷、《素修堂

〔註67〕原文即為墨丁。

文集》二十卷、《古金石齊詩》前後集共六十卷、《小湖田樂府》十四卷、《寓物偶留》四卷。

　　◎道光《徽州府志》卷十一之四《人物志·文苑》：著有《易以》二卷、《洪範音諧》一卷、《毛詩臆見》四卷、《春秋去例》四卷、《讀禮知意》四卷、《求閒錄》十卷、《方言攷據》二卷、《閒居詩話》四卷、《駢體源流》一卷、《杜詩義法》八卷、《唐律六長》四卷、《詩餘辨偽》二卷、《姜張詞得》二卷、《素修堂文集》二十卷、《古金石齊詩》前集後集共六十卷、《小湖田樂府》十四卷、《寓物偶留》四卷。

　　◎《重修安徽通志》卷二百二十五《人物志·文苑》：有《易以》二卷、《洪範音諧》一卷、《毛詩臆見》四卷、《春秋去例》四卷、《讀禮知意》四卷、《求閒錄》十卷、《方言考據》二卷、《閒居詩話》四卷、《杜詩義法》八卷、《唐律六長》四卷、《駢體源流》一卷、《詩餘辨偽》二卷、《素修堂文集》二十卷、《古金石齊詩》前集後集共六十卷、《小湖田樂府》十四卷、《寓物偶留》四卷（《休寧縣志》）。

　　◎吳蔚光（1743～1803），字悊（浙）甫，一字執虛，號竹橋，又自號湖田外史。世居安徽休寧大斐，四歲隨父居昭文（今江蘇常熟）之迎春橋巷，始為昭文著姓。年十八以錢塘商籍補博士弟子員，乾隆四十二年（1777）舉順天鄉試，改昭文籍。乾隆四十五年（1780）進士，選翰林院庶吉士，纂修武英，分校四庫，散館改禮部主事。是冬以病假歸侍父，以著述為務。好藏書畫，構梅花一卷樓、擁（雍）書樓庋藏數萬卷。著有《易以》二卷、《洪範音諧》二卷、《毛詩意見》四卷、《春秋去例》四卷、《讀禮知意》四卷、《求閒錄》十卷、《方言考據》二卷、《閒居詩話》四卷、《駢體源流》一卷、《杜詩義法》八卷、《唐律六長》四卷、《詩餘辨偽》二卷、《姜張詞得》二卷、《素修堂文集》二十卷、《古金石齊詩》前集四十五卷後集十五卷、《小湖田樂府》前集十卷續集四卷、《寓物偶留》四卷。

吳熙　鄦學齋公羊淺說　存

湖南藏抄本

　　◎吳熙，字劭之，號嘉遁。湖南湘潭人。光緒七年（1879）優貢，朝考一等，以知縣用，呈請改就教職，主講船山書院。著有《考工記注》二卷、《鄦學齋穀梁札記》、《鄦學齋公羊淺說》、《鄦學齋禮記淺說》不分卷、《鄦學齋周禮淺說》、《綺霞江館聯語》一卷、《綺霞江館聯語偶存》一卷續存一卷再續存

一卷、《綺霞江館駢文》、《綺霞江館友朋書劄》、《綺霞江館詩存》三卷、《綺霞江館聯語抄》、《綺霞閣古書摘鈔》、《即爾師室劉向說苑呂氏春秋摘鈔》、《鄴學齋諸史札記》不分卷。

吳熙　鄴學齋穀梁札記　存

湖南藏抄本

吳儀洛　春秋傳義　佚

◎許瑤光修，吳仰賢等纂光緒四年《光緒嘉興府志》卷五十七《列傳八・海鹽縣》：所著《成方切用》《傷寒分經》，闡明仲景，發西昌喻氏所未發，采入《四庫全書》。又著《春秋傳義》《周易註》《本草從新》等書（伊《志》）。

◎吳儀洛，字遵程。浙江海鹽人。諸生。力學砥行，私淑張履祥，嘗歷遊楚、粵、燕、趙，徵文考獻，不遺餘力。留四明，讀范氏藏書，所寓目者，輒能暗寫。中年欲以良醫濟世，博覽岐黃家言，遂精其術。著有《周易註》《春秋傳義》《本草從新》《成方切用》《傷寒分經》等書。

吳應辰　麟旨　一卷　存

中科院藏清刻本

◎一名《春秋麟旨》。

◎道光《震澤鎮志》卷十一《書目》：《春秋麟旨》（吳應辰○刊存○應辰字璿卿，秀孫。烏程縣學生）。

◎書不全載《春秋》經文，僅標擬題，以一破題概括其意，略加詮釋，以供制義。

◎吳應辰，字璿卿，一字武平，自號嶻軒主人。江蘇松陵（今蘇州）人。屢試不第，屏居金陵，潛心著述。著有《麟旨》一卷。

吳應申　春秋集解讀本　十二卷

◎自序〔註68〕：麟經千古特筆也，文學如游夏一辭莫贊，何況餘子。但其間善善惡惡，或寓褒於貶，或寓貶於褒，變化離奇，非得名儒點逗，亦或以見嚴以立法寬以待人之妙。故讀經復讀傳者是也，讀傳而後讀諸子之說者亦是也。應申世業《春秋》，自左氏、公、穀、胡氏諸傳外，間嘗觀縷眾說，參互

〔註68〕錄自嘉慶《東流縣志》卷十六上《藝文志》上。

而考究之。然言人人殊,難定於一。且卷帙浩繁,憚愚子弟復不能遍讀,經何由通?爰是薈萃諸解,擇其合於經指而前後貫串者,編集成解意,既一覽而知,詞可計日而誦,為愚魯者計甚便也。或謂余私意去取,不知諸儒立說,皆以解經,既於經旨有合,一說猶眾說也,豈在多哉!

◎提要:以《春秋》經解卷帙浩繁難以遍讀,因薈萃眾說,擇其合於經旨者詳注經文之下以資記覽。自序謂詞可計日而誦,為愚魯者計甚便。蓋特課讀之本,非有意於闡發經義者也。

◎道光《徽州府志》卷十五《藝文志》:吳應申《春秋集解讀本》十二卷。

◎民國《歙縣志》卷十五《藝文志・書目》:《春秋集解讀本》十二卷(吳應申)。

◎吳應申,字文在。安徽歙縣人。著有《春秋集解讀本》十二卷。

吳元幹 春秋三傳合紀 佚

◎民國《當塗縣志・人物志・文學》:性嗜《左》,嘗取《春秋三傳》而貫通之,時號左癖。著有《春秋三傳合紀》。

◎民國《當塗縣志・藝文志》:《春秋三傳合紀》(清吳元幹著,今佚。元幹見《文學》)。

◎吳元幹,字蔚英。安徽當塗人。邑廩生。生性敏悟,致力詩古文辭。皋比數十年,教人嚴而有則。著有《春秋三傳合紀》。

吳曰慎 春秋約義 佚

◎民國《歙縣志》卷十六《藝文志・文・示子〔註69〕文》:予五歲入塾,從程師讀《四書》《書經》《詩經》。年十二從畢師讀古文、時文,學制藝。十五歲秋隨父往夏鎮,附方先生館。明年仲春,父歿,乃歸,仍從畢先生。月餘,先生又卒,遂不復從師。是時見明季荒亂,絕意功名,且視浮靡之文無益於身心國家,乃日讀《春秋》載記。又偶得《四書性理大全》,旦夕觀玩,有不能解者,忘寢食思之,必通曉乃止,自是讀書覺易於前,蓋深思之力也。始知濂洛關閩之學為道統正傳,而尤心服朱子《四書集註》為精當不易。又讀《太極圖說》《通書》《西銘》朱註,漸覺於義理有得,視貧賤橫逆皆不足為心累也。年二十始讀《易本義》,明歲同玉斯叔至金華讀書,亦間作時文,然非予志也。

〔註69〕周按:子雲鵬。

二十二歲歸，值凶年，饔飧不給，而讀書窮理不敢怠廢。二十三歲時，適值甲申年也，孫姊丈邀往徐州，教長甥。四月至淮浦，聞變南還，寓姊丈布局。時惟乙酉，江南紛擾，嘗負書避亂，人多笑之。是時新安隔絕，不得已從事布業，仍欲博覽羣書，徧知庶事，而苦於功不得專。一日忽悟：事各有時，不相妨害，心隨事在，本不二三。於是心境截然，無將迎係累之患。又思既棄制舉，惟醫可以代耕，於是始究心軒岐之術。至順治丁酉，家於淮浦，授徒、施診，講求為學之本莫要於敬，遂以敬名菴，始集《參倚錄》，志不忘也。益信程朱教人主敬窮理為聖學矩矱的而服行之。居三年，淮浦兵擾，南遷吳門，授汪頤菴長子經，因研窮陰陽象數，廣求古今易說，每一觀玩，則折衷而手錄之。亦嘗訪程雲莊之易於其徒，因彼自絕於周程張朱而知其為異端乖誕之尤者也。且吳俗尚文華，輕佻不務實學，故予孤立無友。及得見吾郡胡瓠更先生，始知紫陽書院講朱子之學，心甚慕焉。既而又得汪石樵先生館於姜給諫家，與姜勉中論學多不合。予嘗過而剖晰之，石樵昔受知於學憲彙旃先生，乃高忠憲公猶子也。因介往謁，至東林書院聞講正學，益動紫陽歸思。乙巳，予年四十有四矣，是秋絜家歸里。丙午授徒雷溪，自此與汪月巖、石樵、星溪、胡瓠更、施虹玉、汪巖瞻諸先生隨地塾講。至秋會講紫陽、還古兩書院，歲以為常。於是討論經傳，參訂諸書，惟恪守聖賢成訓，不敢自用自專。即有別出管窺者，必先反復研究，求其明當而後已，亦不肯輕狥人也。嘗竊謂學問不容一毫私心，無論人言己見，一以理為要歸，則無大失矣。丁巳五十六歲，赴汪頤菴館，旅龍江。八月仲丁至東林書院主祭，講易，夜與張秋紹先生論麟經「春王正月」之義。予從在朱子說，不敢信胡傳，反復辨難，先生始以予言為然。歲杪歸，明年仍雷溪館，乃重訂補《參倚錄》《周易本義翼》《大學／中庸章句翼》《太極圖說翼》，前後所述有《中庸答》《中庸問辨》《周易指掌》《爻義指掌》《本義爻經》《圖書贊註》《筮儀辨》《玽原聲律測》《觀省錄》《春秋約義》《深衣制翼》《詩類觀要》《詩叶定音》《四子詩牗》《通書類編》《感興詩翼》《易義集粹》《性理吟編釋》《鬼神說攷》《聖學約旨攷》《下學要語》《異學辨》《就正錄》《膚言問答》《講義》《贅言》，皆以講明義理，自備遺忘，亦籍以就正有道君子也。大抵予平日論學，以立志為先、主敬為本、窮理循理為實功，而其機在於思：陟遐自邇、下學上達乃聖賢之家法，切戒先務高遠，虛誕無成，甚則流為異端，自賊誣民，是與古人窮則獨善其身達則兼濟天下者不啻天壤矣。故必熟讀《四書》，詳玩《集註》，存之於心，體之於身，方知聖賢為學正脈。以此折衷羣言、裁制事物，

方免愆尤。此予平生得力，只是篤信朱子為主也。昔施誠齋評予《就正錄・為學篇》，謂予「教人為學，要人立志從下學做根基起，自近以及遠，由粗以及精，循循有序，以戒懼慎獨為存心之要，以擇善固執為窮理循理之要，謂道無不在則當無所不通，道無間斷，學亦不可使間斷，久之，心與理洽，自然有得，知天命而樂天理，一切富貴貧賤皆不足以動其心，隨遇而安，盡性至命，直與天地同其久大，此真朱子之的傳，大中至正之明訓也。彼從事於詞章功令，與夫虛無寂滅者安可同日語哉」，誠齋之言如此，固予所不敢當，然能灼見吾心、深知吾學，未有若此言之明且盡者也。予今年七十有五矣，神衰學荒，自知不能有進，故追憶從前用力得力處，錄為此篇以示汝等。若能不自暴棄，繼志述事，更取吾編而徧讀之，毋使散失湮沒，庶不負予生平之苦心也。勉之，勉之！

◎道光《徽州府志》卷十一之三《人物志・儒林》：按曰慎《示子文》內所著又有《參倚錄》《大學／中庸章句翼》《太極圖說翼》《中庸答》《中庸問辨》《周易指掌》《爻義指掌》《圖書贊註》《筮儀辨》《玅原聲律測》《觀省錄》《春秋約義》《深衣制翼》《詩類觀要》《詩叶定音》《四子詩編》《通書類編》《感興詩翼》《性理吟編釋》《鬼神說攷》《聖學約旨攷》《下學要語》《異學辨》《就正錄》《膚言問答》《講義》《贅言》等書。

◎吳曰慎，一作吳慎，字徽仲，自號敬（靜）庵。安徽歙縣篁南人。諸生。少時讀書，即以身體力行為務，一切天人性命之理，無不究極精微。年三十餘，錫山高彙旃欽其德品，延為西賓。後遇汪之蛟於吳門，一見定交。蛟即命二子過、遜從學。越數年至紫堤里，蛟佁起為埽室作設絳所，村人競遣子弟執贄。嘗講學東林、紫陽、還古諸書院。晚歸里。論學主敬，盡心五子書。生平闢佛老，闡正學。卒後崇祀錫山道南祠。著有《周易本義翼》二卷、《周易愚按》二卷、《周易指掌》、《周易粹言》、《周易集粹》二卷、《周易翼義集粹》三卷、《周易爻徵》（一名《周易本義爻徵》）二卷、《爻義指掌》、《圖書贊註》、《筮儀辨》、《揲之以四解》一卷、《參倚錄》、《太極圖說翼》、《詩類觀要》、《詩叶定音》、《深衣制翼》、《春秋約義》、《中庸答》、《中庸問辨》、《四子詩編》、《大學章句翼》二卷、《中庸章句翼》四卷、《玅原聲律測》、《觀省錄》、《通書類編》、《感興詩翼》、《性理吟編釋》、《鬼神說攷》、《聖學約旨攷》、《下學要語》、《就正錄》、《膚言問答》、《講義》、《贅言》、《異學辨》一卷、《朱子感興詩翼》一卷、《敬庵存稿》等。

吳雲山 春秋屬辭述指 佚

◎同治《祁門縣志》卷二十六《人物志》四《文苑》：嘗作《陰騭文輯註》以示學者，著有《易義纂訓》《春秋屬辭述指》《西漢文類選》《東溪古文》《擬策》《古罍詩賦》《制藝》。

◎道光《徽州府志》卷十一之四《人物志・文苑》：嘗作《陰騭文輯註》以示學者，著有《易義纂訓》《春秋屬辭述指》《西漢文類選》《東溪古文》《擬策》《古罍詩賦》《制藝》(道光《祁門縣志》)。

◎光緒《重修安徽通志》卷二百二十五《人物志・文苑四》：著有《易義纂訓》《春秋屬辭述指》《東溪古文》《擬策》《古罍詩賦》諸集。

◎吳雲山，字蒼柏。安徽祁門渚口人。吳書升子。乾隆選貢，座主朱珪。承家學，篤志經史，善詩古文辭。邑令聘為東山書院主講不就。又著有《易義纂訓》、《九經集釋》、《西漢文類論》、《東溪古文》、《陰騭文輯注》十二卷及《擬策》、《古罍詩賦》、《制藝》。

吳曾祺 左傳菁華錄 二十四卷 存

國圖、上海藏 1915 年上海商務印書館鉛印本

文聽閣圖書有限公司 2008 年民國時期經學叢書第二輯影印 1915 年上海商務印書館鉛印本

◎自敘：文以《左氏》為至，論文而不及《左氏》，猶之登山而不陟其頂、測水而不探其源，非知文者也。三傳並稱，然《公》《穀》二家專以義例為言，其足助文人之能事者，原非《左氏》之比。余自束髮受書，即熟讀是編。自甲至癸，頗能背誦不遺一字。徒以人事倥傯，廢而不治者幾四十餘年。六十以後，家居多暇，乃重理舊業。每朗讀一卷，遇有所得，輒以私見為之論斷。旁行斜上，丹黃殆徧。偶為友人所見，勸令編纂成書。因取論斷所不及者，刪而去之，存者較之原書約十之六七，名之曰《左傳菁華錄》。中以比附史事，辨其成敗得失以資勸戒者居多。間及論文之旨，亦往往而有。至於考據家言，自有專書，一任有志者自取讀之。若此編則務領取大意，不暇如經生習氣，粵若二字解至數千言也。明知意見偏宕，其不合於大道者，決所不免。然一得之愚，或為大雅君子所不棄，則亦一生之幸事耳。書成，因識數語於簡端。侯官吳曾祺敘於漪香山館。

◎凡例：

一、取全書中擇其文筆浩瀚足以助人興趣者錄之。

一、從前節本於上下銜接處每有增字改句以順文勢者，究非慎重之道。此則一字不敢竄易。

一、從前節本每有以意私立篇目，近於兔園面目。此則祇以年月先後為次。

一、註兼杜林兩家，擇其至要者存之，其不待註而自明者一概刪去。

一、杜林兩註向來讀本承用已久，其或兩家之說間有未及，與註所已及而義有未妥者，則以私意謬為補正，低一格用案字標出以示區別。

一、古人評書之法，有眉批有總批。茲以眉頭位狹，悉付於逐節之後，可以分別觀之。

◎吳曾祺（1852～1929），字翼亭（翊庭），號漪香老人、涵芬先生。福建閩侯（今福州市）北門華林坊人。光緒二年（1876）舉人。歷任平和／泰寧等縣教諭、漳州中學堂監督，光緒二十九年（1903）任全閩師範學堂教務長。後任職上海商務印書館編譯所，協辦涵芬樓圖書館，1915 年任福建經學會副會長。著有《左傳菁華錄》二十四卷、《涵芬樓文談》、《漪香山館文集》、《國語韋解補正》、《戰國策補注》、《國語補注》、《舊小說》、《歷代名人書札》、《歷代名人小簡》、《中學國文教科書》、《清史綱要》十四卷等，主編《涵芬樓藏書目錄》《涵芬樓古今文鈔》《涵芬樓古今文鈔簡編》等。

吳增嘉 左疑 不分卷 存

湖北藏光緒十四年（1888）刻本

◎吳增嘉，字昌之，號小匏。歸安（今浙江湖州）人。嘉慶九年（1804）舉人、十三年（1808）進士。歷任延慶知州、祁州知州。後因虧短庫項罷，寄居直隸，以著述自娛。著有《左疑》不分卷。

吳兆莊 春秋補義 八卷 佚

◎王其淦、吳康壽光緒《武進陽湖縣志》卷二十八《藝文》：吳兆莊《春秋補義》八卷（存）。

◎吳兆莊，著有《春秋補義》八卷。

吳政慶 左氏傳通論 六卷 佚

◎民國《全椒縣志》卷十一《人物志》：長於鄒平馬氏學，著有《左氏傳通論》六卷、《繹史補》二卷。

◎民國《全椒縣志》卷十五《藝文志》:《左氏傳通論》六卷（吳政慶著）。

◎吳政慶，字善甫，號良耆。安徽全椒人。選授常州府訓導，不仕。精訓詁、史例，武進張惠言曾聘以師禮，並賦長歌贈之。道光元年（1821）舉孝廉方正，固辭。藏圖籍數萬卷，杜門講誦。著有《左氏傳通論》六卷、《繹史補》二卷。

吳之英 公羊釋例 七冊 存

稿本

◎吳之英（1857～1918），字伯趨（碣），號西蒙愚者、蒙陽愚者、老愚（漁）。四川名山人。與綿竹楊銳、井研廖平、富順宋育仁稱「尊經四傑」。師王闓運。嘗主講蜀學會，主筆《蜀學報》。光緒十年（1884）主藝風書院。光緒十三年（1887）主簡州通材書院，光緒十六年（1890）任成都尊經書院、錦江書院襄校。光緒十八年（1892）任灌縣訓導，又任四川國學院首任院正。博通群經，尤精《三禮》。所著《儀禮奭固》十七卷、《儀禮器圖》十七卷、《儀禮事圖》十七卷、《周政三圖》三卷、《漢帥傳經表》一卷、《天文圖考》四卷、《經脈分圖》四卷、《壽櫟廬文集》一卷、《壽櫟廬詩集》一卷，《卮言和天》八卷已刊為《壽櫟廬叢書》。又著有《周易寡過錄》、《詩以意錄》、《尚書信取錄》、《公羊釋例》、《小學》、《中國通史》、《諸子遙倅》、《蒙山詩鈔》、《北征記概》、《壽櫟廬詩餘》等，未及刊行，多有散佚。今人輯有《吳之英詩文集》。巴蜀書社2022年整理其《壽櫟廬叢書》九種與《經學初程》，彙編為《吳之英文獻輯刊》，影印出版。

吳之瑛 左氏文法教科書 存

貴州藏光緒三十一年（1905）鉛印本（存一編：上編）

吳卓信 春秋原旨 佚

◎劉聲木《桐城文學撰述考》卷一「吳卓信撰述」:《讀詩餘論》、《儀禮劄記》、《漢書地理志補註》一百零三卷、《釋親廣義》廿五卷、《漢三輔考》廿四卷、《三國志補志》六卷、《三國志補表》六卷、《古文載道集》廿四卷、《韓柳文精選》□卷、《府四名家文精選》□卷、《春秋原旨》□卷、《北窗識小錄》一卷。

吳宗達 麟經日錄 佚

◎王其淦、吳康壽光緒《武進陽湖縣志》卷二十八《藝文》：吳宗達《麟經日錄》（佚）。

◎吳宗達（1575～1635），字上于，號青門，諡文端。江蘇宜興人，生於武進。萬曆三十二年（1604）進士。授翰林院編修，升國子監祭酒，充《神宗實錄》副總裁。崇禎初任吏部右侍郎。崇禎三年（1630）晉東閣大學士，旋加少傅銜，進建極殿。後晉少師、中極殿大學士，堅辭不拜。崇禎八年（1635）五月辭歸。著有《麟經日錄》《渙亭存稿》。

伍媽喜 春秋左氏傳古注輯考 存

學海出版社 1993 年排印本

伍起 春秋集說 佚

◎嘉慶《重修揚州府志》卷四十八《人物》三：著有《伍鯤扶稿》《山房課藝》《攝山偶吟》《之吳偶吟》《受軒苦吟》《忠孝堂字問筆談》及《毛詩集說》《書／禮／春秋集說》等書行世（《儀徵縣志》）。

◎伍起，字鯤扶。江蘇儀徵人。康熙五十六年（1717）舉人，雍正初補中書，轉戶部主事。乾隆初，監督通倉，陞員外郎，尋補刑部。著有《書集說》《毛詩集說》《禮集說》《春秋集說》《伍鯤扶稿》《山房課藝》《攝山偶吟》《之吳偶吟》《受軒苦吟》《忠孝堂字問筆談》等書。

武億 春秋公羊穀梁傳 一卷 存

國圖藏嘉慶二年（1797）授堂刻群經義證八卷本

◎法式善《存素堂文集》卷三《武虛谷傳》：君在笥河門，以樸學為同遊所推服。罷官後仍以授徒自給，主東昌書院并修魯山、郟、寶豐三縣志，數年始歸其里。安陽令趙君希璜，與君同受業于笥河者，將延君至署，訂金石文字，而君已病重。嘉慶四年十月廿日，君卒于家。時有大臣密疏薦君，有旨下河南撫臣徵君入對，而君歿已逾月，聞者無不惜之。所著有《經讀考異》《羣經義證》《三禮義證》《授堂劄記》《金石三跋》《授堂金石續跋》《偃師金石遺文補錄》《讀史金石集目》《錢譜》《授堂詩文集》若干卷。

◎武億（1745～1799），字虛谷，一字小石，舊字老統，自號半石山人。河南偃師老城人。武紹周子。乾隆三十五年（1770）舉人、四十五年（1780）

進士，五十六年（1791）授山東博山知縣，官七月而罷。後主講東昌啟文、偃師二程／清源、鄧州春風諸書院。著有《群經義證》八卷、《經讀考異》八卷補一卷、《三禮義證》十二卷、《四書考異》一卷、《句讀敘述》二卷、《金石續跋》十四卷、《金石三跋》十卷、《偃師金石遺文補錄》、《偃師縣志・金石錄》、《錢譜》、《讀史金石集目》、《授堂劄記》、《授堂文鈔》十卷、《授堂詩鈔》八卷等。又主編《魯山縣志》、《寶豐縣志》和《陝縣志》。又曾校《箴膏肓》。

武億評點 敦樸堂簡明評點三禮春秋三傳抄 存

國圖藏清抄本